高校建筑学与城市规划专业教材

城市经济与城市开发

主　编　夏南凯
参　编　张林兵　王耀武　鲁塞

中国建筑工业出版社

图书在版编目（CIP）数据

城市经济与城市开发/夏南凯主编．—北京：中国建筑工业出版社，2003
高校建筑学与城市规划专业教材
ISBN 978-7-112-06124-2

Ⅰ．城… Ⅱ．夏… Ⅲ．①城市经济学—高等学校—教材②城市规划—高等学校—教材 Ⅳ．①F290②TU984

中国版本图书馆 CIP 数据核字（2003）第 105668 号

本教材讲述城市经济和城市开发的内容，主要用于城市规划学生自学考试使用。本书编写主要根据规划师考试大纲要求，将一些其他教材没有编写的经济学和开发方面的内容，例如外部性问题、公共经济与公共空间、开发组织管理、项目博弈、资金筹措等内容系统编写在一起，有大量最新实例和复习思考题。本书也可以作为城市规划本科生、研究生、城市规划管理人员、开发区管理者、开发商等学习工作参考之用。

责任编辑：杨　虹
责任设计：孙　梅
责任校对：刘玉英

高校建筑学与城市规划专业教材
城市经济与城市开发
主编　夏南凯
参编　张林兵　王耀武　鲁塞

*

中国建筑工业出版社出版、发行（北京西郊百万庄）
各地新华书店、建筑书店经销
化学工业出版社印刷厂印刷

*

开本：787×1092 毫米　1/16　印张：23¼　字数：576 千字
2003 年 12 月第一版　2014 年 2 月第四次印刷
定价：32.00 元
ISBN 978-7-112-06124-2
（12137）

版权所有　翻印必究
如有印装质量问题，可寄本社退换
（邮政编码 100037）

序

　　随着我国从计划经济向市场经济的转轨，城市规划工作再已不是国民经济计划的延续与具体化了。城市规划越来越需要从城市发展的经济背景中寻找根据，城市规划工作也越来越需要和城市开发相结合。城市规划工作者的知识更新，充实经济学方面的知识则益显重要。

　　本书作者从事城市经济与城市开发领域研究多年，又有长时间的教学经验。该书从城市经济的基本原理，城市产业经济结构，市场化运作条件下的城市开发及其外部效应分析，以及城市开发实施阶段的操作实务、投融资、开发调控等，将理论和实践紧密结合。它不仅是对从事城市规划专业人员的一部非常及时的读物，对于与此相关领域的读者，也是很有裨益的。

　　当然，我国市场经济体制的健全还需要一个过程，作为一门新兴学科，城市开发研究应该不断地发展和完善，本书论述的内容和方法仅是近十年开发研究的总结。

陈秉钊

2003年11月4日

前　言

　　本书是在完成上海市规划局委托上海市规划局干部学校组织的科研课题——"《城市经济与城市开发》教材编著研究"的基础上产生的。参加本教材编写的主要人员有夏南凯、张林兵、王耀武,还有鲁塞、潘兵、戴洪泉、俞卿、李向阳。震伟、周建军为本书的编写提供了大量的信息和原始素材。本教材的编研工作得到了上海市规划局的大力支持,上海市规划局干部学校组织专家组进行了多次研讨,提出了许多宝贵的修改意见。由于本教材编写中采用了一些新的研究成果和案例,总结了近年来我国城市建设和开发中的经验和教训,填补了本领域一些研究空白,得到了专家组的好评。在此特向上海市规划局、上海市规划局干部学校的领导,以及专家组专家陈秉钊、耿毓修、赵民、彭震伟、诸大建、孙施文、周建军表示由衷的感谢。

目 录

绪论 1
   第一节　概念界定 1
   第二节　城市经济、城市开发、城市规划关系描述 2

上篇 城市经济

第一章　城市经济基本内容 5
   第一节　概述 5
第二章　城市经济结构 17
   第一节　城市经济结构概述 17
   第二节　城市产业结构 26
   第三节　城市公共经济 43
第三章　城市经济发展机制 50
   第一节　城市经济发展的基础条件 50
   第二节　城市经济发展动力机制 57
   第三节　城市经济的"自组织"发展与集中 62
   第四节　城市经济增长 65
   第五节　城市经济的新陈代谢 69
第四章　城市经济效益分析 72
   第一节　城市经济整体效益 72
   第二节　城市规模效益 82
   第三节　城市发展水平的考量 90

中篇 城市开发

第五章　城市开发概述 95
   第一节　城市开发主导力量 95
   第二节　城市开发的经济动因 95
   第三节　城市开发的相关原理和方法 97
   第四节　城市开发规划的目标、对象、任务和原则 107
第六章　城市空间的需求与市场分析 110
   第一节　城市空间需求的影响因素 110
   第二节　城市空间需求的类型 110
   第三节　城市空间需求的曲线 111
   第四节　城市空间需求的预测 126

第五节　城市公共空间需求的预测 ································· 136
第七章　城市空间开发的投入与产出 ································· 139
　　第一节　城市空间供给 ································· 139
　　第二节　城市开发的投入 ································· 144
　　第三节　城市空间开发的经济收益 ································· 145
　　第四节　利润分配和市场控制手段 ································· 149
　　第五节　城市公共空间的供给 ································· 152
第八章　城市开发的外部效应 ································· 153
　　第一节　外部效应概述 ································· 153
　　第二节　城市开发中的外部效应 ································· 154
　　第三节　城市开发中外部效应的评价与调控 ································· 157
第九章　城市基础设施开发 ································· 167
　　第一节　基础设施概述 ································· 167
　　第二节　我国城市基础设施开发现状 ································· 170
　　第三节　城市政府在基础设施领域的职能定位 ································· 174
第十章　城市土地开发 ································· 178
　　第一节　城市土地开发概述 ································· 178
　　第二节　城市土地开发模式 ································· 188
　　第三节　城市土地经营 ································· 196
　　第四节　城市地下开发概述 ································· 209
第十一章　城市功能区开发 ································· 212
　　第一节　城市生活区开发 ································· 212
　　第二节　城市产业区的开发 ································· 222
　　第三节　城市中心区的开发 ································· 232
　　第四节　城市边缘区的开发 ································· 245

下篇　城市开发实务

第十二章　城市开发投融资体制 ································· 251
　　第一节　国家投融资体制改革 ································· 251
　　第二节　城市基础设施开发投融资 ································· 252
　　第三节　城市功能区开发投融资 ································· 263
第十三章　城市空间开发调控 ································· 270
　　第一节　城市开发组织管理体系 ································· 270
　　第二节　城市空间开发的调控主体——政府 ································· 277
　　第三节　土地供应控制 ································· 279
　　第四节　规划控制 ································· 281
　　第五节　建设过程管理 ································· 287
　　第六节　市场调节 ································· 290
第十四章　城市空间开发的时序规划 ································· 293

第一节	时序规划的产生与概念	293
第二节	时序规划分类	294
第三节	城市土地开发的时序规划	295
第四节	城市开发资金的时序规划概述	299

第十五章 城市开发的策划

第一节	策划的概念	303
第二节	策划与城市规划的关系	304
第三节	策划的原则	305
第四节	策划的对象和目标	306
第五节	策划的内容	308
第六节	策划的步骤	309
第七节	策划的方法	312
第八节	开发策划之DI设计思路	313

附录一 城市产业区开发实例

宝山城市工业园区（北区）产业定位 …………………………………………………… 319
    一、中国制造业在世界制造业中的定位 …………………………………………… 319
    二、上海的产业在中国产业经济中的定位 ………………………………………… 323
    三、上海在长江三角洲地区中的作用 ……………………………………………… 327
    四、国际化的产业转移趋势 ………………………………………………………… 328
    五、宝山区在大上海经济圈内的战略定位 ………………………………………… 330
    六、战略定位 ………………………………………………………………………… 334

附录二 城市中心区开发实例

上海石库门的新生——保护与改造 ……………………………………………………… 336
    一、上海的历史建筑保护与旧区改造 ……………………………………………… 336
    二、新天地模式 ……………………………………………………………………… 336
    三、展望：变"下只角"为"上只角" …………………………………………… 338

附录三 城市边缘区开发实例

罗店新镇开发案例追踪 …………………………………………………………………… 339
    一、项目背景 ………………………………………………………………………… 339
    二、项目开发规划 …………………………………………………………………… 341
    三、罗店新镇开发模式 ……………………………………………………………… 345
    四、项目开发预测算 ………………………………………………………………… 348

参考文献 …………………………………………………………………………………… 361

绪 论

第一节 概 念 界 定

一、城市经济与城市经济学

城市经济是指发生在城市中的经济活动。城市经济学则是用经济学理论分析这些经济活动的规律和关系，它主要考察城市经济活动和经济关系的一般规律，它概括了城市空间内的工业、商业、交通、邮政、通讯、金融、城建、土地等经济产业部门和经济组织的活动规律和它们之间的关系。

二、城市开发

"开发"一词是由英语 Development 翻译过来的，原意是指以荒地、矿山、森林、水利等自然资源为劳动对象，通过人力加以改造，以达到为人类所利用的目的的一种生产活动。后来引申到其他领域，将一些带有开拓性质的事业也称为"开发"。城市开发是通过有组织的（政府控制）手段对城市资源进行大规模安排以期获得城市发展效益的过程。城市开发又分为新开发和再开发。新开发是指对新市区、市郊结合部、卫星城镇的开发；再开发是指对旧城市或大城市的某些区域进行改建、扩建，现在统称为旧城改造。城市开发的概念内涵较城市建设更为综合。一方面，它是一种经济行为，运用经济手段解决经济问题；另一方面它也是社会和环境问题，受到法律和舆论的约束与监督。它与市场经济的运作方式相适应，包含了城市经营，既描述市场经济框架下政府、开发商、城市消费者之间的关系，也要解决社会生活和环境问题，包括居住条件的改善、绿化生态条件的发展。

三、城市规划

城市规划是人类为了在城市的发展中维持公共生活的空间秩序而做的未来空间安排。这种对未来空间发展的安排意图，在更大范围内，可以扩展到区域规划和国土规划，而在更小范围内，可以延伸到建筑群体之间的空间设计。因此，从更本质意义上讲，城市规划是人居环境各层面的、以城市为主导工作对象的空间规划。在实际工作中，城市规划的工作对象不仅仅是在行政级别意义上的城市❶，而且包括行政管理设置在市级以下的地区、区域，以及够不上城市行政设置的镇、乡等人居空间。

城市规划的根本社会作用是作为建设城市和管理城市的基本依据，是保证城市合理地进行建设和城市土地合理利用及正常经营活动的前提和基础，是实现城市社会经济发展的综合性手段。

城市开发规划是针对城市大规模开发而进行的城市规划工作，其内容较一般的城市规划更为综合，不仅包含城市各项物质要素的空间合理布局，还包括城市开发过程的规划。

第二节 城市经济、城市开发、城市规划关系描述

一、城市经济与城市开发的关系

城市开发按开发目的的不同，可分为商业性开发和非商业性开发。商业性开发是以直接获取商业利益为目的的，最典型的如商业房地产开发。非商业性开发不以直接获取经济利益为目的，其主要考虑的是开发的社会效益或是出于政治因素的考虑，如城市公共空间的开发、城市基础设施的开发。但无论是何种类型的城市开发活动，其目的都是使城市具有更大的发展效益，都直接或间接地推动了城市经济的发展。可以这么说，在城市的形成初期，新开发是城市开发的主要形式，是城市经济发展的主要动力，而在城市不断发展稳定的过程中，再开发逐渐成为城市开发的主要形式，成为推动城市经济进一步发展的动力。此外，城市经济运行、城市经济关系、城市经济规律，又是影响城市开发的先决条件和主要因素。因此，当我们纵观城市经济的发展历程，会发现，每一次城市经济的飞跃，一般都会伴随着大规模城市开发活动的进行。所以，城市经济与城市开发两者相互依存，互相促进，城市经济是城市开发的主要动因，城市开发又推动和促进了城市经济的发展。

二、城市经济与城市规划的关系

一般地，在自由市场经济社会中，城市按照经济利益最大化的原则来分配资源，但这只"无形的手"也不是万能的。由于各种各样的原因，市场本身存在着种种缺陷。比如，城市经济的发展是城市发展进步的重要目标，但不可能也不应该是惟一的或全部的目标，城市社会、经济、环境需要共同的协调发展。而城市的社会、环境效益很难以具体的经济利益来衡量。因此在现实生活中，便产生了种种使得市场机制对资源配置功能不能正常发挥作用的"市场失灵"（Market Failure）现象。这种现象的存在使得资源配置效率大大降低，而且资源配置的合理性也受到很大的挑战。比如，社会福利的保证、社会公共产品的提供、社会分配的公平性以及市场"合成谬误"现象的出现等等，这些都是市场机制难以解决的问题。按照凯恩斯的看法，自由市场经济虽然在个别市场、个别产业中可以有效地调节供求关系，但在国民经济总体上是很不稳定的，为此，就需要政府常常伸出那只"看得见的手"给予调控，以便稳定经济。而城市规划，作为政府对城市开发建设活动的重要调控手段，直接或间接干预了城市经济，使资源配置在全社会范围达到最优化。

另外，在规划控制的方法中，也需要引入经济的调节方法。长久以来，城市规划关注的仅仅只是城市的物质形态领域，规划师不懂甚至漠视经济学的一些基本理论和原理。目前这种情况已有一定改观，越来越多的规划工作者自觉地学习了经济学的理论和应用经济分析的方法，经济学在规划领域中的作用已被大家所公认。例如，区划奖励❷、开发权转让等规划控制方法在北美一些国家已经普遍应

用。《上海市规划管理办法》中也有类似区划奖励的规定，但总的说来，经济学在规划中的运用还远远不够。

城市经济学家伊文思（Evans A.W.）在他所著的《城市经济学》一书中指出了经济学与城市规划的相关性。首先是关于城市如何运转的经济分析，也就是实证性的城市经济研究，可以使规划制定者更精确地预测未来将发生什么及其产生的影响；其次是福利经济等的方法和分析，能够帮助规划制定者解释那些能够或应该采纳的政策。

对城市开发所做的种种经济分析表明，如果规划控制有经济理论和方法作基础，它所制定的原则和作出的决策将较为明智。

三、城市规划与城市开发的关系

如上所述，城市规划是人们为了在城市的发展中维持公共生活的空间秩序而做的未来空间安排。它是为城市开发服务的规划设计，是使城市开发过程能合理、科学进行，并为城市营造良好的空间布局结构。研究城市规划管理是达到城市合理开发的重要手段。城市开发作为一种中观或微观层面的城市开发建设活动，必然会受城市规划的控制和约束。

但我们也应该看到，从城市形成之初起就有了城市开发活动，而城市规划作为一门完全意义上的学科，还不到一百年的历史，可以说现代城市规划是在总结以往城市开发建设历史经验教训的基础上形成发展起来的。规划要实现对开发的控制，首先应建立在了解城市开发运作过程、规律的基础之上。从现行规划对城市开发的控制作用角度看，规划可分为三个层次：战略性规划、实施性规划和规划控制。

我国的城市总体规划、美国的综合规划、英国的结构规划等基本上都可归入战略性规划这个层次。战略性规划主要研究宏观的、方向性的和全局性的问题，一般对于具体的开发活动没有直接的约束作用。但是战略性规划通过土地利用政策影响供求关系，发挥着其对开发活动在整体上的引导作用。

我国的详细规划、美国的区划、英国的地区规划和行动规划等都可归入实施性规划这一层次。这一类规划对土地使用的方式和开发强度作出了较为具体和明确的规定，可以为开发活动提供依据性的文件。

规划控制这一层面，它既和上述两个层次的规划相衔接，又是一个独立的环节。规划控制是针对具体的开发项目提供具体的规划条件，并具体实施建设管理。根据各国政治、经济和文化背景的不同，规划控制的运作方式也有差异，大体上可以分为判例式和通则式两种基本类型。判例式开发控制的主要特征是开发控制规划的各项规定比较原则，规划人员在审理开发申请个案时，有较大的自由裁量权，具有较强的灵活性和针对性，但难免在确定性和客观性方面有所欠缺。通则式开发控制的主要特点是开发控制规划的各项规定比较具体，规划人员在审理开发申请个案时，以开发控制规划作为惟一依据，几乎不享有自由裁量权，因而具有确定性和客观性的优点，但在灵活性和适应性方面较为欠缺。在具体进行开发控制时，经常采取由两个层面构成的开发控制体系。在第一层面上，进行通则式管理，采取区划方式；在第二层面上，采取审批方式，进行判例式管理，这些都是城市开发过程中政府组织的主要控制方法。

综上所述，城市经济、城市开发与城市规划三者之间具有密切的联系。城市经济是城市开发的外在环境，它的发展要求进行城市开发，而城市开发又推动了城市经济的向前发展；城市规划要实现对城市开发的控制，需要借助于经济的作用机制，需要掌握经济的运行规律，运用一些经济分析手段，需要了解城市开发的运作过程，解决城市开发过程中的种种问题。总而言之，城市经济、城市开发属于经济基础范畴，城市规划作为一种政府行为属于上层建筑范畴，经济基础决定上层建设，上层建筑反过来又制约和服务于经济基础，这就是三者之间的哲学辩证关系。

注释

❶ 作者注：统计上一般采用行政级别意义上的城市，包括直辖市、地级市和县级市，以便于比较。

❷ 区划奖励是政府运用规划权来引导开发上的公益性投资的手段。

上篇　城市经济

第一章　城市经济基本内容

引言：十一届三中全会以来，我国经济体制改革进入了一个崭新的发展阶段。在我国国民经济取得举世瞩目的伟大成绩的同时，我国城市经济建设也得到了长足的发展，城市综合实力进一步加强，城市开发建设日新月异，城市在整个国民经济中扮演着越来越重要的角色。

第一节　概　述

城市经济的逻辑起点是城市，本章从经济学的角度来解释城市。

一、城市的经济学含义

城市是社会生产力发展到一定阶段的产物，是经济密集的社会有机体，是区域发展的中心。根据上述定义，城市具有如下经济特征：

（一）城市是社会生产力发展到一定阶段的产物

城市不是从来就有的，它是生产力发展到原始社会末期，人类有了剩余产品，开始了最早的商品交换，在人群有了防卫的、固定的聚居地以后逐渐产生的。社会生产力的不同发展水平产生了不同性质的城市：三次大分工（农业、手工业、商业的独立出现）和私有制的产生，构成了奴隶制城市的物质基础；而封建社会城市的主要经济特征则是商品集散地和手工业集中地；近现代城市则伴随着机器大工业和商业的大发展；随着后工业化时期的到来，第三产业逐渐成为发达国家城市的主要产业和重要产业，从而推动了城市化的加速发展。20世纪，城市化进入了黄金时期，世界平均城市化水平由20世纪初的13%，提高到20世纪末的50%，发达国家20世纪末的城市化水平已经超过70%。

城市始终是作为乡村的对立物而存在和发展的。城乡差别的扩大成为社会发展的必然，也是社会矛盾的主要表现之一。在生产力进一步发展之后，缩小城乡差别的任务必然受到全社会的重视。

（二）城市是经济密集的社会有机体

城市有别于非城市的基本特征，除了它的产业性质和结构以外，还有它的空间存在形式及其内在关系。其空间存在形式的主要特征就是经济要素在一定地域内的高度密集；其内在关系则是这些密集要素都不是杂乱无章地任意堆积，而是有内在联系、有序组织和有规律循环运行的社会有机体。前者有助于适度规划，调节城市人口、产业、居住区、社会公建区、基础设施区等的合理密度与分布；

后者有助于了解城市本质、发现城市问题，寻求解决问题的方法，对于指导城市的可持续发展具有十分重要的意义。

为了识别和规范化管理城市，各国政府一般对城市人口总量的下限及相关条件有所规定。例如，我国关于城市的概念是指国家行政区域划分设立的直辖市、市、镇以及未设镇的县城，独立工矿区和城镇性居住点也属于城市的范畴。城市按照其市区和郊区的非农业人口总数，划分为三级：大城市是指人口在50万以上的城市，中等城市是指人口在20万以上不足50万的城市，小城市是指人口不足20万的城市。目前为了统计方便，我国统计界提出了新的人口分类方法：按照市区人口规模的不同对城市进行分组：市区总人口在400万以上为超大城市（其中800万以上为巨型城市），市区总人口在200～400万的为特大城市，市区总人口在100～200万的为大城市，市区总人口在50～100万的为中等城市，市区总人口在50万以下的为小城市❶。当然，经济不是城市的惟一内涵，政治、文化、教育、艺术、军事等等也是城市的重要内涵。城市是一个密集的社会综合体。

（三）城市是区域发展的中心

城市从来就不是孤立存在的经济单元，它是开放的，与所属区域紧密联系的经济系统和人文系统。区域是城市发展的基础，城市是区域发展的导向和动力。区域对城市一般具有养育、支持的作用，城市对区域一般具有反哺和带领的作用。城市和区域具有相互依存，相互推动，相互制约的关系。在历史的长河中，城市和区域的相互关系，作为矛盾的一个方面对另一个方面的作用力在不同历史时期是有所不同的。在城市主要作为商业中心发挥作用的古代，区域对城市的制约和推动作用较强，在城市主要作为大工业生产中心发挥作用的近现代，城市对区域的推动和促进作用明显加强。

城市的经济中心内涵，一般表现为生产中心、流通中心和消费中心。其作用一般表现为辐射、吸纳和中介等形式。此外，城市还有文化中心、教育中心、政治中心、军事中心等功能，不过因城市性质不同和时代不同，这些中心功能对于具体城市来说有强弱的差别。城市有大小，区域有大小，相互作用的力度自然也有大小，但作用的性质不变。

二、城市形成与发展的经济动因

"城市之所以会存在，是因为个人是不能自给自足的。如果我们每个人可以生产我们需要的所有物品而且不需要太多的交易，我们就没有必要生活在城市里。我们是不能自给自足的，所以我们以劳动交换商品。许多人生活在城市里，因为这里有许多工作机会。城市里还提供了丰富的消费品和服务，所以我们即使找不到有收益的工作，我们也为城市所吸引。"❷

（一）比较优势

比较优势是城市形成与发展的经济动因之一。地区之间的比较优势使得贸易变得有利可图，而地区间的贸易则促进了早期城市的形成与发展。比较优势产生比较利益（Comparative Advantage），在此，比较利益可以认为是城市之间的区域比较利益，它推动城市发展形成。尽管最初的城市大都出现在交通便利的水路旁（如美国的一切大型标准城市统计区都紧傍通航水路），由于地理位置和资源禀赋的差异，使得建立在区域分工基础上的城市生产和贸易的比较优势产生，城市间的套利机制形成，为城市带来比较利益。下面的例子可以说明比较优势与城市形成的关系。

假设 A 城和 B 城只生产小麦和毛料这两种产品，每个城市劳动生产率见表 1-1：

A 城与 B 城的产出情况　　　　　　　　　　　　　　表 1-1

城市	小麦（吨）	毛料（吨）
A 城市	20	12
B 城市	10	8

A、B 两城的生产率差异通过机会成本清楚地反映出来。A 城所生产的 20 个单位小麦的机会成本是 12 个单位的毛料，即：

$MC_A = 12$ 吨毛料$/20$ 吨小麦 $= 0.6$，

即每多生产 1 个单位小麦的边际机会成本是 0.6 个单位的毛料。显然，A 城毛料的机会成本是小麦的倒数，即每个单位毛料是 5/3 个单位小麦。

B 城 10 个单位小麦的机会成本是 8 个单位毛料，即：

$MC_B = 8$ 吨毛料$/10$ 吨小麦 $= 0.8$；

显然，B 城生产 1 个单位毛料的边际机会成本是每个单位毛料相当于 5/4 个单位的小麦。

可见，A 城生产小麦具有较低的边际机会成本，而 B 城生产毛料具有较低的边际机会成本，两城的比较利益在存在交换的条件下得以实现。交换使城市实现了比较利益同时导致专业化生产，专业城市即特色城市由此产生。

纵观美国城市发展的历史不难发现几乎每个城市的兴衰都与比较优势相关，如靠航运业起家的波士顿成为北美历史上最大的造船中心和港口，靠飞机制造业的振兴和高科技的发展使西雅图成为太平洋沿岸的中心城市，并带动了整个西部阳光地带的发展。

（二）规模经济

所谓规模经济效益，是指适度的规模所产生的最佳经济效益。在微观经济学理论中，它是指由于生产规模扩大而导致长期平均成本下降。如图 1-1 所示，在临界点（A 点）左边，平均总成本随着产量的增加而递减；在临界点（A 点）右边，平均总成本随着产量的增加而增加，亦即规模扩大到一定的临界点，由于规模过大使管理效率下降，而导致长期平均成本上升，产生规模不经济。这个临界点就是最佳规模点。

从单个企业来看，规模过小，则单位产品的固定成本过高，利润就少；从一个城市来看，规模过小，则城市的基础设施和公共服务设施的利用率较低，城市的经济效益也难以提高。一般来说，随着城市规模的扩大，城市的各项经济效益指标也在不断上扬，表 1-2 就突

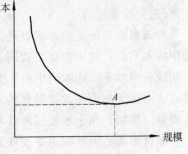

图 1-1　最佳规模点

出地反映了这一趋势。

1989 年我国不同规模城市经济效益比较[3]　　　　　　　表 1-2

项目	内容	单位	城市人口规模（万人）				
			200 以上	100~200	50~100	20~50	20 以下
人均 GDP	A	元/人	4 889	3 657	3 645	2 548	1 459
	B	%	335	251	250	175	100
地均 GDP	A	万元/km^2	1 097	458	169	97	23
	B	%	4 770	1 990	735	422	100
从业人员人均工业产值	A	元/人	34 607	26 268	25 644	24 013	21 641
	B	%	160	121	118	111	100
百元工业资金利税	A	元/百元	21.5	20.4	17.2	14.8	16.3
	B	%	132	125	106	91	100

从表 1-2 人均 GDP 这一项可以看出，以人口规模 20 万以下的小城市为 100，则人口在 200 万以上的超大城市是它的 3.35 倍，人口在 100~200 万的特大城市是它的 2.51 倍，人口在 50~100 万的大城市是它的 2.50 倍，人口在 20~50 万的中等城市是它的 1.75 倍；若以地均 GDP 这一项来比较，则差距更明显，依次为小城市的 47.7 倍、19.9 倍、7.35 倍和 4.22 倍。

即使撇开城市地理环境与发展历史的差异，这种规模效益依然存在。以长江三角洲地区为例，2001 年人均 GDP 的分布情况见表 1-3：

长江三角洲三城市比较　　　　　　　表 1-3

2001 年	上海	苏州	南通
城市人口（万人）	1 262	209	79
GDP（亿元）	4 893	619	190
人均 GDP（万元）	3.877179	2.961722	2.405063

至于城市最佳规模的研究，国内外争议颇大，各执一词。在实际生活中，这个临界点并非是静态的，而是动态变化的。因此，在不同的国家和地区依其不同的发展条件，存在着某个较为合理的人口规模，高于或低于这个规模，城市都处于相对不经济。

（三）聚集经济

所谓聚集经济是指由城市经济活动主体在空间距离上的接近而产生的经济活动中成本节约。城市的聚集效应是指城市社会经济活动因空间聚集所产生的各种影响或经济效果。在城市中由于大量同质和异质企业经济活动的紧密相连使得城市成为单位土地面积效益最高的地区，越接近中心区效益越高，表现为土地所有者收益（地租）和土地使用者成本和效益的提高。

城市聚集经济效应主要表现为以下几个方面：

1. 空间集中所产生的城市规模经济效应

规模经济是指经济系统在制度环境和投入要素质量不变的情况下，在增加投入要素数量的过程中产出增加的比例超过投入增加的比例，从而使单位产品平均成本随着产量的增加而下降。城市的规模经济具有两层含义：一是经济活动的空间集中不仅可以节约运输，信息收集，契约签订等交易费用，而且可以最大限度地发挥城市供水、供电、道路交通、公共管理等规模经济效益，降低社会公共活动成本，减少企业的投入系数。二是在城市现有要素不变的条件下，城市功能的调整或城市空间布局的改变，都有可能在资源的重组过程中，通过各种资源和要素的重新整合提升城市的整体经济效益。所以说，城市规模经济的内涵同一般意义上的规模经济效益有所不同。

2. 空间集中所产生的"场"效应

城市聚集过程中"场"效应的存在首先源于城市的市场功能。城市市场功能的存在，必然对各种经济资源形成引力，这是由市场的基本属性决定的。从统计学的观点看，中心城市对周围地区的吸引力随着距离的增加而呈现衰减规律，即距离城市越近，"场"效应越强，反之亦然。此外，城市"场"效应的存在还依赖于城市所具有的人口、信息、资源等高度聚集所产生的能量，以及城市所拥有的远比其他地区发达的基础设施系统。一般来说，大城市的"场"效应会大于中小城市。

3. 近邻效应

城市聚集经济所产生的最直接的外部反映就是近邻效应。它是指在城市经济活动中，个人之间、企业之间以及部门之间的空间结构关系对彼此的发展所产生的影响。

4. 分工效应

城市聚集过程中的分工效应，是指在城市中由于可见度聚集使得任何人都可以享受到分工合作的好处，如城市工业化大生产所带来的分工协作，服务的社会化等。分工效应使得人尽其才，物尽其用在城市空间中得到充分的实现。

三、城市性质与职能

(一) 城市性质和职能的重要性

城市的性质和职能，是城市经济发展的逻辑出发点，也是城市经济发展的目标规范、城市发展道路的指南。城市性质与职能的研究，在城市经济管理与规划领域中具有主导地位。城市的性质，一般而言，即从经济学角度分析城市的性质，主要是指城市的主要职能，反映城市主要职能的是城市的主导产业。这个观点已被收入1988年出版的《城市经济词典》，即：体现了一个城市的性质，反映该城市主要职能的是这个城市的基础产业，有了这样一个产业（也叫主要产业）之后，就要求有配套的服务产业与之相适应而形成一个完整的结构体系，这就是城市的产业结构体系。

由此可见，城市的性质与城市的产业结构是密切相关的。

1989年通过的《中华人民共和国城市规划法》明确规定：城市总体规划应当包括：城市的性质、发展目标和发展规模，城市主要建设标准和定额指标，城市建设用地布局，功能分区和各项建设的总体部署，城市综合交通体系和河湖绿地系统,各项专业规划,近期建设规划。❹可以看出"城市的性质"也是放在城市棍项总体规划之首的,它是城市规划的首要依据。城市的性质即城市的主要功能或主导产业一经确定,就需要进一步研究确定围绕主要功能或主导产业而应相应发展的配套产业和服务产业。后者所体现的也就是城市的相关功能。

所以城市的性质和功能是城市经济发展和产业结构优化研究的前提。如果没有研究清楚城市的性质和职能,城市经济的发展和产业结构的优化就无从谈起,城市经济的协调、快速、健康、持续发展更无从谈起。

城市是区域的一个点,即区域的经济中心,对区域有带动作用,因而城市的产业必须与区域的产业结构相容,城市"内"的产业与城市"外"的产业应具有互补性和垂直分工或水平分工的联系性,而不能以产业的"大而全"、"小而全"为目标。在市场经济条件下,生产要素按价值在空间流动和分布的结果,必然要求城市产业专业化程度的提高和主导产业的日趋成熟。为了适应和推动这个历史进程,大大提高我国城市化水平和各个城市的经济效益,科学制定城市发展战略和规划,研究分析城市的性质和职能这个理论性和实践性都很强的课题,就显得十分重要。

城市性质和职能研究的重要性在于:

第一,它是区域分工与协作理论的必然要求和体现,是城市与区域共同繁荣发展的需要;

第二,它是制定城市发展战略和规划指导城市有序发展的依据,可以杜绝低估或高估城市潜力;

第三,它是发挥城市优势,提高城市经济效益,优化城市产业结构,保证城市经济可持续发展的需要;

第四,它是改造城市、建设城市、更新城市、创造城市持续生命力和特色、塑造城市形象、扩大城市影响的需要。

城市性质的重要性还在于,城市的主导产业与基础产业对城市其他配套产业、服务产业起着重要的导向、辐射和牵动作用,一个城市发展速度和效率,不仅决定于城市的主导产业及其他支柱产业、配套产业、服务产业的个体功能,而且决定于它们之间的关联度和协调度。

城市的性质和职能具有相对稳定性,在城市产业发展所依据的资源、市场、技术、资金各种因素发生变化时,城市的性质和职能会发生相应的变化。城市的产业及各类产业之间的结构比例总是处在动态变化过程之中,随时随地都会有产业和企业"细胞"的更新。这种动态更新的传递能力和效率在很大程度上决定城市经济发展的速度和效率。

(二)判定城市性质和职能的方法

城市性质的判定一般应从定性、定量两方面进行分析研究。就定性分析而言,就是要对城市发展的现状与特点、城市区位特点、宏观政策环境、宏观经济环境、市场变化形势等重要因素进行综合分析。多数城市从它的产业现状和一般条件就能判定它的城市性质,是工业城市还是商贸、旅游、科技城市。工业城市中也可以进一步判定它是重工业城市还是轻工业城市。在重工业城市中还可以判定它是煤城、钢城，还是石油城、汽车城等等。

城市性质研究时日已久，尚未形成统一的规范。

(1) 美国较早的分类法是 1943 年由哈里斯（C.D., Harris）提出的。哈里斯把当时美国 988 个城市分为 8 类：大学城、观光和休闲城市、制造业城市、批发城市、零售城市、运输城市、矿城、杂业城。

(2) 周一星教授提出城市职能分类"三要素"的理论。他认为城市职能差异，可由以下三个要素来反映：专业化部门（一个到几个），专业化部门的职能强度（可用纳尔逊分析方法计量），专业化部门职能规模（根据统计数据比较）。他根据这个原则，利用 1984 年 295 个城市市区的资料，进行聚类分析，得出全国工业城市职能的分类有四大类：全国最重要的综合性工业基地（上海、北京、天津 3 个），特大及大中型为主的加工工业城市（沈阳、武汉、长春、成都、西安、哈尔滨、广州、重庆等 65 个），中小型加工工业城市（125 个），工矿城市（51 个），18 个亚类，见表 1-4。

各类工业城市规模变量平均值[5]　　　　　　表 1-4

亚　类	城市数（个）	工业产值（1000 万元）	工业职工（万人）	城市人口（万人）
全国综合性工业基地	3	3 565	164	528
大区综合性工业基地	8	876	72	218
省区综合性工业中心	57	254	21	59
化学	13	81	6	22
纺织	38	127	8	32
食品	40	36	3	12
建材	5	30	3	15
机械	23	58	6	17
其他	9	41	5	18
皮革	14	26	5	12
缝纫、文教	3	32	5	14
森林	8	32	6	25
造纸	11	71	6	20
电子	12	63	5	18
煤炭	17	55	10	27
电力	13	45	5	12
冶金	14	127	12	29
石油	7	216	5	19
295 个城市平均		164	12	37

(3) 区位商法（Location Quotient Method）——"城市产业集中化系数"。

城市产业集中化系数是指城市某一产业在该市集中的程度，用该产业的规模比重对全国平均比重的比率来表示。其一般模型如下：

$$R_i = m_i/m_t / (M_i/M_t)$$

式中　R_i——某城市 i 产业集中化系数；

　　　m_i——某城市 i 产业总量；

　　　m_t——某城市所有产业总量；

　　　M_i——全国 i 产业总量；

　　　M_t——全国所有产业总量。

例如：上海市 2002 年完成重工业增加值为 1 473 亿元（m_i），工业总增加值为 2 312 亿元（m_t）。而同期全国重工业增加值为 19 188 亿元（M_i），工业总增加值为 45 935 亿元（M_t）。❻

计算得 R_i = 1.528，表明上海市重工业的集中度远远高于全国水平。

由此可见，集中化系数首先可以具体了解城市产业相对集中的程度，从而帮助我们了解与之相联系的城市专业化程度。凡是系数超过1的产业，都表明该城市该产业的集中化和专业化程度已经超过全国平均水平，一般可称之为该城市的主导产业。对各城市主导产业的集中程度的了解，可以帮助我们明确认识一个城市的性质和主要职能（如桂林作为一个旅游城市，其旅游产业集中度远远高于全国水平），明确认识一个城市进一步发展的基础条件，还可以通过各种横向比较了解城市基本职能在城市系统中的组合是否合理，有利于对城市经济结构的调整和调节，提出具体明确的方案和建议。

在更多情况下，集中化系数的计量在许多产业部门进行，不仅可以在经济部门进行，比如第三产业内部层次的集中化程度可以说明城市经济的发展阶段与水平，也可以在非经济部门进行，如城市公共部门，以测定各个城市的社会职能的效率。这些集中化系数不仅可以用以测定一个城市的各类产业的集中化程度，也可以用以测定某类城市群的该类产业的集中化程度。集中化系数也可以应用于地区，成为地区产业集中化系数。

上述分析方法的局限性还在于它只有助于认识城市性质和主要职能的现状，而不能回答这种现状的合理性及其发展前景如何。从经济学角度研究城市性质和主要职能的任务，恰恰是要判断一个城市的性质和功能究竟应该是什么，以及它的发展目标是什么。在我国，现有城市性质与它应有的性质及其发展方向常常是背离的。

四、城市经济学涵盖内容与考察对象

（一）城市经济系统

城市系统与城市经济是相互依存，互为条件的有机统一体。城市系统是城市经济形成和发展的外部基础，而城市经济的发展则可以促进城市系统的完善和健全。城市系统可以从不同角度和需要出发进行若干分类或划分系统层次。城市系统大于城市经济系统。

城市经济系统可以划分为三个子系统，即：微观城市经济系统、宏观城市经济系统和城市经济管理系统。

微观城市经济系统主要是就一个城市进行个体考察的经济系统。对它的研究一般是"城市层次"的经济要素、经济结构和经济运行规律的分析与研究。我们可以利用房地产这个经济元素来论述"城市层次"的概念。房地产既可以从国民经济的角度加以研究，也可以从房地产经济的角度和城市经济的角度加以研究。从国民经济的角度出发，主要应侧重房地产的有偿使用与整个国民经济循环之间的联系和关系研究；从房地产经济的角度出发，主要应侧重有偿使用与房地产业发展之间的联系和关系的研究；从城市经济的角度出发，则主要侧重房地产的有偿使用与城市经济运行和空间结构之间的联系和关系的研究。例如，城市级差地租、级差房租、城市土地税和费的研究等等，就是城市经济的重要研究内容。

宏观城市经济系统主要是从时间的大跨度和空间的大领域进行考察的城市经济系统。时间的大跨度就是一个历史阶段或一个历史时期。空间的大领域就是指包括两个城市以上的较大地区、区域、国家以至全球。很显然，时间的大跨度和空间的大领域是相结合的。不过，其结合的选择要根据研究的任务和目的而定。例如，要了解我国沿海城市和某个地区的城市发展战略，就必须对其最近一个时期和战略所涉及的未来一个时期的发展进行分析和预测。这些都是宏观城市经济应研究的范畴。

不言而喻，研究宏观城市经济对微观城市经济的研究有指导意义。例如，需要研究一个城市的发展战略这样一个微观城市经济问题，就必须对该地区宏观发展战略甚至是全国城市发展概况以及城市发展的一般规律进行深入了解。再如，生产力布局，一个城市应发展哪些产业，发展到什么规模和程度，仅就个别城市"内视"是很难得出正确答案的，必须与区域内其他城市的资源和生产条件进行比较后才能得出正确结论。任何一个城市的"优势产业"都是以该城市自身条件为基础，客观地评价其他城市间的比较竞争优势，而后得出最终结论的。

城市经济管理系统主要是指人为管理好宏观城市经济和微观城市经济形成的调节系统和控制系统，它反映人对城市经济发展施加影响的成败得失。城市经济发展速度和效率都与人的作用分不开。研究城市经济必须把人在城市经济运行发展中如何正确发挥主观能动性，正确指导和推动城市经济符合规律地发展，作为重要的研究任务，必须把有关城市经济运行和发展过程的科学控制及其可能发生的"故障"和不确定性的变化加以预测、预防。

下面所要讨论的城市经济关系、城市经济运行和城市经济规律是城市经济系统的有机构成要件。

（二）城市经济运行

城市经济运行是城市经济所包含的客体之一。研究经济的目的是促进经济有序、持续地增长，而经济的增长只有在经济运行中才得以实现。经济运行包含生产、流通、消费三个大环节。城市会随着经济运行而新陈代谢，吐故纳新，随时有新产业、新企业、新产品的兴起，有老产业、老企业、老产品的衰落和淘汰。城市经济生态良性循环的机制、条件和演变过程，是研究城市经济必须面对的重要内容之一。

（三）城市经济关系

城市经济关系是城市经济运行、发展的根本保证。经济关系存在于经济横向联系和纵向联系之中；存在于经济客体之间，也存在于经济主体之间以及客体与主体之间。也就是说，有生产力性质的经济关系，也有生产关系性质的经济关系，也有生产力与生产关系的关系。经济关系存在于城市内部，也存在于城市外部以及内部和外部的交叉关系。经济关系既是静态的也是动态的、发展的。经济关系的形式也是多样的，有：单相的、耦合的、交叉的、复合的等等。经济关系协调，对经济发展起促进作用；不协调，则会产生制约、掣肘的消极作用。城市经济发展过程中的主要比例关系（如价值形态的、实物形态的、空间形态的等等）及其地位和作用，与调控方法构成了主要的城市经济关系。

（四）城市经济规律

城市经济规律是城市经济运行和结构形成变化的内在支配力量和动因。规律是深层次的客观存在，是人类认识世界最有价值的成果，也是人们进一步改造世界的指南。城市经济规律也是纷繁复杂的。

简而言之，城市经济研究的客体是城市经济系统，研究的过程是经济运行，研究的核心问题是经济结构，研究的根本任务是发现与利用经济规律。这四个方面又是不可分割的统一体，为一个统一的目标和目的服务。城市经济研究的中心课题是城市经济的持续发展和城市综合效益的不断提高。

五、城市经济的地位

随着社会的不断进步与经济的不断发展，城市经济在整个国民经济体系中的地位和作用越发重要。而基于现代城市社会发展的重要推进器——城市化的加速，城市经济已经成为国民经济的主要成分和主导力量，成为区域经济发展的"龙头"和微观经济发展的唇齿相依的条件。

（一）城市经济是国民经济的重要组成部分

这种重要性可以从量的方面和质的方面加以说明。

2001年，全部地级市以上城市国内生产总值（不包括辖县，下同）由1990年的6 708亿元，增加到55 057亿元，增长9倍，年均增长达到15.5%。城市经济的增长来源于两个方面：一方面是城市自身实力的增长，另一方面是城市数量的扩张。城市经济占全国的比重由1990年的36%上升到2001年的57.4%，提高了21.4%，见表1-5。

2001年经济状况对比[1]　　　　　　表1-5

2001年	国内生产总值（亿元）		第一产业增加值（亿元）		第二产业增加值（亿元）		第三产业增加值（亿元）	
	绝对值	同比增幅（%）	绝对值	同比增幅（%）	绝对值	同比增幅（%）	绝对值	同比增幅（%）
全国	95 933	7.3	14 609.9	2.8	49 069.1	8.7	32 254.3	7.4
全部地级城市（不包括辖县）	55 057	17.5	2 631	17.08	27 432	17.9	24 993.9	12.89

显然，根据表1-5，2001年城市经济发展速度远高于全国水平。2001年城市地方财政预算内收入4 175.4亿元，是1990年的4倍，年均增长13.4%；地方财政预算内支出5 222.4亿元，其中科学教育事业费支出占地方财政预算内支出的比重为13.8%。2001年末金融机构存款余额97 125亿元，其中城乡居民储蓄年末余额42 992亿元，是1990年的13.8倍。

1990年我国市辖区国内生产总值超过200亿元的城市有北京、天津、上海和广州4个城市，2001年国内生产总值超过200亿元的有45个城市，其中九个超过1000亿元，依次为上海、北京、广州、深圳、天津、武汉、杭州、沈阳、大庆，见表1-6。

国内生产总值超过200亿元的城市[8]　　　　　表1-6

城市	2001年GDP		1990年GDP	
	绝对值	相对值	绝对值	基数
上海	4 893	955.66	512	100
北京	2 697	603.36	447	100
广州	2 449	949.22	258	100
深圳	1 954	1 826.17	107	100
天津	1 649	651.78	253	100
武汉	1 347	1 104.10	122	100
杭州	1 195	1 389.53	86	100
沈阳	1 057	571.35	185	100
大庆	1 031	720.98	143	100

2001年全部城市市区人均国内生产总值18 332.9元，是1990年的4.8倍，是全国平均水平的1.4倍。

更重要的是，城市经济不仅在数量上占优势，而且在质量上占优势。随着经济改革的逐步深入，城市经济结构得到有机调整，城市第三产业得到了较快发展：2001年城市第一、二、三产业的增加值分别为2 630.7亿元、27 432.3亿元和24 993亿元，分别比1990年增长3.5倍、4倍、6.7倍。第一、二、三产业的增加值的结构比重分别由1990年的6.6∶60.4∶33积极调整为2001年的4.8∶49.8∶45.4。与1990年相比，第一、二产业的比重分别下降1.8和10.6个百分点，第三产业的比重则提高了11.4个百分点。第三产业的快速发展，使得城市功能得到进一步加强。另外，由以上数据可知，城市经济主要由第二产业和第三产业所组成，它比农村经济具有更先进的技术、更高的生产效率、更快的发展速度，因而它的技术、资金、管理等方面对农村和地区的发展起着指导和领头作用。现代城市经济是整个国民经济和地区经济发展的火车头。

(二) 城市经济是国民经济和地方经济的中间环节，是承上启下的纽带

经济的发展一般具有网络特点和辐射特点。抓住网络，利用网络就要首先抓

住网络的主线。要发挥经济的辐射力作用，必须抓住产业辐射的"源"，因此城市必然是国家各级政府进行管理和调控经济的重点和支撑点。国家的总体管理和部门的管理只有通过城市的综合管理才能落到实处，才能顺理成章。另一方面，城市经济对其腹地区域的发展有着重要的扶持、引导和推动作用。

（三）城市经济是各部门经济在空间上的集合和重要枢纽

城市经济的集合和枢纽作用客观上促成了各部门经济协调发展的外部条件。任何现代企业的微观经济在很大程度上受制于它的外部环境，尤其是生产要素的流通和信息传递等等，如果没有外部物质条件和管理条件的配合是寸步难行的。而城市的物质条件和管理条件则正是这些企业搞活经济的主要外部条件。城市经济管理好坏与企业效益成绩的优劣有着十分重要的关系。城市经济实际是把所有部门经济的应用与开展，落实到城市领域并加以发展的经济系统，它解决各个部门经济独自所难以解决的许多综合性的经济问题。

注释

❶ 资料来源：2002 中国城市发展报告，第 39 页．北京：中国统计出版社。
❷ [美] 阿瑟·奥沙利文．城市经济学．第四版．第 15 页．北京：中信出版社。
❸ 谢文蕙．城市经济学．第 54 页．北京：清华大学出版社。
❹ 中华人民共和国城市规划法．第十九条。
❺ 周一星．城市地理学．第 231~238 页．北京：商务印书馆，1995。
❻ 国家统计局和上海市统计局。
❼ 2002 中国城市发展报告．北京：中国统计出版社。
❽ 2002 中国城市发展报告．第 9 页．北京：中国统计出版社。

复习思考题

1. 试着从经济学角度揭示城市的形成与发展。
2. 为什么要确定城市的性质和职能？如果有必要，你觉得采用什么方式会更加合理？
3. 能否从新的视角分析城市经济的地位与作用？

讨论题

以深圳为例，讨论现代城市的形成与发展，有哪些因素（无形之手）在起作用。

第二章 城市经济结构

城市经济结构是城市经济系统组成要素相互依存，相互制约的体系，是社会分工发展变化在城市经济领域中的反映，是城市经济性质和功能的具体体现，是经济运行在一定时期的存量之间的比例关系。城市经济结构是城市经济关系的现状和问题的总体描绘，它具有多方面、多视角、多层次的丰富内容。不断调整完善城市经济结构是加速我国经济建设和实现可持续发展的必由之路。

经济愈发展，社会分工愈发达，经济联系愈频繁，经济结构的形式和范围就愈扩大和复杂，经济结构要素之间的相互依赖程度也会愈高。反之，经济结构对经济发展的制约作用就越大，特别是现代经济的发展，打破了原有的世界各地经济分散状态和孤立状态，一个地区、一个国家经济结构的变化不仅对一个地区、一个国家的经济发展具有决定性影响，而且也会波及影响到世界经济的发展。

事实证明，经济结构的合理与否，对经济发展可以起到促进或阻碍作用。社会经济危机的产生，往往是生产关系结构不合理和生产力结构比例失调相互作用的结果。可见，经济结构合理与否关系到整个国民经济的安危。

第一节 城市经济结构概述

一、城市经济结构的特点与作用

城市经济结构是国民经济结构在城市范围内的具体化，它有自己的结构形式和结构系统。城市经济结构一般具有如下特点：

（一）城市经济结构的特点

1. 城市经济结构的整体性

任何一个城市的经济结构，都是一个由十分复杂的各种分支结构（子系统）组成的有机的相对独立的整体。这个整体的内部联系，一般具有与城市范围相适应的空间地域上的特征。也就是说，同一城市空间内的各种经济实体，一般具有最紧密联系和相互依存的关系，它们具有不可分割性。例如，从再生产角度来看，生产、分配、交换、消费各个环节，在一个城市内部必须结合紧密、比例得当，经济才能有效运行。

城市经济的整体性和它的有机性是一致的。经济的整体性受到损失，它的有机性，特别是它作为有机体的成长就要受到损害。一个城市的流通如果跟不上城市生产的需要，犹如人的血液循环不畅，机体的健康和发育就会受到很大影响。

2. 城市经济结构的开放性和动态性

任何城市经济结构，都是与外界时时发生紧密联系的开放性系统，它同时又是更大范围内（例如，一个地区或一个国家）存在的经济系统中的一个子系统。因此，城市经济结构的内部调整和平衡，必须时时注意与其外部调整和平衡相适应，不仅要注意城市内部的整体性和矛盾的统一，也要注意更大范围内的经济发展的整体性和矛盾的统一。

城市经济结构的开放性，不仅是空间性的，同时也是时间性的。也就是说，城市经济结构在其开放性过程中，必然会由于适应新形势的要求，不断发生动态"更新"，这是完全必要的和可能的。例如，有的城市，由于蕴藏着储量丰富的地下资源，于是发展成为资源型城市，但是随着地下资源的逐渐枯竭，城市的经济结构开始渐进式转型。如，辽宁阜新原为我国最大的露天煤矿开采基地，多年开采后煤矿资源逐渐枯竭，面临城市经济结构的转型。目前，我国共有400多个资源型城市，其中20%的状况类似于阜新，亟待经济转型。

3．城市经济结构的内部矛盾性

城市经济结构内部构成的结合，一般具有对立统一的性质。例如，生产和流通，生产和消费，生产和建设，生产和环境，第一产业和第二产业，第二产业和第三产业，大企业和小企业，劳动密集型企业和技术密集型企业等等都可以构成城市经济结构的一个方面，但同时是对立统一的有机体，都有适度存在的理由和作用。结构越复杂，矛盾也越复杂。这些结构和矛盾，如果处理得好，就会促进城市生产力的发展，处理得不好，就会严重制约城市生产力的发展。

（二）城市经济结构对城市发展的意义

城市经济结构对城市发展的决定性影响是多方面的。

首先，城市的经济结构决定城市的性质。例如，上海是综合性国际大都市，大庆是新兴的石油城市。原因在于上海已经发展成为具有综合性、外向型经济结构的大都市，而大庆主要具有以石油产业为主体的经济结构，因此它是石油城。

其次，城市的功能和效益与城市经济结构有很大的关系。城市的主要功能与城市的性质是一致的。但是城市的功能往往不是一个，生产功能、流通功能、消费功能，往往每个城市都程度不同地具备，这些功能的实现当然要靠相应的经济结构来保证。城市的功能与城市的贡献及其效益是密切相关的。合理的经济结构，它的经济效益就高，贡献就大；反之，效益就低，贡献就小。

联系现实情况，我国现在不少城市经济效益低下，除部门经济内部的原因，如物耗过量，劳动效率低，损失浪费严重等以外，主要是各种经济结构的比例关系失调和不合理，包括生产、消费、流通之间的比例关系、生产与建设的比例关系、各种所有制之间的关系、城乡关系以及生产与环境和社会条件之间的关系等等。前者是微观经济效益损失，而后者则属中观乃至宏观经济效益损失。从我国当前实际情况看，在总的效益损失中，宏观效益的损失很可能是高于微观效益损失的。然而发达国家为了提高经济效益、社会效益和环境效益，都在不断地进行经济结构调整。例如，日本的环境效益近十几年得到明显改善，大气中的二氧化硫含量大大减少，原因有直接的和间接的两方面：直接的原因是增加了脱硫设备，提高其运转率和二氧化硫去除率；间接原因就是改变了工业结构、能源结构。

最后，城市的发展方向、规模，在很大程度上取决于现有的城市经济结构态势。一个重型结构的城市，在重型经济机构方面具有现实的比较优势，所以其城市经济结构的趋势可能是继续向重型方向发展；一个轻型结构的城市，提供的是向轻型方向继续发展的基础。如果需要改变发展方向也必须在这个基础上逐渐转变，不能一蹴而就。同时，一个城市经济结构及其构成要素在数量上的确定，基本也就是一个城市规模的确定。例如，一个城市的基础产业产量和工人人数的确定，相应的非基础产业和服务业的从业人员，按一定比例即可确定。由于全部从业人员的确定，全部城市人口也就可以确定了。没有结构比例的相对量和绝对量的分析，我们对城市的规模和发展就会茫然无知。不仅如此，城市经济结构的确定，为城市的空间布局规划提供了科学根据，使城市的功能分区和各个经济实体的位置要求趋于合理化。

总之，合理的经济结构可以加速城市的发展，反之，必然阻碍和延缓城市的发展。

城市经济结构的重要性，还在于它的形成，不是一朝一夕之功，而它的不适应性一旦产生也不是转瞬即逝的，它对经济的消极影响极不易克服。因此，适时进行城市经济结构的战略规划，及时完善和调节城市经济结构必然成为任何一个城市工作的重要组成部分。

二、城市经济结构的形成

城市经济结构是城市生产力和生产关系的综合载体，它随着城市生产力和生产关系的形成、发展而形成和发展。例如，农、轻、重的经济结构，一方面反映生产力发展的阶段性特征，即在生产力的不同发展阶段，农、轻、重的经济结构比例关系在不断的发生变化，此消彼长，另一方面它也反映生产关系的要求和变化，城乡之间的差距的变化，城镇居民与农民的生活水平差距的变化，积累和消费的比例关系的变化等。城市经济结构的形成因素主要包括以下几方面：

（一）生产专业化

城市经济结构的形成和发展首先决定于城市的性质和功能。城市的性质和功能确定之后，城市经济结构随之趋于稳定，但由于生产技术和组织技术不断进步，必然引起多项生产和工作的专业化和专门化的日益发展，推动经济结构随之发展变化。

专业化，首先由劳动分工所引起，是指许多工业企业和工业部门从原来的企业和部门中分离出来，形成新的企业和部门的过程。这些企业和部门都有自己的专业方向，生产一定的成品，一定的零部件，或者只完成生产过程中某些工艺流程，它们拥有专门的机器设备，采用特定的工艺过程，配备相应的生产工人、技术人员和管理干部等。当然，研究城市经济的时候，专业化的概念不仅限于工业，而应扩大到其他所有产业，如建筑业、运输业、商业、文教卫生部门等，这些产业和部门都有不断提高专业分工水平的需要和可能。

应该注意的是，与专业化趋势相伴而生的就是各产业的集约化趋势。所谓集约化，是指生产过程中，为谋求较高经济效益而集中投资于生产技术先进的部门和企业，使该部门企业的发展不断得到扩大的一种经济发展趋势。例如，据国外资料，一套炼油装置的能力从300万吨扩大到600万吨，可减少投资24%，降低金属消耗47%，提高劳动生产率2.4倍；汽轮发电机组容量从30万千瓦扩大到60万千瓦，可降低发电成本15%~20%。当然，随着现代化技术的发展，集中投资于先进技术产业的概念有了新的发展。即有些拥有新的先进技术的企业，不一定就是大型或超大型的企业，在一些发达国家中，有些新发展的中小型企业也拥有了最新的先进技术装备和具有与大企业的经济效益相媲美的竞争力。例如，美国小型企业在20世纪50年代每年增加不到10万家，而20世纪80年代每年新增加60万家。西方资本主义的发展，资本集聚和集中，形成大托拉斯、跨国公司。现在科学技术的进一步发展，又产生了大量专业化的小企业。这是工业集约化发展中的一种新趋势。由于这个趋势的出现，可以把工业集约化的概念理解为，就是要把资金、劳动力逐步集中投放于技术密集型企业。

由此可见，集约化是城市经济专业化的一般特征和方向，离开了集约化，专业化就没有现代意义。

首先，任何分工，都必须以协作为前提，用协作把分工串联起来。没有协作的分工，将毫无意义。因此，分工和协作都是生产的必备条件。但是，分工和协作之间是存在着矛盾的，分工的不当，或分工的职能大小不一，常常会成为协作的障碍。

其次，任何分工和专业化的存在和发展，都离不开交换，必须以交换为依托。也就是说，分工在生产领域、在企业内部必须通过协作联系为一个整体，而在流通领域、在社会内部必须通过交换联系为一个整体。分工越细，越需要加强生产、流通领域的联系。换言之，专业化程度越高，其社会化程度亦越高。

最后，任何分工和专业化都意味着劳动生产率的提高，意味着生产资料生产手段和劳动时间的节约，也就是社会资源的节约。

由此可见，在科学技术发展推动下所形成的产业专业化分工及其集约化、社会化发展趋势与特点，是城市经济结构形成和发展的基础和动力。

（二）产业集中化

城市产业专业化、集约化、社会化与城市产业集中化有相通之处。分工不一定等于分散，分工的目的是为了提高生产力，集中的目的也是为了提高生产力，所以专业化的过程与集中化的过程在现代工业企业几乎是同时进行的。也就是说，技术的提高与规模的扩大互相促进，互相依存。集约化要求集中投资，集约化的发展必然带来投资规模的扩大。专业化生产的规模越扩大，其所面向的社会市场也随之扩大，其协作的范围也随之扩大，因而它的社会化程度也越高。现代工业正是这样发展起来的。随着组织规模的扩大，设备规模也不断扩大。例如，我国钢铁工业，20世纪50年代新建的最大高炉容积有1 500立方米，到20世纪70年代就有2 500立方米的最大高炉，而20世纪80年代宝钢的建设，它的两座高炉容积均为4 063立方米。非物质生产领域的文化、教育、卫生、科技事业的发展，也无不遵循这个规律前进。

结合城市特点研究城市经济发展，不仅要看到各项产业自身滚雪球成长的必然性和作用,更要看到各项产业在集中化成长过程中的相互影响及其在城市发展中的地位、特点和作用。为此要通过集中化系数的度量,进一步比较研究不同产业在不同城市分布的特点和规律性。❶

前苏联学者 И.А. 伊利英对集中化系数有过系统研究。他指出"地方性(集中化)系数表明经济区和城市的某一部门同基本(即标准的)区域经济单位的同一部门相比较所占的优势和专门化程度。"❷

实际上,集中化分布研究还可引申到各种产业领域。例如,对我国各等级规模城市在校高校学生数进行对比,可以得出表 2-1 的集中化系数分布情况。很明显,100 万人口以上的大城市高校学生具有明显集中优势,集中化系数均超过 1.7,而 50 万人口以下的中、小城市具有明显的分散性,集中化系数均小于 0.6,这是合乎规律的。这说明城市越大,其社会职能和文化职能越强,文明程度逐渐提高,经济结构逐渐"软化"。

1996 年全国 666 个高校在校生分布情况❸   表 2-1

城市规模(万人)	市区人口(万人)	高校在校生(万人)	比重	集中化系数
	1	2	3	4
全国	20 779.1	309.7	0.0149	1
大于 200	4 224.6	119.6	0.02831	1.9
100~200	3 094.2	80.5	0.02602	1.75
50~100	3 000.8	41.6	0.01386	0.93
20~50	5 951.4	52.8	0.00887	0.6
小于 20	4 508.1	16.3	0.00362	0.24

(三)经济综合化

产业专业化所形成的经济结构,初始具有单向的特点,系统比较简单,要素和子系统并不复杂。但是随着产业体系的进一步枝叶并茂,不仅产业系统内部会越来越复杂,而且产业系统之间会组成更为复杂的多向系统,于是城市经济就具有了综合化发展的特点和客观要求。

城市经济综合化基本经历了四个发展阶段,与这四个阶段相伴随的就是区域内产业性质、内容、结构、水平的演变。

第一阶段为城市带起步期(1870 年以前)。这一时期推动城市增长的主要经济因素是蒸汽机的发明与应用及轻工业的发展。城市的主要职能是商业、贸易和行政中心,满足基本生活需要的产业(如食品、纺织)为当时的主导产业。这样的产业虽然得到迅速发展,但由于城市尚小,地域分散,集聚程度有限,所以具有独立经营、接近市场的特征。

第二阶段是城市间弱联系阶段(1870~1920 年)。由于第二次技术革命的推动,电的使用,钢铁生产大发展,铁路运输兴起,使重工业跃居主导产业地位并得到集中发展。城市规模由此迅速扩大,城市之间的联系逐步加强,第三产业亦开始发展。产业结构开始复杂化、综合化。

第三阶段是城市带的雏型阶段（1920~1950年）。汽车和石油登上了历史舞台，制造业正值兴旺发达时期，第三产业日益增长。主导产业以汽车、飞机制造、家用电器等耐用品部门及石化产业为主，并逐步过渡到与服务业并重的产业结构。各类产业产量和技术水平不断提高，城市规模和城市人口加速增长。城市间的联系进一步加强。已经集中的产业，有的进一步扩大规模，有的则开始以子公司的形式在区位优势更好的地方灵活扩散。产业结构的综合化趋势愈益明显。

第四阶段是城市带趋于成熟阶段（1950~）。新技术革命进一步带来城市带的新局面：城市化水平空前提高，城市与区域已经形成整体性有机联系，各类产业联系更为系统和紧密，高技术产业成为推动经济增长和城市发展的新动力。在制造业内部，以电子工业为首的尖端技术工业成为主导产业，其他部门也日益趋于专业化、社会化。就整个社会经济而言，第一、二产业发生结构性收缩，第三产业迅速成长，开始了从"有形"产品生产向"无形"产品生产的转化，即"信息、金融、政府等为主的第四产业成为主导产业"。经济结构的综合性也趋于成熟。

一般来说，城市在初起的时候，职能比较简单和单一，但是随着城市的发展和产业专业化的提高，会自发产生综合性发展的趋向。

总之，城市职能由单一型向综合型发展与城市规模有一定联系，即城市愈大，其职能综合性往往愈高。如果是以商业、轻工业为主兴起的中小城市，在它的发展过程中其重工业比重必然逐渐增长而成为轻重工业综合发展的城市。上海、天津、重庆、武汉、哈尔滨等大城市的发展历史都是这样。同样道理，有的以单一重工业为主兴起的中小城市，在它的发展过程中，也将逐渐增加轻工业的比重而成为较综合性发展的城市。

对城市综合化发展的规律性变化，我们可以参见唐杰教授的回归方程。❶

如果不论城市工业门类的多少，它不是来自经济发展的内在需要而自然形成的，而是人为地拼凑和堆积的"大而全"结构，则不仅不是合理的综合性发展，反而是"人为经济"增长的表现。

事实上，正是生产专业化、产业集中化和经济综合化效应的综合作用形成了城市经济"貌似芜杂，内在脉络清晰"的结构特征。

三、城市经济结构调整

城市经济结构是一种动态结构，而城市经济结构的调整则是在符合城市经济发展规律的基础上对城市经济发展的结构与方向的培育调节。城市经济结构的调整要满足以下基本原则。

（一）综合效益最大化——可持续发展

城市经济结构调整和调节的首要任务是提高城市经济、社会、环境综合效益，实现城市的可持续发展。现阶段，我国城市的经济发展实际上存在两种现象：一是向比较单一的专业化方向发展，如一些煤城、钢城、汽车城、石油城、化工城、轻纺城的出现和发展；二是向综合性方向发展，如我国的上海、武汉、重庆、天津、沈阳、哈尔滨等等。综合型城市或专业化城市不是衡量城市经济综合效益高低的惟一尺度，城市经济结构调整一定要从实际出发，以城市综合效益（经济效益、社会效益、环境效益）最大化为主线，走可持续发展的道路。

当然，我国一些效益高的城市，无论是单一专业化型的还是综合型的，都有一个继续提高效益的内在动力，它们仍然存在结构不合理的问题。这种不合理也不外乎两方面：有些综合性城市需要突出城市产业的重点和特点，需要加强专业化和集中化发展；有些专业化城市需要进一步完善城市经济结构，向综合型方向发展。

城市经济结构，实质也就是城市经济系统，系统是各个部分（子系统）有机联系的整体，任何一个部分的运行都必须和整个机体平衡，否则，"牵一发而动全身"，后果不可小视。

（二）结构综合平衡

进行城市经济结构的调整和调节，必须坚持对城市经济进行综合平衡的原则和方法。就城市特点而言，主要应强调以下三种结构的平衡。

价值形态结构及其平衡。就全社会而言，正确处理总供给和总需求的价值关系，就是要求二者在一定时期内，其总供给量和总需求量基本相等，如财政收入和支出基本持平。相对城市而言，城市有比较特殊的情况，由于城市是生产力最集中最发达的中心地区，因此它所能产生的总供给中必须有一部分产出要贡献给社会，或者上缴给国家，参加全国的平衡。但城市的"贡献"多少要适度，要以城市社会再生产的顺利进行为尺度。在保证城市总供给和总需求平衡发展的前提下，不断调整总投资构成具有非常重要的意义。它的正确与否，即比例是否得当，对城市未来发展速度和效益的提高，有重大的制约作用。对于企业的投资要有产业政策的正确指导，对于城市公共投资要靠城市财政身体力行。企业投资总量与城市公共投资总量之间也存在着重要的比例关系，二者内部也各有自己的分类及其比例关系的客观存在。

实物形态结构及其平衡。实物形态的结构关系，是价值形态结构关系的实体。因而它比价值结构形态更现实、更具体、更丰富。从理论上来说，二者应该是完全相符的，但是价值结构和实物结构也会产生互相矛盾的现象。

价值平衡实际是对实物平衡的抽象与概括，是以实物平衡为根据的综合显示。实物平衡主要是现实的和可能的生产供给能力与现实的和可能的市场需求之间的物质平衡。生产供给能力决定于现有的和即将投入的机器设备的数量和效率，最终决定于资源的可供给数量和质量。市场的需要是中间产品的需要和最终消费的需要的总和，它具有多种变化因素，所以完全实现动态实物平衡也决非轻而易举的事情。从资源到生产到消费，存在着无数条互相交错的无限循环的实物链，而城市是这些链条中的主环节。

空间结构及其平衡。任何实物及其结构的存在与循环都不是虚无飘渺的存在，而是实实在在通过一定空间形态而形成的。这些实物的储存、运行所占有的空间均具有排他性，都要争一席之地，因而必然形成它们的空间结构。由于城市是高度密集的经济域，这种空间结构就更为复杂而具有经济意义。

传统的经济学对价值的解释，主要都是通过"时间消耗"来阐述，"时间消耗"带来时间的价值度量，而实际上"空间消耗"对价值也有重大影响。工人劳动时间越长，其产品成本价值越高。同理，产品运输空间越长，商品成本价值越高。缩短和节约劳动时间，是增加生产、增加经济效益的源泉。同理，缩短和节约劳动空间，也是增加经济效益的源泉。所以，通过合理的经济空间结构规划与开发，引导最优的经济产业空间布局是我国城市开发领域的重要目标。

讲究实物平衡、价值平衡的根本目的是城市效益最大化，讲究空间平衡的目的也是如此，而且这三个平衡是城市经济运行系统牢不可分、互相依存的。我们认为，空间与时间的有机平衡是城市开发遵循的基本原则与目标，有关针对性论述可参见本书第十四章《时序规划》。

(三) 科学制定战略规划

城市经济结构的调节要有科学的、长远的战略规划和计划，杜绝短期效应。

城市经济结构是一个十分复杂的系统，这个系统还存在着许多不完善的地方，要影响这个系统使之发生有利的变化，还要积以时日。但是，重要的是要用真正符合实际需要的战略和科学的规划与计划去指导，建立真正科学的适合城市特点的计划思想和计划体系，建立真正科学的有效的计划和市场相结合的调节机制。只有这样，城市经济结构的优化和合理化才有望实现，城市经济的腾飞才有望实现。

(四) 城市经济结构衡量

面对复杂的城市经济结构，为了提高城市经济效益，促进经济良性循环，需要有针对性的规划和计划，而规划和计划制定之后的有效调节则需要依靠一定的比例关系和技术标准以实现结构均衡发展。

资源要素投入与产出之间的比例关系。把城市作为一个整体考察，其主要资源要素应是城市范围内的人口、土地和全部资金，其总的产出综合指标设定为国内生产总值，因此，可建立城市生产要素投入产出系数如下：

(1) 城市人口产出系数 = 城市国内生产总值 / 城市总人口 = 人均国内生产总值，这个指标反映了城市综合经济发展水平和城市居民的产出能力。

(2) 城市土地产出系数 = 城市国内生产总值 / 城市全部用地面积 = 地均国内生产总值。对于一个城市而言，反映城市收益效益的最佳指标就是地均国内生产总值，因为土地是惟一可以作为城市内生因素考虑的变量。"地均国内生产总值综合反映了城市财富聚集、产业聚集、专业化分工与协作；综合反映生产、交易、协调成本的节约，聚集、创新、外部收益的最大化"。❺

(3) 城市总投资产出系数 = 城市国内生产总值 / 城市总投入。该指标放映了城市的投资收益率。

无论进行横向比较或纵向比较，上述"城市人口"、"用地面积"及"总投资"都要有规范的统一的口径，否则没有意义。如果城市经济结构合理，发展顺利，上述三系数均呈有规律的上升趋势。

收入弹性系数。这是西方较为重视的测度国民收入增长与各类产业增长之间的联动关系的重要指标。其关系式如下：

$$\text{某产业产品收入弹性系数} = \frac{\text{某产业产品增长率}}{\text{人均国内生产总值增长率}}$$

根据国际经验，收入水平不同，发展阶段不同，不同产业的弹性系数相差很大。例如，在人均国民国内生产总值处于1 000美元以下时，其食品需求弹性系数会很快提高，而当收入进一步提高时，其弹性系数便会不断下降，其他如纺织品、服装、皮革、家具等也有这种趋势，而某些高档消费品如小汽车等的收入弹性系数则会继续上升。目前，上海市的人均国内生产总值已经超过4 500美元，居民的收入弹性系数正在从低档商品和必需品向中高档商品变化。

资源利用率与资源消耗弹性系数。任何生产都必须消耗一定资源，节约资源、提高资源利用率是经济发展和科技进步的重要标志。资源利用率是指某项资源实际利用发挥作用的部分与包括资源损失浪费在内的全部资源之比，用一般技术方法加以测度。我国能源利用率，据20世纪80年代测算，工业为35%，电力为24%，交通为15%，民用为25%，相应的日本数据为78%，30%，25%，80%。总的能源利用效率中国为30%，日本为57%，美国为50%，英国为40%。

资源消耗弹性系数的计算式如下：

某资源消耗弹性系数＝某资源消耗增长率（%）／产品产量增长率（%）

在正常情况下，这个系数应该小于1，即资源消耗增长比生产增长慢，才能表现出资源节约。资源节约直接影响实物形态经济结构的改变。每个城市都可以普遍应用，也很有实际意义。

恩格尔系数。这是法国统计学家恩格尔于1853年发表的恩格尔规律（Engel's law）的头一条，即随着人均收入的增加，居民用于吃的方面的支出比重会逐渐下降。"例如我国城镇居民1990年的恩格尔系数为54.2%，2001年恩格尔系数降为37.9%，十年间恩格尔系数下降16.3个百分点。"❻

恩格尔系数是重要的消费结构指标，也是城市经济发展的重要指标，不断改善消费结构，提高居民生活水平，是城市经济发展的重要目标。

基尼系数。这是测度居民收入分配是否平均及不平均程度的重要指标。在改革开放以前，我国城市居民收入差别很小，反映当时存在一定平均主义倾向；改革开放以后，居民收入差距在逐渐扩大。根据一般规律，扩大的速度也会分时期有升高、停止和缩小的趋势。基尼系数来自洛伦斯曲线（图2-1）。方法是在一正方形中，将人口百分比标于横轴，将收入百分比标于纵轴，将收入由低到高排列的一定比例的人口的累计收入比例坐标连接起来的曲线即为洛伦斯曲线（O至B的弧线）。

这样在图上形成两块面积：由OB弧线与OB直线所夹部分α，由OB弧线与OAB线所夹部分β。基尼系数即为α面积占总面积的比例，即：

基尼系数＝$\alpha/(\alpha+\beta)$

基尼认为，当OB弧线向OB

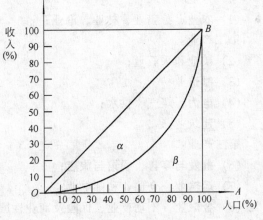

图2-1 洛伦斯曲线

直线靠拢，使 $\alpha=0$ 时，为绝对平均；当 OB 弧线向 OAB 线靠拢，使 $\beta=0$ 时，为绝对不平均，其实这是绝对不可能出现的情况，这等于说所有社会收入都归最后的1%人口，其余人口的收入都等于0。按照这个方法，基尼系数越接近于0越表示平均，越接近于1越表示不平均。"联合国有关组织规定：若低于0.2表示收入绝对平均，0.2~0.3表示比较平均，0.3~0.4表示相对合理，0.4~0.5表示收入差距较大，0.6以上表示收入差距悬殊。"❼

第二节 城市产业结构

产业结构是经济结构中最核心、最重要的结构关系。本节重点研究城市三次产业结构、产业技术结构和产业组织结构。

一、城市三次产业结构

（一）三次产业分类

"三次产业"作为一个完整分类始见于澳大利亚经济学家费希尔所著的《安全与进步的冲突》一书，费希尔在该书中提出了按照人类生产活动发展的三个阶段来区分产业结构的方法。费希尔认为，人类生产发展经历了三个阶段：初级阶段，生产活动主要以农业和牧业为主阶段。第二个阶段是以工业生产大规模的迅速发展为标志的，它主要是对人类在初级阶段上生产的产品进行加工。第三阶段则是大量的劳动和资本开始流入旅游、娱乐服务、文化艺术、保健、教育和科学、政府等活动中，这一阶段大约开始于20世纪初期。费希尔的三次产业划分有一定的针对性和合理性，于是很快得到了认同。第一产业主要提供满足人类基本生活需要的食品；第二产业主要提供生产手段和满足人类提高生活水平需要的食品和用品；第三产业提供人类除了物质产品消费以外的各种劳务和精神产品，满足人类发展生产、提高生活和满足精神的需要。所以，这种分类法的思想很快被人们所接受。

三次产业的具体划分又有所不同。

1. 联合国划分法

第一产业：

(1) 农业、狩猎业、林业、渔业；

第二产业：

(2) 矿业和采石业；

(3) 制造业；

(4) 电力、煤气、供水；

(5) 建筑业；

第三产业：

(6) 批发与零售、餐馆与旅店；

(7) 运输业、仓储业和邮电业；

(8) 金融业、不动产业、保险及商业性服务；

(9) 社会团体、社会及个人服务；

（10）不能分类的其他活动。

2．我国三次产业的划分法（始于1985年）

第一产业：农业（包括林业、牧业、渔业等）。

第二产业：工业（包括采掘业、制造业、自来水、电力、蒸气、热力、煤气）和建筑业。

第三产业：除上述第一、第二产业以外的其他各业。

由于第三产业包括的产业多，范围广，根据我国的实际情况，第三产业可分为两大部分：一是流通部门，二是服务部门，具体又可分为四个层次：

第一层次：流通部门，包括交通运输业、邮电通讯业、商业、饮食业、物资供销和仓储业。

第二层次：为生产和生活服务的部门，包括金融、保险业、地质普查业、房地产业、公用事业、居民服务业、旅游业、咨询信息服务业和各类技术服务业。

第三层次：为提高科学文化水平和居民素质服务的部门，包括教育、文化、广播电视事业，科学研究事业，卫生、体育和社会福利事业等。

第四层次：为社会公共需要服务的部门，包括国家机关、党政机关、社会团体以及军队和警察等。

3．三次产业划分最新规定

根据《国民经济行业分类》（GB/T 4754—2002），三次产业划分范围如下：

第一产业是指农、林、牧、渔业。

第二产业是指采矿业，制造业，电力、燃气及水的生产和供应业，建筑业。

第三产业是指除第一、二产业以外的其他行业。第三产业包括：交通运输、仓储和邮政业，信息传输、计算机服务和软件业，批发和零售业，住宿和餐饮业，金融业，房地产业，租赁和商务服务业，科学研究、技术服务和地质勘查业，水利、环境和公共设施管理业，居民服务和其他服务业，教育，卫生、社会保障和社会福利业，文化、体育和娱乐业，公共管理和社会组织，国际组织。[8]

4．最新划分法与1985年划分法的变化与区别

第一，根据经济活动的性质，新的三次产业划分规定将农、林、牧、渔服务业从原第三产业划归到第一产业。所谓农、林、牧、渔服务活动是指围绕农、林、牧、渔业产前产后的相关服务活动。它是农、林、牧、渔业生产活动中不可或缺的支持性活动，例如，灌溉、打药等防治病虫、鼠害的服务活动，外租机耕、机器收割等，是与农业生产密不可分的连续性生产活动，而且很多活动是由农民自行完成的。

另外，国际组织和多数国家一般都没有将农、林、牧、渔服务活动分离出来划入第三产业，而是将其随农、林、牧、渔业一同归入了第一产业。这样调整，也有利于国际比较。

第二，新的三次产业划分规定不再对第三产业划分层次。1985年的划分办法中规定，第三产业分为流通部门和服务部门两大部分，具体又划分为流通部门、为生产和生活服务的部门、为提高科学文化水平和居民素质服务的部门、为社会公共需要服务的部门四个层次。之所以取消层次划分，首先是由于随着社会经济

的发展,原划分方法中第三产业四个层次之间的界限已很不清晰;其次是《三次产业划分规定》是以《国民经济行业分类》(GB/T 4754—2002)国家标准为基础制定的,行业分类的划分层次非常明确,完全能够满足三次产业统计的需要。

此外,由于新修订的《国民经济行业分类》标准本身的变动,使得第一产业与第二产业,或第二产业与第三产业之间也有一些调整。如,原三次产业划分中将"木材及竹材采运业"划分为第二产业,由于新的《国民经济行业分类》已将其划入林业,因此在新的三次产业划分中,"木材及竹材采运业"从第二产业调入第一产业。

5. 厉以宁的"产前、产中、售后"的三次产业划分方式[9]

(二)三次产业结构评述

第一产业,无疑是人类生存、生活和发展的前提条件,在国家工业化初期,它对于整个国民经济具有基础性地位。它特殊的作用和对人类社会的重要性是任何产业所不能比拟的。进入工业化以后,第一产业的地位在不断地动摇和削弱。这是因为第一产业在为工业化发展提供原始积累的过程中,是以提供原料为主要形态的,随着工业原始积累的完成,以及科学技术的进步,其替代原料层出不穷,为第二产业的发展提供了广阔的空间,对一次产业的依赖相对减弱。如果这一时期的第一产业不能得到快速的发展,它不仅会丧失推动二产发展的功能,还会成为整个国民经济进一步发展的制约因素。现阶段虽然农业仍然具有基础性的地位,但从经济的视角去评判,它对整个国民经济的支撑作用在减弱。其原因:一是它对国民经济的贡献不断减少,由工业化初期占GDP的70%以上,到现在的只占GDP15%左右[10],而且随着社会经济的进步,它的贡献率还将越来越小。二是它对二、三产业的依赖性增强,无论是生产方式的变革还是现代化水平的提高,都需要现代科技、现代信息和工业化的支撑。三是进入工业化后期或后工业化时期,由于效率优先的原则,农业将是国民经济很小的部门,是一个福利性产业部门,而不是一个财富性产业部门。除为社会提供健康、安全的食物以外,它的生存和发展将主要依赖工业的反哺和政府的财政支持。因此,它的地位将随着社会进步和经济发展而不断发生变化。在我国现阶段,农业的基础性作用主要体现在我国仍然是一个农业大国,其人口主要集中在农村,劳动力就业主要在农业。无论从社会的稳定还是经济的发展,都不能忽视农业,不能轻视农村,不能歧视农民。社会稳定首先要稳定农村这一巨大的社会团体。发展经济要充分启动农村消费市场,要让农民有足够的经济实力,具备足够的消费能力。这些都需要增加农民的收入,让农民富裕起来。因此,第一产业的定位,应以增加农民收入为根本目标,它可以不再为工业化发展提供积累,也可以不再为国家财政提供税收。富裕农民、富裕农村才是它新的历史使命。

第二产业是国民经济的支柱产业,是衡量一个国家综合国力的主要标志。只有二产的充分发展,国家现代化的目标才能实现。工业化社会的特征决定了二产的历史性作用是拉动一产,推动三产。农业的根本出路在于机械化,只有工业发达了,才能有足够的技术和物质来装备农业,只有工业发达了,国家才有足够的积累来发展三产，居民也才有足够的收入来享受三产所创造的服务。与世界发达国家相比，我国的工业发展较为落后，工业基础还很脆弱。它对于一产的拉动和对三产的推动还远远不够。用现代化的工业装备农业仍然是我们追求的理想而不是现实，快速发展三产还缺乏工业化的支持。盲目地发展三产必然走泡沫经济的歧路。三产是个获利丰厚的产业，但脱离国情，超越发展阶段调整经济结构，必然事倍功半。世界上的发达国家都是经过了工业化的充分发展以后才走向了现代化，我国的大部分省市也都提出了工业兴省，工业兴市的战略，其道理不言自明。没有一个国家和地区是靠发展农业直接步入现代化的。现阶段的我国经济要坚定二产的战略定位，使其责无旁贷地承担起壮大国民经济、推动社会经济发展的基础性作用。

第三次产业是无形财富的生产部门，它的定位是拉动消费，给国民经济提供尽量多的贡献。按照结构经济学理论，拉动经济发展有三个主要因素：一是消费，二是投资，三是出口贸易。其中消费对于经济的拉动占相当高的比重[1]。看一个国家的富裕程度，也主要看三产的发育程度。三产的发展，是产业比重变动规律的必然要求，也是优化经济结构的主导趋势。产业结构由低级向高级的演进过程，是经济比重、就业比重由一产向二产、三产顺次转移的过程。三产得到充分发展的那一天，就是我国全面实现小康、步入世界发达国家行列的那一天。当前，我国发展三产的瓶颈是市场的发育还不健全，尤其是资本市场的发育滞后，制约了其他产业的发展；科学技术事业和教育事业落后于发达国家也是影响产业结构优化升级的要素；公共行政事业及社会保障事业还不适应社会发展的要求，机制不完善，机构不完备等。三产发展的道路还很长，空间也很广阔，工业化后期，它必然会成为国民经济的主体部门，承担起建设发达福利社会的重任。

（三）三次产业结构更新趋势

1. 三次产业结构动态变化

下面我们将继续探讨三次产业之间的结构比例关系及其动态变化规律。就宏观而言，第一次产业比重在进入工业化时期后，即开始下降，第二次产业比重迅速上升；在达到这个极限之后便逐渐下降；这是由于第三产业的发展，逐渐超过了第二产业的比重。这种规律性在考察具有相对独立性的大城市区域时，有很重要的参考价值（图2-2）。

经济结构，特别是三次产业的结构，是反映一个国家或地区经济发达程度和工业化程度的重要标志。一般情况而言，经济发达程度越高，第一产业所占比重就越低，而第二、三产业所占比重则越高。在人类社会发展的历史长河中，农耕文明时期，整个社会新创造的财富的绝大部分是依靠农业实现的。伴随着工业化

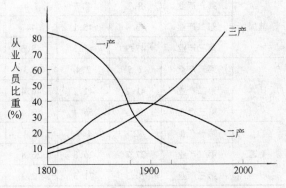

图2-2　工业社会三次产业结构变化模式[2]

进程的加快，第二产业比重迅速扩大而第一产业迅速收缩（表2-3）。而现代信息社会的到来，则表现为第三产业迅速膨胀。例如，美国1997年国内生产总值中，第一产业比重只有1.7%，第三产业所占比重达到72%。同期，世界平均第一产业也仅占5.2%，第三产业比重为61.6%，见表2-2。我国尚处在工业化进程中，第二产业仍处于上升时期，第三产业仍然有很大的发展空间。

改革开放以来国民经济情况[13]（亿元） 表2-2

年份	国内生产总值	第一产业		第二产业		第三产业	
1978	3 624	1 018	28.09%	1 745	48.15%	860	23.73%
1980	4 517	1 359	30.09%	2 192	48.53%	966	21.39%
1985	8 964	2 541	28.35%	3 866	43.13%	2 556	28.51%
1986	10 201	2 763	27.09%	4 492	44.03%	2 945	28.87%
1987	11 954	3 204	26.80%	5 251	43.93%	3 506	29.33%
1988	14 922	3 831	25.67%	6 587	44.14%	4 510	30.22%
1989	16 917	4 228	24.99%	7 278	43.02%	5 403	31.94%
1990	18 598	5 017	26.98%	7 717	41.49%	5 813	31.26%
1991	21 662	5 288	24.41%	9 102	42.02%	7 227	33.36%
1992	26 651	5 800	21.76%	11 699	43.90%	9 138	34.29%
1993	34 560	6 882	19.91%	16 428	47.53%	11 323	32.76%
1994	46 532	9 457	20.32%	22 372	48.08%	14 792	31.79%
1995	58 260	11 993	20.59%	28 173	48.36%	18 094	31.06%
2001	95 933	14 609	15.23%	49 069	51.15%	32 254	33.62%

部分国家三大产业关系表[14] 表2-3

国别		1990年	1991年	1992年	1993年	1994年	1995年	1996年
印度	第一产业	31	31.3	30.6	30.6	30.1	27.9	27.8
	第二产业	29.3	27.9	28.3	27.9	28.6	30.1	27.2
	第三产业	39.7	40.9	41.1	41.5	41.3	42.1	43
巴西	第一产业	10.4	11.5	12.2	12.5	14.3	14.4	14
	第二产业	38.5	38.9	38.3	38.2	37.3	36.5	35.9
	第三产业	51.1	49.7	49.5	49.4	48.5	49.1	50
韩国	第一产业	8.7	7.7	7.4	7	7	6.5	6.3
	第二产业	43.4	45.1	44	43.5	43	43.3	42.8
	第三产业	47.9	47.3	48.6	49.4	49.9	50.1	50.9
日本	第一产业	2.5	2.4	2.3	2.1	2.1	1.9	
	第二产业	41.2	41.2	40.4	39.2	38.3	38	
	第三产业	56.3	56.4	57.4	58.7	59.6	60	
美国	第一产业	2	1.9	1.9	1.7			
	第二产业	27.7	26.8	25.8	25.8			
	第三产业	70.3	71.3	72.2	72.5			

2. 第三产业的发展与调控

在对三次产业结构形成过程及其规律的分析中,独立对第三产业进行分析也有十分重要的意义。因为第三产业本身有以下重要特点:一是它的比重有后来居上之势,对国民经济发展的影响越来越重要;二是它基本上不属于直接生产领域,又要以第一、第二产业的生产发展为前提,因而既不宜超前发展也不宜滞后发展。超前则有可能增加国民经济的"虚涨"而有"泡沫"成分,滞后则有可能因缺乏对第一、第二产业发展必要的配套和服务而拖国民经济健康发展的后腿。对第三产业合理比例的分析,对于我国有重要现实意义。

为了解决这个问题,我们提出对第三产业的合理比例结构的分析与定位方法。

(1) 城市人口规模与第三产业分析法。从图 2-2 我们已经看出第三产业比重增长的基本趋势,是随着时间的发展变迁而逐渐提高的过程。一般来说,城市规模能体现城市发展时间的长短。也就是说,城市发展时间越长规模越大,其第三产业比重可能愈高;城市发展时间越短,规模愈小,其第三产业比重可能愈低(但缺乏工业的一些小镇例外)。对大量统计数据的宏观分析,可以完全印证和支持这一点,见表 2-4。

第三产业占 GDP 比重(%)[15]　　　　表 2-4

城市分类	第三产业占 GDP 的比重(%)	
	地区	市区
全部城市	34.5	37.2
超大城市	44.8	49.3
特大城市	36.8	43.8
大 城 市	32.7	38.8
中等城市	30.3	34.1
小 城 市	29.3	29.2
东部城市	35.6	38.1
中部城市	31.5	34.7
西部城市	34.9	37.2
沿海城市	39	46.6
特区城市	45.8	47.7

注:本表为 1996 年底数。

根据表 2-4 数据,我国 1996 年小城市市区的第三产业的比重是 29.2%。随着城市规模的逐渐扩大,第三产业的比重随之上升,超大城市的第三产业比重则上升到 49.3%。

(2) 三次产业效益分析法。三次产业的演变史表明产业层次效益具有递增的趋势。也就是说,第二产业的效益高于第一产业,第三产业的效益高于第二产业。以香港 1990 年的统计为例(表 2-6),"二产"的"人均产值"指标为 100,一产的效益指数为 39.2,仅是二产的 1/3 多一点;而三产的效益指数为 176.8,比二产提高 2/3 多一点(表 2-6)。近年我国内地城市三产有了长足的发展,但从业人员人均产值低于第二产业,这暴露了我国城市三产发展的两大不足:一是三产发展层次低,附加值低,提高增值服务业刻不容缓;二是出于减少城市人口失业的考虑,目前我国城市三产里面安置了大量的转业人口,因而三产的劳动生产率较低,这恰恰从侧面佐证了我国产业结构的低层次(表2-5)。

1995年我国城市主要经济指标 表2-5

产业	GDP		从业人数		人均产值	
	亿元	结构(%)	万人	结构(%)	万元	指数(以二产为100)
第一产业	5 075	12.85	10 081	35.57	0.503422	25.18
第二产业	20 102	50.9	10 056	35.48	1.999006	100
第三产业	14 310	36.25	8 202	28.95	1.744696	87.5
合计	39 487	100	28 339	100	1.39338	69.7

1990年香港三次产业产值与从业人员结构[⑩] 表2-6

产业	GDP		从业人数		人均产值	
	亿元	结构(%)	万人	结构(%)	万元	指数(以二产为100)
第一产业	14.41	0.26	2.72	0.98	5.3	39.2
第二产业	1 323.87	23.82	97.99	35.32	13.51	100
其中:工业	1 016.57	18.29	75.47	27.2	13.47	99.7
第三产业	4 220.28	75.92	176.76	63.7	23.88	176.8
其中:商业	1 275.75	22.95	71.22	25.67	17.91	132.6
交通运输业	495.04	8.91	27.21	9.81	18.19	134.6
金融业	1 091.35	19.63	21.05	7.59	51.85	383.8
合计	5 558.56	100	277.47	100	20.03	148.3

(3)第三产业构成分析法

第二次世界大战以后,从西方发达国家第三产业内部结构和发展趋势来看,其特征为:20世纪五六十年代中期,商业率先发展,所占比重最大,经过一定发展后,比重基本稳定;20世纪60年代以后,金融、保险、服务业一直保持较快势头;20世纪70年代以来,通讯、交通等部门相对发展较快;近10年中,在新技术革命的推动下,情报信息、咨询服务等新兴行业和教育、科研、医疗等一批知识密集型行业在一些发达国家每年都以20%以上的速度发展。以信息服务业为例,在发达国家中信息服务业已日益成为第三产业中的支柱部门之一,成为经济发展的带头产业。也就是说,第三产业内部结构演变的一般趋势是,在工业化时期,商业、交通、通讯业应领先发展,以配合产业市场的形成。随着产业市场的形成,必然促进金融资本和产业服务业的发展,金融业将成为筹集资金和调整社会资源分配的主要手段。在经济发展的更高层次上,经济增长更主要地要靠科学技术和产业信息推动。有人把后者称为"第四产业",值得重视和扶持。

而反观我国,由于受"服务行业不创造价值"观念的影响,我国第三产业的发展一直处于滞后状态。目前，经济发达国家第三产业增加值占国民生产总值一般在60%以上，第三产业从业人数占总就业人数一般为60%左右，部分城市的比重甚至超过了90%。相比之下，我国城市第三产业不仅比重小、水平低，而且结构不尽合理。2001年，城市国内生产总值中第三产业增加值只占45.4%，从业人员占总就业人数不到48%。第三产业还是以传统行业如商业、饮食服务业、交通运输业等为主，而金融、保险、信息咨询、科技服务等新兴行业则比较落后（表2-7）。

"九五"期间我国第三产业内部结构示意[17]　　　　表2-7

年份	1995	1996	1997	1998	1999	2000
运输邮电业	17	17.1	16.5	16.4	16.5	16.6
商业	27.5	27.2	26.7	26.1	25.3	24.6
金融保险业	19.4	19.7	19.7	18.6	18.3	17.9
房地产业	5.9	5.6	5.5	5.8	5.9	5.7
其他服务业	30.2	30.4	31.6	33.2	34	35.2
第三产业总计	100	100	100	100.1	100	100

注：归入"其他服务业"的"农、林、牧、渔服务业"，"社会服务业"，"科学研究和综合技术服务业"和归入"交通运输和邮电通信业"的"邮电通信业"等发展迅速，其在第三产业中的比重呈上升态势。

二、城市产业技术结构

科学技术是第一生产力，是生产力中最重要的因素。城市产业的发展离不开产业应用技术的发展和提高。科学技术不断推陈出新，不断与生产相结合，形成产业技术的层次性和梯度。提高产业的整体科技水平，调整和优化产业之间的技术结构，是城市经济调整的重要内容。

（一）产业技术结构的内容

科学技术与产业相结合是科学技术发展的初衷，是提高生产效率，改善劳动环境，节约资源，降低成本，提高产品质量，满足人类日益增长的物质生活与文化生活需要的根本途径。科技进步及其与产业相结合的成果越来越多，速度越来越快，并迅速地改变着世界的面貌。20世纪以来，电子技术、材料技术、核能的开发与利用、生物工程、通讯技术、海洋工程、航天技术，所有这些称为"新技术革命"的重要领域无不生机勃勃，突飞猛进。

技术进步对城市经济的推动作用越来越明显，研究技术结构对于我们正确地确立产业结构意义重大。研究城市经济产业技术结构应包括以下四个方面的内容：一是产业的技术含量和贡献及其增长，二是不同技术层次的产业结构，三是技术产业的地域分布，四是不同技术层次的劳动者结构。

第一，产业的技术含量是经济发展水平和质量的主要标志。所谓技术含量，一般以技术进步对经济发展的贡献率来加以评价。国际通行的办法是运用柯布—道格拉斯生产函数（公式见本节后面内容）定量计算一定时期内经济增长率总额中技术进步所占的份额。据世界银行计算，1950～1970年间发达国家的技术进步贡献率平均为49%，有些国家高达69%～70%，发展中国家平均为35%，有些国家和地区高达50%左右。按照这种方法计算,我国各时期技术进步对经济发展的贡献率都较低。无论是从我国自身纵向比较,还是与发达国家及发展中国家比较,都是不能令人满意的。我国经济总量增长速度,一般高于国际上大多数国家,但技术贡献率却低于它们,这说明我国的经济增长方式相对粗放,在很大程度上属于人力、物力和资金推动型增长,也就是主要依靠外延扩大再生产,而不是内涵扩大再生产实现的。

科学技术的进步,对经济效益、生态效益和社会效益的提高具有全面深刻的影响。据有关资料介绍,美国1964～1976年国民生产总值增长率为3.61%,其中由于技术进步引起的就占2.6%。也就是说,这个时期美国国民生产总值增长率的71%是由于技术进步而获得的。在1952～1966年间,日本的国民生产总值年增长率为9.5%,其中65%是由于技术进步而获得的[18]。

第二,产业的技术层次是产业群发展过程中技术等级升迁的必然现象。即有的技术水平高,有的技术水平低,总是存在技术等级的差别性。这种差别性之所以存在,一是由于科技的发展总是由点到面推进的;二是新技术的采用和推广不是轻意可以达到的,只有当新技术采用后的产出确实大于所有付出的时候,才能够大力推广;三是原有技术的适用性和经济性的优势具有迁延性。由此可见,产业技术结构及其动态过程的研究,已成为重要的经济课题,同时产业发展总的趋势是技术水平越高的产业发展越快,具有明显优势。据我国20世纪80年代统计,技术装备水平较低的农业劳动力年平均产值约为1 000～2 000元,传统工业的工人年平均产值约为1～2万元,而高新技术产业从业人员的年平均产值可达10～20万元,三者恰好是数量级递增。所以,发达国家均十分重视高新技术向传统部门的扩散渗透,使产业结构不断高级化。例如,日本的信息部门(包括教育、医疗、通讯、出版、输入计算机资料、信息机器及生产内部的信息化等)的产值,在1960～1979年间,所占国内生产总值的比重,由29.5%提高到35.4%,2000年超过40%,而非信息部门的产值在此期间相应下降5.9%,2000年下降到60%以下。随着科学技术的不断进步,技术产业结构的变化必然具有图2-3的趋势。

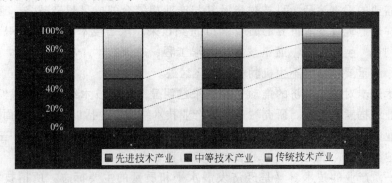

图2-3 产业技术结构变动趋势示意

第三,技术产业的地域分布会明显地表现出地域空间的产业技术梯度,即较发达地区产业技术水平一般较高,欠发达地区的产业技术水平一般较低,处于中间地带的产业技术水平一般也处于中间状态。当然,这也不是绝对的。因为一个大的地区或地带内部也存在产业技术梯度，那么，处于最低技术梯度地带的最高技术梯度产业未必会比处于最高技术梯度地带的最低技术梯度产业的技术水平还低。地区之间的产业技术水平和构成处于十分复杂的犬牙交错的状态。

第四，劳动力技术结构。在新产业中，科技人员的比重在逐渐增大。有些国家的科学研究人员的比重仍在迅速提高。今后随着现代技术的突飞猛进，机器人的迅速发展，还会代替许多人的工作，使这些人的劳动技能被"替代"。另一方面新的技术生产部门又会使成千上万的新职位如雨后春笋般地涌现，需要新的在数量上和质量上与之相适应的劳动者去就业。在未来的社会里，人的素质将成为"企业成败的关键"。现在国内外都存在城市就业需求结构与劳动者实际的技能知识结构相矛盾的"结构性失业问题"，因此，劳动力技术结构有必要随着现代新型技术的诞生发展而作出更新。据统计，20世纪末，美国制造业由于机器人的采用减少就业人数1 000~1 500万人，同时，随着电子邮件、电子银行、声控打字机的推广，服务行业已失去750万个职位；新技术的发展也会在设计、制作和应用这些新技术的领域创造出成千上万的新职位。例如，到1985年美国电子行业就增加了11万专职人员和14万辅助人员。劳动力的流动、转换和相对减少的前提是保证劳动力技术结构变换的代价和社会成本总是处于最低水平和劳动者承受力范围之内，就是保证技术进步贡献处于最佳状态的必要条件。

总之，科学技术的进步和加速发展，正在改变着整个世界的面貌，包括城市的面貌和乡村的面貌；改变着人类的生活方式和社会文明，包括物质文明和精神文明。科学技术与生产相结合，与产业相结合，与企业相结合所释放出的巨大能量，正是人类福祉取之不尽的来源。它既可以使人活动的时间缩短，也可以使人的交往空间缩小。但是，由此形成的世界性竞争也在加剧，它既带给我们从来没有过的发展机遇，也向我们提出了严峻的挑战。而科技进步的直接追求与技术产业的结构调整是必然紧密结合的，有时候后者比前者所发挥的实际作用更大。

（二）科学技术进步的贡献与产业结构分析

科学技术对生产的作用既然十分重要，就有必要结合生产对科技进步的影响因素：程度（水平）、发展速度和实际贡献作出定量分析，对技术产业的类型及发展规律进行结构分析。

根据丹尼森等人的分析研究，广义技术进步的内涵因子可以分为以下六类：1）生产要素的质量变化，如原材料、燃料和机器设备的质量改进，劳动技能的提高等；2）知识的进展，包括生产技术、管理技术和服务技术的提高，是技术进步的直接体现者；3）资源重新配置，即生产行业的结构变化；4）规模作用，即生产组织的规模效益；5）政策影响；6）不规则因素。在发达资本主义国家的经济发展中，直接由于第二个因素，即新技术、新工艺、新管理手段的采用所产生的经济增长效益，约占1/3左右；而由于第三、第四个因素，即结构因子的有利变化所产生的经济增长效益，约占1/2以上。这是值得注意的当代经济发展的历史经验。

对以上六个方面技术进步因素分别进行定量分析，往往由于其相互盘根错节的复杂关系而难以得出准确的结果。一般主张把经济增长的因素简化为三个要素

（劳动力 L，资金 K，技术水平 A）来进行测度。根据这个思想，产生了最常用的分析模型，即柯布—道格拉斯生产函数，其最早形式为：

$$Y = AK^{\alpha}L^{\beta} \quad (0 \leqslant \alpha \leqslant 1; \beta + \alpha = 1)$$

式中　Y——总产出；

　　　A——平均的广义技术水平常量；

　　　K——资金；

　　　α——资金的产出弹性系数；

　　　L——劳动力；

　　　β——劳动力产出弹性系数。

柯布和道格拉斯根据美国1899~1922年统计资料进行回归分析，得出以下方程，即：

$$Y = 1.01 K^{0.25} L^{0.75}$$

此式的含义是，当劳动力不变，资本每增加1%，可使产出增加1%的1/4；当资本不变时，劳动力增加1%，可使产出增加1%的3/4，这说明美国当时产业的技术水平还不高，劳动力增长具有举足轻重的作用。

由于上述生产函数模型中技术水平 A 是恒定的，不适于测度不同时期技术进步的变化，1942年丁伯根把式中 A 换成 At 代表某一时期的技术水平。这样只要用某种方法确定了弹性 α 和 β，At 便可容易求出，其基本公式为：

$$At = (Y/L)^{1-K/Y} \times (K/Y)^{-K/Y}$$

这个模型的长处是只要有 Y、K、L 的统计数字，该时期的广义技术水平一般很容易求出。从上式可以看出，一个系统的技术水平的测度是建立在该系统的一般技术水平总是与人均总产值的增长成正比，而与每单位产值所占固定资产的量成反比的认识基础上的。这个公式我们也可以用来测度一个城市和城市内部按各种方法分类的工业系统的一般技术水平。

技术进步和提高必然引起投资结构的变化。其过程就是资金由传统技术部门逐渐向高新技术部门转移和固定资产的资金含量与技术含量不断提高的过程。这个资源再配置过程与一系列涉及各部门、各产业利益分配关系的经济活动、金融活动以及国家财政政策、产业政策有极其密切的关系。这些经济活动与政策实施的配合程度，对投资结构的变化是否顺利和是否有利，有着决定性的影响作用。技术进步与提高必然最终引起产业结构的变化。这种结构变化，除了一、二、三产业的构成变化以外，还有按技术水平层次划分的产业结构的变化，即一般称之为三种不同要素的"密集型"产业的结构变化。技术含量由低到高，可划分为"劳动密集型"、"资金密集型"和"技术密集型"产业。从人均效益看，劳动密集型产业都是最低的，但是劳动密集型产业在我国现阶段仍有其继续存在和发展的理由与优势：一是劳动密集型装备率较低，投资比较容易收回，在资金缺乏的情况下，通过劳动力投入是积累资金的方法之一；二是劳动密集型产业的职工队伍庞大，劳动技术水平和熟练程度要求较低，比较容易组织生产，形成生产力，也较容易安置劳动力，在劳动力比较富余的中国，劳动密集型产业有其生存和发展的土壤。

从所有指标看，技术密集型产业都具有绝对优势，它理所当然是发展的重点和方向,但是,技术创新也是一个发展过程,不可以一蹴而就,况且新技术知识和技能劳动者的培养也有一个过程。

由此可见,产业技术结构的变化是一个自然过程,是一个由渐变到突变的过程,有其自身发展的规律和逻辑。

(三)城市产业技术的提升和结构调整

产业技术结构的演变和提升是一个自然过程,而这个过程总是通过人的自觉行动去实现的。一切信息告诉我们:城市经济发展的必由之路是实行提升产业技术的战略,加速技术产业的结构调整。

1. 重视城市技术产业结构的自然变迁

城市技术产业结构演变有其自身的规律,是一个生产要素(劳动、资金、技术)在生产贡献中的含量和三种密集型企业规模不断更替占据主导地位的有序过程。在经济发展初期,劳动要素的贡献与劳动密集型产业比重最大是必然的,但是随着经济上新台阶,资金技术要素及资金密集型产业和技术密集型产业将依次替代劳动要素与劳动密集型产业成为经济的主要成分。

在技术提高的过程中,实际上还有层次性和结构性,如图2-3所示,这三种技术在应用时都必须有相应提高,但是其变化规律也是一个依技术层次不同而有不同增长速度的过程。实际上,在每一类型的技术发展过程中,也还会有层次性和结构性,在考虑城市产业发展的时候,这些规律性问题都必须认真思考,但具体安排、规划又要考虑城市的特点、条件和环境,不能机械照搬。

单项技术的发展也呈现周期性规律,同一切事物一样,有一个产生、发展、完善和消亡的过程,或称具有缓慢发展、加速发展、达到顶峰然后衰落的阶段性,也就是呈"S"曲线或称"生长曲线"增长的轨迹。许多统计资料表明,技术的功能特性(速度、效率、产品数量等)和它的经济效果(销售量、利润额等)的变化,均遵守"S"曲线规律。在投入生产的前期阶段,

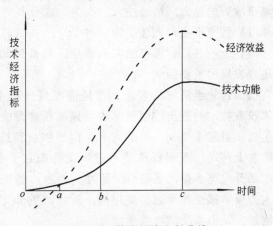

图2-4 技术经济生长曲线

后者的曲线位置较前者要高,说明它的发展较快。研究技术发展的生命周期,对于我们未雨绸缪,及时开发更新更高技术有着十分重要的指导意义。因为当"S"曲线进入拐点之后,它的发展速度自然减缓,在它进入顶峰之后便会自然衰弱,必须有更新的技术取而代之(图2-4)。

图2-4中,oa——实验和试生产期;

ab——正式投入生产期;

bc——扩大再生产期;

c——以后进入下轮开发新产品阶段。

2. 引进、消化、吸收和发展国际先进技术

产业的技术更新和提高,通常有两种方式:一是利用自身资源,自我创新。另一种方法是引进技术。在我国现阶段,在我国与发达国家之间技术落差十分明显的条件下,跳过自己重新摸索、试验和发明创造的过程(时间代价、资金代价、人力代价),直接引进关键技术,是发展的明智之举。这是发展中国家和城市可以实行和实现技术跃升战略的途径和方法。

我国改革开放以来,由于引进技术而一改企业面貌和城市面貌的例子比比皆是。当然,引进不能一次性完成,不能坐享其成。为保证产业的持久跃升,就必须把引进技术和消化、吸收这些技术以及进行创新很好地结合起来。根据各地经验,引进技术要起点高、速度快、效益好,要在技术引进的基础上加强国内协作、配套,要在引进"硬件"技术的同时,注意引进"软件"技术(专利和管理技术等),引进科学技术知识和人才也十分重要,把引进技术同培养本国的高素质的工程技术人员和企业家很好地结合起来。

3. 加强城市产业技术的宏观管理

技术进步与创新要具备许多必要条件,如:管理体制与机构,科技人才,设施,资金,信息网络与功能,奖励科技进步的办法,立法环境,市场环境,政府行为,政治经济形势等等。这些条件必须配套和完善并协同作用。

城市产业技术跃升和结构调整在市场经济条件下,一般是一个"自发"的过程,但是完全"自发"的市场经济也是有副作用的。必须依据客观经济规律,根据城市政府的能力,恰当注入"人为"成分和"激发"的要素。

(1) 教育事业与人才工程

世界上一些发达国家的实践表明,提高劳动者文化科学技术水平,是技术经济迅速发展的重要因素。

按照传统经济学的观点,在经济发展过程中,当资本相对于劳动而增长时,如果没有技术的进步或创新,收益递减规律便会发生作用,也即等量资本投入所产生的效益越来越少。但事实上,由于创新和技术进步,使得资本收益率曲线向外和向上移动。而创新和技术进步正是来自于教育。无论是知识的积累和传播、技术的开发与掌握,还是科学研究与创造,都要依靠人力资本对教育的接受程度,即人力资本接受教育的程度越高,所掌握的知识技能越多,其价值在生产中便不断增加,从而实现"收益递增"。

进入知识经济时代,科技进步在经济增长中所占的份额越来越高,已成为当今社会经济增长的主要源泉,而科技的进步及其对经济发展的贡献率关键取决于一个城市或国家所拥有的高素质和高科技人才。城市作为培养和聚集高科技人才的主要区域,其教育结构和水平决定着区域发展的潜力。

"上海进入20世纪90年代以后出现的持续、快速发展的势头,正是得益于上海20世纪80年代对教育的重视,培养了20多万各类专业人才,从而使全市劳动生产率提高数倍以上。"[19]

(2) 投资选择与决策理性化

科技投资是促进科技发展的基础条件。投资可分国家投资和企业投资。国家

投资一般倾向耗资巨大的科技项目、基础性项目和公共产品项目,要慎重选择和决策。企业投资一般倾向于发展与本企业新产品开发有关的项目,政府应予以支持和引导。发达国家一般均予以高度重视,并有长远规划。韩国用于研究和发展(R&D)的投资在国民生产总值的比重,1963年为0.24%,1970年增到0.48%,1980年增到0.57%,1987年增到2.2%,2001年增到5%。这说明科技投资比重一般有不断扩大的趋势。

作为城市,投资的选择集中在产业和企业,但城市的选择与国家的选择又有所不同。国家要考虑产业体系的完整性,城市要按照城市性质和特点集中考虑主导产业和支柱产业的发展,考虑产业之间的关联度。

投资分配是产业结构调整的主要手段和方式。投资调整的方式主要是增量调整和存量调整。增量调整主要靠财政、金融的支持,存量调整主要靠加大资产重组盘活原有资产或大力组织企业兼并。无论增量调整或存量调整都必须立项,进行充分的可行性研究,反复推敲论证,不断提高投资效益,实现投资决策理性化。

(3) 技术成果转化便捷化

在我国现实情况下,技术成果的转化时间太长,主要原因有两个:一是市场信息不畅,二是技术作为商品流通不畅。

培育和完善技术市场已是促进科技发展并使其迅速转化为生产力的重要手段和动力。随着世界新技术革命的不断深入和扩展,国际技术贸易的规模和商品结构也在不断扩大和变化。当前,高技术产品和专利出口国主要是美、日、德、法、意、英、比利时等西方发达国家,一些新兴工业化国家和地区如巴西、墨西哥、韩国、新加坡、印度以及我国港、台也跻身于这个市场。由于各国科技进步发展不平衡,造成国际技术市场的竞争也日益激烈。

所以,培育和完善技术市场要高起点、高要求,要从与国际市场对接出发,建设好国内技术市场。在今后相当长的时期内,要致力于技术商品开发机构、信息咨询机构、中介机构和转让市场的建立与发展;加强技术市场的经营、管理、组织、服务工作,协调税收,健全法制;发展民间科研团体,加强科研、生产、销售协作和一条龙实体的建设;发展科技新产品项目的承包和招标体制;加强科技成果的宣传和保护(实行专利制度);发展科技进出口贸易,占领国际技术市场;加强技术市场管理人才和专家的培养。

三、城市产业组织结构

产业的组织结构可与产业发展及其效益的联系密切相关,它可以从多重角度去划分。根据社会再生产的过程、经济联合协作的需要以及生产力和生产关系的原理,结合我国社会和城市的特点,我们将城市产业组织结构分为生产组织结构和产权结构两个主要问题进行讨论。

(一) 生产组织结构

生产组织的基层单位(或经济细胞)是企业,企业内部如何组织属微观经济范畴。从城市中观经济角度看生产组织结构,就是要讨论城市生产与消费、城市内部与外部、城市产业的配套以及生产企业规模的组织结构等问题。

从社会再生产的角度看问题,企业生产结构与消费结构相联系并受后者的制约。消费结构与生产结构互相影响、互相推动。但一定时期的经济水平与消费水平,决定生产结构与消费结构的阶段性特征。具体表现在农轻重结构、"霍夫曼比例"结构、三次产业结构等方面。

从城市区位特点看问题,城市企业生产结构应与城市外部条件、环境和需要相适应:一是生产与资源相适应;二是自身发展与外部同行业发展相适应,要选择比较效益较高者而为之,扬长避短,优势互补,杜绝低水平重复建设、重复生产;三是适度适时与国际市场接轨。

(二)产权结构

1. 我国产权结构发展历史与现状

产权结构是存在交易条件下构成产权的全部权利在空间和时间上的分布状态。所谓全部权利,一般而言,包括所有权、使用权、经营权、收益权、处分权等等。我们把它称为产权系统内部结构,它与城市经济发展有着密切关系。但是,产权系统之间也存在着相互依存的密切关系,这在我国有着突出表现和深刻的经验教训,自然应成为城市经济研究的重要问题之一。

产权系统之间的结构关系,根本的是所有制结构关系。我国城市所有制结构经历了由多种经济成分到单一经济成分,再由单一经济成分到更多种经济成分的反复过程。建国初期,城市所有制构成同全国一样,是国营(全民所有制)、公私合营、私营、合作经营和个体经营五种形式。

中国共产党的十一届三中全会以来,对内实行经济搞活,对外实行开放政策,促进了城市所有制的改革和所有制结构的新的重大变化。这就是在全民所有制经济继续发展的同时,集体所有制经济有了很大发展,同时出现了各种形式的合作经济、个体经济、私营经济和中外合资经营的企业等新的经济成分。

各阶段产权构成情况 表2-8

年份	社会从业人员产权构成(%)			工业总产值产权构成(%)			社会商品零售额产权构成(%)			固定资产投资产权构成(%)			综合产权构成(%)		
	国有	集体	个体	国有	集体	个体	国有	集体	个体	国有	集体	个体	国有	集体	个体
1981	76.2	23	0.8	74.8	24.6	0.6	49.9	44.7	5.4	66.1	12.9	21	67.5	24.8	7.7
1988	70	24.7	5.3	56.8	36.1	7.1	39.6	34.5	25.9	61.4	13.8	24.8	55.6	26.8	18
1995	64.9	18.1	17	34	36.9	29.1	29.8	19.3	50.9	54.4	16.4	29.2	45.5	23.5	31
1999	55	18.8	26.2	28.2	35.4	36.4	22.8	18.3	58.9	53.4	14.5	32.1	40.1	22.4	38

从表2-8可以看出,产权结构中国有比重明显下降,其他产权形式上升明显。

1983年以后,在全民企业和集体企业继续发展的同时,个体劳动者、三资企业和私营企业以更高的速度发展(表2-9)。

工业经济类型结构变化情况 表2-9

类型	按资产总额计算(%)		按从业人员计算(%)		按工业总产值计算(%)	
	1985	1995	1985	1995	1985	1995
国有工业	74.6	53.7	41.1	31.6	64.9	34
集体工业	24	23.8	49.5	39.8	32.1	36.6

续表

类型	按资产总额计算（%）		按从业人员计算（%）		按工业总产值计算（%）	
	1985	1995	1985	1995	1985	1995
私营工业		1		3.3		2.6
个体工业	0.5	1.9	8.9	17.5	1.8	10.5
股份制工业		5		1.7		3.5
其他工业	0.9	14.6	0.5	6.1	1.2	12.8
	100	100				
全部工业中：						
乡镇工业	12	20.3	32.9	49.7	17.7	42.5
三资企业	0.2	16.2		6.1	0.3	13.1

根据全国第二次基本单位普查的主要数据，以2001年12月31日为标准时点的普查结果显示：截至2001年末，我国共有法人单位510.7万个，比5年前增加了55.2万个，增幅达12.1%。其中，私营单位数量已占总额的43.7%，首次超过国企数量。[20]

数据还显示，2001年末，全国共有私营企业132.3万家，5年年均增长24.5%，从业人员年均增长31.6%，资本金年均增长35.8%，年营业收入比1996年增长了6.8倍。在私营企业中，公证、律师、会计、审计、统计等咨询服务业单位数，年均增长115.3%；房地产业、旅游业、计算机应用服务业单位数，年均增长接近或者超过了70%；批发零售贸易和餐饮企业数量所占比重也提高了7%；而从事传统制造业的单位有63.9万家，所占比重比1996年下降11%。[21]

实践证明，私营经济的发展是社会经济的有益补充和有机组成部分。首先，私营经济的复苏是改革开放、机制转换的必然结果，是应运而生的事物。因为建立新的市场经济机制，要求市场竞争主体多元化，要求改革传统计划体制，要求把国有企业也推向市场参与竞争。其次，私营经济是国民经济新的增长点。私营经济一般有生长快，效益高的特点，它的发展能为国家提供新的税收来源；它能"拾遗补缺"，在方便和满足人民群众的生活需要、活跃城乡经济、繁荣市场方面起着举足轻重的作用；它的发展有利于增加就业，保障社会安定。最后，私营经济的产生和发展是加强国际经济联系，吸引外资的重要形式和手段。

2. 产权结构调整对城市国有经济的重要意义

改革开放以来，随着市场经济的发展，国有企业表现出越来越不适应市场经济的迹象。20世纪70年代以来，实际上已经陷入了难以自拔的困境，国有企业严重亏损，而且亏损面不断扩大，1991年国企亏损面为29.7%，1996年上升到45%，并且一度发生净亏损。1997年亏损额高达744.44亿元。解决国有企业改革和发展中的问题，不能再沿用过去对不同所有制企业轮番进行政策性调整、减税让利的老办法。国有企业产权关系模糊，关键在于它的产权主体处于虚置状态，谁都是名义上的财产所有者，但谁也不承担财产风险。我国国有企业改革传统思路的根本缺陷，在于试图绕过企业的制度创新，即在不赋予企业以法人资格和相应的法人财产权的情况下，直接在国家与企业之间实行所有权与经营权的分离。将国有企业的产权改革仅仅定位在管理层次的产权明晰上，解决不了国有企业的一些深层次问题，从而也很难带来企业治理的高效率，国有企业产权改革方向的重新选择应当是定位在产权结构的多元化上。

第一，对产权结构进行多元化调整势在必行。单一的产权所有制，形式上为国家所有，实际上是一种虚化的所有制，不利于企业形成民主监督和民主决策机制，相反却容易造成企业管理的非科学化，不仅是政企不分的根本原因所在也容易导致官僚主义、命令主义，不按经济规律办事等现象的大量发生。

第二，实行产权结构多元化可使其他投资主体拥有对企业的监控权和部分利润的索取权，有利于企业推行民主管理、民主决策，从而建立起现代企业的法人治理结构。

第三，可以将部分存量资产转化为资本。国有企业可通过出让部分产权获取一笔可观的资本，并将这部分资本注入企业，使企业持续发展有较强的支撑，客观上减轻了国家对这部分企业的投资压力。

第四，分散了国有资本的经营风险，使企业的经营行为受到众多产权所有者的监督和制约，同时实现了产权所有者与产权利益的一致，有利于调动广大产权所有者的积极性，有利于改善资本的总体素质。

在上述意义上，产权结构调整实际上给企业创造了一次资本重组的机会，也就是国有企业通过产权多元化实现了一次革命性的重组，其意义将是深远的。

3. 产权结构多元化的实现形式

产权结构多元化有多种实现形式，按资本投入分，概括起来有三大类：一是依托资本市场（主要是证券市场和资金市场等有形市场）并以资产运作形式，将企业产权量化向社会出让，使不同经济所有者成为企业的投资者之一；二是依靠企业内部全体员工以各种形式认购本企业的股份，建立产权和利益一致的"共同体平台"，实现"工者有其股"；三是对上述两种形式进行混合实施，重组后的企业产权结构更具显性的多元化特点。

按企业产权受让方式看，除上市公司外，主要有以下六种方式：一是出资受让式，即企业外部投资者通过出资受让出让方的部分产权或大部分产权（一般以股权形式）而成为企业投资者之一或控股者，但受让方必须是社会法人，企业产权一经出让，企业就必须按股份有限公司制改造，因此，产权结构多元化与股份制改造是同步进行的。出资受让式又分产权交易式转让和协议式转让两种。二是产权控股式，即企业外部受让方企业以其净资产折算为股金投入到出让方企业，受让方成为出让方企业的一个股东，对出让方来说，相当于以实物或企业的部分（或大部分）产权与受让方企业合资，所以又称积极吸收股份式。三是债务转股式，即企业外部受让方以承担出让方债务的方式受让出让方的部分股权或大部分股权，从而成为出让方企业的股东或控股股东。四是债务转投资式，有两种情况：一种是企业之间的债务转为投资，一种是银行按有关政策将对企业无法归还的贷款等性质的债务转为国家对企业的投资。目前，国家正在制订这方面的具体措施。五是经营群体持股式，即企业经营者根据经营责任要求出资购买本企业部分股权，本意是将企业和经营者的利益捆在一起,达到激励经营者的目的,但实施的同时也就改变了企业的产权结构,不过这种改变很有限。六是期权股份式,即国家对国有企业的产权进行期权股份制改造,使广大职工在一定的时限内以期权的形式拥有本企业的部分股权,实现企业内部产权结构调整。

第三节 城市公共经济

城市公共经济是城市经济的重要部分,处理好城市公共经济与其他分散经济之间的结构关系,对城市经济发展关系重大。

一、公共经济的内涵与意义

"公共经济与市场经济相对,由规模不一的集体消费单位构成,这些单位通过安排集体物品的生产,管制集体物品的使用者范围、用途的类型,以及分配集体物品来提供服务。服务提供被看作是不同于服务生产的独特的过程[22]。在私人经济中,不必组织集体消费单位,因为个人和家庭已经起到了积极介入需求表达和消费决策制定的作用。当公益物品和公共资源的排他使用存在问题时,就有必要创建大于家庭户的集体消费单位,来克服搭便车以及偏好策略性显示的问题,来确定成本如何在受益者之间分担,安排生产、管制使用者、具体的用途和分配。许多集体消费单位本身就是政府单位,其规模小到郊区自治市,大到整个国家的政府,甚至到联系多个国家政府的国际组织。他们在范围上可能是单一目的的特别管区,也可能是执行各种各样任务的一般目的的政府。集体消费单位也包括大量各种各样的非政府组织,并且还可能不具有正式的组织。居民小区组织、公寓房共管会、教会,志愿组织和高峰协会,也可以在一种或者多种集体物品方面起集体消费单位的作用。"[23]

由此可见,公共经济是一种产生于竞争性分散经济基础之上的,它一般由政府主持和操作。它的研究范围涉及公共设施、公共产品、公共服务、公共工程、公共投资、公共政策、公共福利各个方面。城市公共经济使所有个体经济真正联结为一个整体,如道路、桥梁、公共交通、邮电等;公共经济又服务于分散经济,如城市供水、供电、供气、供热、垃圾处理与园林绿化等,另外,公共经济还承担着方便、改善和保障人们物质生活和文化生活的重要作用,如各种公共服务(食堂、旅店、公寓、浴池、浴场、公厕……),公共福利(养老、保幼、助残、保健、医疗……),普及教育(小学、中学),公共文化设施(文化馆、艺术馆、图书馆、博物馆、剧场、剧院……)与各种文化活动等,公共经济还是人、财、物的保护神,如公安、消防、防灾设施和政府管理机构等等。因此,公共经济是城市经济的有机组成部分,对城市经济发展起着服务、推动、加强和制约的作用。公共经济的质量与数量对城市经济的发展不仅起着现实作用,而且起着长远的和根本的影响作用。公共经济的水平代表着城市管理的水平和城市的形象,是城市居民和城市外部对城市满意度的重要形成因素。

城市公共经济主要产出是"公共产品"和"公共服务",它由城市公共产业去完成。城市公共产业的性质、特点和要求是它的供给性、垄断性和计划性,是市场机制不能直接起作用的经济领域。

供给性是指它以"保障供给,满足需要"为前提,而不是以盈利为前提,这与分散的私人经济性质迥然不同。当然,也有些公共产品和服务具有商品性质,如水、电、煤气等等,可以进行营利性经营。但是它的前提仍是从"保障供给,满足需要"出发的,而不能采取竞争性价格,追逐利润。

垄断性是公共产业的重要特点,政府垄断主要表现为投资垄断、经营垄断。垄断一般理解为独家经营,而在一些可以营利的公共部门,投资可以多元化。由于完全国营效率低下,也可以部分社会资金作为补充。如港口建设吸引外资,公共交通部分采取民间承包形式等。公共产品的价格由政府制定,在内部没有竞争性,但在城市之间仍有一定比较性和竞争性。在西方,居民对本市的公共产品价格没有投票决定的民主权利,但是有迁居的自由,即允许搬迁到他们认为公共服务好的城市去居住。

搞好公共事业的建设和发展,关键是加强在市场机制基础上的计划性,包括:投资计划、经营计划、价格计划。计划性与垄断性具有一致性。投资计划和建设规划,直接受城市财政收支计划的制约,城市财政要有增长计划和收支平衡计划,保证城市公共经济与分散经济的协调发展。

二、公共经济管理

公共产业不以盈利为目的,由于公共经济的垄断性和由国家来操作,存在着不计经济效益和不节约的可能性,更应加强其管理和研究。为此,西方有学者提出了不同于一般产业生产函数的特殊概念,认为公共产品的产出不仅决定于生产要素(劳动力、资金等),而且决定于生产条件。例如,学校的产出是学生及其成绩、表现等等,不仅决定于学校建设投资,教学设备的改良和师资水平的提高,而且决定于学生的天资素质及其家庭条件和上学的条件(距离学校的远近等)。对聋哑人的教育与对没有这些缺陷的健康人的教育又不可同日而语。警察服务也是如此,如果以犯罪率、侦破率为其产出目标(前者愈小愈好,后者愈大愈好)的话,那么,社区居民的素质及分布状态为其生产条件,在很大程度上影响其产出成绩。

关于公共产出的生产函数形式,一般写为:

$$Y = f(I, S)$$

式中　Y——公共产品;

　　　I——投入要素;

　　　S——服务条件。

公共投入与社会经济发展。公共投入与社会经济发展的一般关系则应为图2-5所示,公共投入将逐渐增长,推动着社会产出的增长,同时公共投入的支出将得到社会产出的补偿(图中两虚线所夹部分与公共投入曲线与横轴所夹部分相等;下面的虚线与X轴平行,上面的曲线与公共投入实线的纵向距离在每处都是相等的)。

公共产业的规模分析。公共产业不同于竞争性产业的又一重要特点是,它的经营可以有规模效益。自来水厂肯定有规模效益,但是它不能自行决定扩大规模,

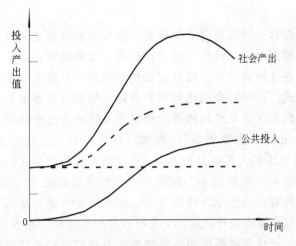

图 2-5　公共投入与社会总产出的关系

它受所服务的居民多少的限制，故大城市有大的自来水厂，小城市有小的自来水厂，其成本肯定是小厂比大厂高。医院、学校、警察局肯定也会有一定的规模效益，但是它随着服务对象的分散而分散，卫生站、防疫站、小学、派出所，都不可追求规模效益，而只能在现有的规模基础上提高效益。但所有公共产业部门单位存在最佳规模选择问题，这个最佳规模与最佳服务对象数相关，如有多少户人口就有必要建立多大规模的小学，有多少户人口就有必要建立一个派出所。这个最佳规模与服务对象的分散程度也有很大关系，过于分散的地区公共服务对象偏少，反之偏多。对公共产业单位规模有一定影响，但影响不大，为服务对象少可以减少工作量，而距离拉大又增加了工作量。

一般而言，在市场经济条件下，确定城市公共产业的适当规模应遵循以下原则：

（一）满足城市社会共同需要的原则

伴随着城市政府职能的转变，城市公共产业的规模就是要在最大程度上反映城市公共需求的重要内容。城市公共需求的范围非常广泛，大致可归为四个层次：一是履行政府职能的需要，包括行政、司法、公共管理等；二是构成城市社会资本性公共品的需要，包括城市基础设施、基础科学研究、公共卫生、环境保护等；三是与城市文化消费密切相关的产业需求，如图书馆、博物馆、展览馆、影剧院、公园、医院、成人教育与高等教育以及各类大型娱乐健身中心等；四是社会稳定和公平相关的公共产业需求，包括基础教育、社会保障、对农产品的价格补贴等。

（二）有利于资源配置的原则

通常，城市公共产业经常存在着外部效应，而外部效应的存在可以归结为资源配置的失效，称之为"市场失灵"。解决市场失灵的办法是利用政府"有形的手"，通过有形和无形的公共产品和公共服务的供给，实现资源在私人产品与劳务和公共产品与劳务之间的有效配置：一是城市政府通过各项政策、法规、制度的确立为微观经济主体制定"游戏规则"，以确保经济的有序运行；二是通过对正的外部效应密集型公共产业的供给和负的外部效益密集型公共产业的约束实现社会资源的有效配置。

公共产业的经营一般由政府垄断经营,政府垄断经营也可以理解为政府垄断管理,或以政府经营为主,但私营或合作经营、合资经营也可以成为公共产业经营的补充形式。在这种情况下,政府应如何掌握分寸?西方有的城市采取公共事业指标投标的方式,以推行合同出包或私有化,加强公共事业的竞争性,提高其服务质量,但原则是在公共产出相等的情况下,政府为改变经营方式所降低的成本大于为此而付出的"检测成本"。例如,垃圾处理,由政府直接经营要付出1 000费用,而出包给私人可能只要900,这就要看政府在出包以后对私人产出的数量和质量所付出的"监测成本"是多少了。如果监测成本大于100,这项合同显然不能成立,只有在小于100的情况下,才有可能考虑。根据一项实验研究报告,美国200个标准城市统计区1 377个社区的垃圾收集,在5万人以上的城市,采用合同形式的私营垃圾收集的成本显然低于市政府机构的垃圾收集成本(这些城市市政机构直接收集所付出的成本要比私营高29%～37%),[24]而对此项合同执行情况的检测成本很低。

公共产品经营与收费。公共产品和服务是调节社会贫富、解决社会矛盾的一个十分有力的杠杆。公共产品和服务的支出是"取之于民,用之于民"的,但如何取法和用法,对促进生产、保障社会安定关系极大。平均地分担公共费用或公平地购买公共产品和服务,实际是不公平的非平均的强制性奉献。因为,使用公共产品和服务最多,因而从公共产品和服务中获利最多的,是那些在生产和生活中与公共产品和服务发生关系的频率最多的阶层,也就是收入较高和最高的阶层。他们生产货物运输多,利用电讯服务多,生产生活中用水用电用气最多,出行和出席公共场合活动的机会最多,旅游观光最多等等。公共产品和服务系列的主要功能就是促进经济发展,因而在经济发展中占有较大份额的所有者,他们"被促进"的份额并从中获利也会较多和最多。理所当然,他们对公共产品和服务的投入也应较多和最多。社会矛盾还有另一个方面,即,如果完全实行公共产品和服务的全部无偿使用制度,经验证明这会导致使用的无节制,导致公共产品和服务的浪费。如,若公房不收房租,用水不收水费,用电不收电费,其结果必然导致浪费。解决这个问题应该是根据城市经济发展水平制定一个人均消费的最低标准,在这个标准内实行供给,超标准的按市价收费。

公共产业经营与群众监督。公共产业是为公众服务的事业,是公众最关心的城市事业,它的发展也最需要公众的配合和支持。公共产业的垄断性也最易形成效益低下和管理人员的腐败,因此最需要群众监督。群众监督,走群众路线,应该不是一句空话,而应该是形成制度的实际行动。

在国外,与公共产业相关的公共政策、公共投资、公共工程的主项与城市城区规划,一般都受立法程序和行政准则制约,采取各种形式(如,公众听证会、问卷调查、邻里会议、定期通报、城市白皮书、市长接见日、热线电话等)向公众及时通报,征求意见和听取批评。这种市民参与的民主制度,不仅可以使政府更好地了解情况,发现问题弥补缺陷,提高规划和决策的质量,而且可以得到群众的理解、谅解和支持,加速事业的发展。我们应该吸收和运用这些国际经验,利用我们现有的人大、政协、群众组织、基层居委会等现有组织，利用报纸、电台、电视和各类媒体讨论会的条件，加速群众和下层信息反馈，加强立法，改革体制，提高效率，把城市公共事业做得尽善尽美。

三、公共经济的预算结构与发展趋势

公共产业支出作为一种事业性支出是大量的，它既然是为公众服务的，也必然取之于公众。由于它一般由政府主持和操作，其经费来源主要是中央税收和地方税收。在我国，为了公共事业的发展，民间的捐助也起一定的作用，如救灾、办学捐献、献血以及群众性植树造林活动等，虽然份额不大，但很有意义。

关于城市公共产业的结构与发展趋势。城市公共产业占国民生产总值的比重，决定了公共产业与非公共产业的比例关系，探讨二者适当比例或最佳比例要用前面"公共投入与社会总产出的关系图"所揭示的规律和制约条件做动态安排。城市公共产业内部的结构和比例关系也很重要。各项公共产业发展的依据和尺度各有不同。有的要根据需要不分对象全部供给（如道路、义务教育、公安、消防等），有的要根据需要和经济发展水平有选择、有控制地供给（如有补贴的公房），有的要根据预测分析进行商品化服务（如，为流动人口服务的旅店、宾馆等）。在所有这些支出中，教育支出占有突出而重要的地位，1971~1972年英国教育经费在地方支出中便占了35%。

发达国家城市公共事业支出的共同经验是其所占比重不断随着城市的增长而增长。例如，英国在20世纪50年代其地方支出在国民生产总值中约占10%，而到20世纪70年代即上升到19%。

在我国，城市公共事业支出也是随着城市的增长而不断增长的。表2-10以上海市为例说明这一问题。

上海市财政支出规模占 GDP 比重情况[3]（亿元）　　　　表2-10

年份	1985	1985	1990	1994	1995	1996	1997	2001	2002
财政支出	19.18	46.07	75.56	196.92	267.89	342.66	428.92	726.83	877.84
财政支出占GDP的比重（%）	6.15	9.87	9.99	9.99	10.88	11.81	12.76	14.68	16.22

注释

❶ 关于集中化系数的计算，可参见本书第一章第一节城市性质与内容。

❷ [前苏联] И.А. 伊利英，城市经济学．第104页．北京：中国建筑出版社，1987。

❸ 中国城市年鉴（1997）．第65页、第68页．北京：中国城市年鉴社，1997。

❹ 唐杰．城市产业经济分析．

⑤ 中国城市竞争力报告 No.1. 北京：社会科学文献出版社，2003。
⑥ 2002 中国城市发展报告 . 第 17 页 . 北京：中国统计出版社。
⑦ 国家统计局网站 . 2002-04-01. 10：40：30。
⑧ 中国统计信息网 . 2003-05-20. 09：15：31。
⑨ 详见本章最后的附录。
⑩ 2001 年国民经济和社会发展统计公报。
⑪ 作者注：最近几年，GDP7% 以上的增长率在很大程度上受益于我国巨额的固定资产投资和基础设施投资。
⑫ 周一星 . 城市地理学 . 第 90 页 . 北京：商务印书馆，1995。
⑬ 中华人民共和国国家统计局。
⑭ 国际统计年鉴 . 1999 年。
⑮ 中经数据 . CEI data 99-3-23。
⑯ 香港经济年鉴 1992。
⑰ "九五"时期国民经济和社会发展系列分析报告之三 . 国家统计局。
⑱ 我国 1952～1982 年间国民生产总值增长率约为 10.69%，其中 19% 是由于技术进步获得的。
⑲ 蔡来兴 . 上海：创建新的国际经济中心城市 . 第 1 版 . 第 352 页 . 上海：上海人民出版社，1995。
⑳ 市场报 . 2003 年 1 月 20 日。
㉑ 经济日报 . 2003 年 1 月 24 日。
㉒ V. Ostrom，Tiebout, and Warren, 1961。
㉓ [美] 埃莉诺·奥斯特罗姆著 . 毛寿龙译 . 公共服务的制度结构 . 中文版序言。
㉔ [美] 沃纳．赫希 . 城市经济学 . 第 314 页 . 北京：中国社会科学出版社，1990。
㉕ 资料来源：上海市历年的国民经济和社会发展公报。

复习思考题

1. 了解城市经济结构的特点与作用。
2. 谈谈你对城市经济结构调整的不同观点与思路。
3. 你觉得是否还有其他方法可以衡量城市经济结构？
4. 指出城市三次产业结构的最新划分与 1985 年版划分方式的区别与改进之处。
5. 考察上海市改革开放以来的产业技术构成，了解我国城市产业技术结构的变动趋势。
6. 请跟踪了解："国资委"成立后，我国城市产权结构的最新变动趋势。
7. 结合日常生活，体会"城市公共经济"存在的意义与它的运行。

本章附录

厉以宁的"产前、产中、售后"的三次产业划分方式

以下是原文节选,资料来自2003年2月15日《市场报》

最近,著名经济学家厉以宁先人一步地提出了重新划分"三个产业"的新概念。

厉以宁认为,在我国社会主义市场经济发展的今天,可以重新划分"三个产业":生产(包括工业生产和农业生产)过程形成的生产产业;在此过程之前的部分,划归产前服务产业;在此过程之后的产业,划归售后服务产业。产前服务产业、售后服务产业,都应纳入物流企业的服务范畴。

传统的"三个产业"的概念认为,农业为第一产业、工业加工业为第二产业、商业服务业为第三产业。人们把新兴的物流业往往也划归"第三产业",几乎所有专家学者及业内人士都认同这种观点。

现代物流是指以满足客户需求为目标,把生产的末端到零售商、甚至到消费者衔接成供应链,使销售、仓储、运输、加工、配送等环节串连起来,形成一个系统,各个环节都是专业化的,基本上实行垂直的分工。物流产业的利润来源是多元的、综合性的。

物流成本是交易成本的组成部分。厉以宁认为,交易成本通常包括信息收集与处理成本、谈判成本、合同履行成本等。交易成本是交易领域内发生的各种成本之和。在正常情况下,谈判成本和合同履行成本、信息成本都比较低,物流成本在交易成本中所占比重较大。在特殊情况下,如产权不清、市场秩序紊乱、市场情况不明、信用体系极不完善、信息极不充分等,谈判成本、合同履行成本、信息成本可能增大,物流成本所占比重下降。降低物流成本,从宏观上说,有利于充分利用资本,促进经济增长;从微观上说,任何一家企业,只要物流成本降低了,市场竞争力就增强,赢利就上升。

那么,我国发展物流需要解决哪些问题呢?厉以宁指出:目前要致力于消除阻碍我国物流发展的"瓶颈"约束,体现在以下三个方面:一是理顺体制。长期以来,国有商业留下不少问题,如政策性亏损、债务负担重、在职人员多、离退休人员不断增加等,从而难以改制。这些问题应该在资产重组和企业兼并中加以解决。二是转变观念。企业应树立尽可能利用第三方物流的观念,不要认为自营物流是最合算的。国际上,委托第三方物流是大势所趋。农民应树立物流观念,因为这是保证收入稳定增长的重要途径。政府应树立不经营物流但必须扶持物流产业的观念,因为政府扶持物流产业就是对企业最好的服务。三是积极培养人才。物流产业的专业人才目前严重不足。今后应该采取学历教育、专业培训、举办讲座等各种途径加以解决。

附录思考题

厉以宁所指的物流产业能否涵盖所有的"产前、产后"各产业,是否有利于提高现有产业统计口径的完整性与准确度?

第三章 城市经济发展机制

市场经济条件下,城市是一个相对独立的行为主体。城市常常为利益而谋求发展,为效益参与竞争。

第一节 城市经济发展的基础条件

城市经济发展需要具备相应条件,其中一部分可称之为"硬条件",如人力、资本、技术等,另一部分可称之为"软条件",如文化、制度与政府行为等。以下就城市经济发展的软硬条件进行列举式论述。

一、硬条件

(一)人力资源

人力资源是指考虑了标准工作小时和工作态度的城市劳动力(包括管理经营者)的数量、质量、潜力、可得性和成本。人力资源依据掌握技术的程度可分为非熟练劳动力、熟练劳动力、高级技术和管理人员、科研人员等。

城市人力资源的规模及变动影响城市财富创造。城市的人口、从业人员为城市价值创造提供了生产和消费基础。一个城市人力资源投入越大,在其他条件充分的情况下,城市产业规模大,产业综合规模变动快,城市经济发展保质保量。

高质量的人力资源及投入可以使城市产业获得资源和产品的竞争优势。一方面,通过非价格竞争,城市企业可占领更多的市场,同时,高质量的劳动力资源投入为产业技术创新提供了可能。一旦技术发明和技术创新得以产业化,形成新产品,城市产业将可以通过垄断产品的价格获得产业革新租金。人力资源需求包括消费需求和投资需求。不同城市的居民需求欲望、需求结构及变动是不同的,它影响和牵引着城市资源的配置流动,从而影响着城市产业的发展,因而也影响着城市竞争力的发展状况。

人力资源的配置影响城市价值的创造。城市就业人口过多,特别是低技术劳动力过剩,不仅不能促进城市的发展,而且会加大城市发展的成本。同样,人力资源的短缺,特别是熟练工人、高级人才的短缺,将限制高附加值产业的扩张和产业结构的不断提升。

城市人力资源的潜力包括城市劳动力将来的数量和素质,决定城市价值体系的变动,影响城市价值体系的未来状况,因而是城市竞争潜力的重要构成部分。而城市人力资源的潜力决定于教育,教育的规模、质量、教育体系的健全性决定城市的人才潜力。

比较而言,城市创造人员数量和适合地方发展的教育体系是从人才方面影响城市经济发展的关键。

(二) 资本要素

资本要素表现为城市拥有、控制或可利用的金融资本的数量、便利性、成本以及城市金融产业发展状况等。资本作为直接生产要素参与价值创造，资本竞争力与城市价值收益呈指数增长变化。

金融资本及利用的规模决定城市产业规模，资本及其所具有的对其他生产要素的替代性也决定了如果城市的资本规模大，则相应的城市产业规模大。在资本富集的城市，资本密集型产业具有比较优势，发展资本密集型产业，资本富裕形成资本比较优势，使其城市产品成本低廉，市场占有率扩大，推动该城市的经济发展。

资本活力或金融资本的流动性决定资本的使用效率。如果城市资本增长快、流动性强，一方面可以增加城市资金的供给规模，另一方面可以降低资本的使用成本。

资本是基本的生产要素，其成本极大地影响城市的生产成本。资本获得的便利性决定城市产业规模扩张的限度，决定潜在的生产要素组合起来变成现实的生产力的状况。

金融控制和服务能力对提升城市经济意义重大。金融是经济发展的导航器，是经济活动的纽带。资金的供给以及灵活、完善、高质、有效的金融服务，可使经济健康发展、顺利运行。纽约、伦敦、东京作为世界顶级城市，其竞争力主要来源于发达的金融服务及其由此决定的资本力。资本规模、流动性、可得便利性和成本是城市资本要素的主要构成部分。城市资本获得的便利性，城市金融业的服务和控制能力比拥有一些资本意义更大。一个城市在世界城市体系中的地位和作用，一个城市的资本融通和控制能力，决定该城市对全球和区域的经济科技的（甚至政治）决策和控制能力。

(三) 科技要素

科技要素包括科技实力、科技创新能力、科技转化能力等多方面。城市科技实力集中体现在科研院所的科研设备、科研人员的质量和数量，同时还决定于城市的科技投入量。科学技术和知识资源通过两种方式参与生产过程：第一，通过附着和渗透到劳动力和生产设施、基础设施和生活环境中参与生产过程；第二，通过直接的知识信息投入参与生产过程，最终生产出知识产品和非知识产品。科学技术知识具有生产要素特性。知识的生产具有边际递增效应，这就决定具有知识优势的城市具有技术创新优势。

科技创新力对城市经济发展有决定性影响。科技开发、创新和科技在城市生产中的广泛应用，一方面使生产要素的使用得以改善，使企业生产技术、工艺水平得以提高，从而使劳动生产率得以提高，产品成本得以节约；另一方面科技应用可以使城市企业获得具有垄断优势的资源和产品，从而使城市获得更多的工业租金，同时也扩大了城市产业产品的市场占有率。科技应用还可以通过产品质量的改善来扩大市场占有率。由以上分析可知，科技创新对城市经济的规模、构成和变动具有全面而重要的影响。

科技成果转化直接对城市经济发展做贡献，科技力对城市经济发展的作用主要表现在科研产品的应用,科研实力不等于科技产品,科技产品也不等于直接的商品,只有产业化,科研实力才能对城市价值体系产生实际影响。

科技对城市经济的贡献具有倍增效应,同时作为其重要组成部分的知识以独立的力量显著地推动着城市的增长、提高和扩张,是城市经济决定性推动力。科技创新永远是城市获取动力和力量的物质源泉,是城市致胜的利器。对城市竞争力而言,在一定条件下,城市的科技成果的转化能力比科技创新能力显得更重要一些。

(四)经济结构要素

城市结构是指城市的各要素的构成比例、组合方式。城市结构包括许多内容:城市经济结构、结构转换、经济体系的灵活性、经济体系的健全性、产业集群等。

城市产业结构决定城市经济的发展状况。城市产业的技术构成是指城市各产业的技术含量和城市产业构成中技术密集型产业所占的比例。

一般情况下,产业的技术、资金含量高,则城市产品的附加值高,城市产业技术、资金构成与城市产业价值体系正相关。所以,产业的城市整体技术水平,城市技术密集型、资金密集型产业的比例,决定城市产业的价值体系状况。

经济结构转化速度影响经济实力的提升速度。首先,高级产业结构比低级产业结构能创造更高的附加值。非农业产值占 GDP 比重增长率、服务业产值占 GDP 比重增长率提升加快,反映城市工业化和服务化水平提升加快。城市将因此创造更多的社会财富。城市消费结构高级化将加快牵引城市产业高级化。城市化增长将使城市社会经济结构发生质的飞跃。

城市经济体系的灵活适应能力影响城市的比较优势。当社会经济发展到一定水平之后,人们的需求结构会随之发生显著的变化,并且需求变化的方向是由需求弹性小、附加值小的产业向需求弹性大、附加值高的产业转移,城市的产业结构与市场需求结构保持一致,将使城市产业的总体附加值不断提高。同样,城市企业之间、企业与政府之间保持灵活与相互适应的关系,有利于企业适应市场的变化,保持其生机和活力,促进城市产业的发展。

经济体系是个有机体,是内部诸要素彼此相连、相互依存、健全的经济体系,尤其是服务体系的健全是城市产业健康发展、创造社会财富的基本条件。因此,经济体系的健全程度是城市经济增长的重要影响因素。

城市产业聚集从多方面影响城市产业的生产和交易成本,进而影响城市的价值收益状况。聚集不仅可以节省企业的运输成本和库存成本,企业还能享受供应商提供的辅助服务。城市内企业地理邻近,容易建立信誉机制和相互信任关系,因而可以大大减少机会主义行为的产生。在一个环境快速变化的动态竞争环境里,城市内企业之间保持一种充满活力的和灵活的非正式关系,比远距离企业联盟安排将更加具有效率。

经济结构特别是产业结构,决定了一个城市产业价值体系状况,从而决定影响其城市经济的发展现状和潜力。产业群具有互动性和倍增特性,高级产业集聚的城市是经济高增长的中心,也是全球和区域经济的决策中心。

(五)基础设施

城市基础设施是以物质形态为特征的城市基础结构系统、基本基础设施、社会基础设施、技术性基础设施是构成城市基础设施的主体。

城市基础设施的容量大小决定该城市的产业规模。良好的城市基础设施,构成完整的生产服务体系,将为城市产业提供充足适宜的载体和良好的环境。有利于产业的良好增长和市民福利的提升。

高级、先进、创新性的基本基础设施,立体化的运输系统,一体化的先进的通讯网络,全球高密度的信息传输系统,不仅可以节约交易费用和降低城市产品的相对单位成本,而且可以为城市高技术产业、知识产业(如,全球金融管理中心、信息、计算机等产业)成长创造条件。

城市社会性基础设施状况影响城市居民的生活水平和福利所得。完善的特别是先进的技术性基础设施,能为整个城市居民提供企业以外的超额的直接货币和非货币的收益价值,同时也吸引了该城市域外的居民,特别是高质量人力资源向该城市聚集,从而为产业规模的扩大和城市产业的高附加值转化创造了条件。

(六) 区位交通

任何城市的个体差异,除了时间的原因(历史背景和发展基础)之外就是空间的原因(城市所处区位不同)。在同时代同国度内,城市之间的差异主要决定于城市区位的差别。

城市综合区位包括地理区位、自然资源、经济、技术、政治、科技区位等,这些要素是城市经济发展必不可少的客观条件。

作为城市非流动性要素,自然资源相对丰裕度影响产品成本的高低。如果城市拥有或接近的某些资源比较丰富,其资源价格就会比较低,生产要大量使用这种资源的产品成本就会比较低。但是,某一城市拥有或接近某些丰富的自然资源,并不等于该城市的价值收益状况就好。

城市地理区位是指城市无论处于内陆,还是沿海,傍山,临河,地处平原还是山地,是交通中心还是边缘地区。如果一个城市拥有和其他城市相比较更具有优势、更便利和更通达的区位,那么这个城市的企业就可以降低交易、生产要素运输、产品运输、信息获得等方面费用。

城市经济区位的一个重要方面是城市的市场条件。城市处于较大的市场规模之内,大的需求要有大的供给与之相适应,从而有利于该城市企业扩大生产规模,也有利于该城市更多新企业的产生。由于有了就近的基本市场,生产者不仅可以节省运输费用,而且可以及时了解市场需求信息,调节生产供给,及时实现产品的价值。城市市场挑剔程度的提高将促进产品质量的提高、产品竞争力的提高、产品市场占有率的扩大和城市价值体的扩大。

城市的行政区位对城市经济发展的意义在于:不同行政级别的城市控制、配置资源的能力不同,因而对城市产业的增长和产业价值的贡献不同。高级行政级别的城市将有更多的行政人口和更大、更好的基础设施。

尽管交通通讯技术的进步,降低了经济活动的交易费用,现代交通通讯的发展改变了人们的时空概念,但区位力依然是城市竞争力的基本力量之一,自然区位便利度依然是城市竞争力重要的影响力量。同时,区位有了新的内容,技术、环境、文化的区位相对于交通区位越来越重要。

（七）环境要素

城市环境是城市区域内与居民生产、生活密切相关的一些外界因素，分为自然环境和社会人工环境。环境是城市经济发展的载体，而城市经济的发展反过来又影响城市环境。

城市的自然环境状况主要包括城市气候条件，空气、水源、森林，绿化状况，江、河、湖、海、山脉及自然景观状况。自然环境作为固有的资源，一方面可以直接为城市居民服务，构成城市经济收益的一部分；另一方面也为城市的旅游、高科技等特殊产业创造了稀缺的环境和条件，旅游与高科技产业的高附加值快速增长，将使城市产业价值体系快速扩张。优美的自然环境是城市竞争力的重要源泉。

社会人工环境是指经过人工改造的自然环境，包括名胜古迹、公园风景区、绿地等。和自然环境一样，社会人工环境一方面可以直接为城市居民所享用，构成城市收益的一项重要内容，另一方面将对城市产业发展和产业价值体系产生重要的积极的影响。

城市环境质量对城市产业价值体系的状况也将产生直接的影响。城市环境质量差，污染严重，将对城市企业的生产要素资源造成侵损或破坏，导致企业直接的价值损失，影响企业价值创造活动的进行，影响产品的质量，从而将削弱城市产品的竞争力，降低产品的产销量。

城市环境舒适度影响人力资源特别是高质量人力资源的聚集，进而对高新技术产业聚集具有重要作用。而城市自然灾害发生频繁程度直接影响城市经济的发展成本。

作为非流动性的稀缺要素，随着社会经济的发展，城市自然环境状况对吸引人才和高附加值产业，对城市经济的发展力提升将产生越来越重要的影响。

二、软条件

（一）文化价值取向

文化是一种非正式的制度，城市特有精神文化作为一种无形的、内在的要素资源，是城市竞争力的重要来源，它对城市经济发展状况及其变化有着重要影响。

价值取向影响城市的资源配置。城市商业气氛浓郁，社会看重商人在商业上取得的成功，将使居民更倾向于把从商发展实业作为自己的职业选择，从而把自己的聪明才智及人力资源配置到发展商业上面去（如上海、大阪等），其个人人力资源积累也趋向于专门化的技术。资源向实际产业的倾斜，将使得城市创造价值的产业规模增大。一个城市在价值观念中赚钱意识浓、追求发财的风俗浓，能对居民形成强烈的创业激励，能使居民产生强大的创业动力（温州文化价值取向便是明证）。相反，"官本位"、"轻商"的风气，抑制了资源向实际产业部门的流动，不利于产业的发展和产业价值的创造。

创业动力是文化价值取向中推动经济发展的最根本力量，创业动力对价值创造的最直接影响是它极大地提高了劳动者的劳动积极性，从而提高了劳动的生产效率。城市积极的价值取向影响劳动者的创业冲动，因而也影响城市产业规模、生产规模和企业创新、劳动效率、生产成本、工业租金，从而影响城市总体的经济规模与发展效益。

城市居民道德操守良好，能对居民行为产生有效的自我约束和自我激励。这种无成本的约束和激励，一方面，会激发居民的工作热情，坚定其实现行动目标的决心，使其努力创业，建立更多更高附加值的企业，生产数量更多、质量更好的产品。另一方面，自我约束能减少居民在生产和交易中的偷懒、机会主义（坑蒙拐骗、制假售假、欺行霸市等行为）和搭便车行为，从而大大降低生产和交易费用。

标新立异、开放宽容、无拘无束、充分交流的创新氛围，有助于创新思想的形成，有利于创新产业的发展。而创业者敢于冒风险、勇于进取、不怕困难、百折不挠，将有利于新企业、特别是高新技术企业和产业的创立和发展，有利于城市创造更高的产业价值。硅谷成功的关键因素就在于其具有特殊的社会意识和精神文化。

价值观念、道德操守、社会意识和精神风貌作为文化的重要组成部分，都对城市竞争力具有重要影响。目前，我们认为在中国强调交往操守意味着社会信用制度的建立和完善。和创新精神一样，它们对于我国现阶段城市经济的发展意义尤为重要。

（二）制度与政府行为

正式的制度是由法律、法规、政策等确定的规范、人们行为的规则，是人们可以进行选择和改变的内生变量。

产权保护和微观经济主体的自由性制度影响居民的创业行为。有效的制度设计，通过保证劳动与所得的对称，通过有力保障居民的人身和财产安全，激励和约束经济行为主体的创业行为，刺激居民的投资冲动，激励居民的工作热情，克服偷懒，减少机会主义行为，提高劳动者的劳动效率，降低生产成本，从而促进城市产业的扩张。市场制度影响城市生产要素的配置和流动。充分灵活的企业制度，高度自由的市场制度，积极适宜的政府调控制度，能保证资源根据利润的驱使，充分自由地流动，合理高效地配置。这不仅使生产交易费用大大降低，更有助于创新思想转化成创新产品，有利于创新产业的形成和传统产业向高增值产业的转移和调整，从而有利于城市价值体的扩大和持续增长。政府管制制度影响经济运行的绩效。政府最简练透明的审批、最适当的价格管制和行业准入制度、有效的生产、交易、运输等秩序的监管制度、最快捷的服务制度，不仅能降低企业的创业成本、促进竞争、提高效率，还能净化经济环境，保持经济运行的有序性。法制健全和制度创新影响城市经济的发展质量与可持续性。地方法规条例的健全和连续，是经济健康和平稳运行的前提，它同时影响城市对域外生产要素和产业的吸引。完善的制度创新是制度对城市发展和竞争的一种适应性反应，是指为促进城市竞争和发展而对制度进行创造发明、推陈出新。因此，制度创新一般能维持或扩张城市的价值链。

尤其在转轨时期，经济行为人（包括自然人和法人）的产权保护程度对城市经济动态比较优势的提升将起到至关重要的作用。

政府管理是指城市对其社会、经济和市政活动进行规划、协调、监控和服务的行为。城市战略的规划和实施影响城市潜在优势的实现和新优势的形成。一个城市如果制定并实施利用现有优势和创造新优势相结合的战略,即一方面发展现阶段具有比较优势的产业,另一方面注意和不断积累资金、开发技术和变革制度,生成新的技术、制度资源和资金优势。城市持续同类型投资的产业发展战略,将导致产业规模和产业技术水平的持续提高,带来产业的创新,城市价值链有可能得以持续扩大。

  政府的财政能力是城市政府进行城市管理的资金基础。它决定政府公共物品和服务供给的规模和质量,充裕的财力可使政府为城市提供一系列大规模高质量的基础设施、科技教育等公共产品,不仅使企业获得良好的发展条件和环境,而且可以大大降低企业的生产和交易费用,提升企业的竞争力,进而提升城市的经济水平。因此,财政能力是政府行政能力的基本内容。政府执法和服务水平影响企业价值创造。政府办事高效、廉洁自律、公正执法,城市社会生活和企业生产顺利进行有助于企业降低交易成本。城市对整个城市的宏观事务组织得力,协调有效,则有利于本企业提高外部收益,降低外部成本,提高其产业竞争力。政府营销能力对城市竞争力的提升具有重要影响。政府决定城市对生产要素的吸引力,影响城市产业的聚集。城市和市长的知名度及魅力、政府管理人员的实际管理水平、政府信誉和廉洁程度,将影响对域外企业和商旅人员的吸引力。市民对政府满意度、市民的社会保障、城市的安全和稳定性,将决定城市政府的社会凝聚力的大小,进而影响城市人口和产业的聚集。

  政府执行政策的灵活性,政府对外交往、学习的频繁程度,政府开拓创新的能力,影响城市商业环境的改善,影响企业经营成本的节约,也影响企业对创富机会的把握,因而影响城市的价值创造。

  政府行政能力是城市发展的重要协同力量。科学的战略规划可以为经济发展提供优良的经济社会环境。一国之内各城市的法律制度区别有限,但如果政府行政能力有差异,各地在执行法律和政策方面可能存在很大差异,这将成为影响城市竞争力和经济发展的重要因素。

  (三)市场开放

  开放是城市系统的基本特征,具有制度的属性。城市开放体现在多方面,包括经济、社会、文化的开放,包括对国内、国际以及本市的开放。

  经济国际化和区域一体化程度决定生产要素合理流动和合理配置的程度。城市开放程度高,生产要素产品的流动性高,城市企业能根据利润最大化原则广泛有效引进、利用和输出,并迅速合理配置生产要素。有效地降低生产成本和交易成本,提高产品竞争力。开放商品市场,可使城市居民获得价廉物美的消费品,提高其福利水平。

  城市处于开放之中,城市经济主体面临着来自域外竞争的巨大压力,迫使城市内经济主体扩大产业投入,努力工作,积极创新。

  通过城市与其域外的交流和合作,城市经济行为主体可通过外溢(部)效应有效地了解、引进、吸收外部的知识、技术、技能、制度、文化、战略管理,并实现人力资本积累方式、知识、技术管理和制度创新与观念的转变。创造新资源,培养新优势,不仅可以扩大原有产业规模,提高其产业层次,而且可以发展高技术和高附加值创新产业。

不同地域文化和思想的碰撞,有利于创新和创新文化氛围的形成。经济主体的接近及交流,使他们相互间的影响(包括竞争和合作)加强,创业的积极性将得到相互激励,一个人、一个企业的创业或创新行动,将引致一群人或一批企业的模仿和超越,进而激励引致更大规模的创新和超越。

第二节 城市经济发展动力机制

21世纪的到来,使得我国城市进入了一个崭新的历史发展时期。经济全球化、高新技术突飞猛进的发展、城市化的浪潮给城市经济带来了巨大的发展机遇和前所未有的发展前景。

"要逐步提高城镇化水平,坚持大中小城市与小城镇协调发展,走中国特色的城镇化道路"在十六大报告中被提出来,标志着我国将稳步推进城市化(城镇化)进程,而城市化水平的提高无疑将促进我国城市经济的发展。

城市经济发展是一定阶段的产物,是在原有基础上的发展。城市经济的发展与工业的发展直接相关。工业的发展以及由此而产生的城市文明形成了城市人口聚集的巨大吸引力;城市经济的发展依赖于人口的增加就必然要求乡村人口的转移,农业的相应发展以及由此而产生的农业人口过剩,成为城市人口聚集的外部推动力;工农业的进一步发展,带动第三产业的蓬勃发展,由此而构成的区域经济和国民经济的增长,成为城市发展与建设的综合动力。于是,城市和城市经济滚雪球似的壮大起来。

"绝大多数的经济增长常伴随着人口的增长和结构的巨大变化。在当今时代,产品的来源和资源的去向主要由农业转向非农业活动,即工业化过程。城市和乡村的人口比重也在发生着变化,即城市化过程。一国内部各个集团的相对经济地位的变化,即就业、产业分布、分配水平,以及人们的消费结构也在不断升级。"❶

一、城市化与城市经济

世界各国经济发展表明:近代工业社会化大生产的基本要求是人口、资金、资源的相对集中。只有集中,才能带来显著的集聚效益和规模效益,而城市就是这一集中的空间组织形式。工业革命使经济结构发生了巨大变化,经济活动的重心移进城市,农村逐渐成了配角,世界开始进入城市主导人类生活的时代。凡经济发达的先进国家,无不是城市化水平高的国家。城市化水平的高低,已成为一个国家或地区经济社会发展水平的重要标志。

城市化是一个涉及全球性的经济社会演变过程。城市化的实质含义是,人类进入工业社会时代,社会经济发展进入了农业活动的比重逐渐下降、非农业活动的比重逐步上升的过程。与这种经济结构的变动相适应,出现了乡村人口比重逐渐降低,城镇人口比重稳步上升,居民点的物质面貌和人们的生活方式逐渐向城镇性质转化和强化的过程。城市化不仅包括城市人口和城市数量的增加,也包括现有城市经济社会的进一步社会化、现代化和集约化。

1962年，美国地理学家布莱恩·贝利曾指出："一个国家的经济发展水平与该国的城市化程度之间存在着某种联系。"谢文蕙教授❷根据统计资料分析研究后建立的数学模型有助于我们加深了解两者的关系：

$$Y = a\ln X + b$$

式中　Y——城市化水平；

　　　X——人均国民生产总值；

　a、b——回归系数。

运用该对数模型，对1980年153个国家和地区的城市化水平与人均国民生产总值（即人均GNP）进行相关分析，可得回归方程：

$$Y = 16.44\ln X - 72.14$$

样本数 $N=153$，相关系数 $R=0.92$，标准差 $S=9.28$。

上式揭示了在以人均国民生产总值为代表的经济发展水平与城市化水平之间具有客观相关性，这从表3-1中也可以清晰地看出来。

如果把1989年世界上168个国家和地区按城市化水平从低到高排列分组，则各组人均GNP亦呈现出同样的由低到高的顺序变化，即当城市化水平分别为30%以下、30%~50%、50%~70%、70%以上时，人均GNP分别为1 000美元以下、1 000~3 000美元、3 000~7 000美元、7 000美元以上，详见表3-2。

世界城市化与人均GNP关系（1980~1989年）　　　　　　　　表3-1

分组	内容	1980年	1982年	1984年	1985年	1987年	1989年
低收入国家	城市化水平（%）	17	21	23	22	30	
	人均GNP（美元）	260	280	260	270	190	
中等收入国家	城市化水平（%）	45	46	49	48	57	
	人均GNP（美元）	1 400	1 520	1 250	1 290	1 810	
市场经济工业国	城市化水平（%）	78	78	77	75	78	78
	人均GNP（美元）	10 320	11 070	11 430	11 810	14 430	18 880
全世界	城市化水平（%）	39			41	43	49
	人均GNP（美元）	2 040			2 760	3 383	3 856

世界城市化与人均的GNP的分组（1989年）　　　　　　　　表3-2

城市化水平（%）	人均GNP（美元）	城市化水平（%）	人均GNP（美元）
5~19	372	60~69	6 424
20~29	374	70~79	9 960
30~39	820	80~89	8 569
40~49	1 087	90以上	10 757
50~59	3 621		

另外，周一星教授曾把1977年世界137个国家和地区的城市人口比重，按2%的间距分成40个组，求出每一组若干国家的平均城市化水平和人均国民生产总值，得出了40个组的X值和Y值，然后对这两组数据进行一元回归分析，其结果如图3-1所示。

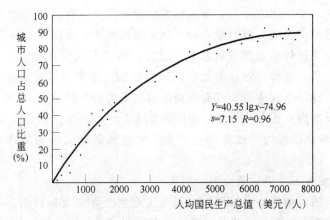

图3-1 人均国民生产总值与城市化率之间的关系❹

上述曲线的参考意义十分明显：

（1）一个国家的城市化水平和它的经济发展水平之间存在正相关关系，两者呈共同增长的趋势。

（2）随着经济发展程度的进一步提高，城市化水平的提高速度将逐渐放慢，而呈现出阶段性的特征。根据张颖、赵民的最新研究❹，在经济发达阶段，各国城市化水平存在着很大差异，在人均国民生产总值大于10 000美元的水平上，各国的城市化水平分布在60%～90%以上的离散区间。

根据上述分析，经济增长与城市化之间的关系并非偶然的巧合，它说明在经济发展与城市化之间确实存在着一种"双向互促共进关系"：

第一，经济发展推动了城市化步伐。由于经济收入的提高，人们的需求水平也得以提高。在众多的商品中，农作物产品（如粮食）的需求收入弹性较低，人们对该类产品的实际需求会随收入增长而相对减少。相反，制造业产品（如电视机、时装、汽车）和服务业（如旅游、保健、美容）的需求收入弹性较高，收入增长导致对它们的需求更快地增长。这就产生了需求结构随收入提高而转移的倾向，变动了的需求结构必然带动投入结构（资本与劳动的投入）和产出结构相应由第一产业向第二、第三产业的大规模转移，由此城市化步伐得以加快。

第二，城市化过程促进了经济发展。城市化使人口和资本由分散无序状态变为高度集中的有序状态，使生产要素得以合理组织、先进技术得以大规模采用、劳动生产效率得以大幅度提高，这样，城市中创造和积累的财富就远远超过了农村。可见，第二、三产业高度密集的城市，在其自身发展的同时，也大大提高了国民经济的总体水平。

二、农业发展与城市经济

"农村富余劳动力向非农产业和城镇转移，是工业化和现代化的必然趋势。"❺

城市经济的发展进程也是变落后的乡村社会和自然经济为先进的城市社会和商品经济的历史过程。农业的发展（现代化），是城市经济发展的初始动力，它表现在以下5个方面：

（一）为城市人口提供商品粮

可以说，一个国家农业提供商品粮的数量的多少（农业扶养能力），是决定该国城市人口数量多少的关键因素之一（除非通过贸易等手段从别国获取）。商品粮越多，则工业化进行的速度也就越快；反之，势必大大滞缓城市化的进程，延缓城市经济的发展。这样，农业劳动生产率的高低，就表明了农业给予城市经济的动力之强弱。以每个农业劳动者提供商品粮数量为例，20世纪80年代中国为2千斤/人·年，日本为6千斤/人·年，德国为2.5万斤/人·年，而美国则为3万斤/人·年。这种农业供给能力（或劳动生产率）的差异最终反映为城市经济水平的差距。

（二）为城市工业提供资金原始积累

城市经济的发端是以大规模的机器大工业生产为主要标志的，在工业化这台高速运转的"机器"后面，正是由农业为其提供了其所需的资金原始积累。

（三）为城市工业生产提供原料

许多工业都是建立在农业原料的稳定供给基础之上的，否则工业发展只能是"无米之炊"、"无源之水"。许多工业化国家，都是从轻纺工业开始工业化的起步，轻纺工业所需的棉、麻、丝、羊毛、牛皮、烟草、林木、香料等等，无不取之于农业。

（四）为城市工业提供市场

广大的农村不仅担负着原料供给者的重任，也是城市大工业产品的消费者。离开了农村这个大市场，城市工业的发展空间将变得极为局促和狭小，并有在激烈的竞争中窒息的危险。

（五）为城市发展提供劳动力

早期工业化的发展大多为劳动密集型产业。它们需要成千上万、源源不断的劳动大军补充到大工业劳动力大军之中。这些人力资源只能来自农村，即由于农业劳动生产率的提高所解放出来的剩余劳动力。

在农村剩余劳动力转移过程中，存在着"推"、"拉"效应。一方面农业对劳动力的"推"出带动剩余劳动力向城镇和非农生产部门转移，加速城镇经济发展。另一方面城市经济的快速发展以及政府的相关政策又"拉"动农村剩余劳动力向城市和非农生产部门转移。随着人们生活水平的提高，恩格尔系数的降低，这种"推"、"拉"效应的相互作用，导致了农村剩余资源和剩余劳动力在时间和空间上的相对集中，是城市经济发展的一种现实动力。

三、工业化与城市经济

产业革命冲破了自给自足、分散无序的农村自然经济的桎梏，使得资本和人口在机器大生产中高度集中，由此导致城市规模的不断扩张和城市数量的急剧增加。工业化之所以能引起如此巨大而深刻的城市革命，是因为它所具有的几个特殊经济本性所致，即所谓的"最低临界值原则"、"初始利益棘轮效应原则"和

"循环累积因果关系原则"。

(一) 最低临界值原则

最低临界值原则指新建或扩建一个工厂需要有一个最低销售额的支持,只要达到这个临界值,那么投资者就可能会因其有利可图而作出投资决策。这就保证了一定规模市场的发育。

(二) 初始利益棘轮效应原则

"棘轮"是机械传动装置的一种,其特点是只能朝某一方向运动而不能逆向运行。该原则是指一个城市的居民对未来所作出的决策是以这个城市现在必须提供什么为基础的。即过去形成的人口和经济活动分布状况,影响着现时的决策倾向。那么,一个工业实力雄厚、基础设施良好的城市,总会比一块一无所有的空地能为新工业提供更好的环境、条件。这就促使城市经济规模的自我生长。

(三) 循环累积因果关系原则

它把工业增长和城市经济发展看作一种相互联系的过程,每个发展阶段都依赖于前一发展阶段,在这个循环中,发展的动力互为因果,它不仅具有累积效应,而且常常带来加速度,从而使城市和新工业不断得到发展。

由此可见,在工业化过程中,由于其自身的经济规律所驱使,就导致了这种不可逆转的人口与资本向城市聚集的倾向,从而促进了城市工业化和城市经济的发展。

四、第三产业与城市经济

随着工业化国家产业结构的调整,第三产业开始崛起,并逐渐取代工业而一跃成为城市产业的主角,城市经济发展的"接力棒"渐进式传到了第三产业的身上并由它继续推动下去。这种后续动力作用,主要表现为以下两个方面:

(一) 生产配套性服务的增加

商品经济高度发达的社会化大生产,要求城市提供更多、更好的配套服务性设施。如企业生产要求有金融、保险、科技、通讯业的服务,产品流通要求有仓储、运输、批发、零售业的服务,市场营销要求有广告、咨询、新闻、出版业的服务,工业的专门化程度越高,越要求加强横向协作与交流。

(二) 生活消费性服务的增加

随着经济收入的提高和闲暇时间的增多,人们开始追求更为丰富多彩的物质消费与精神享受,如住房、购物、文化教育、体育娱乐、医疗保健、旅游度假、法律诉讼、社会福利等。

以上的各种需求促进了城市第三产业的蓬勃发展,并带来就业机会与人口的增加。"2001年,我国城市国内生产总值中第三产业增加值占45.4%,从业人员占总就业人数不到48%,经济发达国家第三产业增加值占国民生产总值一般在60%以上,第三产业从业人数占总就业人数一般为60%左右,部分城市的比重甚至超过了90%。"[6]可见,第三产业对城市经济发展的作用越来越大,对有些城市已成决定性力量。

综上所述,在城市经济发展的诸多动力机制当中,城市化作为一种外生的动力,总是和农业发展、工业化以及第三产业的发展交织在一起的。从这种意义上讲，城市化是致使城市经济发展的一种外在现象（表现形式），而城市经济的真正推动力量则是农业发展、工业化和第三产业的发展。

第三节 城市经济的"自组织"发展与集中

一、城市经济"自组织"现象

耗散结构（Dissipative Structure）。关于"耗散结构"的理论是物理学中非平衡统计的一个重要新分支，是由比利时科学家伊里亚·普里戈津（I.Prigogine）于20世纪70年代提出的，差不多是同一时间，西德物理学家赫尔曼·哈肯（H.Haken）提出了从研究对象到方法都与耗散结构相似的"协同学"（Synergetic），现在耗散结构理论和协同学通常被并称为自组织理论。自组织，即自动调节，是经济发展内部因素相互作用的必然，其本质是经济规律的作用和表现。

按照耗散结构理论，系统在与外界进行物质、能量、信息交换的过程中会产生由无序到有序，由不平衡到平衡的"自组织"。经济系统的"自组织"因素，当首推市场机制的作用。从来对市场调节作用的解释有两个方面：价格围绕价值上下波动，资本从平均利润较低的部门自动流向平均利润较高的部门；价格决定于商品的供需关系，价格均衡点自动指挥和规定着社会商品的生产和消费。城市经济的发展，使我们看到了最有意义的自组织现象，这就是以成本效益为调节杠杆的经济合作与聚集：分散的经济主体为了追求低成本、高效益，不仅要为寻找低廉的生产要素和扩大商品市场彼此形成竞争，而且要听从聚集效益和规模效益这位新的"看不见"的价值使者的召唤彼此形成合作。又竞争又合作，这是现代经济的本质特征，也是现代经济"自组织"的两个方面，是经济发展的内在动力。

受利益驱动而形成的竞争是一种经济"自组织"现象，是一种自动调节。为什么农村的人、财、物会流向城市，为什么这个城市的人、财、物会流向那个城市，一定是这样流动的结果会使参与这样流动的人获得更多的利益。归根结底，这是人的一种自觉行为，也是客观规律的表现。也就是说，在市场机制的作用下，城市产业的收益高于社会平均利润、高于农村，城市腹地和农村的人财物就会竞相流向城市。甲城市的资本收益又高于乙城市，那么，乙城市的人财物等要素就会自动产生向甲城市流动的倾向。如果过一段时间以后，乙城市的收益高于甲城市，跟随资本流动的人财物又会发生倒流现象。就这样内在的经济规律就像一只"看不见的手"指挥着资本的流向，从而决定和调节各个城市成长的快慢和规模差异。

人们从四面八方汇集到城市之后，继续为追求利润竞争的同时，也开始认识到他们之间还有许多共同利益：他们必须共用资源、共用道路、共用环境、共用市场，必须相互毗邻、相互衔接、相互配合、相互照应，必须相互协商、合作和有共同操作的规范。于是，社会公共权力代表着公共利益起着管理和调节的作用。这时候，城市规划和计划也成为必要和必然。这种管理和计划机制，也是城市经济之所以有序发展的重要"自组织"形式，它与市场机制相辅相成，共同保证和促进城市经济的发展。总之，自组织，即自动调节，是经济发展内部因素相互作用的必然，其本质是经济规律的作用和表现。

二、城市经济的聚集和集中

"20世纪90年代初以来，我国城市化水平得到了较大的发展，1990年到2001年11年间，我国地级城市数量由188个增加到269个，市区非农人口超百万的特大城市由31个增加到41个。2001年市辖区人口总数为30 400万人，比1990年增长69.5%，其中非农人口17 753万人，比1990年增长51.9%。"❼

特别值得一提的是，自改革开放以来，深圳从一个小渔村发展成为市区户籍人口132万，2001年末暂住人口336万的特大城市，而且暂住人口的增长还在继续（资料来源同上）。

这里我们试图从城市经济的聚集和集中的角度来分析我国最近10年如此迅速的城市规模扩大和数量增加的趋势。

（一）城市经济聚集和集中的意义

第一，聚集和集中便于生产协作、配套和专业分工。生产工具和劳动者的集中的优越性，主要体现在同等数量、同等质量的生产工具和劳动者集中，可以完成个人分散时所不能完成的生产任务；通过分工和协作可以大大提高劳动生产率，大大缩短生产周期，加速资本的周转。而且生产越发展，生产社会化程度越高，分工越细，生产环节和生产部门越多，它们相互间依存性就越大。这在客观上提出了不断扩大集中规模和聚集程度的要求。一个小煤矿，原来是手工业生产，采煤只是为了取暖，它的规模就不能扩大，但是随着煤的用途的扩大，它的销售范围也不断扩大，它的生产规模就必然随之扩大，同时以煤作燃料和原料的钢铁工业、发电工业、化学工业就有可能在煤炭基地附近发展起来。一些生产企业诞生之后，它不仅马上会因为它的社会需要量的增加而不断扩大自己的生产规模，而且还会因为工艺的改进，产品品种的增加而需要大大扩大它的生产规模。生产企业的发展，必然还会按着"乘数原理"（具体可参见本章第四节）带动一大批配套产业和生活文化服务设施的发展，从而不断扩大城市人口规模。这是使城市自然成长的不可遏制的经济机制。

第二，聚集和集中便于利用城市公共资源、能源、水源，便于利用公共交通、邮电和其他社会服务设施，节约大量开支，这是城市发展机制成长的重要原因。因为一个城市的最初生产，就是在地理位置比较优越、自然资源比较丰富、交通比较方便的地方，因而比别的地方能产生更高的经济级差效应——效益最佳。有的是全部的综合性的级差效应，有的是分部门、分产业的级差效应。这种级差效应一旦产生，它就会像一块巨大的磁石一样，吸引着周围的投资者和劳动者自动地涌来。而每一个城市，对于周围农村，无不具有这样的吸引力。所以，每一个发展中的城市总是不停顿地加大和膨胀起来，吸引力大的变成了大城市，吸引力小的变成了小城市。在一个城市区域内，我们也可以看到这种级差效应的明显作用：市中心区一般比市郊区的人口稠密得多，拥挤得多，其秘密也就在于此。

第三，聚集和集中可以强化社会接触，便于获取、交流经济信息，能起到互相学习和刺激竞争的作用。城市为这种心理因素的产生，提供了广泛的物质条件的保证，非常有力地促使实践经验和个人思想趋于社会化，这是使城市商品生产不断发展的决定性前提。城市经济的密集和综合发展特别是科学技术的进步，又为竞争者解决自己的困难，改变自己的抉择，加强学习，找出一条适合自己发展的道路创造了条件。总之，城市人口和生产资料的集中本身，带来了城市不断发展的内在动力。人口的这种集结方式与商品经济发展会逐渐摧毁一切闭关自守的自然经济的关系和思想，使越来越多的人丧失独立性，增加其对社会的依赖性。它迫使人们必须不断寻找适当的方式继续进行集结和交流。市场经济越是发展，这种集结和交流就越是重要，同时，越是需要提高这种集结和交流的程度，因而人们必然越来越需要从分散走向集中。

第四，聚集和集中可以实现时间和空间上的节约。经济运动是一种物质运动。物质运动总要采取一定的时空形式。任何一个企业家都懂得时间和空间的节约对提高经济效益的积极作用。由于级差效应的作用，我国一般大中型城市土地利用率高，单位面积土地效益高，土地价格实际也高，而一般中小型城市土地利用率低，效益和实际价格随之也低。另外，聚集和集中可以大大减少远程运输，缩短流通时间，方便原材料供应和商品上市，大大节约流通费用。

第五，聚集和集中便于资本的集中和积累，加速资本周转。资本的集中和积累，是大生产进一步发展的重要条件。而且城市的密集和集中，为资本的集中和积累创造了充分的条件。在现代大城市里，除了现代工业和商业的活跃外，金融业也空前发展和活跃起来。例如，上海浦东作为中国的金融中心，集中了大批国内外银行、保险公司、证券公司、证券交易所，借贷和结算均较为方便，也便于投资者的角逐和竞争，对城市的生产发展是强有力的支柱，对城市流通的加速也是强有力的保证。这就又从两个方面刺激了人口的增加：一是金融业本身从业人口的增加，二是投资利用者的增加。

第六，聚集和集中便于进行城市经济管理，提高管理的效能。在现代社会，城市管理对城市的形成和发展起着重要作用。对一定规模的城市的经济管理，比对分散的经济管理自然要有利得多。在这里可以集中地使用各类经济管理人才，可以集中采用现代化管理技术和管理方法，也便于在同类城市中推广先进的城市管理经验。

上述分析有利于我们对城市化过程中的阶段性特征和大城市进行性增长的内在原因找到正确答案。城市化初期发展缓慢，是由于当时城市规模一般偏小，"自组织"的力量比较单薄所致。城市化中期，大城市化加速，是由于聚集效益和规模效益的存在，使得各类城市的经济效益出现规模等级差异更大所致。就是说，大城市的经济效益比中等城市更高，中等城市的经济效益比小城市更高。这种趋势的终结可能发生在大城市并发展到它的规模极限。

（二）聚集和集中的效用分析

城市是一个巨大的经济开放系统。没有开放，也就没有城市的集中和集约发展。有了开放，也就有了城市的"吸引"、"聚集"和"辐射"、外向的功能，有了"城市"与"腹地"、"区域"的分野，有了"城市中心作用"的概念，所有这一切都是城市经济集中发展过程中进一步扩大了的"自组织"现象，反过来又进一步促进了城市经济的发展。但是，城市经济集中过程中，有一个"适度"和"限度"

的程度要求。

最佳的聚集和集中效用也可以用成本——效益的指标去衡量,用生产力发展的需要去考察。而这种衡量和考察又不能仅仅从分散经济(企业和个人)的角度去进行,必须顾及城市的整体利益,因而经济效益的概念需要延伸发展为经济、社会、环境效益的综合性效益,同时需要将当前的效益与长远的效益相结合,实现城市经济的可持续发展。

在城市经济集中过程中实际存在着十分复杂的情况。人们愿意进城生活,是城市生长的一个重要原因,它有时起积极作用,有时起消极作用。农村劳动力进城从事正常职业正符合城市发展的需要,对城市生长能起到积极作用;而盲目流入城市,则会对城市的发展形成消极影响。也就是说,农村人口为了追求城市生活而进城,与城市生产发展需要增加劳动力之间存在着一定的偏差,是城市经济发展的困惑所在。

同理,人们在城市之间的流动与资本在城市之间的流动也是对立统一的。纯消费人口为了追求改善生活质量而流动,从业人员则是为了追求工资的提高而流动,产业资本又是为了追求增量价值而流动,正是他们的综合作用,才形成了现实的城市的成长。本世纪以来,一些发达国家的有产阶级纷纷迁出大城市,对减轻大城市的压力起到了积极的调节作用。但是,这种调节机制与它们的投资机制也是完全相反的,他们搬出城市是为了追求更高的生活质量,而不是为了追求高于平均利润的利润。也就是说,他们在城市投资(促使城市膨胀)是为了追求利润,而他们离开城市(促使城市消肿)则不仅不是为追求利润,恰恰相反,而是需要消耗更多的利润。有些国家政府兴建卫星城,从城市中迁出人口,这种调节机制也不是平均利润率机制,不是追求利润的继续提高。现在这种调节因素在城市运动过程中虽不占主导地位,但是,它是一种不可忽视的重要因素,随着生产力的提高,人民生活水平的普遍提高,这种调节因素会起更大的作用,也会最终影响平均利润机制作用的发挥。

最后,应该强调的是,人口与资本的进出不是主观任意可以决定的,它仍然受生产力发展水平的制约,受经济的支配。人们愿意进城,是由他们处于比城市更低的生活水平而决定的;人们愿意离开城市,是由他们富裕得可以在郊外建立别墅的生活水平所决定的。资本流入城市,说明城市的资金的收益率高,离开城市,说明城市的资本收益率已经低于资本的预期水平。

第四节 城市经济增长

一、城市经济增长的原理

城市经济的增长和国民经济一样,总是表现为实物的增长、价值的增长、人口的增长这三个方面。其过程就是经济要素在地区之间、部门之间乃至经济单位之间流动与累积的过程。其变化也都反映为投资与收入的相对变化,即经济增长实质上是投资和收入的函数——投资直接推动了增长的开始,而收入则间接影响着增长的要求,二者相辅相成,决定了城市经济增长的方向与速度。

在市场经济条件下,任何经济活动都可以归结为需求与供给关系的运动。因此,对于城市经济增长的机制,也可以从需求与供给这两个方面予以考察。

(一) 需求指向理论

需求指向理论（The Demand Orientated Model）是指城市经济增长的动力,来自于外部市场对城市产品的需求。由于这种需求,促进城市基础产业部门（或称输出产业部门）的建立和发展,从而带动非基础产业部门得到相应的发展。对此,投资乘数原理（Investment Multiplier Theorem）有十分清晰的说明。

"乘数"概念最早由英国经济学家卡恩（R.E.Kahn）在1931年提出,凯恩斯（Keynes）在《货币、利息与就业通论》中进一步发挥而形成乘数原理。以 ΔI、ΔY 分别代表投资增加量和该投资增加量带来的收入增加量,以 ΔS、ΔC 分别代表该收入增加量引起的储蓄增加量和消费增加量,K 代表投资乘数,则有：

$$\Delta Y = K \times \Delta I, \text{即 } K = \Delta Y / \Delta I$$

若令 $\Delta C / \Delta Y = C$,$\Delta S / \Delta Y = S$,则为：

$$K = 1/(1 - C) = 1/S \quad (C + S = 1)$$

其中,C 为边际消费倾向,即消费增量与收入增量之间的比率;S 为边际储蓄倾向,即储蓄增量与收入增量的比率。设厂商增加投资（或政府增加采购投入、消费者增加消费投入）1 000 万元,则意味着对产品的消费需求增加,这将使产品制造者的收入增加 1 000 万元;假使边际消费倾向 $C = 90\%$,则增加的收入中将有 900 万元用于个人消费,从而使生产这类消费品的生产者增加收入 900 万元,如果以同样的比价消费倾向,收入增加的 900 万元又将增加消费 810 万元（900 × 90%）购买消费品,以此类推,又将有 810 × 90% 的投入消费;假定这个生产与消费过程一直持续下去,直至最初增加的 1 000 万元连续带动的消费、生产和收入的增加量逐渐减少,趋于零。如此,收入增量合计：

$$\Delta Y = \Delta I \times (1 + C + C^2 + C^3 + C^4 + \cdots\cdots + C_{n-1})$$

因为 $C < 1$,则当 $n \to \infty$ 时,C_n 趋近于 0,所以,

$$\Delta Y = \Delta I \times 1/(1 - C) = 1 000 \times 1/(1 - 0.9) = 10 000$$

这意味着投资（现实需求）增加 1 000 万元可引起国民收入增加 10 000 万元。这就是投资的收入乘数效应。在这里乘数为 $K = 1/(1 - C) = 1/(1 - 0.9) = 10$。理论上,投资的收入乘数 K 随着比价消费倾向的变化而变化,如果 $C = 80\%$,则投资增加 1 000 万元可令国民收入增加 5 000 万元。

收入乘数的原理也影响着就业。假设生产者每销售 1 000 万元的产品（也即增加 1 000 元收入）可以增加 10 000 个工作岗位,那么根据上述收入乘数的假定可知：增加 1 000 万元的投资或消费可以增加 10 000 万元的收入,而 10 000 万元收入的增加则可以带来 10 万个就业岗位,因此,收入增加所引致的就业乘数（Employment Multiplier）也是 10。

当然,在实际生活中,还会有许多使乘数效应缩小的"漏出因素",因此这种方法只具有理论上抽象的意义。

(二) 供给基础理论

供给基础理论（The Supply Base Model）认为,城市经济增长取决于城市内部

的供给情况。若供给基础好，就可将资金、劳动力和技术等生产要素吸引到城市中来，从而促进经济的增长。缪尔德尔（G.Myrdal）提出的"循环累积因果原则"是这一理论的代表。

在城市经济中，供给的基础包含三方面的内容：一是城市产业的物质与技术基础，二是专业化协作程度，三是投资环境，尤其是城市的基础设施水平。缪尔德尔认为，城市经济增长，实际上是辐射效应与回波效应共同作用的结果。

所谓辐射效应（Spread Effects）是指城市某个或某些产业部门的发展，会影响和扩散到相关产业乃至毗邻地区去，引起它们自经济增长；而城市的快速增长，又会吸引资金、劳动力和生产资料继续涌入，因而减少了周边地区的发展潜力，这被称作回波效应（Backwash Effects）。

二、城市经济增长的途径

要想获得城市经济的增长，即产出的增加，无非通过两条途径获得：第一，增加生产要素的投入；第二，提高生产要素的使用效率。对于城市而言，作为生产要素之一的土地，其数量是十分有限的，且在短时期内固定不变，因此人们往往忽略不计土地要素的投入对经济增长的影响。劳动力资源如果不考虑外部市场，那么它在短时期内也是一个恒量。只有资本要素，即与资本运动有关的投资、储蓄、消费等行为，会直接决定城市经济的发展、变化。在此，我们可以用发展经济学中著名的"哈罗德—多马模型"来阐述这个道理。

英国的哈罗德（R.F.Harrod）与美国的多马（E.D.Domar）分别于20世纪40年代提出了关于经济增长的一种理论模型，其表达式为：

$$g = S/K$$

其中，g 为国民收入增长率，S 为国民储蓄率，K 为资本产出率，即每增加一个单位的产出所需追加的投资量，又称资本效率系数。这里 g 并不是指现实的增长率，它只代表当 S 和 K 为给定时，要实现稳定的均衡增长所要求的增长率，例如，当 $S=15\%$，$K=3$ 时，则 $g=15\% \div 3 = 5\%$。

哈罗德—多马模型告诉我们：国民收入的增长，与储蓄率成正比，与资本产出率成反比。可见，若想获得经济的持续增长，要么提高积累水平，增加储蓄；要么降低资本产出率，即降低资本有机构成。

就中国国情而言，"中国城市经济仍处于资本推动阶段，资本竞争力对城市综合竞争力的贡献弹性系数位居第一。"[8] 所以，多马模型有一定的实际操作意义：一方面，最近几年中国居民的储蓄率居高不下，2002年底城乡居民人民币储蓄存款余额已达86 911亿元，国内生产总值为102 398亿元左右，国民储蓄率超过80%，按照多马模型经济增长的潜力比较大（S 比较大）；另一方面，我国人口众多、人力资源极为丰富，因此大力发展劳动密集型产业，降低资本产出率（降低 K），就可以使经济得到持续发展的同时，吸纳更多的劳动者，减轻日益沉重的就业压力。在这方面，我国乡镇企业有更大的优势，因为乡镇企业的资本产出率明显低于国有企业。也就是说，乡镇企业的资本利用率高于国有企业。预计我国相对较高的储蓄率仍将维持相当长的时间，只要投资转化渠道通畅、方向得当，大力发展低资本产出率产业，维持相对较高的增长水平是可以做到的。当然，资本的利用效果在突破最佳边界后也是呈边际递减的。

三、城市经济增长的预测

经济增长的预测,是世界各国经济学家和政府官员们十分重视而又普遍感到棘手的难题,尤其是宏观的、长期的预测,其精度尚存较大误差,城市经济亦不例外。在此,我们就短期、长期两类预测需求,分别介绍一种在经济界公认的比较成熟的方法。

（一）短期预测——"投入产出分析"法

美国经济学家列昂节夫（W. Leontief）在20世纪30年代初利用美国国情普查资料,编制了1919年和1929年的投入产出表,正式提出了"投入产出法"（Input—Output Method）。所谓投入,是指各部门的经济活动所需消耗的物质资料和劳动力;所谓产出,是指各部门生产成果的产出形式和去向。每个部门为了进行生产,都需要以其他部门的某些产品作为投入,同时又把自身的总产出一部分作为其他部门的投入形式,从而形成了城市产业之间产出和投入的相互流动。其中,用作输出城市市域外、居民消费、生产投资等部分的产品为最终需求,而须从城市市域外输入的劳动力、资本等生产要素则为原始投入。在投入产出表中,各部门的总投入和总产出相等,城市的总投入和总产出也相等。

利用投入产出分析可以预测一个工厂、企业、部门、一个城市或一个国家在短期内的经济增长。短期内国民经济系统的生产技术水平、管理水平、产品结构、价格等因素不会发生急剧的变化,因此投入产出直接消耗系数（指某一部门每生产一个单位的产品需要消耗多少本部门的或其他部门的产品）可以认为是稳定的。在这种情况下,可以从最终产品出发预测总产品,也可以从总产品出发预测最终产品。通常采用的数学模型形式为:

$$Y = (I - A)X$$

其中,X是总产品列向量,Y是最终产品列向量,A是直接消耗系数矩阵,I是单位矩阵。应用投入产出分析法预测经济增长,需要收集和整理大量的统计数据,工作量较大,不具备一定条件的城市,难以使用这种方法。

（二）长期预测——"索洛增长方程"法

研究经济增长的外部表现、内在动因以及增长的类型和发展趋势,并用简洁直观的数学模型来表达增长的机制和影响因素,是西方现代计量经济学的一项重要课题。"柯布—道格拉斯生产函数"是应用比较广泛的预测模型,其表达式为:

$$Q = AtK^{\alpha}L^{\beta}$$

它阐述的是,经济规模取决于为此投入的资金、劳动及其相互替代的水平。

在此基础上,美国著名经济学家索洛（R. M. Solow）又作出了一系列开拓性工作。他进一步简化了"柯布—道格拉斯生产函数",并首次引入了技术进步概念,提出了"线性增长方程"（又称"索洛增长方程"）。其表达式为:

$$y = a + \alpha K + \beta l$$

式中　y——经济增长率;

　　　a——技术进步速度;

K——资金增长率；

l——劳动增长率；

α——资金弹性系数；

β——劳动弹性系数。

它说明：经济的增长，体现为资金、劳动与技术三个要素的增长（或进步）；而资金、劳动与技术对经济增长的贡献水平，又存在着如下线性关系：

$$E_A + E_k + E_L = 1$$

其中：$E_A = a/y$，为技术贡献率；$E_k = \alpha k/y$，为资金贡献率；$E_L = \beta_1/y$，为劳动贡献率。并且，根据大量的统计资料表明，资金弹性系数与劳动弹性系数在一个时段内，总是表现为常数，可以近似地认为 $\alpha + \beta = 1$。

只要我们知道资金产出弹性和劳动产出弹性这两个常量（可以从历史数据中推导而出，一般来说，发达国家的 $\alpha = 0.3 \sim 0.5$，$\beta = 0.7 \sim 0.5$；而我国的 $\alpha = 0.2 \sim 0.4$，$\beta = 0.8 \sim 0.6$），同时知道资本增长率（资本量 K 可以用固定资产原值加定额流动资金年平均余额表示）和劳动增长率（劳动量 L 可以用劳动者人数并经受教育年限的技术处理后表示），另外，技术进步速度 a 可根据历史发展趋势予以测算与评估得出，这样就不难计算出经济增长率 y 值。

运用索洛增长方程的关键，是 α、β 的取值，它们在短期内是恒量，但在长期内却会随着技术进步而成为变量，因此较准确地评估 α、β 的变动幅度，是预测城市经济增长的重要一环。

第五节 城市经济的新陈代谢

一、城市经济新陈代谢的重要性

城市是一个有机体，类似生命的有机体，其生长发育必然是一个新陈代谢，吐故纳新的过程。城市在日新月异的发生变化，一直处在不断的更新过程，某些方面在衰老、衰弱和衰退进程之中。如果没有新的城市细胞的培植、孵化和再生，城市经济就会陷入萎缩、萧条，城市人口规模的减少就会到来。所以说，研究城市经济的新陈代谢对于城市经济的发展与结构优化意义重大。

新经济增长点的培育，首要的是对城市的发展现状与潜力作出恰如其分的评估与测算。长期以来，我国部分城市产业结构不合理，产业发展受"瓶颈"约束、受"包袱"拖累的现状不胜枚举：例如，北方城市缺水，在水资源作为稀缺资源的情况下，就不应该发展耗水大的产业，已经存在的大耗水企业应该限产、转产或迁移；有的城市企业老化，技术陈旧，产品不对路，缺乏竞争力，靠财政补贴、银行贷款已资不抵债，就应该重组或直接破产。

城市产业结构不协调是城市常见病，它常常是由于城市产业结构的动态变迁与城市综合发展的不协调而产生的。城市产业结构调整基本方法包括：城市性质与职能的系统分析、综合平衡和总体规划等等。国外的"木桶理论"可以说明问题：假定一个木桶是由长短不一的木板围成，那么它的容水量决定于其中最短一块木板。要想增加水桶容水量,就必须提高其中最短一块木板的长度。如果它的长度提高到超过倒数第二块短木板时,此时水桶容水量不再决定于它,而是决定于这第二块短木板,因此要继续提高第二块短木板的高度,依此类推。这是一个极简明而又通俗易懂的例子,它表明如果城市新增投资不是增加在这块短木板(产业薄弱环节)上,而是增加在其他任何比它长的木板上,那么只会导致城市产业结构越发不合理,更加倾斜。

如果经济"瓶颈"是由于不可再生的自然资源所引起,如一些资源型城市,他们的发展不能在资源衰竭后再行转产,而是应该未雨绸缪,城市经济适时转型,引入新兴支柱产业作为新的经济增长点。如,辽宁阜新2002年初开始的经济转型已经作为全国80多座资源型城市经济转型的试点项目。❾

在产业结构基本适应,城市就应该寻求大的发展,特别那些处于成长期的城市,寻求和培育经济新增长点是它们的日常任务。其主要原则和方法应该是优势原则、效益原则、可持续原则,并把三者很好地结合起来。

二、新兴支柱产业的发掘与培育

一般来说,每个城市都具有自己的区位优势、社会历史背景优势(这是任何其他城市无法比拟和取代的优势)。沿海城市有利用海水、海域、港口、海洋资源的广阔优势;内地城市有各自不同的资源优势、土地优势和劳动力优势;历史文化名城有文化特色优势、旅游优势。每个城市都有接近消费者、了解消费者的特殊优势,都有自己的特长和特点,而且一个城市的优势并不止一个,而是优势系列,它表现不同又有时间性的变化,关键在认识、在选择、在把握。城市经济的优势,有绝对优势也有相对优势。如,大庆的石油储藏量极为丰富,开始建设时,在全国占有绝对的优势,但是随着全国各地油田的不断开发,它的优势地位就只具有相对意义了。解放初期,鞍山市的钢铁生产在全国是首屈一指的,因而具有绝对优势,但是随着全国各地钢铁厂建设特别是宝钢的投产,鞍钢所能提供的钢铁资源也就只具有相对优势了。就自然资源优势而言,不仅决定于城市自身资源的数量和质量,数量越多、质量越高优势就越大,而且决定于城市资源的开发能力。

城市经济发展优势也有现实优势和潜在优势之别。现实优势是现在明摆着的优势,它是制定城市发展战略的重要起点和依据。发展城市经济社会文化,最重要的原则就是要充分认识和发挥城市的现有优势,并通过城市产业与产品等方面的形象与品牌宣传,不断扩大现有优势的影响和作用,即"人无我有"。

城市潜在优势是指城市已经存在的但尚未发挥出来或尚未充分发挥出来的优势。城市优势处于潜在状态的原因:一是科学技术水平和生产力水平还不足以开发它;二是由于人们认识的限制还没有觉察到它是可以开发的优势。前者,如我国西北、西南的城市由于距离许多矿产资源较近,因而具有这方面的优势,但是由于生产能力的限制,这些优势还不能马上发挥出来。后者,如有的大中城市本来具有科技优势,不注意发挥,而盲目引进国外过时的或报废的技术设备,造成了经济损失。

现阶段,城市新兴支柱产业的发掘培育要建立在现实和潜在的优势上,继续巩固现实优势,将潜在优势转化为生产力,其基本思路包括:以提高百姓生活水平为出发点，以消费结构调整和升级带动产业结构调整和升级，形成一批消费、投资和生产的新增长点；新增长点要以住宅、汽车、电子、通讯、旅游、教育以及一批相关产业为主，其中既要有传统产业，也要有高新技术产业；既要有工业也要有服务业。这些新的经济增长点的培育和发挥作用，能够集中体现"在发展中推进经济结构调整，在经济结构调整中保持快速发展"的指导思想。

注释

❶ [美] 西蒙·库兹涅茨．现代经济增长．北京：北京经济学院出版社，1989。
❷ 谢文蕙，邓卫．城市经济学．第37页．北京：清华大学出版社。
❸ 周一星．城市化与国民生产总值关系的规律性探讨．人口与经济．1982(2)。
❹ 论城市化与经济发展的相关性．第15页．城市规划汇刊．2003(4)。
❺ 摘自江泽民．在中国共产党第十六届全国代表大会上的报告。
❻ 中国国家统计局网站．迎接十六大系列报告之十七．城市面貌焕然一新。
❼ 2002年中国城市发展报告．第8页。
❽ 中国城市竞争力报告No.1．第39页．北京：社会科学文献出版社．2003。
❾ 中新网．中国80多个资源枯竭型城市亟待经济转型．2002年12月21日。

复习思考题

1．从城市经济发展的条件出发，评价沿海地区与中西部城市之间的经济发展差异。
2．考虑不同时期城市经济运行的主导力量。
3．利用统计数据，了解我国城市自改革开放以来的聚集趋势。
4．掌握乘数理论、哈罗德—多马模型和柯布—道格拉斯公式。
5．运用你所掌握的知识，分析我国大量资源型城市的转型问题，找出合理的解决方案。
6．请预测未来20年城市新兴产业的演进趋势。

第四章 城市经济效益分析

第一节 城市经济整体效益

一、城市经济综合效益

城市经济与城市社会、城市环境是一个有机的整体。城市经济效益与微观经济的效益不同,后者主要体现为利润、税收等,而我们在考察城市经济效益的时候,也要以此为基础,但是它还有许多"溢出"的公共效益。因此,对城市经济必须进行综合考察。为了促进城市经济的进一步发展,投资选择就不能从局部利益出发,而必须从全局出发进行结构效益、空间效益、区位效益和比较效益的分析和调整。

(一)城市经济综合效益的含义与内容

在我们讨论城市经济效益的时候,城市不再是一个单一的企业或经济部门,它是包含许许多多企业、经济部门和广大居民在内的社会经济综合体。它本身是一个地区,而且它还要发挥其中心作用,带动更大地区(农村和腹地)的发展。因此,衡量城市经济效益,虽然仍离不开价值的形式,仍应以物质产品的计量为基础,但是它比一个企业或部门具有更大的社会义务,并且,对于企业和经济部门来说是外部经济效益的问题,就城市而言,已大部分变为内部经济效益了。前面列举的那些在企业和部门看来是可以忽略不计和难于计算的外部损益,就城市整体而言,由于量的积累,已逐渐变成不可忽略、不可舍弃,并且可以计量的巨大数字了。

此外,为了保证城市物质生产部门的发展,还有一项十分重要的社会公共投资和经费开支,它用于公共建筑和公用福利事业,文化、教育、卫生、体育事业,科学研究事业,金融事业和管理机构的设置。没有这些公共部门的相应发展,生产的发展是不可能的。因此,它也是整个城市"所费"和"投入"的重要组成部分,是不可忽略不计的。有些公共部门也是有收入的,无论其盈、亏、多、寡,也都应计入城市的"所得"和"产出"部分。

由此可见,城市经济效益概念的内涵应比部门经济效益的概念更广泛,它应在部门经济效益的基础上,增加环境效益和社会效益的内容,然后加以统一核算。相对于部门经济效益而言,经过统一核算的环境效益和社会效益也可以称为城市公共经济效益。

基于以上认识,城市经济综合效益应是一个效益系统,它由各层次的各类效益有机结合而成,其内容和体系可按指标范畴说明如下:

1. 城市经济效益

这里是指城市各部门、各产业、各单位可以用价格等货币形式加以度量和加总的直接效益。首先是综合指标国内生产总值（GDP），其分指标可以按生产要素分为人均 GDP、地均 GDP 和每百元资金产出 GDP；其次是财政收入，城市财政收入是凭借政府权力和税制、税法从国民所得中征集起来的作为城市公共事业支出的货币资金。它既反映城市经济的公用效益水平，也反映城市社会再生产的公共保障能力，所以也是很重要的一个指标。同样地，它可以按生产要素设立分指标。

同时，我们认为在考察城市经济效益的时候，只考察综合性的国民所得或国民收入和国民的公共所得（即财政收入）是不够的，还应该考察城镇居民个人和家庭的直接收入及其结构，即人均收入和高低收入的差异度与变化趋势。前者仍应是经济发展的效益范畴，后者则已进入社会效益范畴。从这里我们再次看到，经济效益和社会效益是密不可分的。

2. 城市社会效益

城市社会效益不是一般意义上的社会经济生活中的全部效益，而是指可以进行经济效益考察的城市社会事业方面的效益和城市外部的效益。城市社会事业主要是指以人为工作对象的事业，如教育、文化、卫生、社会保障和福利部门等事业，它的直接效益主要表现为人的社会素质与自然素质的提高。城市外部主要是指城市管辖范围以外的地区。产生于城市的文字信息和视听信息（广播与电视等），以及大气水土污染均具有明显的影响于城市外部的正效益和负效益。提高城市社会效益是发展经济的重要目标之一，也是经济发展的必要条件。

任何经济社会实体及其活动的外部效益，一般都视为是它的社会效益。城市中各种经济社会实体及其活动的外部效益的辐射范围较广，部分在城市范围的内部，部分在城市范围的外部。辐射在城市内部的效益，一般要转化为受益单位的内部效益，只有辐射在城市外部的社会效益才是从城市整体着眼的社会效益。

由于城市的社会产出一般不是商品，不能直接用价格和价值加以衡量，因此，只能用一些非价值形态的指标来反映。如，在校毕业的学生数、就医人数、平均文化程度、平均寿命等。社会效益不能只计量正向指标，负向社会效益也应予以高度注意，例如文盲数、残疾人数、犯罪人数、伤亡事故人数等，它是从反面说明经济发展的社会效益的。以上正负指标，不仅需要计量它的绝对数，而且应该计量它的相对数，如每万人拥有大、中学生数，每万人拥有医生、病床数，以及患病率、犯罪率等等。后者更宜于进行横向和纵向社会效益比较。

3. 城市环境效益

城市环境效益是对城市自然环境效益和社会环境效益进行考察和衡量的概念。包括人的经济社会活动对环境质量产生的正负影响。反映城市自然环境效益的指标主要应是环境质量指数、人口密度和人均绿化面积的综合。这些指标一般都是按国家规定的标准值进行对比得出的相对数。其中，环境质量指标，是以各种介质（大气、水、土等）的环境质量为基础计算的。其计算公式为：

$$P = \sum_{i}^{n} K_i P_i$$

P——城市环境质量综合指数;

P_i——i 介质环境质量指数,它由各种污染物在介质中的浓度与其评价标准相比求得;

K_i——通过环境化学理论和模拟试验求得的 i 介质的权数值。

确定环境质量指数只是综合地考察了各种介质如水、大气、土壤以及噪声这些因素与人的健康之间的生态平衡关系。

另外,社会环境效益指标还可以采用以下一系列指标:人口密度指数、人均绿化面积指数,以及每万人拥有公共汽车辆数、每万人拥有下水道长度、每万人拥有自来水管长度、每万人拥有铺装道路长度、每百人拥有电话台数、每万人拥有商业服务业网点数、每人市政生活用电用水量、职工上下班在途时间、每万人拥有中小学校数以及人均住宅面积等。

(二)城市经济综合效益的计量与分析

1. 货币化的成本——效益计量与分析

(1) 以实际价格为基础的城市整体的成本——效益核算

城市成本不同于企业成本的地方就在于它不仅有直接的生产投入,而且有大量的公共投入,公共投入一般不通过市场交换,但它是具有实际价格的城市生产的公共成本。所以,基本的城市效益公式为:

在城市整体效益＝城市最终产出总和／(部门投入总和＋公共投入总和)

现有核算体系中,城市最终产出的统计,一般包括国内生产总值和财政收入;各部门的投入包括原材料消耗、固定资产折旧和工资报酬的支出统计。但是对于公共投入,例如大规模城市公共基本建设,包括道路、桥梁、绿化、管网及其他公共建筑物和设施、设备的实际消耗额,即应视为城市公共成本的折旧。随着现代化城市建设的进展,城市规模和城市生活质量的提高,这部分公共投入日益扩大,日益显现出其重要性。因而建立"公共投入总和"的核算体系和账户,逐个计量城市整体效益实绩,并进行城市间比较,对于促进加强城市管理,了解城市公共经济与城市整体经济发展的关系和规律至为重要。

(2) 按比例负担公共财政的城市产业成本——效益核算

现在城市各类产业经济效益的取得,往往是与城市政府公共财政的支持分不开的。就工厂效益而论,往往不能进行城市间的对比,因为城市公共财政对产业单位的补贴是不均衡的。例如,一个耗水大厂,在缺水城市和不缺水城市其用水成本实际是不一致的,差别很大,而如果缺水城市的水费和引水工程建设投资全部是公共财政支出,并不全部或部分转嫁给企业负担的话,则两个不同城市企业的用水成本是看不出差别的,这实际上掩盖了缺水城市企业已经加大的社会成本。从城市经济整体效益看问题,这时的城市财政支出应按比例分摊到各有关单位和部门中去,因而应有以下公式:

城市产出效益＝产业总产出／(产业总成本＋城市公共财政分担成本)

在现行核算体系中,各次产业部门和企业的总产出,包括产值和产量的统计是完备的,其部门和企业范围内的成本支出统计和核算也是严格的;但是为此应按比例分担的城市公共财政支出,应转化为部门和企业的内部成本,这部分从来忽略不计,这就极不利于产业的空间分布和社会效益的衡量,这部分从城市宏观经济考虑,也是必须加以改变的。

(3) 以影子价格计量为补充内容的城市成本——效益核算

以上两类核算均是以现行货币形式进行实际计量的,而城市产业的外部与整个城市外部的环境效益、生态效益是没有现成的货币形式数据的。为了统一核算和实行"外部经济内部化",必须将这部分环境支出货币化,进行"影子价格"的测算,然后加到前面的公式中去,即应有以下补充形式的核算公式:

城市整体效益＝城市最终产出总和/(部门投入总和＋公共投入总和＋环境支出)

城市产业经济效益＝产业产出总和/(产业投入总和＋城市公共财政分担部分＋环境支出)

环境支出,即由于环境污染所造成的环境负效益的影子价格,是其中内容之一。由于资源的减少,从长远来看形成的资源匮乏而引起的物价上涨的影子价格,也是其中重要内容之一。计量环境支出,对于制定城市可持续发展战略极有益处,也可以看出城市现实的经济增长潜力。

由此可见,城市经济整体效益的货币化综合计量是完全必要的,是比企业效益更高层次的效益计量,是城市管理工作的重要内容。

2. 城市经济效益的要素——贡献度分析

上述综合效益体系只是反映了城市经济发展的总的效益,但是这些效益是怎么取得的,它有什么规律可循,更为重要,这就要对其影响因素和制约因素进行进一步的定量分析。

决定城市经济效益的第一层次因素是生产要素的效率。众所周知,决定工厂效益的首要因素是工人的劳动生产率。而在城市自然也应该首先考察生产要素中最宝贵的因素——人的生产效率,它比工厂的生产率更全面。城市生产率至少应有以下三个指标:

城市从业人员生产率＝城市总产出/城市从业人员总数

城市人均产出＝城市总产出/城市居民人口数

城市政府生产率＝城市总产出/城市政府公务人员数

城市从业人员应包括城市范围内全部一、二、三产业职工。城市从业人员生产率反映一定城市区域内全体从业人员相结合的综合性效率。由于从业人员及其家属是分不开的人群整体,不同城市的从业人员的哺养系数有差别,失业状况也不同,因此以城市居民人口数为分母的城市人均产出的计量是有意义的,它可以看出城市"人"的整体效率发挥如何。城市效益高低与城市政府管理效率有很大关系,因此有必要计算以城市政府公务员总数为分母的城市政府生产率。机构臃肿,人浮于事的政府,其效率必然低下。如果将"城市政府公务员人数"换成"城市政府经费开支"计量城市政府效益也很有意义。廉价的政府与高效率的政府是最受城市人民欢迎的政府。

在城市生产要素效率的计量中,土地要素具有十分重要的地位和作用,因此有必要计量单位土地面积上的产出。

其公式为：城市土地效率（每平方公里产出）= 城市总产出/城市土地总面积

这里的城市土地总面积是分层次的"建成区面积"、"市区面积"、"地区面积"。比较城市间的土地产出效率，对指导节约用地、合理用地有重要的实际意义。

决定城市经济效益的第二层次因素是生产要素及其他各种因素的结合状况。生产要素的单项效率再高，如不很好结合，也会导致效益低下。例如，有钱买不到技术先进的设备，有先进机器设备，没有具备操作先进机器设备的足够的工人，有机器设备和工人，缺乏必要的原材料和燃料等等，都会造成经济的重大损失。下面，我们再次引入柯布—道格拉斯生产函数，即以说明要素综合效用下的城市经济综合效益：

其基本模型为： $Y = f(K, L, A)$

式中　Y——产出；

　　　K——资金；

　　　L——劳动力；

　　　A——技术水平。

根据这个思路，我们可以结合城市及其整体效益形成的特点，提出城市效益函数概念与模型。

由于城市土地在城市经济中的地位和作用，因而建立城市土地与资金、人口相提并论的分析模型是必要的。即：

城市经济综合效益 = F（资金、人口、土地）

由于城市经济效益、社会效益、环境效益是构成城市经济综合效益的重要因素，它们之间也有一定的结合关系和规律可循。其表达式可以写成：

城市经济综合效益 = G（经济效益、社会效益、环境效益）

在许多更实际的经济分析中，还有一些其他重要因素是经济增长的综合性原因，它们也是相互作用、结合在一起促进经济发展的。例如，技术水平、结构方式、规模、区位和制度等等。因而，把城市综合效益函数写成如下形式是完全可以的，即：城市综合效益 = H（技术、结构、规模、制度、区位……）

二、城市空间结构效益

（一）城市空间结构的形式

城市空间结构这种经济社会空间存在形式，要比仅就企业而言的生产、劳动的空间形式，以及仅就生产部门而言的生产力布局更复杂，更丰富，更重要。它不仅包括工业、商业、运输业、建筑业和郊区农业这些生产性部门的物质实体的空间关系，而且包括文教、卫生、服务、行政等非生产性部门的物质实体的空间关系，以及所有这些物质实体相互之间的空间关系。它是城市范围内一切建筑物（企业的和非企业的、部门的和公共的、近代的和古代的）、自然物（包括土地）和人相结合的空间体系，它的合理与否，对城市经济的发展有着重大的影响。

1. 密度

城市经济是一种密集经济。一般合理的经济密度，在工业化时期有以下明显的优越性；便于生产协作和专业分工，从而大大提高劳动生产率；便于利用公共资源、水源和能源，利用公共基础设施和服务设施，从而大量节约生产开支；便于强化社会接触，易于交流经济、社会、科技、文化信息，起到促进互相学习和刺激竞争的作用；便于大量节约土地；便于大大减少远程运输，缩短流通时间，节约流通费用；便于资金的集中和积累，加速资金周转；便于对劳动者的劳动技能进行多方面的培养和提高，增加劳动者的就业本领和选择就业的机会；便于进行集中的经济管理，提高经济管理效能。

但是，任何事物都有两方面。如果城市经济的密度不合理（这也是经常产生的现象），那么，上述优越性就会发挥不出来，甚至会使"利"转化为"弊"。例如，城市企业过密，人口过密，建筑物过密，就会产生以下一系列城市问题和负效益：城市噪声所引起的地盘震动会影响劳动者的生产工作热情，影响居民的正常生活；大气和水的污染所造成的自然资源和社会财富的损失以及对人的身体健康的危害，会与各种密度成正比例增加；城市交通拥挤，事故频繁，车速降低等问题会持续发生；居民生活空间狭小，住宅困难，消费品供应紧张及其他各种社会问题的增加会随之而来；城市的科学管理会因此大大增加复杂性和困难度；城市经济的进一步发展和城市的改造会因此受到很大阻碍等等。

现在，国内外城市由于过密现象而引起的城市病，如有些大城市由于拥挤、堵塞，平均每小时车速只有10～13.5公里，有的甚至还在10公里以下。至于交通肇事，仅人身伤亡一项，20世纪80年代有人估计过，全世界每年死于车祸的人数约在20万左右，伤者近千万人，因而有"交通战争"之称。有人根据上海、天津20世纪80年代的调查材料，计算过两市市中心区由于车速逐年下降所带来的经济损失。上海市的货车速度由1964年的每小时30公里左右，下降到1983年的每小时20公里左右，每年由于车速下降带来的营运损失达4亿多元，约占该市1982年工业利润总额的3.1%，天津市公用汽车平均时速仅11公里，每年由于车速降低带来的营运损失约2亿元，占该市1982年工业利润总额的6.8%。如再加上其他经济损失、环境损失、社会损失，总损失之巨，可想而知。

对城市经济的发展与其密度之间的关系的深入研究，使我们能够发现这样的规律性问题：城市经济的顺利发展，客观上需要一个与其发展相适应的合理密度，在这个合理密度的最佳值形成以前，城市经济密度的增加与经济效益的提高成正比，在此以后，密度的继续增加与经济效益的提高呈反方向运动。

由此可见，高度重视城市经济的密度问题，因城因时制宜地正确处理城市内部各种物质实体的疏密关系，谋求及早形成和长期保持城市经济的合理密度，这是提高城市经济效益的重要措施之一（图4-1）。

2. 布局

在一定的密度条件下，不同的经济布局会有不同的效果。

我国城市由于布局不合理而造成的经济损失有多少，尚不得而知，仅据国外资料，就国外城市现状而论，工业组成布局合理，一般可节约工业用地10%～20%，交通运输线路可缩短20%～40%，工程管线网可减少20%～40%。节约工业用地10%～20%的直接经济意义为：第一，可以节约和降低工业部门用地成本

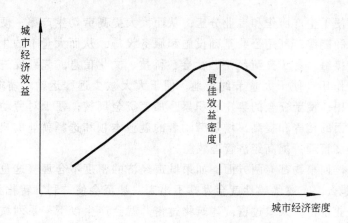

图 4-1 城市密度效益

10%～20%；第二，可以用这些节约下来的土地扩大工业生产，从而可以在不扩大城市土地规模的条件下，增加城市工业生产总量和利润 10%～20%。交通运输线路缩短 20%～40%，它的直接经济意义：第一，可以减少 20%～40% 的城市交通线路的建设投资；第二，可以长期节约 20%～40% 的城市交通运输使用的能源和各项费用；第三，可以使利用城市交通运输的单位或个人相应地节约大量的人流、物流、商流和资金周转的时间，缩短整个社会再生产过程。工程管线网的减少产生直接经济意义也大致相同。

如果说，以上讲的是空间布局的网络效益的话，那么空间布局还会产生另一种重要效益，即相邻效益。亦即各种物质实体由毗邻关系而相互作用产生的效益。网络效益只有高低之分，而相邻效益还有正负之别。在生产力水平和科学技术水平既定的条件下，要想最大限度地控制相邻负效益的产生，最大限度地发挥相邻正效益的作用，主要的调节杠杆和调节办法就是依据不同的要求和各种相邻的条件，进行合理的空间布局。

然而，上述空间布局是从静态考虑的，如果从动态考虑，意义更为深远。

以上事实说明，城市空间布局不仅产生和制约城市网络效益、各物质实体之间的相邻效益，而且还产生和制约各物质实体的羁留效益。也就是说，城市各种物质实体的寿命、使用价值和保存的完好程度，不仅决定于工程质量本身和自然条件，而且决定于它的位置同经济发展进程之间的关系。如果它的位置与经济发展进程在空间布局上的要求无碍或有益，它就可以长期完好存在，发挥或增强它的正效益作用，并可"终其天年"。如果与经济发展进程在空间布局上的要求有碍，它就会因其有碍的程度，产生一定的负效益，或缩小其羁留效益，直至最终丧失其继续存在的价值。在后一种情况下，工程造价愈高，质量愈好，它的羁留负效益反而愈大。

所以，建设项目的选址必须依据科学的经济预测，高瞻远瞩地进行估量，尽量使其羁留效益为最大。否则，城市经济建设的成就和人民的受益，不仅会为相邻的横向负效益所部分抵消，而且会为后续的纵向负效益所部分抵消。

3．城市形态

城市形态是城市空间结构的整体形式，是城市内部空间布局和密度的综合反映，是城市平面的和立体的形状和外观的表现。

城市立体形态，主要来自对城市三维空间的利用上。在二战前，英国伦敦的最高处是圣保罗教堂的塔尖，但是在战后，它逐渐为更高的建筑物所淹没。与此同时，城市地下建筑方兴未艾。现代城市的"厚度"，大大超过了人类社会以往几千年的任何城市，这也是资本主义城市经济发展的重要物质条件之一。城市越"厚"，说明它对三维空间的利用率越高，也就是城市经济发展所需要的空间越多，因而在一定限度内，它对经济的推动力就越大。当然，城市厚度也是有限度的，超过一定限度，它的作用就会走向反面。所以，研究和探索城市地面建筑物的适当高度和地下建筑的深度和面积，也是一个关系城市全局的重要课题。

城市的外观、外貌也具有重要的经济意义。城市的外观、外貌是城市的仪表。它既是城市居民自身仪表的扩大部分，也是他们生活环境的重要组成部分。在城市里建造错落有致的美的建筑物、美的街道、美的公园、美的雕塑和建筑小品，以及绿草林阴、小桥流水等等，并使之形成浑然一体的令人神往的艺术结构，建成清洁、舒适、优美的人工——自然环境。它是一种公共消费，人人得而有之；它是一种持久性消费，可以长期发生作用；它是一种具有广延性的消费，不仅可以供本城居民享用，还可以吸引城区以外的居民游览观光，成为一种很有经济价值的旅游资源。

综上所述，城市空间结构的经济意义是多方面的、深刻的、十分重大的。可以说，城市空间结构实际是一种特殊形式的经济结构，是城市经济效益的重要制约因素之一。因此，有预见性地不断改善城市空间结构，是可以取得巨大经济效益的无形投资，值得引起我们的高度重视。

（二）城市空间结构效益的性质与特点

1. 城市空间结构效益

城市空间结构效益包括密度效益、布局效益、形态效益——具有长期性、持久性和相对稳定性。

城市空间结构效益，与生产、流通领域里产生的效益不同。城市空间结构一旦形成，往往十几年、数十年乃至百年、数百年不能移易。例如，一座工厂一经建成起码要进行十几年、几十年的生产，在这么长的时间里为社会增添正效益。但是如果它同时给周围环境带来污染等方面的负效益的话，往往也会长此下去，不到这座工厂彻底治理、改造、转产或搬迁之日不能终止。一个港口、一条铁路的建成，比一座工厂存在的时间可能还要长。

特别值得重视的是城市空间结构的负效益，一经出现，就会年年月月重复出现，累进追加，即使人们有所认识也难以在短期内改正。美国纽约曼哈顿区自1776年成为纽约的"闹市区"以来，那里摩天楼群林立，互相遮挡阳光（有的20层楼以下要终年点灯，人流、物流拥挤不堪，因此造成各种"城市病"，200年来未见根本消除）。

在我国，由于不重视城市空间结构的科学规划，因而造成的难以改正的错误和持久性损失的实例也是屡见不鲜的。例如，有的污染严重的工厂建在城市的上风、上游地区或人口稠密区,有的大型建筑占据市区交通要冲和咽喉部位,迫使交通干线中断、迂回和拥挤不堪,有的铁路线和高压线严重切割城市等等。

2. 城市空间结构效益具有一定隐蔽性和特殊复杂性

(1) 城市空间效益具有外部效应、游离性和散在性

一座公园的经济效益究竟有多大,人们往往不容易认识,原因就在于它的效益并不能以它本身的价值来衡量,而必须以它在与外部发生联系时,对外部所起的作用,如它所接纳的游人的多少、开放时间的长短,它在净化空气,调节气候,阻隔噪声,美化环境等方面发挥的实际作用来衡量。然而,这些社会效益的经济意义究竟有多大,还必须经过复杂的折算才能搞清楚。很显然,这种表现在外部的、散在的并且经常变动的效益,也是难以用现在的部门经济效益分析法加以准确分析和计量的。

城市开发中常常为一个建设项目的选址举棋不定,主要原因就是它的外部正负效应无法恰当衡量。

(2) 城市空间效益具有慢性积累的特点,不易被人及早发现和直观发现

最典型的是环境污染。例如,1953年日本重金属污染后的水俣病。其他许多事实也证明,某些重金属污染水质后,一般要经过20~30年的积累才能反映出来,酿成灾害。

人们一般不大重视城市噪声的危害,原因也是在于噪声的危害往往不是直观可以发现的。但是,根据科学调查,噪声不仅可以使正在工作和学习的人们分散注意力,降低他们的工作和学习效率,还可以导致人们产生精神不安、食欲减退、失眠、神经官能症等病症。日本的科学家们还发现,一些军用机场附近的奶牛乳汁减产,母鸡产蛋率大大下降或不生蛋,都与飞机升降时带来的噪声影响有关。

同样地,城市中许多存在物的相邻正效益的产生也不是立竿见影的。例如,文化、教育、艺术、体育、科研以及园林绿化等等设施,对人的社会素质和自然素质的提高与良好影响及其最终的经济效益,都必须积以时日才能显现。

三、城市区位效益

城市结构效益既可以用来研究城市内部产业之间的整体效益,也可以用来研究城市之间的整体效益。而区位效益和比较效益主要用来研究城市之间的经济关系:分工关系和协作关系,是更广泛的综合效益和整体效益的研究课题。

区位效益是西方学者在研究微观经济时早已看到的重要问题。1909年,德国人韦伯(A. Weber)发表的《工业区位论》中就已提到企业选址的一些决定因素,指出了与原料供给、劳力供给和产品销售有关的区域因素对企业选址的重要影响,并重点研究了运输费用、生产成本与区位的关系,被人们称为"成本学派"(其主要观点可以用图4-2表示)。DP为生产费用,DA、DB为距离P点远近不同的运输费用,即离P点愈远,运输费用愈高。这时,企业的选址必然在P点,这时可以保证利润最大。

但是这种观点以后被市场学派所纠正,因为在市场垄断和存在竞争力的条件下,生产成本最低不一定保证利润最大(图4-3)。生产成本P_1小于P_2,但P_2的市场范围M_2至M_3大于P_1的市场范围M_1至M_2,而且价格偏高,因此

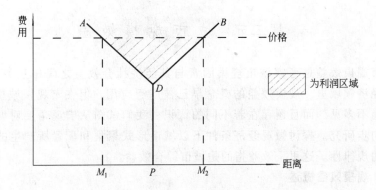

图 4-2 单一企业选址与成本利润的关系

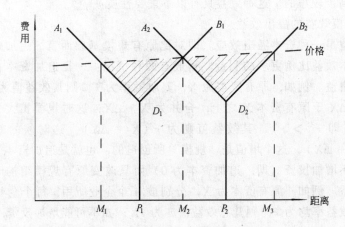

图 4-3 企业间选址与成本利润关系

有可能 P_1 企业利润不一定超过 P_2。实际上这样研究仍具有一定的局限性，比较笼统简单，企业可以搬迁，而城市没有可能，因而不能用它说明复杂的城市区位问题。

需要在上述基础上，进一步研究区位效益与城市形成和发展的关系。由于影响和决定城市形成和发展的区位因素不仅是众多的，而且是变化的，因而最后起决定因素的是所有这些因素的综合力。这就说明了在一个调节机制比较健全、比较开放、比较灵敏的系统中，影响城市区位效益的因素至少有以下七个方面：劳动生产率、劳动力工资水平、产品生产成本、产品运输费用、市场价格、销售量、消费者偏好。当然，在中国现阶段，地区产业配套能力已经成为最主要的区位因素。由于分工变细，加工链（生产链）相互依存关系更加密切，使得企业的选址更加明确，这就说明了虽然珠江三角洲城市的商务成本偏高，但还是企业投资办厂的上上之选，这主要是因为当地具有极强的产业配套能力。

一般而言，投资者总是将资金由利润较低的地方向利润较高的地方转移，然后又引起较高地方利润率的下降，最后逐渐形成各地的平均利润。实际上平均利润的形成也要受以上多方面因素的作用。也就是说，以上诸因素的不同区位优势，在调节机制充分发挥作用的条件下，会共同组合成平均利润。

第二节 城市规模效益

城市规模效益是考察城市规模因素与其经济社会效益之间相互关系的概念。在微观经济领域里,规模效益的概念早已被广泛应用。但在宏观领域里,规模效益研究尚不多见,而且还存在着不同的认识。我们试图从宏观角度对城市规模效益进行初步研究,探讨微观经济条件下以城市形式聚集和配置所产生的规模与效益之间的规律性。这里,效益指的是城市综合效益。

一、规模效益概述

规模效益实质是一种规模比较效益,即经济实体规模之间进行比较时,总是较大的效益高于较小的。这种效益具有以下重要性质:

(一)规模效益的溢出效益

规模效益是一种资本溢出效应。即对比原有规模基础而言,追加资本可以获得比原有资本效益比例更多的利益。一般有两种情况:一是追加资本在原有基础上实现效益增益。例如,原有资本为 X,其收益率为 r,则其效益值为 rX;如追加一个资本 ΔX 于原有资本 X 之上,合并为 $X+\Delta X$,这时规模扩大了,其效益 r' 也要提高(即 $r'>r$),其效益值则为 $r'(X+\Delta X)$,这时候的效益增值为 $(r'-r)(X+\Delta X)$,这个增值是"规模"所创造的,也就是追加资本 ΔX 的溢出效益;二是不增加投资(即,追加资本为0)而只改变原有规模结构时也会产生资本效益增益。例如,原有资本为 X,分别被 n 个企业所用,每个企业拥有 X/n 资本,若其效益率均为 r,则其总效益值亦为 rX;如不可能增加投资,而将 n 个企业合并为 m 个企业 ($m<n$),若合并后的企业 X/m 的效益率获得提高,均为 r'($r'>r$),则这时总的效益值为 $r'X$,溢出效益为 $(r'-r)X$。从现实操作角度讲,后者的意义显然比前者更大,因为它在既定的生产规模和资源禀赋下,通过资源创造性地再配置,实现总效益增值。它为我国乃至全球的重大的并购与资产重组提供了理论依据。

(二)规模效益的社会积极意义

规模效益是体现生产力发展要求的效益,实现规模效益具有社会积极意义。规模效益的实现,存在着生产关系的制约,但是规模效益归根结底是对所有参与者都有利的效益,或者说它具有一定内在的"公益性"。规模效益的实现,能体现和加强人们的团结协作精神。全世界经济发展的实践表明,规模效益产生、发展方兴未艾。它已经经历了产品规模——企业规模——城市规模——地区规模等几个阶段。跨国公司的出现和各种国际性、区域性经济贸易联合体如雨后春笋般的诞生,都说明人类追求联合和合作的以实现规模效益的理性行为。

(三)规模效益局限性

规模效益的实现是经济规律作用下自发的市场行为的结果,它是不能人为刻意堆积的;相反,人为堆积反而会产生规模负效益。例如,我国许多地方政府盲目追求企业规模,在前期可行性论证缺乏的情况下人为强制性的合并,结果造成 $1+1<2$。

任何经济系统都是一个有机体，只有在有机联系的基础上才能产生系统的功能。所以，规模效益一般发生在同行业或不同行业但具有紧密横向联系的企业之间。即使是同行业，由于生产力要素分布的广泛性、稀疏性，考虑到流通费用的负担，也不可能把所有的生产要素汇集在一起。规模的升级从根本上说并不取决于人们的主观愿望，而决定于生产发展对生产要素聚集的客观要求。

另外，规模堆积有一个最佳效益点，超过最佳效益点的规模增加将导致平均成本的上升。具体表现为"长期平均成本曲线"向下倾斜，从这种意义上说，长期平均成本曲线上的最低点就是"最小最佳规模（Minimum Optimal Scale）"。

二、城市规模效益分析

城市是产业的集合体。城市规模效益既是产业规模效益量的延伸，也是其质的提高。在企业规模效益阶段，多数是在同行业的前提下实现的，而在城市规模效益阶段，则可以延伸和扩大到不同行业的地域联合。任何产业的纵向联系和横向联系通过空间位置的接近得到加强，都将产生这种外部规模效益。企业内部组织产生的规模效益与其外部规模效益的结合就是城市经济规模效益。它是经济规模效益在空间形态上的完备形式和高级形式。由于城市经济规模效益的存在，还会产生和增益城市社会规模效益与城市环境规模效益，为城市居民和社会带来更多的溢出效益。

（一）城市经济规模效益

对于城市经济效益与规模的关系及其规律性，用数学模型表示，首见于法国经济学家维德马尔。他曾利用瑞士的资料，作出城市人口规模（X）与城市国民收入总额（Y）之间的相关关系模型如下：

$$Y = 230.97 + 498.91 \log X$$

根据这个模型计算，100万人口的城市经济效益要比2万人口的城市高2.2倍，比20万人口的城市高40%，比40万人口的城市高19%。

在我国城市经济规模效益也十分明显。根据1984年的全国统计资料，就人均产值效益而言见下表4-1：

1984年城市人均产值　　　　　　　　　　　　　表4-1

城市分类	>200万	100~200万	50~100万	20~50万	<20万
人均工农业产值	5 572.67	4 536.53	4 181.58	4 126.28	3 113.85
分　值	133.27	108.49	100	98.68	74.47

从这里不难看出，我国城市生产效益不仅确实随城市规模的扩大而有规律地增长。生产效益最好的城市是200万人口以上的城市。

就资金效益而言，1984年全国所有城市的全民所有制企业的效益均低于集体所有制企业。但是按城市规模分类，无论是全民所有制企业还是集体所有制企业，都呈现出规模级差效应。以全民所有制企业每百元固定资产原值提供的利税而论，上述5个规模等级的城市分别为：38.1元、24.3元、23.1元、18.7元和18.3元，集体所有制企业分别为：51.3元、38.8元、37.1元、31.0元和24.1元。如果以全部城市平均数为100进行比较，则5个不同等级规模城市的全民所有制企业的相对水平分别为150.59、96.05、91.30、73.91、72.33。在这里，不仅50～100万人口的城市不具有平均水平以上的优势，而且100～200万人口的城市也不具有这种优势。惟一具有绝对优势的是200万人口以上的大城市，它的平均效益水平比20万人口以下的城市高出一倍还多。

就土地效益而言，城市规模效益也特别明显。

对城市规模效益的变化，我们还应做动态考察。利用1995年的资料进行比较，可以看出我国城市规模效益的新水平（表4-2）。各规模等级的城市效益，无论是按从业人员计算的劳动生产率，还是按每平方公里计算的产出，以及按国内生产总值计算的固定资产投资率，都完整地反映出规模效益的存在，即规模最大的城市平均效益最大，规模最小的城市平均效益最小，所有城市的效益均与其规模等级呈正相关关系。

1995年各规模等级城市效益比较[1]   表4-2

	指标	序号	200万人口以上的城市	100～200万人口的城市	50～100万人口的城市	20～50万人口的城市	20万人口以下的城市
原始数据	年末从业人员数（万元）	1	3 251	2 497.2	2 788	8 475.3	11 329.4
	土地面积（万平方公里）	2	3	4.6	7.1	39.3	114
	国内生产总值（亿元）	3	7 374.9	4 966.3	5 042.4	11 112.2	11 483.6
	固定资产投资（亿元）	4	2 348.2	1 416.3	1 347.4	2 495.9	1 502.2
计算数据	职均GDP（百元）	5＝3÷1	266.9	198.9	180.9	131.1	101.4
	指数（%）	以小城市为100	223.8	196.2	178.4	129.3	100
	地均GDP（万元）	6＝3÷2	2 458.3	1 079.6	710.2	282.8	100.7
	指数（%）	以小城市为100	2 441.2	1 072.1	705.3	280.8	100
	固定资产投资率（%）	7＝4/3×100	31.8	28.5	26.7	22.5	13.1
	指数（%）	以小城市为100	242.7	217.6	203.8	171.8	100

（二）城市社会规模效益

城市社会规模效益是指城市的社会效益与城市规模直接相关的一种客观规律。城市社会效益包含两部分：其一是指城市内部各个社会事业部门的效益，如教育、文化、卫生、科技等部门；其二是指整个城市外部效益。任何经济社会实体都有其外部效益。地铁站的兴建使周边房产升值就是地铁站的外部正效应，也就是它的社会效益。城市功能的扩大和完善实现增量外部效益，同时也实现增量社会效益。

城市社会事业部门的效益与城市规模的关系，同城市经济部门效益与城市规模的关系一样，二者之间也具有一定的正相关关系。经济产业部门的功能是进行物质资料再生产，而社会事业部门的功能就是进行精神产品的再生产和协助物质生产部门进行劳动力的再生产，因此两者都存在生产要素的集中使用和集约经营的优越性问题。任何文教、卫生、科技事业的发展，都离不开土地、资金、劳动力和固定资产的投入。在一定限度内，这些投入的集中程度愈高，获得的效益就越好。

就教育而论，教育的主要组织形式是学校。任何学校的建立都必须有起码的人、财、物规模。一个规模较大的学校的教职员工相互协作和调剂产生的教学效益，总比规模较小的学校要高。特别是就高等学校而论，由于学科分工越来越细，学科之间又互相渗透，具有紧密的联系，因此越来越需要增加学科门类较多的综合性大学。世界闻名的英国牛津大学和剑桥大学，已分别发展到拥有30个学院和31个学院的规模。美国最古老的哈佛大学，拥有图书馆95个、博物馆9个。学校规模的如此发展不是偶然的，它是由教育的规模效益诱导所致（表4-3）。

1995年各规模等级城市高校生情况　　　　　　　　　表4-3

城　市	200万以上城市		100～200万城市		50～100万城市		20～50万城市		20万以下城市	
	绝对数	比重（%）	绝对数	比重（%）	绝对数	比重（%）	绝对数	比重（%）	绝对数	比重（%）
高校在校生（万人）	105.4	35.6	79.4	26.8	41.2	13.9	53.1	17.9	17.3	5.8

就社会文化而论，社会文化包括图书、影视、音乐、戏曲、体育、娱乐等各个方面的内容。人们的文化生活似乎是抽象的，属于精神范畴，但是文化生活的实现却要依托一定的物质条件，如公共图书馆、电影院、电影制片厂、体育馆等等。这些物质条件的规模与其所产生的社会效益，也具有正相关的关系。例如，美国华盛顿国会图书馆，仅书架全长就达526公里，前苏联的国立列宁图书馆书架总长达500公里，英国图书馆（伦敦）每年要新增3.2公里长的书架，法国国立图书馆（巴黎）每年要新增3公里长的书架。这些世界较大的图书馆，恰恰就是世界上较有名气的和效率较高的图书馆。美国的好莱坞（Holly-wood）为什么长期以来被人们誉为世界最有名的电影制作中心？这与它独一无二的规模不无直接关系。好莱坞是洛杉矶市的一个相对独立的市区，是一个拥有15万人口的电影城。第一个迪斯尼乐园创办于1955年，建在美国西海岸的最大城市洛杉矶，占地达80平方公里。而当1971年美国在东海岸城市奥兰多建设第二个迪斯尼乐园时，它的面积又进一步扩大为109平方公里。集中的物质条件决定了人们的娱乐也相应地集中——人们也就接受了这种选择。

就医药卫生而论，人们根据常识都能知道，一般来说，大医院的医疗条件总比小医院的医疗条件好，医术高，人们对它的信任度也较高。现在发达国家医疗条件的集中发展，已不仅表现在单个医疗单位的规模扩大上，而且表现在多个不同规模的医疗单位、教学单位和研究单位在一个地区的聚集上。例如，被誉为医学城的美国休斯敦医学中心，它横跨5个街区，占地70多万平方米，集中了28所包括医学院、医院和研究所在内的单位，5万多名工作人员。每年来自国内外就医的人达150万，其中住院病人达15万。世界闻名的创伤外科、心脏内外科、泌尿科和肿瘤防治中心都设在这里。这里是世界上第一例移植人造心脏成功的地方。这种聚集必然产生相应的规模效益。

就科技而论，我们可以看到更为普遍的发达的聚集形式和方式。在一些有条件的大城市附近或市区内兴建的"科学城"、"技术城"和"科学工业园区"，已被证明是推动科学技术突飞猛进，取得巨大效益的场所。

实际上，所有这些社会部门的发展都与城市规模有着密切的关系。任何一个社会部门的集中发展都必须依托于一个城市。这些社会部门的规模越大，集中程度越高，所依托的城市也就越大；反之，依托的城市越大，这些社会事业部门的规模和功能等级也就越高。也就是说，较大规模的城市比较小规模的城市具有较大社会部门实体和较高等级的社会功能。国外一些研究技术发明规律性的学者，也发现了科学技术的发展与城市规模的关系。罗斯（1948年）和邓肯（1964年）以美国为研究对象，得出了"城市越大，人均专利申请数越多"的结论。1966年，普雷德根据历史资料计算出，1960年前后美国最大的35座城市人均专利数量是全国水平的4.1倍。

我国实际情况也是如此。据1995年的统计资料，我国高等学校大部分分布在大城市和特大城市，在100~200万人口的特大城市中，每万人中有大学生197.3人，而在小城市中只有8.3人。由于信息交流水平不同，各类城市的邮电业务总量也有显著差别。按大于200万人口、100~200万人口、50~100万人口、20~50万人口和小于20万人口的规模进行分类，每类城市中每人邮电业务年支出分别是419元、309元、266元、144元、67元。在大城市里，医疗卫生水平远比中小城市高。仅以每万人拥有医生数为例，在小城市为14.4人，而在50~100万人口的大城市则为38.1人，数量超过近两倍，质量也有显著差别。

城市社会规模效益的另一个重要方面是人的精神文明程度。

我国城市的外部社会效益的级差效应也是十分明显的。首都北京是全国政治中心，上海是全国最大的经济中心，它们在全国各地具有极大影响，发挥着独一无二的作用；其次是各地区的中心城市，如天津、重庆、沈阳、哈尔滨、西安、兰州、成都、武汉、广州、南京、杭州等；再次是其他大中小城市。在当前发展生产、改革开放的过程中，它们基本上都发挥着较大的吸引作用、辐射作用、调节作用和示范作用，即发挥着火车头作用。

（三）城市环境规模效益

城市环境规模效益是指城市环境的保护、改善和建设的效益与城市规模有正相关关系。

城市环境包括以下两个方面：一是城市自然环境，二是城市社会环境。

1. 城市自然环境与城市规模的关系

城市自然环境与城市规模有正相关关系。

(1) 城市环境污染的治理决定于三个条件

首先需要资金，而投资与经济发展水平直接相联系。世界上一些发达国家，对治理环境的投资每年约占国民生产总值的2%～3%，我国则不到0.5%。其次是技术条件。无论是废气、废水、废渣的回收和净化，还是垃圾的大规模处理，都需要现代化技术，技术高低既决定着对它们处理的纯度，也决定着处理它们的经济价值。我国有许多城市目前在城市生活垃圾和工业垃圾的处理上迟滞不前，其主要原因还是技术不过关。再次是管理条件。对环境质量监测与管理，同对工业产品质量管理一样，必须自始至终严格把关，每个环节都不能疏忽。

根据以上分析，不难看出，城市规模的大小与这三项条件具备程度的重要关系。也就是说，较大的城市一般总是比较小的城市具有较好的资金条件、技术条件和管理条件，因而尽管我国总的环境保护水平较低，但通常而言，城市越大其环境保护能力相对较强，其保护水平相对较好。以城市煤气化的实际水平为例，1995年全国城市统计，使用煤气的人均数（立方米），200万人口以上的城市是53.5，100～200万人口的城市是30.8，50～100万人口的城市是16.0，20～50万人口的城市是9.2，20万人口以下的城市是1.6。

(2) 城市环境治理的经济规模效益作用

对环境污染进行治理，除了资金、技术和管理条件以外，还有治理的经济规模效益如何的重要条件。这里有两方面的规模效益：一方面是被处理的污染物和受益单位相对集中形成一定规模，因而节省各种运输费用的效益；另一方面是处理污染的设施本身的规模和处理量规模较大而节约直接处理成本的效益。

2. 城市社会环境与城市规模的关系

除了前面已经列举的教育（每万人大学生数）和公用设施（人均煤气供应量和人均邮电业务总量等）方面的规模效益以外，还可以从反映居民收入、住房、出行、购物和文化条件等方面的一些统计数字说明社会环境效益同城市规模的正相关关系（表4-4），1995年全国大于200万人口的城市职工年均工资收入是小于20万人口城市的1.53倍；人均住宅投资前者是后者的8.1倍；每万人拥有出租车辆前者是后者的15.3倍；每万人拥有商业、餐饮业人员前者是后者的2.7倍；人均公共图书馆藏书前者是后者的8.53倍。

各规模等级城市五项社会指标[2]　　　　表4-4

指标/城市（万人）	大于200	100～200	50～100	20～50	小于20
职工年均工资收入（元）	7 250	869	5 902	5 427	4 731
指数（以小城市为100）	153	124	125	115	100
人均住宅投资（元）	651.7	419.4	303.7	165.6	80.5
指数（以小城市为100）	810	521	377	206	100
每万人拥有出租车（辆）	36.8	25.9	17.4	6.8	2.4
指数（以小城市为100）	1 533	1 079	725	283	100
万人拥有商业、餐饮业人员（人）	1 058.3	973.5	840.7	542.1	391.3
指数（以小城市为100）	270	247	215	139	100
人均公共图书馆藏书（册）	1.28	1.12	0.58	0.24	0.15
指数（以小城市为100）	853	747	387	160	100

三、城市规模效应逆因素

假定没有别的因素起作用,由于以上这些原因,城市可能会变得越来越大,最后全世界只剩下一个最大的城市。然而,随着城市规模的扩大,虽然边际效用在增加,但外部成本❸增幅更快,他们将规模边际效用增加的作用抵消甚至产生边际负效用。

(一)拥挤成本

当城市规模扩大时,由于土地面积的限制,人口密度必然增大。这就造成了拥挤成本。在人口密度很高的地方,土地价格很高,使得各种行业的固定成本都上升,而为了节约土地,高层建筑的建造单价远高于低层住宅。建筑越高,容积率越高,同样,如电梯等的固定设备占用的面积和它的使用成本将抵消高层建筑由容积率带来的好处,于是进一步增加了居住成本。不但建筑物向高层发展,高人口密度还迫使交通也向多层发展,这些交通方式在最初投入成本较高、使用成本也不低。大城市差不多都有地下铁路、地下停车场或高架停车场,这些都加大了政府的财政支出与居民成本。另外,拥挤成本还包括道路交通的堵塞。这几乎成为大城市的通病,它的直接损失几乎达到当地 GDP 的 5%~10%,而间接损失可能还要加倍。

拥挤还导致环境的恶化。城市环境有一定的负载幅度,环境的自消化能力是有限的,它不可能负担太高的人口密度。所以,城市发展的结果无例外地都造成环境的恶化。空气的污染、噪声、疾病的传染,都是城市所特有的现象。这使得居住在城市中的成本上升。还有垃圾的运输和堆积,既占用土地,又产生各种污染。环境的另一个问题就是供水紧张。不靠大江大湖的大城市差不多都存在供水问题。解决的短期办法就是采地下水,结果是导致地下水位降低,地表下沉。它的一个直接后果是地下水的空间被压缩,地下水失去了再生能力。有一些大城市仅仅因为供水问题不得不搬迁。这些问题直接或间接都是人口密度过高造成的。

拥挤成本增加对个人最直接的影响是土地价格和相应的房价上升,它的影响涉及到城市中的每一个人。同时,房地产又是一切经济活动的必不可少的投入要素,房地产价格上升使得整个的物价水平上涨。它使得这些城市在与别的城市的竞争中丧失优势。香港原来是有名的购物天堂❹,可是 20 世纪 80 年代后期以来房地产价格飞涨,导致物价水平上升,严重影响香港的城市竞争力。房地产价格的上升往往是投机炒作造成的,这也是泡沫经济的主要原因,泡沫破裂会引发金融危机,这都是城市经济所特有的现象。由于拥挤而造成的房地产价格和普遍的物价上升,限制了大城市的进一步扩大,人们寻求其他城市作为经济活动和生活的场所。

(二)交易费用

交易费用越低,分工就越细密;相反,交易费用越高,则分工得到的利益被交易费用的增加所抵消得越多。所以,分工的程度将停止在进一步分工所增加的交易费用完全抵消了分工和专业化所带来好处的那一均衡点上。

可以证明,交易次数随分工程度呈指数增加。换句话讲,交易次数远较分工程度增加得快。我国分工不够发达的原因之一,也是最主要的原因,即交易费用太高，阻挡了经济效率的提高。

城市的发展是和分工有关的，而分工又和交易费用有关，所以交易费用的降低有助于城市的发展。从技术层面来讲，交通通讯技术的进步大大地降低了交易费用，所以，才有近代大城市的迅速发展。从制度层面来讲，人和人之间的互相信任可以大大地降低交易费用，也有助于大城市的发展。不论由于何种原因，如果交易费用得以降低，必将促进分工的细化。近几十年来技术的进步使运输成本降低，国际贸易迅速扩展，促进了国际间的分工。许多大小城市的出现和发展是和国际贸易及国际分工有关的。

为了提高城市的经济效率，发展分工显然是必要的，而交易费用部分阻碍了分工的深化。一方面，只有交易才能形成市场价格，所以发生交易成本在所难免；另一方面，交易过程也就是价格形成过程需要耗费一定的成本费用。因此，要避免过高的交易费用和不必要的交易费用。

四、城市规模优化

城市规模效益是客观存在的，但其边际增长又存在着逆因素，因而在一个国家和城市都应该具体分析城市规模的现状，以考察其潜力和规模优化方式。

（一）我国城市规模效益潜力分析

从宏观角度考虑，我国城市规模还存在扩容潜力：

第一，我国各等级规模城市之间经济效益差距还很大，无论是人均效益、地均效益、资均效益都存在等级之间的明显落差。以土地效益为例，城市规模等级每提高一级，其效益即可提高一倍多。20万人口以下的城市规模如提到20~50万人，其土地效益指数即可由100提高到280；100~200万人口的城市规模如果提高到200万人口以上，其土地效益指数即可由1 072.1提高到2 441.2。相反，如果规模下降一个等级，其整体效益也会下降50%以上。所以，根据同国外进行比较分析可以得出我国城市规模等级的成长尚处于年轻阶段的结论。

第二，我国大城市和特大城市人口占全国总人口的比重直到1995年才达到11%，日本仅东京、名古屋、大阪三个都市的人口，1965年就已占全国人口的45%。韩国汉城一个城市人口约占全国人口的1/3。我国台湾省划分为若干地区，其中台北市人口占北部地区总人口的88.3%，台中市人口占中部地区总人口的62.4%，高雄市人口占南部地区总人口的73.7%。我国大陆还没有一个中心城市在它的辐射地区内占有如此高的比重。

第三，我国城市化水平尚处于中前期阶段。根据2001年末统计资料，全国总人口127 627万人，城镇人口48 064万人，我国城市化率为37.65%，比起国外发达国家70%~80%的城市化率，比率尚属偏低。对于我国城市化加速期已经到来（超过30%），城市的大发展还在后头，还有很长一段城市化的道路要走。今后的城市化，正需要城市规模效益的进一步发挥，推动它的进展，如果从此降低城市规模，无疑会影响我国城市化的速度。

第四，我国大城市的生产要素容量潜力还很大。现在我国城市的人口密度较高，在这方面是没有潜力可挖的，有的城市还需要降低人口密度。但是随着资金密集型和技术密集型产业的主展，每个大城市的生产资料和资金的密度还可以大大提高。因而人均产出、单位投入产出和单位土地面积上的产出还可以大大提高。

（二）城市规模优化

根据我国600多座城市1989~1996年的数据统计，王小鲁、夏小林❺对城市的规模收益和外部成本进行了计量模型分析。这项研究结果显示，城市的经济效益随着城市规模的扩大而显著上升。当规模达到700万人口时，城市的综合要素生产率达到城市产出水平（按国内生产总值计）的45%左右。也就是说，同量的生产要素投入在这些大城市所形成的产出，接近于投在非城市或最小城市的145%。这表现在大城市有较高的企业利润、工资水平以及财政收入。但是，城市的外部成本也随着城市规模的扩大而上升。城市的外部成本加重了政府的财政负担，表现在相对于产出而言较大的财政支出，它也加重居民的个人负担，如较高的生活费开支、由环境污染引起的较大健康损失和较高医疗费用等。

在对由政府和个人负担的外部成本都做了充分扣除之后，模型分析的结果证实，城市的规模收益随城市规模扩大而明显提高，在150~200万人之间时净规模收益达到最大，大约相当于城市GDP的19%左右。此后逐步下降，直到超过800万人时才变为负值，即规模收益被外部成本抵消，再继续扩大规模就形成负效益。这一结果说明，增加150~200万人规模的城市将会大大提高经济效益，提高经济增长的速度与质量。如果范围扩大一点，规模在100~300万人区间的城市都可以称为最佳规模的城市。

因为在王小鲁、夏小林的分析过程中，有关城市合理规模区间和净规模收益大小的分析结果对模型参数的变化很敏感，随着模型方法和变量选择的不同而在较大的幅度内变动。上述结果是不同分析中可信度最高的一组。所以说，上述结果并非定论，只是具有重要的参考价值。同时，多种模型方法和变量选择在以下几点上得到的结论是基本一致的。

（1）较大规模的城市有明显的正规模效益，而且明显优于小城市；
（2）效益最佳的城市规模在150~200万人（或100~300万人）之间；
（3）在达到最佳区间之前净规模收益递增，在超过这一区间之后净收益递减。

截至2001年底，我国共有建制市662个，规模在100~200万人口之间的城市只有141个，占21.3%；而人口规模在50~100万之间的城市总计279个，占42%。所以，我国目前的城市政策体系应该是加速50~100万人之间城市人口的发展，到达最优规模城市效益所需的城市人口数量。

第三节 城市发展水平的考量

城市发展，是城市政府和居民的共同愿望。城市系统很复杂，不像企业考察几个指标，就可以知其大概。城市到底发展得怎样，它的数量和质量达到了什么水平，处于什么发展阶段，需要及时作出定性和定量的规范分析，以指导城市自身的后续发展和为其他城市的发展提供借鉴与参考。在此，我们引入城市发展指数❻作为城市发展水平考量的指标，以此来衡量城市的效益与产出水平。

一、考量的必要性

（一）考量城市发展成果是为了认识城市发展的预期目的是否达到

城市是人群聚居的地方，城市的建设和发展一般都是有计划的。计划执行一段时间以后，就有必要对计划执行情况进行检查汇总，以便后续工作的开展。通过检查不仅可以知道计划完成情况，而且可以发现计划本身有什么估计不足的地方，使工作迅速得到改进。所以，考察和度量的结果也应是经常发布的，城市管理者和居民都必须及时了解的重要信息。而且这种发展信息不仅对本市有用，还对国家和世界范围内有关人士（领导者、投资者、旅游者）有用。这样的信息越丰富、越真实、越及时，对城市的发展越有利。

（二）考量城市发展成果有利于城市之间的比较

城市发展水平的考察和度量有利于城市之间的动态比较：一方面，通过比较可以察觉出城市自身发展的不足，进而有针对性地找寻对策，为城市下阶段的发展做贡献，也可以为城市之间的错位竞争挖掘空间；另一方面，通过城市间的比较，可以确定城市目前的发展层次和等级，可以方便城市管理者作出正确的城市发展目标与对策。

（三）考量城市发展成果有利于城市进一步发展的预测和指导

城市是人类改造自然、改造社会最深刻、最集中的地方，有计划地改造城市、新建城市、发展城市已成为人类宏愿。但是改造城市这个复杂系统，不是短期行为，非一朝一夕或三年五载所能奏效的。这就需要有指导长期工作的科学预测，据此制定城市发展战略、综合规划和各项工作计划，尽量减少人的盲目性，增强人符合客观规律的自觉行动，使人少犯错误或不犯错误。这就需要有对城市过去和现在发展轨迹、发展态势、发展的经验和教训有全面的了解。

（四）考量城市发展成果最现实直接的目的，就是考查管理者的"政绩"

这是中央政府、上级地方政府的需要，也是城市人民群众的需要，他们要看市长和"班子"的领导能力和水平究竟如何，以决定取舍。

二、考察和度量的基本内容和方法

城市，作为一个国家和地区社会、经济、文化、信息的中心，一直备受关注。其最为引人注目的话题是城市综合发展水平的高低。要考察一个城市的发展水平，自然要考虑到很多方面的因素，包括经济发展水平、居民生活质量、发展的可持续性、城市贫困、拥挤状况、基础设施和城市管理政策等。这些因素，都直接构成一个城市的不同侧面，没有一个方面是可以或缺的。但其每个因素，也仅仅是城市发展的一个部分。因此，需要将这些因素加以系统地综合，即构造一个城市发展指数，来全面地概括城市发展的各个方面。

（一）城市发展的内涵及其研究方法

发展的内涵是与时俱进的。随着经济、政治和社会的发展趋势，发展的内涵不断得到丰富。它可以从人类学、经济学、政治学以及社会学等多个领域得到不同的解释。概而言之，包括以下几个方面。

发展，首先是经济的增长。因为经济是一切社会活动的基础。在认识上应当始终坚持没有经济的增长就没有发展这一基本前提。经济增长除了人均收入的提高外，还包括经济结构向更高层次的转型。其中，最为关键的结构转型包括三个层次：即生产结构的变化，人口空间分布结构的变化和居民消费结构的变化。人们在生活必需品、耐用消费品、休闲产品、服务品等方面的消费比重和消费倾向在不断地变化。

其次，发展还包括以人为中心的社会资本的拥有水平和利用水平的提高。从当今世界经济发展的具体实践来看，智力因素对社会经济的发展至关重要。信息化和知识化的趋势日益明显，知识经济的兴起和创新体系的建立，为经济、社会的发展提供了更为广阔的空间。从这一方面来看，发展与人的知识和学习型社会的建立形成了日益紧密的关系。在不同地理区域，那些具有丰富的受过良好教育人口的地区要比其他地区更具发展潜力。另一个方面，发展水平较高的地区往往比其他地区具有较高的人口素质。不仅如此，整个社会的综合发展还体现在社会文明的进步程度。随着人们生活质量和其内涵进一步拓宽，对社会综合环境的要求则不断提高。因为社会综合环境的好坏，直接影响到各种资源的利用效益和公平程度，影响到发展成果的最终实现程度。

第三，发展应当始终考虑其可持续性。世界各国无一不把发展目标与环境因素联结得更为紧密。经济发展、社会进步以及可持续发展成为发展的三个基本要素。发展的内涵在以经济数量增长的基础上，更加注重其质量和其他非经济因素的协同发展。对环境投入更多的注意力，不仅仅是考虑发展的长期成本，而且还反映人们对发展的认识的变化。

第四，社会发展的最终目的是使人们共同享有发展的成果。发展的目标看作等同于判定社会上所有人的福利状态的价值标准，最高的价值标准就是自由，而自由是人们能够过有价值的生活的"能力"。因此，发展成了全社会福利水平的代名词。

第五，发展的过程也是各种资本日益深化的过程。基础设施既是发展的基本载体，也是发展结果的体现。因此，它与上述各个方面的关联十分紧密。基础设施发展的不足，不仅影响发展的进程，而且影响各种发展目标的实现。诸如，住房紧张、交通拥挤等"城市病"的出现，都是制约发展的瓶颈。

从发展经济学的基本理论来理解，上述5个方面基本形成了发展的内核。对城市发展水平的考察，则是将注意力更多地侧重于城市一级层面上。城市是人类活动的主要集中地，因此，应当始终以最适合人类居住为发展主题。从这一点出发，城市发展指数应当对城市的经济发展、社会进步、发展的可持续性、城市居民生活质量以及城市基础设施等方面进行综合分析和全面性概括。但是，城市的发展与一个国家的发展相比，又具有不同的特点。城市作为一个区域（国家）经济、政治、文化、信息和资源的中心，反映了一个区域（国家）最先进的部分。同时，由于相对地域的集中和文明程度的高水准，城市发展的内涵则更为丰富。几乎上述所有方面均同等重要，尤其是在基础设施和环境保护以及资源高效利用等方面，应当予以充分的重视。城市发展水平的研究是将城市的经济发展水平、社会资本、居民平均福利和城市基础设施的水平等方面全面列入研究的对象，并给予综合性定性和定量的分析和研究。

从上面的理论研究出发,我们将城市发展研究的立足点限定在上述 5 个方面,并从这 5 个方面对城市发展水平进行综合的数量化的测定。这对全面地考察城市发展的实际状况、城市间发展的差异性,都具有重要的参考价值和指导意义。

插件 对城市发展水平的研究有很多很好的方法。综合起来主要有两种:1) 指数法。如联合国人居中心的城市发展指数、欧盟的地区可持续发展指标等;2) 综合评价法。如中国社会科学院社会学所的城市发展评价、国家统计局城市调查总队的地级以上城市综合实力评价研究等。但在具体的计算中,又主要通过主成分分析法、因子分析法、专家权数法、简单加权平均法、分类学方法将各个指标的信息加以综合,从而将各地区(城市)按其发展水平的高低进行分组、区别和分析。这些方法各有千秋,并广泛地应用于各种相关的研究报告之中。

(二)城市发展指数的构成元素

收集一系列特质性的可测度的指标,从上述理论研究的几个立足点出发,来描述各个城市在经济上、基础设施、社会、生活质量、环境 5 个方面的发展状况,并将这些指标加以综合,用来构建一个可比较的城市发展指数。

城市发展指数,是对城市一级发展状况的综合性的测算与评估。在量度一个城市发展水平或差异时,虽然可以采用城市人均 GDP 或人均收入指标,但这显然不能全部包涵前面所阐述的另外 4 个方面。产值与收入指标不可能全面地反映一个城市实际发展水平,还必须加入一些城市基础设施、环境及教育医疗等相关的指标,用以评估各国的发展水平和分析各国间的发展差异。

由于城市是一个很复杂的系统,因此我们只能从其最主要的方面利用统计指标进行测度。考虑到资料的可得性和代表性,我们选择经济、基础设施、环境、社会、生活质量 5 个方面,20 个指标来构建一个城市的可比较的发展指数,见表 4-5。

城市发展指数体系　　　　　　　　　　表 4-5

经济与结构	基础设施	环境保护	社　　会	生活质量
城市人均 GDP	自来水普及率	污水处理率	平均预期寿命	恩格尔系数
	家庭卫生设施普及率(污水排放设施普及率)	生活垃圾无害化处理率	5 岁以下儿童死亡率	人均住房使用面积
第二、三产业增加值占 GDP 的比重	家庭电话普及率		组合入学率,即中、小学入学率的加权平均数	居民人均储蓄
	人均铺装道路面积	人均公共绿地面积	成人识字率	人均生活用电量
			大专以上学历人口总人口比重	人均邮电业务收入
			每 10 万人刑事、交通事故案件数	

在上述指标体系的设计上，更多地考虑了城市作为适合人类生活的中心方面的特性，并且，主要选取那些与居民生活息息相关的并反应其实际应用水平的指标。从城市发展指数的构成来看，城市发展指数不仅可以用来区别研究城市之间发展水平的差异，还经常被引用来反映城市反贫困的实绩和城市综合管理的水平。从其构成上看，健康、教育、基础设施等部分所包括的各个指标能够用来反映一个城市的贫困状况。同样，基础设施、废品处理以及城市生产水平都是城市管理绩效的几个关键性指标。

注释

❶ 国家统计局. 中国城市统计年鉴 1996. 第 34~36 页。
❷ 国家统计局. 中国城市统计年鉴 1996。
❸ 本章通过拥挤成本和交易费用来描述外部成本。
❹ 香港大部分商品进出港是免税的。
❺ 国民经济研究所王小鲁，国家体改办研究所夏小林. 中国需要何种规模的城市。
❻ 2002 中国城市发展报告. 第 23 页. 北京：中国统计出版社，2003。

复习思考题

1. 理解城市经济综合效益的含义与它的构成。
2. 你认为城市社会效益可以量化吗？如果可以，请试着量化。
3. 请从规模效益的角度理解"杭州将萧山和余杭并入市区"等城市规模扩大的现象。
4. 改革开放以来，我国城市规模日益扩大，请对你所处的城市进行分析：在城市规模扩大过程中，你个人收入的增量部分是否足以弥补因城市规模扩大而带来的交易费用与拥挤成本的增加。
5. 你觉得城市发展指标体系的构成部分是否合理？如不合理，请增删。

中篇 城市开发

第五章 城市开发概述

第一节 城市开发主导力量

在计划经济时期,城市开发活动完全由政府来组织进行,政府负责城市开发的投资、经营和管理。随着市场经济体制的建立和不断完善,城市开发投资主体呈多元化,原先政府的投资经营职能越来越多地引入了市场机制,开发的投资、经营、管理职能逐渐独立,市场经济条件下政府由原先裁判员兼运动员的角色逐渐转变为较为单纯的裁判员角色,这是发展趋势。城市开发作为影响城市发展的重大活动,政府需要确立城市开发游戏规则,制定城市开发规划,协调组织开发的全过程,并不同程度地参与到开发的投资经营过程中。所以,从这个意义上说,政府仍然是城市开发的主导力量。

第二节 城市开发的经济动因

一、城市结构和功能的互逆

城市作为经济和社会活动的集约化空间形式,具有聚集效益和规模经济的优势。城市开发的动因或发生机制在于城市结构和城市功能的互动调节作用。当城市开发所实现的城市结构与城市功能相适应后,经济、社会仍处于不断发展之中,城市功能不断创新或生成,而既有的城市结构凭借自身的弹性和内部调整能力,借助于局部开发,达到与新功能的相互适应。随着经济、社会发展新阶段的来临、发展瓶颈的突破、经济的结构性调整,城市原有结构对于维系城市功能缺乏充分的效用时,城市系统就会出现紧张和困难。城市积累起来的紧张和困难达到一定程度后,旧的城市结构就会成为一种桎梏并被摧毁。因此,必须通过城市开发重建城市结构,以达到新的功能——结构平衡。因此,城市的发展总是处于平衡——不平衡——新的平衡的矛盾运动之中。因此,城市开发是一个历史的范畴。

随着城市经济的增长、产业结构的调整、经济增长方式的转变和城市功能的更新,必然带来城市物质空间的调整和重组,导致城市开发的实施。

二、城市物业置换的需求

城市开发表现为城市内各种物业的置换过程。这种置换有多种表现方式,其经济动因各不相同。

（一）物质建设性置换

包括从非城市物业（如农田）转变为城市物业（如居住区），也包括将城市的危房、旧房、简屋等拆除，代之以新的建筑物，这种直接的物质建设性置换的经济意义十分明显，即政府和开发商为了满足市场对房地产物业增量的需求，或使已丧失经济价值的物业通过物质性置换而重具价值。当然，城市政府实施的危旧房改造计划还有更深层的社会、政治的考虑和目标。例如，上海实施的"两湾一宅"成片危、旧、简屋改造工程，其主要着眼点是社会效益，但这并不排斥这种物质建设性置换本身的巨大经济价值。

（二）功能性置换

即对城市一部分物业的使用功能加以调整。其过程本身不一定涉及建筑等物业的拆除及重建。随着经济、社会的发展，随着时间的推移，城市中的一些存量物业的既有功能消失了，而另有一些功能需要扩展，并且不断地还有新的功能产生，某些增量的功能有可能在存量物业中获得发展的空间，而不一定必须通过新的建设来满足功能的需求。这种对存量物业资产的重新利用过程就是功能性置换，国际、国内有很多城市物业实现功能性置换的成功例子。英国伦敦在利物浦码头区的改造中，将一部分老的码头库房建筑改成公寓、旅游购物区以及文化娱乐设施，使功能过时的物业重新被充分利用，这就是走了功能性置换的路子。上海外滩那些建于20世纪30年代的大楼，在改革开放以前都已被行政办公、学校、工厂等单位占用。随着上海重塑经济中心功能的目标的进步推进，外滩这些旧大楼通过功能置换，吸引了一批中外银行的进驻，恢复了外滩金融街的功能。此外，一批已停产的工厂、仓库被改造成了货仓式超市、家具城及餐馆，以低成本的方式发展了现代化服务。

从经济价值角度看，物业的功能性置换就是将资源进行优化再配置，从而发挥稀缺资源的应有价值。资源价值的回归过程就是城市物业功能性置换的过程。

（三）土地级差收益性置换

城市土地处于不同的区位，有不同的市场价值。随着经济、社会的发展、城市的开发建设，土地区位条件处在不断变化之中，市场对不同区位土地的需求及土地价格的空间级差也在不断发生着变化。为了追逐高额的土地级差收益，一些物业尽管从物理意义上并没有老化，从功能角度看也没有不当，但仍然会被置换，这就是城市物业的土地级差收益性置换。上海、天津、广州等一批大城市通过土地"批租"，有偿出让中心城区一些优良区位的土地使用权，从而筹得了巨额的资金，加快了城市改造的步伐，这就是城市土地级差性置换的意义。

从经济意义上讲，城市土地级差收益性置换的本质是，将城市土地作为资本来加以运作，使之收益最大化，这是置换的内在动力。

由于城市开发不仅仅单纯追求经济目标，也要追求社会和环境等目标，很多情况下需要作出政治决策。所以，对城市土地收益级差性置换要有必要的调控和引导。例如，要符合城市长远发展的要求，不损害城市公共空间的数量和品质，并要尽可能与城市危旧房地块的改造结合起来。

在实践中，一个项目的开发，相关各方可能会有不同的出发点，物质建设性置换、功能性置换、土地级差收益性置换的过程可能交织在一起。例如，对城市中心区的街坊改造开发，既是城市物质建设性的置换，也会伴随土地及部分保留建筑使用调整的功能性置换，同时城市政府通过土地有偿出让的方式供地，可以获得较理想的土地级差净收益。因而，在城市中心区优良的地带，三种置换过程有可能是统一在一起的。但在地理位置较偏的城区，往往旧城改造的任务也很重，但土地再开发后的级差收益却很少，或根本没有市场吸引力，这种条件下的城市开发就会是政府主导的物质建设性置换。当然，政府仍可通过财政税收、交叉补贴、转移支付等手段，使开发商出于自身经济利益的考虑参与这样的开发。

第三节 城市开发的相关原理和方法

一、平衡理论

基本论点：城市发展各个因素之间的关系应该达到一个相对稳定点。

数学模型为：

$$\frac{\oint(B)}{\oint(A)} = \beta \tag{5-1}$$

式中 A、B——变量；
β——常量。

典型用途：1) 用地平衡，城市用地有一个合理的比例结构，例如，城市道路用地发达国家约占城市总用地的 15.0%～20.0%（我国约占城市总用地 7.0%～15.0%），比例太高会增加投资，比例太低会影响交通。2) 投资与收益的平衡，城市开发的投资收益应该与城市其他收益类似，收益率太高，社会资本大量进入城市开发领域，会造成开发量过大，形成房地产开发泡沫；反之，收益率太低，社会资本大量从城市开发领域抽逃，会造成开发量过小，影响城市发展。3) 供给与需求的平衡。例如，城市土地的供给应该与市场需求一致，供应量太小，地价上涨，造成房价过高，居民住房难以改善；土地供应量太大，地价太低，政府收益减少，进一步开发的后劲不足。

如图 5-1 所示，当土地供给量增加，土地供给由 Q_1 变化为 Q_2，相应的土地价格由 P_1 降为 P_2。

二、动态发展理论

基本理论：城市各因素都是不断发展的，每一个发展时段都是前一时段发展的延续。城市空间是一个相对稳定、不易变化的因素。为了满足城市经济的不断发展，城市开发应该留有充分的余地和提前量，数学模型为：

$$A_n = A_{n-1} + B_n \tag{5-2}$$

$$A_n = A_0 \times (1+a)^n \tag{5-3}$$

典型用途：1) 人口预测；2) 经济预测。

动态是指事物总是处在不断变化之中。如，城市的人口每时每刻都在变化，这种变化有生老病死的自然变化，也有迁徙（迁出、迁入）的机械变化。进行人

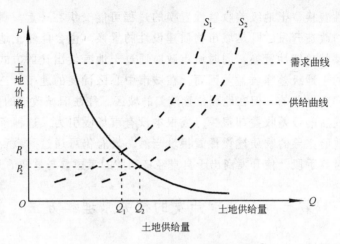

图 5-1 土地价格与供应量

口统计时,总是强调在某年某月某日的某一时刻(比如说 2002 年 1 月 1 日零时)的各种人口数据。

城市中的各个因素也在不停的发生变化。城市的建成区面积,城市的产业运行,城市的交通运输状态,城市的信息传输,每时每刻都不是静止的。

城市作为一个有机体,需要不断的新陈代谢,它从形成兴起至发展衰落有一个生命周期,城市的这种生命周期因工业化和现代化的发展而变化。在城市的发展过程中,城市功能会发生部分甚至根本性的变化,原有的发展模式和建筑、各类基础设施服务和生活设施会显得陈旧落伍或丧失效用;原有城市会因物质磨损、结构性失调而使城市整体功能不能适应城市发展对空间提出的新需求,这在客观上要求加速对原有城市进行改造或重新开发,以保持和增强城市的生命力,延长城市的生命周期。因此,对作为城市多种经济活动得以开展和城市基础设施赖以建立基础的城市土地进行开发和再开发,就是以土地为手段,改善城市的生产环境和生活环境,为城市改造提供必要的区位开发,促进城市的繁荣发展。

可见合理的城市土地开发和再开发,直接影响并制约着整个城市的改造规模、速度和方式。而城市改造的结果,常常会使城市某些功能更新扩大,并又推动城市土地的开发与再开发。在这一过程中我们必须要充分考虑各个城市相关因素之间的推动、制约关系,在城市发展过程中为城市开发、再开发留有充分的考虑余地,促进城市的有序、健康发展。

三、系统控制理论

(一)系统论

基本论点:从城市产生的第一天起,城市就形成一个系统,人类对城市系统的控制与反控制,始终贯穿于城市发展的过程中。在城市开发过程中,要以城市系统的整体最优为目标,对系统的各个主要方面进行定性和定量的分析,以便为决策者提供直接判断和决定最优方案所需要的信息和资料,使城市开发更有科学依据、实际意义。

系统理论认为系统是由相互联系、相互作用的若干要素结合而成的具有特定功能的有机整体。它不断地同外界进行物质和能量的交换,维持一种稳定的状态。

我们知道城市也是由各相关要素组成的,是组织社会生产、生活最经济的形式。

系统论把城市看成一个耗散结构。耗散结构理论是由比利时物理学家普利戈金（I. Prigogoino）提出来的。他认为,一个远离平衡的开放系统,在外界条件变化达到一定阈值时,量变可能引起质变,系统通过与外界不间断的交换能量与物质,就可以从原来的无序状态变为一种时间、空间和功能的有序状态,这种非平衡状态下的新的有序结构,就叫做耗散结构。一座城市就是一个耗散结构,它每天输入食品、燃料、日用品、工业原料、商品,同时输出产品和废料,才能保持稳定有序的状态,才能生存下去。

城市系统是人工创造的,是一个超级系统。系统分为一般系统和控制论系统。多个矛盾要素的统一体称为系统。这些要素称为系统成分、成员、元素或子系统。如果用 $\{A\}$ 来表示组成系统 S 的要素全体,$\{R\}$ 代表各要素间的各种关系（矛盾）,则

$$S = \{A, R\} \tag{5-4}$$

这是按系统定义列成的集合数式。从城市学的观点看,S 代表城市系统,而 A 是组成城市系统的子系统,R 表示子系统之间的相互关系。物理、工程系统称为硬系统,而以人的主观意识为转移的系统是软系统,城市系统中有建筑物、道路等硬系统,也有城市管理、城市文化意识等软系统。

现代化城市是一个以人为主体,以空间环境利用为特点,以聚集经济效应为目的,集约人口、经济、科学、文化的空间地域大系统。从生态经济学的角度看,城市是由人的社会经济活动与周围生态环境各因子的交织而形成的复合系统——城市生态经济系统。

城市生态经济系统不同于其他生态经济系统,它既包含了自然生态系统和环境的各个要素,也包括了经济发展中的各个环节,还包括了人类社会设施的各个组成部分。因此,城市生态经济系统是一个自然、经济和社会的复合人工生态系统。一个城市,就是一个生态经济系统,主要由自然生态环境系统、技术经济系统、社会系统三个系统共同构成。

1. 自然生态环境系统

自然生态环境系统指城市所处的空间范围内被各种经济活动和文化活动而人为地改变了的自然生态环境,这种变化通常是不可逆的。自然生态系统主要由大气、水体、土地、动物、植物、能源、资源和景观等组成。自然生态内部的运动变化、构成成分和组合形式,对城市经济和社会系统中的投入消耗和国民收入产出等具有重大的影响。因此,自然生态系统不仅是城市建设和发展的必要条件,而且是决定城市房地产开发利用的重要因素。

2. 技术经济系统

技术经济系统主要由城市的工业、商业、金融业、建筑业、交通运输、贸易、信息通讯、管理、科技和农业等系统组成。技术经济系统承担着城市的生产功能,物质从分散向集中的高密度运转,能量从低质向高质的高强度集中,信息从无序向有序的连续积累,商品价值经过流通而不断增值。它的结构和功能的效益大小,物质循环能量转换的输入和输出是否平衡,直接决定着社会系统中人均生活水平、消费水平以及受文化教育的程度等,同时也影响着自然生态系统中的污染程度和

平衡状况，因而它也是进行城市房地产开发的关键组成部分。

3. 社会系统

社会系统主要是指城市居民生活系统。由居民、饮食、服务、供应、医疗、体育、旅游、娱乐等组成。社会系统主要承担城市的生活功能，它是城市生态经济系统的核心和基础。这是因为城市居民是城市生产、消费活动的主体，它们控制着城市自然生态环境系统，并使之不断的适应自身活动和生产的需要。在社会系统中，呈现高密度的人口流动、高密集的社会活动和高强度的生活消费，客观上需要采取相应措施以不断改进和提高人民的生活质量。因此，如何通过城市房地产有效、合理的开发和建设，使城市居民保证有舒适、优美的生活和生产环境空间，就成为保护城市生态平衡和搞好房地产开发的关键。

以上三个系统互相依存，互相制约，互相影响，组成一个复杂的有机整体，并随着时代的进步而进行着不断的更新和改造。由于城市生态经济系统主要是在城市空间内，强调人与各种动植物、微生物及周围环境之间的关系，并通过人的生产和消费活动表现出来。所以，它是自然生态系统的物质、能量循环方式且具有不同的特征。

它是一个以人为主体的生态系统。城市是人口的集聚地。人口的密集性是城市的显著特征，因此，在城市生态经济系统中发挥主体功能作用的是人。

它是一个开放式的不完全系统。表现在它缺乏第一生产者，即绿色植物。同时为了保证人的基本生存和生产发展的需要，必须从城市生态系统外输入大量的生产资料和生活资料。所产生的各种不能依靠尘世生态系统完全分解的有机体，必须通过人为地各种环保措施加以分解，排除并分散到城市生态经济系统外。因而，城市生态经济系统是开放的，不完全的，它对城市周围的其他生态经济系统有很大的依赖性。

它是一个具有人工环境的生态系统。城市经济发展及其规模的扩大，尤其是在对城市土地的开发和利用时，众多的建筑物代替了原来的绿色植物，使有限的空间变小。植物的"营养库"——土壤被不透水的路面所覆盖，工厂、商店的建立，使洁净的水体受到污染，烟尘夺走了新鲜空气，并使噪声成灾。所以，城市生态系统的优势完全取决于人工调控。

对非生物体部分的利用不平衡。表现在对土地使用强度过高甚至超负荷，对水资源的使用过量，而对太阳能、风能和生物能的利用减少。这样，不仅减少了城市生态经济系统直接参与自然生态系统的循环，又浪费了大量可利用的能源。根据智能平衡模式，物质——能量以低熵状态进入转换过程，而以高熵状态转换出去。因此，能量的利用必须合理、经济、有效，能源的开发和利用不能浪费，要量入为出，以保证城市生态经济系统物质循环的正常运转。

它是一个复杂的人工生态经济系统。由于人是城市生态的主体，人的各种经济活动和生活活动主宰着城市，所以城市是一个由经济系统和生态系统耦合而成的复杂的人工生态经济系统。其中，人工生态系统是经济系统的基础，而经济系统则是生态系统的主导，它能改变自然环境并改变生态系统的内部结构和运行机制，从而影响到整个城市生态经济系统的结构功能发生变化。

以上城市生态经济系统的特点，说明城市是一切有机体（首先是人）的能量流动，营养物质循环，废弃物处理和区域性事物供应系统，以及与之伴随的社会生产、交换和消费的经济密集，表现为生态系统与经济和社会系统的有机统一。因此，作为城市经济发展重要组成的房地产开发投资活动，就需要充分认识和把握城市生态经济系统的特点，重视生态经济系统的各项要素的有机联系，依据生态经济规律，寻求适合城市房地产开发与城市经济增长、生态环境改善同步发展的有效途径，以促进房地产开发的环境效益、经济效益和社会效益的统一。

城市发展是一个多方面系统（生态、能源、交通、科技、艺术、政治等）综合作用的结果，涉及多方面的行为主体。每种行为主体又具有多种不同可能性的行为方式。众多的行为结果最终会形成一种推力，从而影响城市的发展。

（二）控制论

基本论点：城市开发在一定条件下是可以控制的。一般表达式为：

$$\phi = f(x, y) \tag{5-5}$$

式中 ϕ——目标函数；

x——可控变量；

y——不可控变量。

典型用途：

(1) 城市开发；

(2) 规划管理；

(3) 市场控制。

房地产业是国民经济的一个重要而活跃的产业，它的正反两方面作用都很突出。房地产业属于先导性和基础性产业，它的投资额和增加值都在国民经济中占有较大的比重，而且对国民经济的发展有较强的带动作用。如果调控得当，能够保持房地产业以较快速度可持续发展，能不断对发展国民经济和提高人民生活水平作出巨大贡献。这是它突出的正面作用。房地产业又是一个风险性产业，而且是一个市场供给弹性很弱的产业（由于房地产开发建设周期长，当发现市场出现滞销走势时，很难进行调整，弹性很小），因而被一些专家称为泡沫经济多发产业。如果房地产业在较长的时间内发展失控，就可能产生泡沫经济，对国民经济造成重大危害和损失。这就是它突出的反面作用。

1. 控制房地产业发展规模

房地产业的发展规模和速度必须与其他产业相协调，与国家的经济承受能力相适应，做到自觉地保持比例；开发投资的房地产产品的数量和质量，必须与市场的有效需求相适应；房地产业的发展，应能促进房地产资源的永续利用，确保生态平衡、环境清洁。1992~1993年我国出现的经济发展"过热"，以及1997年亚洲经济危机中一些重灾国家，房地产业就产生了许多"泡沫"。总结历史的经验教训，特别是严防房地产业产生泡沫经济这种危害大的反作用，1999年建设部有针对性的提出对房地产业实行总量控制的要求，是完全必要和及时的。

2. 控制人口——保持人口适度增长是房地产业可持续发展的关键

城市化因人口失控使土地人口承载量和人口环境容量等变的不合理，影响到城市经济和房地产业的发展。房地矛盾的实质是人地矛盾,改善生态环境、避免人口城市化导致耕地减少和城市荒漠化的关键,在于控制人口。"适度"的人口,是指人口的增长不超过环境资源承载力和不降低原来的发展能力,并能推动社会经济诸多方面可持续发展的人口容量。

3. 控制环境质量——环境是未来经济发展的又一大支撑

一方面,环境是资源的载体,维护环境就是为持续发展提供了可持续利用资源的可能;另一方面,环境又是人们共同的居所,发展生产的根本目的是为了提高人民的生活水平,其中,环境质量是衡量现代社会经济发展和人们生产质量的关键性指标。因此,我们在加快城市经济发展,进行城市房地产开发和再开发的同时,必须注意保护治理好我们的环境,坚持走经济、社会、资源、环境相互协调的可持续发展之路。这是防止走"先污染,后治理"的老路,避免出现随着城市化的发展,而引起城市聚集经济效益功能衰退、生态失衡、环境恶化等不良社会后果的关键。建立适合现代化城市生态、经济协调发展的开发模式,才能求得生态效益、经济效益、社会效益的统一和最佳化,才能推动城市房地产开发的可持续发展。控制论、信息论、系统论虽是各自独立的学科,但相互之间的关系十分密切。它们研究的对象都是系统,研究的方法也类似,即研究各种系统中信息的变换、传递和控制的规律。对系统的控制必须依赖于信息,因而信息与控制是不可分的。信息论是控制论的理论基础,而控制论又是系统论的理论基础之一。它们都属于综合性边缘性的横向学科。

四、门槛理论

经济界曾有个有名的"水桶理论",即一个水桶能装多少水,取决于最短的那块木板。也就是说在制定发展目标时,不能好高骛远,要把自己的实力看准,量力而行。有趣的是在制定发展规划时,去研究现在有多大力量,先确定一个较高的目标,再来算平衡,即桶有多大。

城市发展阈限概念(即门槛理论)

发展阈限的概念自 Malisz 在 20 世纪 60 年代提出后进一步由 Kozlowski 等人发展完善。该分析方法最早用于城市规划,特别是居民区的规划,是针对开发过程中受到的客观环境制约这一现象提出的。这些限制导致开发过程的间断,表现为开发速度的减缓,甚至停顿。克服这些制约需要额外的成本,即阈值成本,俗称"门槛费"。这些"门槛费"通常很高,它们不仅仅是一般的投资费用,同时也是社会和生态代价。

在某一地域内的一系列阈限中,有一些是关键阈限,比其他阈限强加给开发过程的限制要大得多。克服这些关键阈限面临异常的困难,需要异常高的额外成本,并有可能为开发战略的形成起关键作用。在现有技术条件下无法克服或只能通过换取地理环境的不可逆转的损失来克服的阈限,被称为顶级(或边界)阈限。这些阈限标志着城市发展和土地开发的"最终"位置、规模、类型和时间限制。

阈限分析方法有几方面的局限性。首先,它基本上是一种定量化方法,多种开发方案都折算成单一的衡量指标,即阈限费用。尽管该方法声称也考虑社会和生态效益,实际上它只落实到经济成本问题。在房地产开发方案中,效益指标由每一种开发方案中的阈限费用除以住房单元数求得。其次，阈限分析方法的适用范围也非常局限，主要适用于住宅区的开发，而对其城市发展问题只起到间接的参考作用。

顶极环境阈限（Ultimate Environmental Thresholds 简称 UETs）是上述城市与经济发展规划中的阈限分析方法的最新发展和延伸，用以讨论环境和生态系统的再生能力及其对发展的种种限制。在自然资源与环境强加在发展过程的阈限中，有一些限制是绝对的、最终的，即顶极阈限。Kozlowski 对 UETs 的定义是"一种压力极限，超过这一极限，特定的生态系统将难以回复到原有的条件和平衡。某种旅游或其他开发活动一旦超越这种极限后，一系列的连锁反应导致整个生态系统或其重要局部的不可逆的破坏。"

顶极环境阈限是开发过程的最终环境边界，它们在为开发过程确定生态上健康的"答案空间"（Solution Space）有关键的意义，每一层次的规划都在这种"答案空间"中寻求开发的途径和方案。这种"答案空间"被认为是对定义"承载力"的一个贡献。规划应在保护自然的同时指导甚至促进社会经济的发展。这一矛盾可以通过把规划过程分解成两个相互独立的阶段来解决：即限制性的和促进性的。在限制性阶段中，优先权应归于生态和资源的保护，而在促进阶段中，规划应注重在"答案空间"中探索各种开发的可能性方案，而这些可能性方案的边界是由规划的限制阶段所决定的。因此，阈限理论现已广泛的应用到城市规模控制和房地产开发中的容积率控制中。

基本观点：城市的资源在一定的时期内是有限的，城市开发的强度是有限的。

$$P_{max} = \min \{Q_{1max}, Q_{2max}, Q_{3max}, \cdots\} \tag{5-6}$$

主要用在：1）城市规模控制。城市开发过程中如何确定开发区最大人口规模往往有很多因素：例如，能源、水资源、食品、土地供应量等等，其中一种因素负担人口最小的就是该开发区的人口极限。2）容积率控制。同理，容积率的影响因素主要由地块的基础设施、环境、交通等因素承受最大容积率能力确定，其中一种因素负担容积率最小的就是该地块的容积率上限。

五、熵理论

今天，人们在讨论生活质量时，往往离不开绿色、环保、可持续发展。在帮助人们构筑新的生活理念时，一个物理学概念起了极大的作用，这就是熵。要了解"熵"的概念，就必须先了解"可逆过程"与"不可逆过程"。

可逆过程：在一个过程中，系统发生了变化，外界也要发生变化。如果系统从状态Ⅰ变到状态Ⅱ的过程具有这样的性质，即当系统再从状态Ⅱ回到状态Ⅰ时，在原过程中外界所产生的一切变化也同时被消除，而没有留下任何痕迹，那么，这个过程就称为可逆过程。不存在任何耗散性效益（如摩擦、粘滞等）的准静态过程，是可逆过程。城市人群日常活动就是一种可逆活动，可以通过调查统计的方法获得一般规律。

不可逆过程：系统和外界经某过程而发生变化之后，若不能同时恢复到初始状态，这样的过程称为不可逆过程。自然界发生的一切实际过程，都是不可逆过程。城市开发过程是一种不可逆过程,一旦大规模建成以后,城市空间状态难以恢复到原始状态。

热力学第二定律是热力学的基本定律之一。这个定律关于在有限空间和时间内,一切与热运动有关的物理、化学过程的发展,都具有不可逆性这一事实的总结。

既然热力学第二定律指出了一切与热现象有关的宏观过程的不可逆性,而热现象总是与大量分子的无规则热运动相联系的。所以,从统计的观点看待热力学第二定律,一个孤立系统内部发生的任何过程,总是从几率小的状态向几率大的状态进行,总是从包含微观状态数目少的宏观状态向包含微观状态数目多的宏观状态进行。这就是热力学第二定律的统计意义。从城市开发的角度来看,城市居民就像热力学中分子活动规律一样,总是会不断向更好的状态努力,选择更好的工作,更好的居住,更方便的交通,更优美的环境。一旦获得较好的状态,就难以恢复到原始的较差状态。这就形成城市开发的原始推动力。

基本论点:城市人口众多,单个人活动偶然性强,利用统计的办法得到城市居民活动趋势,从而得到城市开发的目标。一般表达式为:

$$Q_i = qiF(t_0, \cdots\cdots t_n) \tag{5-7}$$

式中　　　Q_i——事物 F 发展趋势;

qi——相关事物本身强度;

$F(t_0, t_n)$——事物出现概率。

典型用途:

1. 城市开发时机选择

一般来讲可以认为城市的功能区是一个封闭区域。根据耗散结构的理论,发展到一定时期城市形态的作用相对稳定,活力降低,进入沉寂期,就需要改造,这往往是再开发的最佳时机。

2. 城市设计

在城市设计过程中利用统计的方法研究城市空间中人们的活动趋势,设计合理的流线通道、活动空间。

六、博弈论

城市开发在市场中运行,充满了竞争和挑战。博弈论作为决策理论中的一个重要分支,在城市开发中也经常运用到。

博弈是指参与竞争的一些独立决策的个人、组织(团、队、国家等),即博弈者面对一定的环境条件,在一定规则的约束下,依据所掌握的信息,同时或先后,一次或多次,从各自容许的策略集中选择有效的策略,达到以谋略取胜的思维与较量的行为过程。城市开发中的各种机构组织如开发区管委会、开发公司、设计咨询单位、施工部门等等都可能成为开发过程中的博弈者。

博弈论是指在系统观点指导下用数学方法研究竞争取胜的理论与方法体系的统称。城市开发中的博弈也是用系统观点即用辩证的思维方法去看待竞争问题,包括全局观点、动态发展观点、信息的观点(知己知彼)等。

第五章 城市开发概述

从博弈论的角度来看，城市开发也是一种博弈行为。主要反映在两个方面，制造博弈和参加博弈。从微观角度来说，城市开发是制造开发博弈场所，管理开发博弈行为；从宏观角度来说，是每一个开发者参加更大范围的经济博弈活动。

根据博弈得益情况，可以将博弈分为零和博弈、常和博弈和变和博弈三大类。

零和博弈。在不少博弈中，一方的收益必定是另一方的损失，某些博弈方的赢肯定是来源于其他博弈方的输，如在各种赌胜博弈和法律诉讼、经济战争中常常都是这样。这种博弈的特点是不管各参与者如何决策，最后的社会总得益，即各博弈方得益之和总是为零。其零和博弈收益矩阵见表5-1：

零和博弈收益矩阵　　　　　　　　　　　　表 5-1

输赢	甲方		
乙方	1	0	-1
	-1	0	1
结果	0	0	0

其收益的数学模型为：

$$A + B = 0A, \quad B \in \{-1, 0, 1\} \tag{5-8}$$

常和博弈。与零和博弈不同，在有些博弈中，每种结果之下各博弈方的得益之和不等于零，总是等于一个非零常数，我们称之为"常和博弈"。当然，零和博弈本身可以被看作是常和博弈的特例。常和博弈也是很普遍的博弈类型，如在几个人或几个方面之间分配固定数额的奖金、财产或利润等就一定构成的常和博弈，不管这些博弈中各博弈方决策的具体内容是什么。根据输赢结果，常和博弈的结果是博弈各方各有所获，各方的获利加起来是一个常数。例如，下围棋尽管也有输赢，但下到最后各方都可获得一定的地盘，双方加起来总是为361格（目）。其收益矩阵见表5-2（不计半目的情况）：

常和博弈的矩阵　　　　　　　　　　　　表 5-2

	各方得到目数的可能性			
甲方	0	1	2…	361
乙方	361	360	359…	0
结果	361	361	361…	361

其收益的数学模型为：

$$X + Y = 361X, \quad Y \in (0 \sim 361) \tag{5-9}$$

变和博弈。变和博弈即意味着在不同策略组合（结果）下各博弈方的得益之和一般是不相同的。变和博弈是最一般的博弈类型，而常和博弈和零和博弈都是它的特例。变和博弈的结果也是博弈各方各有所获，但是各方的获利加起来是一个变数。例如，全国运动会长跑比赛，一般都有许多个运动员进行比赛，尽管最后的名次只有一种可能，但运动员获奖结果可能有多种，可能有多个运动员都打破全国纪录，获得附加得分和奖金，有可能形成多赢局面，我们称之为变和博弈。其收益可能性矩阵见表 5-3：

变和博弈收益矩阵　　　　　　　　　　表 5-3

名次（m）	名次分（a）	破世界纪录加分（b）	破全国纪录加分（c）	合计（i）
第一名	6	0，5	0，3	6，9，11
第二名	5	0，5	0，3	5，8，10
第三名	4	0，5	0，3	4，7，9
第四名	3	0，5	0，3	3，6，8
第五名	2	0，5	0，3	2，5，7
第六名	1	0，5	0，3	1，4，6
结　果	21	0～30	0～18	21～69

其收益的数学模型为：

$$i_n = a_n + b_n + c_n \tag{5-10}$$

$$I = \sum i_n \tag{5-11}$$

再如，在有庄家的赌场上，庄家向赢者抽头，赌徒们输赢越大，赌资总量减少的越多。每赌一次，赌资总量就减少一次，因此总是输的多，赢的少，我们称之为减和博弈。

在城市开发中，这种现象更为常见。例如，浦东开发成立了多家土地开发公司，各个公司在开发过程中间的策略有所不同，争取到的资金也不相同，投入产出的效益也各不相同，但是总体上各个开发区都在不断发展，效益不断提高。再如，某一居住区有若干个居住小区分属不同的开发商同时进行开发，由于各个开发商的开发策略不一样，一些小区销售很好，入住率很高，开发商效益很好；一些小区销售一般，入住率也一般，开发商效益仅能保本；还有一些小区销售很差，入住率很低，住房常年空关，导致开发商严重亏本。

变和博弈中如果每一次博弈比前一次获利总和增加，称之增和。反之，则为减和。一般来说，城市开发追求的目标应该是增和。例如，上海浦东的开发，自从 20 世纪 90 年代初期政府投入逐年增加，土地开发总量不断增加，进入浦东的企业的总体效益不断增加，政府的税收也不断增加，形成了良性循环，这就是典型的增和博弈。但是，在我国也有一些开发活动（如海南）由于决策错误，开发量大大超过市场容量，形成过度开发，大片土地荒芜，建了许多"烂尾楼"，企业、政府都背上沉重的包袱，从增和变成了减和。

总而言之，博弈理论及其方法可以广泛运用于城市开发的投融资、建设和管理的过程之中，对提高决策效率和具体项目的运作具有很强的指导意义。

七、模型及其判别

任何一个规划都可以从各个方面的优劣进行程度上的判别：科学性、弹性、可操作性。

模型的作用是对问题以及解决问题所需要的决策过程提供一个结构化的表达

方式。制作模型的目的是要使问题能够得到研究、分析和调整，以便找出最佳的解决方案。一个模型的表现如何不仅可以通过模型本身，而且还可以根据决策人的目标得到优化。任何模型给出的解决问题的优点取决于模型能被看作真实代表问题结构的程度。

模型可分三种：

结构模型——具有物理、图解或逻辑形式表达的系统结构或功能关系。如，沙盘模型，方框图，流程图。

数学模型——确定性模型（代数、微积分、函数方程、传递函数等等），概率模型（概率分布、相关函数等等）。数学模型就是对于现实中的原型，为了某个特定目的，作出一些必要的简化和假设，运用适当的数学工具得到一个数学结构。也可以说，数学建模是利用数学语言（符号、式子与图像）模拟现实的模型。把现实模型抽象、简化为某种数学结构是数学模型的基本特征。它或者能解释特定现象的现实状态，或者能预测到对象的未来状况，或者能提供处理对象的最优决策或控制。

模拟模型——风洞模拟，计算机 3D 动画，实物模拟模型。

第四节　城市开发规划的目标、对象、任务和原则

城市开发规划是针对大规模城市开发进行的城市规划工作，其内容较一般的城市规划更为综合，不仅包含城市各项物质要素的空间合理布局，还包括城市开发过程的规划。

在城市开发规划过程中，第一步要确定想实现的各种城市开发意图，按轻重缓急排队，并考虑它们之间相互协调一致的程度，并将这种开发规划分为三个阶段：选择目标、制定任务和确定对象。

一、城市开发规划的目标

城市是一个复杂的大系统，城市规模越大系统也就越复杂，城市开发的目标选择的难度也就越大。大城市开发目标选择往往分成两个层面：总体目标，具体目标。

总体目标选择的原则有两个：1）确保城市的可持续发展；2）确保城市开发的最佳效果。

总体目标是一般的、高度概括的，可分为几大类别，如社会的、经济的、美学的等等，而且还包括规划过程本身的质量问题，如灵活性等。有些规划师（如威尔逊等）采取完全不同的方法，认为目标就是涉及的范围。据此，规划师要先确定他所关心的广泛的子功能系统，因为，从这些子系统中可找到他要施加控制的环节。比如说，涉及的范围可以包括公共卫生、教育、收入及其分配、流通（物质环境的和社会的）和环境等，这些目标一般在总体规划阶段完成。

城市开发的总体目标确定以后就要制定具体目标。城市开发的具体目标要落实到城市空间的某一部分，例如中心区、经济技术开发区、高新园区、大学园区等等。

二、城市开发规划的对象

（1）研究对象是城市居民活动所需的空间集合，是功能与空间属性的互相作用的整体

（2）直接服务对象是开发企业和城市政府，如开发公司、开发区管委会等

研究对象往往就是特定的建设计划项目。在建设计划中要按预定期限定出实施的标准。对象应有非常具体的特性。比如，某开放城市为了在未来10年内保持自己在IT产业的先进地位，在原大学区的北部丘陵地区拟建立一个软件园区，近期开发目标为3平方公里，远期可以发展到10平方公里。这个软件园区就是具体开发规划的对象。由于这个园区的开发政府委托给一个开发公司实施，该公司就是规划的直接服务对象。

三、城市开发规划的任务

城市开发规划的任务比较具体，是为了达到目标而去做的事情，是按照能付诸行动的具体计划来确定的。各项任务都要消耗资源❶，因而各项任务中都包含着有限资源上的竞争因素。例如，改善公共交通质量或者执行一项高速干道建设计划以适应汽车拥有量的增加。通常只有在较深入地审视被规划的系统以后才能提出任务。城市开发规划的主要任务可以分为以下三部分：

首先要进行前期准备工作，如可行性分析，规划设计，确定开发具体目标，选定开发范围等。

制定土地开发规划，具体的可以分为下述内容：

（一）制定土地开发等级，为合理制定地价确立时空基础

（二）划分批租区域

目的是既保证有足够的土地进行批租获得城市开发资金，又保证城市有足够的土地供市政基础设施、社会服务设施、环境绿化设施非盈利使用。

（三）制定土地开发时序，使土地开发能满足城市经济发展的需求

研究开发对象的各个物质要素，进行合理的空间布局。这就是一般意义上的城市规划。

研究开发强度，制定开发规则。

大多数城市和地区开发规划都有多项目标、多项对象、多项任务，要把所有这些建设计划综合成统一的开发方案。

开发过程的开始阶段可能会遇到许多概念性和技术性的困难。首先是由谁领导这一过程还不十分明确。尽管专业经济师可以制定开发的目标和方法，专业规划师可以在抉择方案上发挥重要的作用，但广泛的社会目标还是政治家们的事。不过，政治家被尖锐的眼前问题纠缠得难以脱身，他们的时间概念与规划师的时间概念大不相同；而规划师的决策是影响几代人的。其次是公众本身形成了各种观点截然不同的集团，他们的价值观念很不一致。要区分这些集团是有困难的，因为许多人在不同的问题上分属于不同的集团，他们有多种兴趣和价值观念。比如，他们可能是代表家庭，企事业工作人员，或是代表民间团体，消费者。而这些集团的价值观念往往是相互矛盾的。民意测验和其他调查对于方案优选往往无济于事，甚至会引入歧途，因为，许多人难以考虑与他们不直接相关而又高度概括的目标，而且他们很

难想像超越直接经验范围以外的远期景象。由于观点不一,即使想在某种程度上综合各集团之所好,提出一个普遍满意的福利事项,也是不可能的。

因此,查德威克在评论罗列目标时指出:"理论和实践有很大距离"是不足为奇的。规划师只能竭尽全力尽量搜集有关服务对象的资料和他们的价值观念,确定问题的范围,并用逻辑推理把普遍性目标变为较特定的任务实体。模拟和对策模拟(用这种方法向公众提出各种想像中的选择情况以了解他们的爱好)等研究手段也将有助于权衡各种不同任务的影响和利弊。

四、城市开发规划的原则

（一）利益均衡

保证城市的社会、经济、环境三大效益均衡发展,实现城市综合效益最大化。城市开发的行为主体是经济行为,开发者的目的一般以经济收益为目标。市政府的城市发展目标是社会稳定、经济发展、环境改善。房地产开发规划是政府的管理目标,应该协调城市整体利益和开发者的个体利益。

（二）快速高效

要保证城市空间开发能满足城市社会、经济发展的需求,以城市开发促进社会经济发展,以较低的投入得到较大的开发。

（三）合理公正

在开发规划中应该考虑投入和收益一致。主要反映在以下三个方面:

1) 无论开发者是谁,只要满足开发要求,投入和收益应该基本一致(对象一致性)。2) 无论在城市的哪个部位开发,收益率应该一致(空间一致性)。3) 无论属哪个开发阶段,收益率也应该一致,保证城市资金有稳定的投入和发展(时间一致性)。

注释

❶ 广义的资源,包括经济资源如土地、资金、矿产资源等等,社会资源如劳动力、情报等等。

复习思考题

1. 什么是城市开发?
2. 什么是城市开发规划?
3. 城市开发的研究对象、服务对象是什么?
4. 城市开发规划的常用理论有哪些?

第六章 城市空间的需求与市场分析

城市是第二、三产业集中分布的地域。人们从事各种产业活动和生活活动的空间扩展范围，即形成了形形色色的城市空间。城市空间是城市一切社会、经济要素的物质载体，也是物质规划关注的最终成果。

第一节 城市空间需求的影响因素

城市空间需求的影响因素主要是城市经济发展的中长期速度。简而言之，主要包括以下三个因素：

一、消费

如果经济发展快，生活水平提高快，需求量就会迅速增加，用于购物等的商业、服务业建筑需求量迅速增加。相对于居民住宅消费，由于住宅价格远高于一般居民的实际消费能力，居民的潜在需求只有在资金积累到一定的数量后才会转化为实际消费，所以，城市空间需求往往相对滞后于消费水平的增长。

二、生产

经济发展往往需要吸引大量投资，需要扩大再生产，为此就需要增加生产与管理用房，扩大生产场地，由此产生了对城市空间的需求。

三、城市基础设施的改造

随着城市经济的发展和社会服务功能的日益完善，原有的城市基础设施不能满足需求，需要改造。例如，道路的扩建，城市快速交通（地铁、轻轨、高架路等）的建设，桥梁、隧道的建设等等。另外，还有城市环境的改善，例如公园、绿地、市政设施的建设与改造都有可能因改造而需要动迁。

第二节 城市空间需求的类型

城市空间的基本需求分两大类：市政类和市场类。市政类房地产主要指那些不以盈利为目的的公共设施建设和市政设施建设，其中相当数量的设施由城市政府部门直接管理经营，或由政府补贴进行日常运行。由于不具有市场价值，一般不单独进入城市空间开发和房地产市场。尽管这一类土地没有直接经济效益，但它又是城市社会、经济发展，城市环境发行所必需的。这一类用地包括政府机关、学校、图书馆等教育设施，公园、小游园等公共绿地，变电站、自来水厂、污水处理厂等设施的用地，以及低收入居民和市政动迁户的安居住宅用地，约占城市总用地的 25% 以上。

市场类城市空间主要指那些以盈利为目的而进行的城市空间开发，经营开发项目的产权属个人或企业所有。例如，商品房、标准厂房、企业性办公楼、商业建筑等，这种城市空间的主要特征是可以单独进入市场进行交换。理论上，这一类用地约占城市总面积的75％以下。

市场类城市空间按购买对象的需求类型还可分成投资型与消费型两种。

投资型的需求与经济发展，尤其是与扩张性经济发展密切关联。扩张性经济是以扩大简单再生产为经济发展动力的，经济发展快，新建企业多，扩建企业也多，投资量大，企业对城市空间的需求自然大。投资型城市空间需求的目的是获取利润，其中大部分是将城市空间作为生产资料投资再生产过程；另一部分是中介者，购房是为了保值和出租，或者转手倒卖。

消费型主要指住宅消费者。此类购房者购房的主要目的是为了供自己使用。

第三节 城市空间需求的曲线

一、需求与价格曲线

（一）个别需求与总需求

在一定的收入条件下，每个人的需求是随着需求物的价格变化而变化的，价格越高需求量越少，价格越低需求量越多。同样，每一个家庭和企业的城市空间需求是随着房地产的价格而变化的，价格越高需求量越少，价格越低需求量越多。

在房地产使用市场或空间市场上，需求来源于城市空间各种类型的使用者，这些使用者既可以是租客或业主，也可以是企业或家庭。对企业来说，空间是其众多生产要素中的一种，和其他要素一样，其使用数量取决于企业的产出水平和与之相关的空间使用成本。一个家庭要将其消费预算支出在许多商品之间进行分配，住房只是其中的一种。所以说，家庭的住房需求数量取决于其收入水平以及住房消费与其他如食物、服装或文化娱乐等消费成本的相对比较。

在分析时暂不考虑其他影响需求的因素，把价格作为影响需求的惟一变量。假定某一时点需求者对城市空间的价格和需求是既定的，那么随着价格的上升，对城市空间的需求会减少，随着价格的下降，对城市空间的需求会逐渐上升。

社会总需求则是社会所有个别需求的总和。某一价格上的所有个别需求之和构成了这个价格水平的社会总需求。同理，我们把城市空间不同价格下的所有个别需求加总，就可得出市场上城市空间不同价格所对应的不同的社会需求量。

我们假定在这个社会模型中，只有 A、B 两个家庭，那么，把 A 和 B 不同价格下所对应的不同的需求量加总，就可以得到一组不同价格所对应的市场需求数据。据此，市场需求曲线产生，该曲线表示了在一定的预算约束下，城市空间的需求量与价格量反方向变动。

城市空间的价格受很多条件限制，主要有城市空间性质、位置、基础设施配套等。城市空间是一项固定的、相对永久的财产，其本身价值受使用者经济效益的影响很小。另外，城市空间是一项难以再生的有限资源，而城市空间本身建设生产周期较长，所以空间价格也是相对稳定的。下面是 A、B 家庭在不同价格下的城市空间需求情况（表6-1）：

A、B 家庭住宅空间需求　　　　　　　　　　　　　　　　　表 6-1

价格（元/m²）	1 000	2 000	3 000	4 000
A 家庭 m²	10	5	3.3	2.5
B 家庭 m²	20	10	6.7	5
总计 m²	30	15	10	7.5

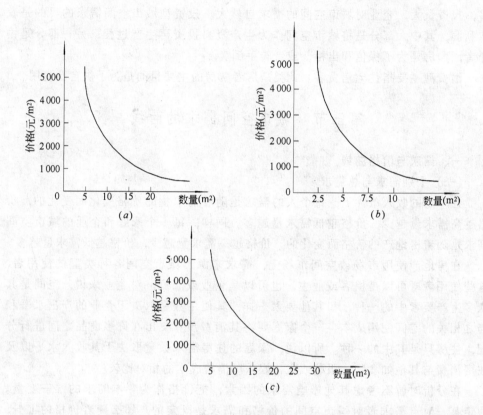

图 6-1　需求曲线

根据上图，我们发现图 6-1（c）由图 6-1（a）和图 6-1（b）推出。由此模型，我们可以得出市场需求曲线是由个别需求加总推导而来。

（二）需求与经济收入

消费者的需求受限于即期的预算约束。一般而言，消费者的经济收入决定了他们的预算约束，而预算约束则决定需求的总量和需求的结构。

图 6-2（a）表明人们对城市空间的需求受到经济收入的影响。考虑以下三种情况：

第一种情况：当经济收入持续徘徊在低位时（$I < I_A$），相对而言，城市空间需求是一种奢侈消费品。这时，人们可以用于城市空间需求的预算支出比较少，预算支出主要用于生活必需品，因此，总体上对城市空间的需求保持在一个相当低的水平。

第二种情况：当经济收入突破 I_A 点时，在满足生活必需品的预算支出基础之上又有了长足的增长,人们对于城市空间的购买欲望迅速上升,直到经济收入达到 I_B 点。在 $I_A - I_B$ 阶段,随着经济收入的增加,人们的城市空间购买欲望呈现出快速上升的趋势。

第三种情况:当经济收入水平突破 B 点时,随着收入的持续增加,人们对于城市空间的购买欲望的边际增幅减缓,该曲线斜率慢慢变小。

说明,在点 O、A 之间属于第一种情况,A、B 之间的区域属于第二种情况,B 点右边属于第三种情况。

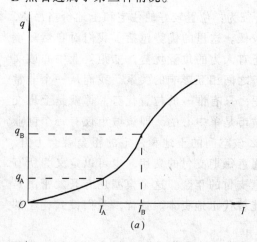

图 6-2（a） 空间需求与经济收入水平

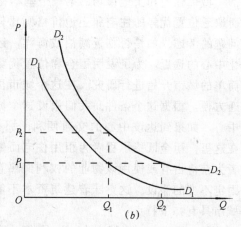

图 6-2（b） 收入变化后价格与需求关系

从图 6-2（b）中可以看出:从 $D_2 \rightarrow D_2$,表明经济收入水平提高后,需求曲线向右移动,可能会导致两种情形发生:第一,人们对同等品质的城市空间有意愿支付更高的价格（从 P_1 到 P_2）;第二,在原来的价格水平（如 P_1）上,人们有了更加强烈的城市空间需求（从 Q_1 上升到 Q_2）。

二、需求与位置曲线

众所周知,城市空间是完全相异化的产品,因此,对于某一特定地段的建设用地上的空间供给是固定的,但是从另一个角度讲,某一地段的建设用地的需求对价格非常敏感,因为与其毗邻的地块都是价格竞争者。

因此,对于每一块建设用地的定价,必须能够使其使用者从该块土地的位置优势上获得的价值可以弥补其额外支出。这种差异补偿方式有助于解释土地或住宅空间的合理分布,同时也使我们认识到需求因素对土地和住宅价格的决定作用。

住房的租金和价格是随着城市空间的不同分布而变化的,不同用途的土地以及不同类型的家庭会在空间上产生分离现象。由于建设用地最终会归属于出价最高者,所以,市场上的这种空间分

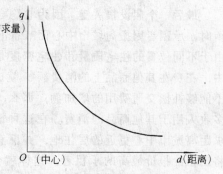

图 6-3 需求与位置曲线

离会自然出现。将租金转化为住房价格的资本化水平会随着项目在城市位置的不同而有所变化,尤其是当城市区域正在扩张并且这种扩张预期将会持续的情况下。

需求与位置曲线(图 6-3)表明了城市空间的需求是随着位置的改变而改变的,越靠近城市就业中心(原点),对城市空间的需求就越大,城市空间的租金和价格就会越高。而当位置远离就业中心时,对城市空间的需求就会逐渐降低,其对应的租金和价格就会随之下降。

三、城市交通与住宅租金和土地租金

城市住宅和土地市场的第一个基本特征为:位置较好的住宅和土地价格昂贵,而缺乏位置优势的住宅和土地价格则比较低。这里的优势包括了我们对自然环境问题的考虑,如是否临近湖泊或海洋,还有人为的位置优势,如距就业中心或文化中心的远近。为了说明租金和位置优势之间相互影响的关系,我们从一个非常简单的城市开始进行研究。在这个城市里,只有惟一的位置优势,那就是上班交通方便。根据这个条件,我们假设这个城市是单中心的,即该城市仅有一个就业中心。如果到达该中心的交通便利,那么该空间的土地和住宅的租金就会上升。在这里,租金既指承租者为租用住宅而愿意每期支付的费用,也可以定义为所有者为获得占有或使用该物业的权利而愿意支付的年金。这个模型还有开发密度是固定不变的假设,这意味着建筑资本不能替代土地资本。这样,我们模式化了的城市具有如下特点:

(1)就业中心(城市中心)是惟一的,居民从居住地到达就业中心的交通路线为直线。每公里的年度交通费用是固定的 k 元,同时,家庭位置采用住所距离就业中心的直线距离 d 来进行指代。

(2)家庭结构相同,每个家庭工作人员(上班者)的数量是固定的。家庭收入 y 用于交通、其他商品(消费额以 x 表示)和住房消费。

(3)住宅供应量固定不变,而且不同地段的物业特性也是完全相同的。住宅的年租金为 $R(d)$,它随着位置(交通距离 d)的不同而有所不同。

(4)住宅是土地和房屋共同形成的组合体,其中每套住宅占用一定的土地面积(单位面积 q),同时也包含了一定数额的成本为 c(没有要素替代)的房屋建设资金(材料和劳动力)。按照这样的界定,住宅密度就是 $1/q$。

(5)住宅被能够支付最高租金的家庭租用,土地的配置使用要体现租金最大化原则。

最后一个假设很关键,因为它隐含着:当这个模式化的城市住宅市场达到平衡时,承租者因搬离城市中心而节省下来的租金能够补偿因此而增加的交通费用。由于不同位置的住宅质量和住宅密度是固定不变的,在家庭或消费者的所有消费中,花费在其他商品上的消费额 x 就成为了剩下的惟一变量。如果租金的节省额不能够补偿交通费用的增加额,那么,居住在距城市中心较近的消费者就会有更多收入用于其他商品的消费。在这种情况下,居住地距城市中心较远的居民会寻求距离城市中心更近的居住地,并愿意支付比现有承租者更高的房租。由于住宅将出租给报价最高的承租者,这样就会造成距离城市中心较近的住宅租金上升,而距离市中心较远的住宅租金下降。当租金的减少额正好等于交通费用的增加额

时，所有的家庭都不再有想迁移的动力，市场达到了均衡，称之为空间均衡。实际上，当私人市场处于均衡状态时，不可能发生由于消费者的消费水平差异而造成的迁移现象。只要所有的家庭结构相同，不管居住在何处，他们在其他商品上的消费（x）都将保持在一个稳定不变的水平x^0上。根据消费者收入与消费的定义，住宅租金可以用下面的公式表示：

$$R(d) = y - kd - x^0 \tag{6-1}$$

居住在城市中心（$d=0$）的居民不需要消耗交通费用（至少在我们这种模式化的城市中如此），所以，此处的房租$R(0)$应该等于$y - x^0$。当向远离市中心的方向移动时，租金将随着交通费用的增加而逐渐降低。在城市边缘，距市中心距离为b处，租金降到最低点。城市边缘的最低租金是由新增住房的建设成本决定的。

在世界上的许多国家，城市开发区以外的土地用于农业。这种用途下的土地对应的为每亩的农业用地租金r^a。在另外一些情况下，土地空置，没有租金或者没有实质性的租金收入。在模型里，第5个假设表示，住宅将租给出价最高的承租者。同样，建设用地或农地的所有者也会从其土地上寻求最大的收益。这样，只要城市住宅在这宗建设用地上获取的租金收入高于该地用于农业的收入，那么这块土地就会租给城市家庭使用。在分析土地所有者决定在什么时候将农用土地转为城市用地时，这个简单的标准依然适用。

那么，在城市边缘b处，城市土地所有者出租土地的农用价值或机会成本为每亩r^a。在住宅密度固定不变的情况下，每套住宅所占有的土地租金为$r^a q$。这样，在城市边缘每套住宅的租金可以分为两部分：土地租金$r^a q$和建筑租金。后者是每套住宅的建筑成本折现计算出来的年金（c），它可以用建设这套住宅的建筑成本，按抵押贷款方式计算的每年必须的偿付额来进行度量。这两部分费用之和是在城市边缘新建住宅所需要支付的租金。代入公式（6-1），对于一个在城市边缘居住的家庭来说，其支付的租金为土地的农业用地租金加上根据建筑成本折算的年金，由此可以得出：

$$x^0 = y - kb - (r^a q + c) \tag{6-2}$$

从城市边缘向市中心移动时，为了使居民家庭维持公式（6-1）定义的对于其他商品的福利支出（消费）水平，公式（6-2）对随着交通费用的降低，租金应该如何提高进行了定义。根据这两个公式，某地段的住宅租金应该等于城市边缘住宅的替代成本租金，再加上城市边缘与该点的交通费用之差。因此，住宅租金梯度线的表达式为：

$$R(d) = (r^a q + c) + k(b - d) \tag{6-3}$$

实际上，城市内部某位置住宅租金的增加额为从城市边缘新建区到该位置的交通费用节省额。只有保持这个租金水平，居民家庭才会愿意在城市的任何一个地方居住。

图6-4以距离城市中心的半径d为横轴，描述了在这个模式化的圆形城市中平衡状态下的住宅梯度线。城市住宅租金包括了三个部分：1）将农用土地转为城市用地所必需的农业用地租金$r^a q$；2）坐落在这宗土地上的建筑物租金；3）交

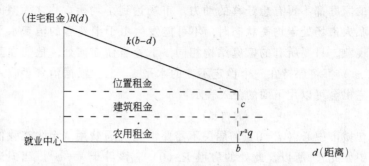

图 6-4 住宅租金的组成

通费用节省带来的位置租金 $k(b-d)$。农业用地租金和建筑租金在任何位置都是固定不变的。住宅租金梯度线在以距离作为自变量时，其斜率为 $-k$，它是与位置租金相关的。随着位置远离城市中心，租金将随着每个家庭交通费用的增加而等量地降低。

现在假设一个土地租金 $r(d)$，它是由住宅租金中的位置租金和农业用地租金两项合并而成的。城市土地租金可以被看成剩余额，那就是在住宅租金总额中减去建筑成本租金后的剩余部分。从公式（6-3）引出下面描述城市土地租金的公式（6-4）。要注意的是，住宅租金是按套计算的，而土地租金是按面积计算的。所以，要将住宅租金 $R(d)$ 转为土地租金 $r(d)$，必须先把建筑租金从住宅租金中减去，再除以每套住宅的占地面积（q），也就是乘以住宅密度（$1/q$）。

$$r(d) = r^a + k(b-d)/q \tag{6-4}$$

城市土地租金由两部分组成：一部分是单位面积上用于支付其可替代用途的租金（即单位面积的农业用地租金），另一部分是由于位置不同所造成的单位面积的交通费用的节省额。住宅密度为 $1/q$ 时，每亩土地上有许多家庭，每个家庭将获得 $k(b-d)$ 的交通费用节省额。以距离作为自变量的土地租金梯度线的斜率为 $-k/q$，它的含义为：对于单位面积上 $1/q$ 套住宅的居民，他们交通费用总量的增加等于所带来的土地租金的减少量。

住宅租金在不同的城市之间或者在同一个城市的不同时期有什么样的差异呢？从公式（6-3）和公式（6-4）可以得出几点很有说服力的静态结论：

1) 当城市边缘的距离（b）距市中心越远时，交通费用就会越大。由于居住在城区内可以节省较多的交通费用，因而造成城区内的土地和住宅租金会比较高。

2) 当单位距离的交通费用越高时，城区内的土地和住宅租金相对于城市边缘就越高，城区内的位置因素在交通费用节省方面的优势就更为明显。

3) 当城市土地有其他更具效益的可替代性用途或者是农业用地租金（r^a）更高时，会造成住宅租金中的土地租金比较高，也使得城市住宅和土地的租金会比较高。

4) 当城市住宅密度越大时，城市土地租金的梯度线就会越陡峭，相对于城市边缘，城市中心的租金水平就会更高。❶

四、时间距离

从城市中心到城市边缘的距离,是决定城市空间租金的至关重要的因素。在探讨预测城市空间需求时,我们有必要引入一个关于城市空间需求的新概念"时间距离"。

现代社会,随着政治、经济、文化等的不断发展,城市人口不断增加,对于私人空间和城市公共空间的需求也日益增长。我们可以用"时间距离"来衡量日益增长的城市空间需求。

我们试着做如下分析:

假定:

在相对久远的一个历史时期,人们

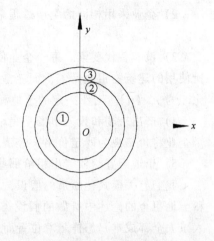

图6-5 交通方式与城市空间

的出行方式只能依靠步行。假定,人们从城市中心到城市边界的步行时间为1小时。这时,城市范围由图6-5中的最小的圆构成。

随着社会的进步,人们的交通工具通常是马车或者是自行车。假定,从城市中心坐马车或骑自行车1小时所到之地就是城市边界。这时,城市范围由图6-5中的中间的圆构成。

随着社会的继续发展和进步,人们通常的交通工具是汽车,那时的城市边界可以做如下定义:从城市中心车行1小时所到的地方。这时,城市范围由图6-5中最大的圆构成。

交通方式从步行发展到自行车或马车,由此所增加的城市空间需求如图6-5中②所示。交通方式由自行车或马车进步到汽车,由此所增加的城市空间需求如图6-5中③所示。

从上述三个假定来看,随着社会的进步和科学技术的发展,交通工具单位时速的提高导致城市范围的扩大。未来城市的规模可以交通工具的时间距离做预测,从而通过"时间距离"的角度来衡量城市空间开发的需求和规划控制。

五、功能与需求曲线

为了便于讨论,我们对城市的内部结构做如下假设:

(一) 存在中央商务区和居住区的土地市场

对于存在中央商务区(CBD)的城市,企业对中心地区土地的评价必然要高于家庭。在一个竞争的、没有管制的土地市场中,一个中央商务区或者制造区,只有在从这些非居住土地用途中得到的土地租金超过为周围的工作者提供居住服务所获得的租金时才能够存在。我们模式化的城市和位于该城市的企业具有如下特征:

1) 该城市只有惟一的港口或者交通中转站,企业必须将其货物运至那里后再向外运输,同时从那里接收原材料或者来自其他城市的输入品。同样,输入的消费品也是通过这种设施到达的。在这个城市内,货物的转移(自该中转站)费用

为每单位距离 s 元,与该交通中心的距离以符号 d 表示。

2) 企业采用相同的生产过程来生产同质产品。每个企业生产的产品数量恒为 Q。

3) 没有替代要素。每一企业使用的地块大小 f 和建筑物资本是固定的。企业所使用的建筑物租金是 C,而企业每单位面积土地的剩余租金随着位置而发生变化,为 $r_c(d)$。对于一定的土地和建筑物,单位土地上的产出是固定的。

4) 产出市场和投入市场是完全竞争的,该行业可以自由进入。这意味着每一个企业将价格视为既定价格,经济利润为零。

5) 土地配置给或者出租给那些能产生最高租金的单位(工厂或办公室)。

我们有关模式化城市的假设,在许多方面和我们在前文城市交通与住宅租金和土地租金的论述中所做的假设类似。使用这些假设,我们探讨企业的利润(收入减去全部成本)怎样随着位置而发生变化。如果每一企业销售的产品数量为 Q,其产品单位价格是 P,那么企业的总收入将为 PQ。每单位产品的可变成本包括工资和生产材料成本为 A,销售每单位产品的转移或者运输成本为 sd。企业的固定成本包括建筑物租金 C,以及每单位面积土地的租金 $r_c(d)$,乘以企业使用的土地单位面积数 f,从而利润 π 为:

$$\pi = \{Q(P-A-sd)-C\} - r_c(d)f \tag{6-5}$$

由于企业间的竞争使得利润为零,每单位面积土地的租金 $r_c(d)$ 可以作为剩余值得到:

$$r_c(d) = \{Q(P-A-sd)-C\}/f \tag{6-6}$$

在公式(6-6)中,土地租金定义为,使企业不管在什么位置,都获得同样的零利润租金。在同一都市区中的 p、Q、A 和 C 都不随着位置而变化的假设条件下,土地租金正好补偿了企业由于与交通中转站的距离增加而产生的运输成本的上升额。在这一点上,这一模型类似于前文城市交通与住宅租金和土地租金论述中的那个模型。在那个模型中,住宅用地租金正好补偿了家庭由于位置较远而形成的交通成本。在这个模型中,城市中心($d=0$)的运输成本为零,而 $r_c(0)$ 等于 $[Q(p-A)-C]/f$。离开该中心,每单位面积土地租金的下降额正好是企业每单位面积运输成本的上升额:$-sQ/f$。如果租金的下降额大于(小于)该值,则企业可以通过移出(移入)城市中心来实现超额利润。在均衡状态时,迁移的动机必然不存在。

企业的租金梯度必然要大于家庭的租金梯度,这意味着随着我们远离交通中转站,企业的运输成本(每单位面积商业用地)必然高于该工厂的工作人员前往该企业的交通成本(每单位面积住宅用地)。如果商品或者原材料的转移成本比人的交通费用更高(如步行),以及如果商业用地比住宅用地更密集,那么实际的情况很可能就是这样的。在这些条件下,企业用地构成了从中心到某一中间边界 m 的主要土地用途。而从 m 到城市的边界 b,住宅用地成为了土地的主要用途。在中间边界上,从企业获得的土地租金将会等于住宅用地的租金。租金的这种模式可以在图6-6中看出。

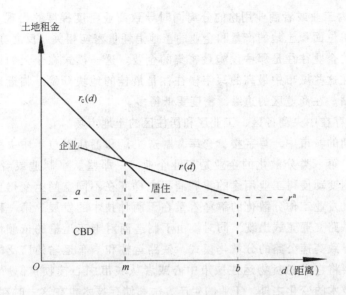

图 6-6 商业与居住的土地租金变化

在城市边界处，住宅用地的租金必然等于农业用地的租金（$r(b)=r^a$）。向城市中心内移时，土地租金由于交通成本（每单位面积住宅用地）的下降而上升，直到在住宅用地和商业用地的交界处（m）达到 $r(m)$ 时为止。在交界处商业用地和住宅用地租金相等的条件下，商业用地的租金包括两部分：一是来自于住宅用途（如果企业使用该土地，住宅就可以使用）的机会成本，二是从交界处内移而产生的位置租金或者运输成本的节约额 $sQ(m-d)/f$。因此，企业的土地租金梯度线为：

$$r_c(d) = r(m) + sQ(m-d)/f \tag{6-7}$$

假设我们使用下标 i 来区分工业或者商业用途的类型，并允许每一类型中的所有企业有特定的产出水平 Q_i，土地使用量 f_i 和到中转站的每单位距离运输或者转移成本 s_i。那些每单位面积生产大量产品同时还难以转移或者转移成本较高的企业有较高的 S_iQ_i/f_i 比率，那些产品易于运输而且每单位面积生产很少产品的企业有较低的 S_iQ_i/f_i 比率。由于企业零利润的租金刚好等于这一比率，所以，在中央商务区的位置均衡状态中，企业将自然而然地倾向于根据它们的比率值进行空间分离。

在 CBD 内，那些每单位面积产量高、产品运输成本较高的企业类型有更大的租金梯度。在一个竞争性的土地市场中，它们会为最中心的地块出最高的租金。那些每单位面积产量较低的企业和或那些产品易于运输的企业会有相对较小的租金梯度。它们往往使用远离交通中转站并且和住宅用地比较接近的地块。土地市场会将不同的商业和工业用途的地块配置于 CBD 内，土地永远配置给那些能够提供最高租金的使用用途，在这种情况下，对那些每单位面积产量最高的用途，市中心的租金将是最高的。

CBD内工业或者商业用途的分离同时导致商业密度梯度的出现。由于产出水平或者每单位面积土地的产量和企业的土地消耗量密切相关（反之亦然），那些位于最中心的企业往往是那些设施最密集的企业。这一模式在今天的许多城市中仍然存在，在这些城市中最高的写字楼往往是最佳的地块开发，临近地铁或者其他交通中转站。在商业区的边缘，密度要低得多。

（二）存在中央商务区、工业区和居住区的土地市场

在早期的城市中，写字楼、仓库、制造工厂和商店都位于中央商务区。随时间的推移，第一类分散化的企业是工业企业——那些从事制造或者仓储的企业。工业技术的变动使得工业用途的零利润租金梯度在不同空间上变得更为平缓。对制造业和批发业工作分散化的解释着重在于两种技术的发展。第一种是交通系统的发展。铁路交通正式出现，同时，由于制造商对卡车运输的依赖性上升，这一模式进而导致高速公路的分散化模式。铁路运输和卡车运输的广泛采用表明，企业不再需要将它们的货物运往城市中心或者从城市中心接收它们所需要的材料。除了交通技术的变化之外，工业的生产方法和储存技术也在这一时期得到了发展。生产和储存技术的变化极大地增加了工业企业每单位产品使用的土地数量。在工业革命的最后阶段，制造商逐渐采用了那些基于集中流水线的生产过程，流水线增加了每单位产出所需要的土地数量。现代的储存技术同样需要较多的土地，因为它要求制造商将货物储存于大的、单一的水平储存建筑物内。

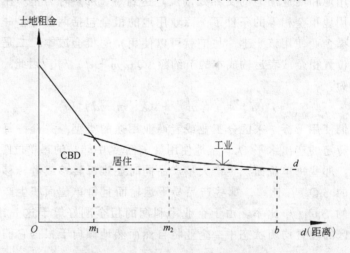

图6-7 不同功能的土地租金变化

作为这些变化的一个结果，和传统城市中心距离相关的工业企业的每平方米零利润租金梯度变得相当小了。这样，工业企业愿意为中心位置每单位土地而支付的金额会低于其他的使用用途。在一个竞争性的土地市场中，选择更远的位置对工业企业而言是最为有利的。现在，新的工业建筑基本上总是建在城市最边缘处，因为来自其他用途的土地竞争在那里是最小的。最终的位置和土地租金模式如图6-7所示。商业用途和办公用途占据了CBD地区（直到距离 m_1 处），接着是住宅用途占据了距离 m_1 到 m_2 之间的地区。在住宅以外，土地用途为低密度的工

厂和仓库。

在 $0\text{-}m_1$ 区域，因为每单位面积零利润租金梯度最陡，商业用地支付的地价最高，所以该区域成为商业区，在 $m_1\text{-}m_2$ 区域，相比而言，在该区域生活、居住用地支付的地价相对低于 $0\text{-}m_1$ 区域，而用于生活、居住建筑用地。在 $m_2\text{-}b$ 区域，工业用地每单位零利润租金梯度较 $m_1\text{-}m_2$ 区域平坦，在此区域工业用地愿意支付的地价最高，该区域成为工业区。

显然，随着现代城市的日益发展和各项功能的完善，加上各产业的细分，城市空间的需求者不会局限于上述三类，各种类型的细分需求将因此而产生。由此我们可以认为，在需求图上将有数十条乃至更多的曲线，然后，由对应距离地租最高的每一点组成一条包络线，该线反应了城市空间各种需求类型因空间使用功能不同而产生的一条需求曲线，如图 6-8 所示。

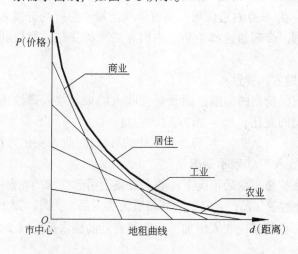

图 6-8 级差地租的形成曲线

六、需求弹性

需求弹性是指需求变化对某一相关条件变化的弹性。

用弹性模量表示：$E = \Delta Q/\Delta C \times C/Q$； (6-8)

式中，E 表示弹性，Q 表示需求，C 表示影响需求的变量。

一般的，在影响需求的诸多因素中，某一因素发生变化时（其他因素不变），会引起需求量的相应的变化，但是；需求量所产生的变化会因为因素的不同和所针对的商品的不同而有所差异。因此，我们在分析商品的需求弹性时，应区分不同商品之间的弹性差异和同一商品不同因素的弹性差异。

在此我们仅对可以量化的价格、收入进行弹性分析。

（一）需求的价格弹性

在其他因素不变时，价格变动所产生的需求变动

$$E_d = -\Delta Q/\Delta P \times P/Q = 需求量变动百分比/价格变动百分比 \quad (6-9)$$

如果 $E_d < 1$，则意味着需求缺乏弹性；

如果 $E_d > 1$，则意味着需求是有弹性的；

如果 $E_d = 0$，则意味着需求根本没有弹性；

如果 $E_d = \infty$，则意味着需求完全富于弹性。

就城市空间的需求分类来看，会出现以下几种情况：

（1）消费型：住宅作为一种生存空间，是生活必需品，需求量受价格的影响不大。从这种角度来讲，住宅的消费的需求量在一个相对的价格空间缺乏弹性。

（2）投资型：投资住宅的目的是获取利润，有一部分是将城市空间作为生产资料投入再生产过程；另一部分作为出租。投资型需求受城市空间的价格和使用租金的资本化水平影响比较大，直接影响到了投资者的收益，相对来说比较有弹性。

（3）市政型：市政型城市空间的开发由政府主导实施，几乎不受价格影响。

在 A 处，需求对价格函数的偏导为零，此处价格弹性为1；在 A 点左边区域，缺乏弹性；在 A 点右边区域，富有弹性。城市空间的开发者可以通过对需求价格曲线的把握，合理的选择价格，来引导需求的变化，使得利润最大化（图6-9）。

（二）需求的收入弹性

需求量不仅受价格的影响，而且还受收入约束。收入弹性衡量的是收入变化所引致的需求量的变化。$E_i = \Delta Q / \Delta I \times I / Q$ （6-10）

= 需求量变化的百分比/收入变化的百分比

式中，M 表示收入，Q 表示需求量。

一般地，在价格不变的情况下，收入提高会引起需求的增加，在这类商品中，$E_i > 1$ 的商品称为奢侈品，$E_i < 1$ 的商品成为必需品。另外，某些劣等商品的收入弹性可能为负，也就是说收入增加，对该类商品的需求反而减少。

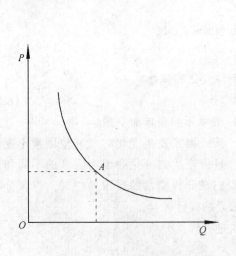

图6-9 土地的需求弹性

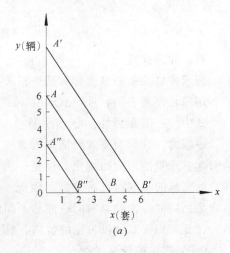

图6-10（a） 价格不变引起的预算线平行移动

七、需求的可能性曲线和偏好曲线

（一）消费者预算线

图6-10（a）假定，消费者收入=12货币单位，1辆车的价格=2货币单位，

1套房子的价格=3货币单位，OA 表示用12单位钱全部买车能够买到的车的数量=6辆，OB 表示用12单位货币全部买房子能够买到的房子的数量=4套。

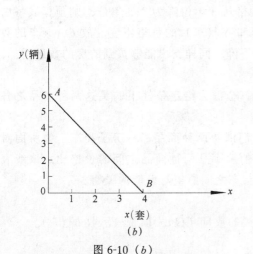

图 6-10（b）
连线 A、B 点的一条直线称为预算线

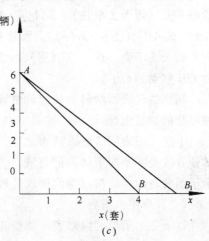

图 6-10（c）
收入不变价格变化引起的预算线变化

连结 A、B 两点的一条直线称为预算线（Budget Line）。因此，

$$AB \text{ 线的斜率的绝对值} = \frac{OA}{OB} = \frac{\dfrac{\text{收入（12货币单位）}}{\text{车的价格（2货币单位）}}}{\dfrac{\text{收入（12货币单位）}}{\text{房的价格（3货币单位）}}} = \frac{\text{车的数量（6辆）}}{\text{房的数量（4套）}}$$

故知家庭预算线斜率的绝对值，等于房子与车的价格之比。

令 X 和 P_x 代表物品 X 的数量和价格，Y 与 P_y 代表物品 Y 的数量和价格，M 代表给定的收入，则预算线是这样一条直线，它上面的每一点表示：把既定的收入全部花费时所能买到的 X 与 Y 的不同数量之各种可能的组合。预算方程式可写为：

$$M = XP_x + YP_y$$

或

$$Y = \frac{M}{P_y} - \frac{P_x}{P_y}X$$

$Y = \dfrac{M}{P_y} - \dfrac{P_x}{P_y}X$ 是一个直线方程式。其斜率为 $-\dfrac{P_x}{P_y}$，即预算线 AB 之斜率是 $\dfrac{dY}{dX} = -\dfrac{P_x}{P_y}$ 是负数，它表示 X 与 Y 的数值呈反方向变化，即增加 X 的购买量就必须相应地减少 Y 的购买量。因 M、P_x、P_y 为既定常数，故对 X 的任一给定值可以解出 Y 的数值。若 $X = 0$，则 $Y = \dfrac{M}{P_y}$ 即上图的 OA（等于6辆车）；

若 $Y = 0$，则 $X = \dfrac{M}{P_x}$，即上图的 OB（等于4套房子）。

一条预算线表示一个固定的总支出（现假定为等于全部收入），因此，如果价格不变，收入（支出）增加，则预算线向右上方平行移动，其斜率仍为两种物品的价格的比率。图 6-10 中的 $A'B'$ 表示收入（支出）从12单位增为18单位的预算线。同理，若价格不变，总支出减少，则预算线将向左下方平行移动，如图 6-10 (a) 中。AB 移至 A″B″。现在假定收入（总支出）不变（等于 12 单位），Y（车）价格不变（等于 2 单位），X（房）的价格从 3 单位降为 2.5 单位，则预算线将由 AB 变成 AB′（图 6-10 (c)）。因总支出和 Y（车）的价格不变，故 OA（车的数量）的长度不变，由于 X（房）的价格下降，同样支出能够买到的房的数量增加，由 OB 移动到 OB′。

预算线仅表示两种商品的价格和预算金额为给定条件下购买这两种商品之各种可能的数量组合。

上述三图表明了收入约束之下，人们消费两种商品——房子和车，他所面对的预算线是一条向下倾斜的直线，直线的斜率是两种商品之间的价格比，该线表示了消费者的在购房（空间需求）和购买车之间愿望与可能的平衡。

（二）恩格尔指数

以下三个图形的纵轴表示消费者购买的数量（Q），横轴表示收入（I）。

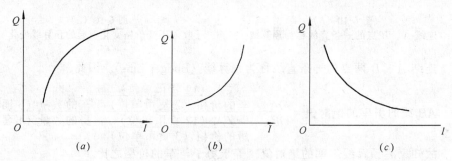

图 6-11 恩格尔曲线
(a) 必需品；(b) 奢侈品；(c) 低档商品

图 6-11 (a) 是必需品的恩格尔曲线，表示消费者随着收入的增加，对必需品的购买数量增加的速度小于收入增加的速度。图 6-11 (b) 是奢侈品的恩格尔曲线，表示消费者随着收入的增加，对奢侈品的购买数量增加的速度大于收入增加的速度。图 6-11 (c) 是低档商品的恩格尔曲线，表示消费者随着收入的增加，对低档商品的购买数量不仅不增加，反而减少。

（三）消费偏好曲线与消费观念

如图 6-12 所示，假设某个消费者消费房与车两种物品，U_1 是一条无差异曲线，U_1 上的 A、B、C、D 各点分别代表房与车各种不同数量的组合，如 A 点表示 1 套房与 6 辆车的组合，B 点表示 2 套房与 3 辆车的组合，C 点表示 3 套房与 2 辆车的组合，D 点表示 4 套房与 1 辆车的组合，每一种组合所包含的房与车的数量合计提供的总效用是相同的。就是说，在消费者看来，他买进组合提供的总效用相同，因而他究竟选择 A 还是选择 B、C、D，是并无差别的，故称为无差异曲线。由于一条无差异曲线上的每一点，所代表的两种物品之不同数量的组合提供的总效用是相等的，所以无差异曲线也叫做等效用线。

同理，U_2 表示另一条无差异曲线，U_2 上的任一点代表的房与车的不同数量组合所提供的效用相同。

理论上可以假设一个人对于房与车这两种物品有无限多的无差异曲线存在。由 U_1，U_2，U_3，……U_n 组合成的坐标图，称为无差异曲线图。每一条无差异曲线代表某一既定的总效用。

根据上述含义，无差异曲线主要有如下特点：

1) 无差异曲线上的任意一点的效用相同，所以，无差异曲线又叫等效用曲线。

2) 无差异曲线图上的许多无差异曲线中，离原点越远的无差异曲线所代表的总效用越大，即 $U_1 < U_2 < U_3 …… U_n$。

3) 无差异曲线图上的任何两条无差异曲线不能相交。这是因为，在相交之点所代表的房子与车的数量相同，因而有相同的总效用，这显然与，U_1，U_2……总是代表不同的总效用相矛盾。

4) 一条无差异曲线上面的任一点的 X 与 Y 这两种物品的"边际替代率"（$MRS_{xy} = \Delta Y / \Delta X$）是负数（即 ΔX 与 ΔY 的正负符号总是相反）无差异曲线的边际替代率（MRS_{xy}）可以从这条曲线上任何相邻的两个点的数值得出来。如上例中，从 A 到 B，增加 1 套房子可代替 3 辆车，从 B 到 C 再增加 1 套房子就只能代替 1 辆车。这显然是由于，随着房子的数量增加和车的数量之相应的减少，一方面，房的边际效用逐渐减少，另一方面，车的边际效用则逐渐增加，因而每套房子所能代替的车的数量有递减的趋势。这个特点表示：无差异曲线的形状是凸向原点（图 6-12），无差异曲线凸向原点，是消费者的选择行为要达到稳定均衡必须具备的条件。

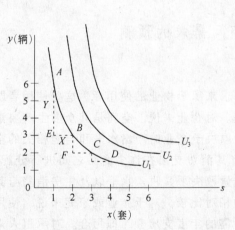

图 6-12　无差异曲线　　　　　图 6-13　消费者均衡

（四）消费者均衡

假设，人们消费两种商品：房子（X）和车（Y）。

为了考察消费者选择购买所需消费品达到均衡状态的情况或必需具备的条件，我们必须假定：1) 消费者偏好为既定，即消费者的无差异曲线图为既定；2) 消费者的收入（和支出）M 单位既定不变，3）消费品 X 与 Y 的价格 P_x 和 P_y 既定不变。在图 6-13 中，预算限制线和可能的最高水平的无差异曲线相切处，即均衡点。AB 线代表按既定的 M、P_x、P_y 画出的预算线，U_0、U_1 和 U_2 是描述既定的消费者偏好的无差异曲线。

我们知道，AB 线上的任一点代表消费者花费 M 单位能够买 X 与 Y 的各种数量的组合。

X 与 Y 之最优组合多条无差异曲线中恰好与既定的预算线 AB 线相切的一条无差异曲线的切点所代表的 X 与 Y 的组合，即图中 U_1 与 AB 之切点 E。就是说，只有当他买进 X 的数量为 OX_e，买进 Y 的数量为 OY_e 时，他支出 M 单位所获得的效用才达于极大值。换一种说法，AB 线上其他任何一点所代表的 X 与 Y 的组合所能提供的效用都小于 E 点所代表的 X 与 Y 的组合所提供的效用。这是因为，首先，无差异曲线图中与 AB 相交的无差异曲线，如图中 U_0 与 AB 相交于 a、b 两点，不是效用的极大值，因为位于 U_0 右上方的任一条无差异曲线所代表的效用量大于 U_0 所代表的效用量。其次，位于 U_1 右上方的 U_2 虽然代表更大的效用量，但 U_2 上面的任何一点所代表的 X 与 Y 的组合所花费的总支出大于 M，就是说，由于预算金额的限制，消费者无法获得这样多的效用。E 点是预算线上的一点，它表示给定的预算金额能够买进这么多的 X 和 Y；另一方面，E 点在无差异曲线 U_1 上，而上面已经说明，所作切线（在这里是 AB 线）的斜率即 $\dfrac{dY}{dX}$ 是 X 与 Y 这两种物品在 E 点的边际代替率，即 $\dfrac{Y \text{的减少量}}{X \text{的增加量}}$。$E$ 点是消费者在一定的收入约束下，在既定的商品选择范围内，所能达到的最大的效用。

第四节 城市空间需求的预测

一、四象限模型

在房地产使用市场或空间市场上，需求来源于物业的使用者。这些使用者既可以是租客或业主，也可以是企业或家庭。对企业来说，空间是其众多生产要素中的一种，和其他要素一样，其使用数量取决于企业的产出水平和与之相关的空间使用成本。对家庭来说，一个家庭要将其消费支出在许多商品之间进行分配，住房只是其中的一种，家庭的住房需求数量取决于其收入水平以及住房消费与其他如食物、服装或文化娱乐等消费成本的相对比较。对于企业或家庭来说，使用物业的成本就是为了获得房屋的使用权所需的年度支出额，即租金。对承租人来讲，租金是在租约中明确指定的。对业主来说，租金被定义为与物业所有权相联系的年度成本。

租金是根据物业市场上的空间使用供求情况而定的，而不是根据资产市场上的所有权价值确定的。在物业市场上，使用空间的供给量是一定的（来源于房地产资产市场）。对物业的需求取决于租金和（诸如，公司的生产水平、收入水平或者家庭数量等）一些其他的外在经济因素。物业市场的作用就是确定一个租金水平，在这个水平上对物业的使用需求等于建筑物的供给。在其他因素保持不变的情况下，当家庭数量增加或企业扩大生产规模时，空间的使用需求就会上升。在供给固定的情况下，租金就会上涨。

在资产市场和物业市场之间有两个接合处：第一，物业市场上形成的租金水平是决定房地产资产需求的关键因素。毕竟，在获得一项资产时，投资者实际上是在购买当前或将来的收益流量。因此，物业市场上的租金变化会立即影响到资产市场房地产所有权需求。第二，两个市场在开发或者建设部分也有接合点。如果新建设量增加且资产的供给量也随之增长的话，不仅会使资产市场上的价格下滑，而且也会使物业市场上的租金随之下调。这两个市场之间的连接可以通过图6-14所示的四象限分析模型来说明。

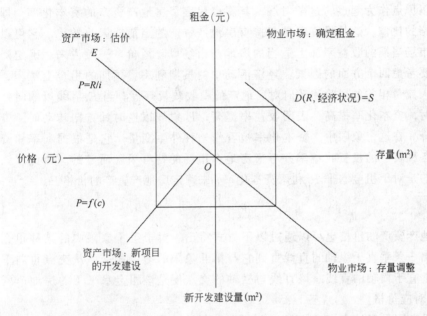

图6-14 房地产：物业和资产市场

在解释图6-14时，按照顺时针方向对各象限进行解释是比较合适的。在这个图中，右侧的两个象限（第Ⅰ和第Ⅳ）代表空间市场，左侧的两个象限（第Ⅱ和第Ⅲ）则是对资产市场上的房地产所有权进行研究。我们从揭示短期租金形成机理的第Ⅰ象限开始分析。

第Ⅰ象限有租金和存量两个坐标轴：租金（每单位空间）和物业存量（以每单位空间进行衡量）。曲线表明在国家特定的经济条件下，对物业的需求数量怎样取决于租金。

该曲线向右下方倾斜。从纵轴上可以看出，租金变化时所对应的物业需求数量。如果不管租金如何变化，家庭或企业的物业需求数量不变（非弹性需求），那么，曲线则会变成一条完全垂直的直线。如果物业的需求量相对于租金的变化特别敏感（完全弹性需求），则曲线就会变得更为水平。如果社会经济状况发生变化，则整个曲线就会移动。当公司或家庭数量增加（经济增长）时，曲线会向上移动，表明在租金不变的情况下，物业需求会增加。当经济衰退时，曲线会向下移动，表明物业需求减少。

为了使物业需求量 D 和物业存量 S 达到平衡，必须确定适当的租金水平 R，使需求量等于存量。需求是租金 R 和经济状况的函数：

$$D(R, 经济状况) = S \tag{6-11}$$

如前所述，物业市场上的存量供给是由资产市场给定的，因此，在图 6-14 中，对于横轴上的某一数量的物业存量，向上画一条垂直线与需求曲线相交，从而从交点再画一条水平线与纵轴相交，按照这种方法可以找出与之对应的租金标准。在使用物业的这种租金标准下，我们考虑第Ⅱ象限的情况。

第Ⅱ象限代表了资产市场的第一部分，有租金和价格（每单位空间）两个坐标轴。以原点作为起点的这条射线，其斜率代表了房地产资产的资本化率，即租金和价格的比值。这是投资者愿意持有房地产资产的当前期望收益率，它可以被理解为市场当期的收益率加上适当的房地产市场风险溢价。一般说来，确定资本化率需要考虑四个方面的因素：经济活动中的长期利率、预期的租金上涨率、与租金收入流量相关的风险和政府对房地产的税收政策等等。当 E 射线以顺时针方向转动时，资本化率提高，表明收益率提高；E 射线以逆时针方向转动时，资本化率下降。在这个象限中，资本化率被看作一种外生变量，它是根据利率和资本市场上各种资产的投资收益率并考虑房地产市场的特有风险而定的。因此，该象限的目的是对于租金水平 R 利用资本化率 i 来确定房地产资产的价格 P：

$$P = \frac{R}{i} \tag{6-12}$$

房地产资产的价格也可以通过以下方式得出，对于第Ⅰ象限中的某种租金水平，画出一条垂直于纵轴的直线直到它与第Ⅱ象限的射线相交，从交点再向下画出一条垂直于横轴的直线，该直线与横轴的交点便是该租金水平下的房地产资产（空间）对应价格。

第Ⅲ象限是房地产资产市场（空间市场）的一部分。在这个象限中，可以解释房地产资产的形成原因。这里的曲线 $f(C)$ 代表房地产的重置成本。如图 6-14 所示这种情况的假设条件是，新项目开发建设的重置成本是随着房地产开发活动（C）的增多而增加，所以这条曲线向左下方延伸。它在价格横轴的截距是保持一定规模的新开发量所要求的最低单位价格（每单位空间）。如果开发成本几乎不受开发数量的影响，则这条射线会接近于垂直。如果建设过程中的瓶颈因素、稀缺的土地和其他一些影响开发的因素致使开发成本迅速上升，则这条射线将会变得较为水平。从第Ⅱ象限某个给定的房地产资产价格，向下垂直画出的一条直线，再从该直线与开发成本相交的这一点画出一条水平线与纵轴相交，由纵轴交点便可以确定在此价格水平下的市场期望的新开发建设量。此时，开发成本等于资产的价格。如果房地产新的开发建设量低于这种平衡数量，则会导致开发商获取超额利润；反之，如果开发数量大于这个平衡数量，则开发商会无利可图。所以，新的房地产开发建设量 C，应该保持在使物业价格 P，等于房地产开发成本 $f(C)$ 的水平上，即：

$$P = f(C) \tag{6-13}$$

此时该市场达到平衡。

在第Ⅳ象限，年度新开发建设量（增量）C，被转换成为房地产物业的长期存量。在一定时期间内，存量变化 ΔS，等于新建房地产数量减去由于房屋拆除（折旧）导致的存量损失。如果折旧率以 δ 表示，则：

$$\Delta S = C - \delta S \tag{6-14}$$

以原点作为起点的这条射线代表了使每年的建设量正好等于纵轴上某一个存量水平（在水平轴上）。在这种存量水平和相应的建设量上，由于折旧等于新竣工量，物业存量将不随时间发生变化。因此，ΔS 等于 0，$S = C/\delta$。第Ⅳ象限假定了某个给定数量的开发建设量，同时确定了在开发建设继续的情况下导致的存量水平。

对四象限模型，我们已经进行了 360°的全方位分析。从某个存量值开始，在物业市场确定租金，这个租金可以通过资产市场转换成为物业价格。接着这些资产价格可以形成新的开发建设量；再转回到物业市场，这些新的开发建设量最终会形成新的存量水平。当存量的开始水平和结束水平相同时，物业市场和资产市场达到了均衡状态。如果结束时的存量与开始时的存量之间有差异，那么图 6-14 中 4 个变量（租金、价格、新开发建设量和存量）的值将并不处于完全的均衡状态。假如，开始时的数值超过结束时的数值，租金、价格和新开发建设必须增长以达到均衡。假如初始存量低于结束时的存量，租金、价格和新开发建设量必须减少，使之达到均衡。对四象限模型的环顾一圈的考察，对我们就式(6-11)～(6-14)的联立求解给出了简单的、直观的解释。

下面我们针对四象限模型具体阐述城市空间的需求预测。

二、城市空间需求预测的影响因子

利用图 6-14，我们就能够追踪宏观经济和消费需求对房地产市场的各种不同影响。宏观经济可能增长也可能紧缩，长期利率或者其他因素能够导致房地产资产的需求发生变化。短期信贷可获取性或者地方法规的变化，能够影响物业新增供给的成本。每种因素对房地产市场变化的影响是不同的，同时，这些影响可以很容易地借助于四象限分析模型来进行分析。在任何一种情况下，我们都可以确定是哪一个象限首先受到影响，然后通过对其他象限内这些影响的追踪分析，达到一种新的长期平衡状态。模型中，不同的长期解决方案（市场均衡）的比较被称为"静态比较"分析。城市空间需求预测的影响因子主要包括以下几个方面：经济发展水平、经济发展速度、城市空间价格（价格和租金）、消费观念（偏好）、长期利率（通货膨胀速度）、政府发展目标、管理政策的变化。

（一）经济发展水平和经济发展速度对城市空间需求的影响

当经济发展水平提高速度加快时，第Ⅰ象限内的需求曲线将向右上方移动，这表明在当前（或某个时点）的租金水平有较为强劲的物业使用需求，在生产、家庭收入和家庭数量增加的情况下这种情况就会发生。在可供使用的物业数量保持一定的情况下，如果物业的使用需求与能够用于使用的物业相等，租金就必须相应地提高。这种较高的租金又会导致第Ⅱ象限内物业资产价格的相应提高，依次又会促使第Ⅲ象限内新开发建设量增加，最后导致第Ⅳ象限内物业存量增加。如图6-15所示，新的市场平衡为虚线所示的矩形，在各个象限，它均位于原市场均衡线（实线所示矩形）的外侧。

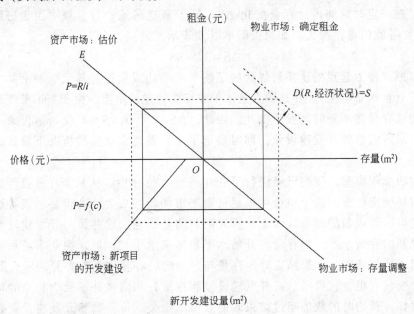

图6-15 物业和资产市场：物业需求发生变化

经济扩张时的均衡方案所形成的矩形在原市场均衡线之外，这一点应该是很明显的。不论是租金、价格、新开发建设量、存量，都不能低于初始均衡状态时的原始值。然而，这种新的平衡方案并不要求在原市场平衡的矩形之外等比例地扩张。新市场均衡矩形的形状取决于各曲线的斜率。例如，假如新开发建设量相对于资产价格来说非常有弹性（第Ⅲ象限中的曲线几乎是一条垂直线），那么房地产的市场租金和价格可能只有少许的增长，但市场上的新开发建设量和存量却可能会有较大程度的增加。

经济增长能够使房地产市场上的所有变量增长，而经济不景气会导致所有的变量减少。下面，我们通过美国物业市场的情况作出分析：

图6-16对美国1976~1990年间的就业情况、写字楼物业的建设情况和写字楼物业的总体空置状况进行了比较。美国的写字楼市场随着经济情况发生变化的现象是非常明显的：在经济衰退期，空置率上升、新开发建设量下降；在经济复苏期，各种情况正好相反。

这些数据是根据美国30个大都市区的数据综合的。

（二）长期利率（通货膨胀速度）对城市空间需求的影响

一般而论，即期市场中的长期利率水平反映了长期的通货膨胀预期和再投资风险，通货膨胀速度一般与长期利率呈正相关关系。假如，拥有房地产的需求发生变化，其对两个市场的影响与使用房地产的需求发生变化时对市场的影响有着显著的不同。许多因素均可能导致拥有房地产资产的需求发生变化。假如，经济

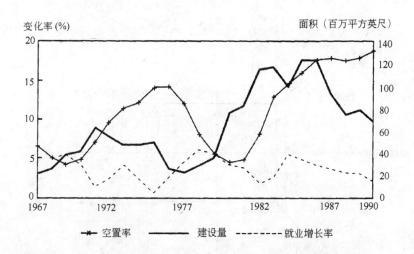

图 6-16 写字楼使用空置就业增长率、空置率和建设量的关系

领域其他部门的利率上升（或下降），那么，相对于具有固定收入的债券投资来说，房地产投资的当前收益就会降低（提高），投资者就会将资金撤出（投入）房地产领域。类似地，如果预计房地产的风险特性将会变坏（变好），对投资者来讲，相对于购买其他资产，购买房地产资产的当前收益就可能变得不足以（足以）补偿其投资房地产所承担的风险。最后，政府对房地产投资收入的政策调整，也会对房地产的投资需求产生较大的影响。

假设，资本市场能够有效地对各种资产的价格进行调节——以便各种投资在进行了风险调整之后，能够获得社会平均的税后投资回报。这样，如上所述的资产需求变化将会改变投资者愿意持有房地产的资本化率。长期利率的下调、房地产预期投资风险的降低和折旧政策或其他类似的政府房地产税收优惠，都会降低投资者对于房地产投资的收益要求。如图 6-17 中的第Ⅱ象限所示，这种情况将会使以原点作为起点、反映资本化率的射线沿着逆时针方向旋转，导致资产价格上升。较高的利率、较大的预期风险和相反的税收政策变化都会使这条射线沿着顺时针方向旋转，导致资产价格的降低。对物业市场上的某一相对固定的租金水平，房地产当前收益或资本化率的降低，会提高资产价格，从而导致第Ⅲ象限中新开发建设量的增加。最终，这种情况会导致物业存量的增加（第Ⅳ象限）和物业市场上的租金下调（第Ⅰ象限）。只有在初始租金水平与结束时的租金水平相等时，才会达到新的平衡。在图 6-17 中，这种新均衡状态形成的矩形比初始均衡矩形位置靠下，也要比初始矩形更大一些。

确认新平衡状态的矩形是如图 6-17 所示的这一点很重要。当长期存量和要保持这种存量规模的新开发建设量都比较高的时候，资产价格会更高，租金要更低。假如租金不能比较低的话，存量就只能保持在相同的规模（或较低的规模），这也不能与较高的资产价格和较大规模的新开发建设量保持一致。假如资产价格较低，租金也会比较低，这与较低的资产价格形成的较小存量（和较低的建设规模）不一致。与物业需求的正向移动一样的资产需求的正向移动，将会提高价格、增加

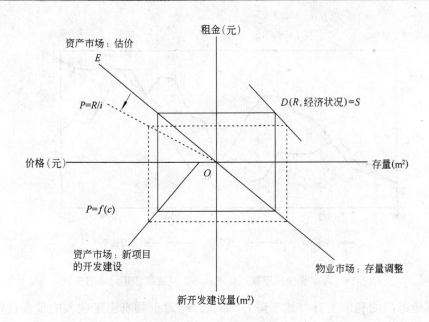

图6-17 物业和资产市场：资产需求发生变化

新开发建设量和存量。然而，最终它将降低而不是提高租金水平。

（三）物业成本变化对房地产市场（城市空间）的影响

这种变化可能来源于几个方面，较高的短期利率和开发项目融资难度的增加，都会导致提供新建物业的成本加大，并导致新开发建设量的减少。同样，较为严格的区域规划或其他的建筑法规，也可能增加开发成本（对于相对固定的资产价格）和降低新项目开发建设的获利水平。这些涉及供应因素的负面变化，会使第Ⅲ象限内的成本曲线向左上方移动。在资产价格保持不变的情况下，新项目的开发建设将会减少。如果有正面因素对供应环节起到影响，如新项目的开发融资渠道较多或者政府相关的开发管制条例比较宽松，那么则会使这条曲线向右移动，也就是在资产价格保持不变的情况下，增加新项目的开发建设。

最后，图6-18追踪分析了诸如较高的短期利率这种涉及供应因素负面变化的长期影响问题。在资产价格保持相对固定的情况下，新物业供应曲线的上移（第Ⅲ象限）将会降低新项目开发建设的数量，并最终降低物业的存量（第Ⅳ象限）。

随着第Ⅰ象限中物业数量的减少，租金水平将不得不提升，进而在第Ⅱ象限中形成较高的资产价格。当资产的初始价格和结束价格相等时，就达到了新的均衡，此时的均衡矩形将严格位于原矩形的左上方。租金和资产价格将会上升，同时新项目的开发建设规模和存量水平将会减少。当然，这些变化程度的大小依赖于不同曲线的斜率（或者弹性）。例如，假设物业需求相对于租金非常有弹性（第Ⅰ象限中的曲线几乎为一条水平线），那么，租金的上涨幅度将会非常小。一条非弹性（几乎垂直）的需求曲线将使租金有较大的上涨空间。应该说明的是，如果这些变量中的任何一个变量向不同的方向移动，这种解决方案将会不一致，也就是不只一种均衡状态。

有时，如图6-15、图6-17和图6-18中描绘的这些单一的、独立的变化会单独

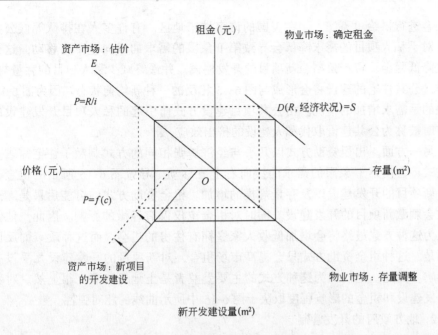

图6-18 新建项目发生变化

发生。以美国为例：在20世纪80年代，美国社会大量商业建筑物的繁荣和写字楼租金及其资产价格的最终下调，很大程度上是政府对信贷（储蓄和借贷协会，S&L）行业取消管制的结果。管制取消被认为导致商业房地产开发信贷大幅度增加。当如上所述的这种情况出现时，将导致建设成本曲线的单独移动（向右），整个矩形倾向右下方。

更有可能出现的一种情况是，一些经济事件使几种变化同时出现。在国家宏观经济运行过程中，这种波动状况尤其真实。当国家的总体经济状况进入衰退期时，不仅产出和就业出现紧缩现象（第Ⅰ象限），通常也会出现短期利率的上升（第Ⅲ象限）。当经济处于扩张状态时，会同时出现与上述相反的情况。这些同时发生的变动能够形成介于图6-15、图6-17和图6-18所示之间状况的新均衡矩形模式。虽然这种多因素的同时变动分析变得比较复杂，但是最终结果依然会是各种因素独自变化所带来的影响的叠加。

四象限模型揭示的这种简单架构关系，在用于解释由外部环境变化引起的新均衡状态时是非常有效的。但是，这种分析方法的一个重要缺陷是，在市场达到新平衡的过程中追踪分析其变化过程的中间步骤是不容易的。

（四）公共政策对城市空间需求的影响

1. 政府资助住宅（以美国为例）

美国联邦政府和州政府曾经出台了一系列用于鼓励开发建设低收入和中等收入住宅的资助办法。一些方式是直接为目标群体建设住宅，而另外一些方式则是帮助家庭支付租金。政府部门拥有产权项目的开发建设，通常能够降低对私人拥有的出租性物业的需求。这种需求的降低是建立在公共住宅成功地吸引了租客这一假设基础上的。由于公共住宅通常具有资助性质，即这些项目能够以低于市场的租金进行供给。事实上，在美国的许多城市地区，有许多人在排队等候公共住宅。对于私人项目的需求降低会导致第Ⅰ象限的需求曲线向左下方移动，这也将依次降低租金、资产价格、新项目的开发建设，并最终减少私人项目的存量规模。这样，公共住宅的建设将会形成与图6-15相反的一种新均衡状态。因为图6-15中反映的是需求增加的情况。由公共项目建设方式而引起的私人项目开发建设的减少有时被称为公共建设取代私人建设的挤出效应。

另一方面，出租资助方式以几乎与经济扩张相同的方式刺激了住宅需求。这些方式将会使第Ⅰ象限的需求曲线向右上方移动，导致图6-15所示的租金、价格、新项目的开发建设以及存量规模的增加。租金资助方式的可能后果是，这种方式会刺激新项目的开发建设，同时对租金也仅仅有轻微的影响。因此，他们坚持认为这种方式最终将会增加低收入家庭拥有住房的机会。而这种政策的反面意见则是，这种租金资助方式只会提高市场租金，对新项目的开发建设几乎没有什么影响。因此，他们认为这种方式的主要受益者是土地所有者。很显然，对新项目开发建设和租金的影响程度取决于图6-15中所示曲线的相对弹性。

2. 地方政府的开发管制

地方政府对于私人拥有的土地的开发规模和开发类型有着较为严格的控制。这样的规章制度常常是为了公众利益，但是，这些规定又确实对私人项目开发造成了两种额外的成本负担。首先，由于地方政府要求开发商在进行项目建设时申请各种各样的许可证，使得一个项目的必要完成时间经常被多次延期。其次，这些规章制度有时会造成项目建设场地的匮乏，提升了土地价格，增加了场地的获取成本。这种应该遵守的或者约束性的规章制度越多，就越会增加开发成本。这种成本的增加会使第Ⅲ象限的供给曲线如图6-18所示的那样向左移动。

3. 政府房地产税收

政府的税收政策从总体上来说，在几个方面对房地产是有利的。不论对于公司还是对于家庭，房地产债务的利息支付额通常可以在税前扣除，住宅所有者也能够在他们将住宅卖掉后的资本获益中得到税收减免方面的优惠。对于投资者，允许每年有较多的、远远超过实际经济亏损造成的折旧扣除额。由于税收方面的优惠条件对物业收入有补充作用。因此，类似这样的法案使得房地产当前所必需的有效收益有一定程度的减少。这种情况将会促使第Ⅱ象限的资本化率曲线按照逆时针方向旋转，造成如图6-17所示的较高资产价格和其他一些影响。

相反，有些地方的房地产业则受到较多的不利影响，主要原因在于名目繁多的各种房地产税收。大多数地方政府依据商业、工业和居住物业的价值量直接采用某一个税率进行征税，为其融资服务。这种税收的有效税率一般在1%～2%，并直接提高了房地产业所必需的资本化率。物业税收的增加将会使资本化率按照顺时针方向旋转，结果是降低了资产价格，减少了新项目的开发建设并提高了物业租金。

在美国，联邦政府设立了许多金融机构，其目的是为了方便居住类房地产的融资。S&L银行系统的设立是为了能够使地方储蓄有转化为抵押贷款的渠道。同时，二级市场与国家的抵押贷款保险一起确保抵押贷款有及时的流动性。这类机构通过有利于投资资金进入抵押贷款领域的办法,能够有效降低抵押贷款的借贷成本。这种情况使得第Ⅱ象限的资本化率射线按照逆时针方向旋转,提高了资产价格,促进了住宅项目的开发建设。

同时,美国政府也通过许多方式对金融机构进行监管,以便能够增加或者减少长期投资资金和短期项目贷款资金流入非居住性的房地产领域。例如,当美国国会1974年通过了职工退休收入保障法案(Employee Retirement Income Security Act,ERISA)时,养老基金被要求增加资产的多样性——这是许多人认为会极大地增加长期商业抵押贷款资金供应的政策。1989年,美国国会制定了金融机构改革、复兴和执行法案(Financial Institutions Reform, Recovery, and Enforcement Act, FIR REA),其制定目的主要是为了解决S&L危机。FIRREA提高了被认为具有风险的贷款(如商业抵押贷款和短期的项目开发贷款)的资本储备要求,这些要求实际上降低了贷款人发起并持有这类贷款的意愿。美国金融业的发展历史具有许多这样的事例,每次都对进入房地产领域的资金造成了影响。在我们的四象限模型中,长期融资获取性的降低,将使第Ⅱ象限的资本化率发生变动。短期项目开发融资获取性的降低,将会使第Ⅲ象限中的成本曲线发生变动。在两个市场之间有两个关键性的联系:第一个是物业市场上形成的租金能够转换成为资产市场上的资产价格;第二个是资产价格决定了新项目开发建设的规模,而新项目的开发建设又直接影响物业市场上可以获得的存量物业数量。物业市场的外部冲击与资产市场的外部冲击,对房地产市场的运行状况有着根本不一样的影响。

三、城市空间需求预测的基本要求

（一）需求分类

为了城市开发规划,必须首先对空间的需求量作出预测,包括以下几种需求类型:

1. 需求总量

$$Q = P \times \bar{q} \tag{6-15}$$

式中　P——价格;

　　　q——需求分量。

2. 规划期内历年城市空间需求量

为了确定每年开发量就要规划年度需求量。

$$Q_n = q_n + Q_{n-1} \tag{6-16}$$

3. 不同对象的城市空间需求量

$$Q = \Sigma Q_p \tag{6-17}$$

4. 历年城市空间更新量

$$q_k = q_{n-1}(1+a) = q_0(1+a)^n = \Delta p \times \bar{q} \tag{6-18}$$

（二）城市空间需求预测方法

1. 期望值法或目标法

根据经济发展目标制定城市空间需求目标。

例:住宅需求

$$D = P \times \text{cap}D - D_0 \tag{6-19}$$

式中　　D——住房总需求量；

　　　　P——总人口。

2．叠加法

总需求等于现有城市空间总量加上规划期内历年城市空间需求量。

$$D = D_0 + d = D_0 + (d_1 + d_2 + \cdots d_n) \tag{6-20}$$

式中　　D——住房总需求量。可以是各种不同使用对象的需求量矩阵；

　　　　D_0——现有城市空间总量；

　　　　$\mathrm{d}x$——规划期内第 x 年城市空间需求量；

　　　　n——规划期年限。

3．复利法

$$D = D_0 (1 + a) n \tag{6-21}$$

第五节　城市公共空间需求的预测

随着经济的发展，公共空间已经同私人空间一样成为我们生活中不可缺少的一部分了，城市公共空间的质量和数量已成为衡量一个城市甚至一个国家文明与进步程度的标志。城市生活根本无法离开公共空间。在公共空间高度密集的城市，公共空间的范围非常广泛，几乎各种类型的公共空间都可以在城市中找到。

一、城市公共空间需求

简单说，城市公共空间就是指城市公共品的物质依存空间。

从功能角度考察城市公共空间需求

具体的，城市公共空间功能类型可以分为以下几类：

（一）城区公共空间和社区公共空间

城区公共空间是指在城市范围内提供的，供全体市民享用的，为城市生存和发展所必需的各类公共空间，主要包括提供诸如城市公安、消防、广播电视、政策、法规、制度、条例等各类公共产品与服务的空间。

社区公共空间是指在城市某一社区范围内提供的，主要为社区范围内的居民享用的，为提高社区环境和居民生活质量所必需的公共空间。主要包括提供诸如社区改造政策和规划、社区道路、街道照明、社区绿化、公共卫生、社区公建、闭路电视等公共品的空间。

（二）收费公共空间和非收费公共空间

城市公共空间大部分为可收费公共空间。这部分公共空间大多是同市民生活紧密相关的，也是具有规模经济效益的，诸如供电、供水、供气、医疗、职业教育和高等教育等公共品的空间。

非收费公共空间通常是外部效应非常强，难以通过定价手段确定其价格的空间，是城市居民所享有的城市文明的基础，如公共安全、防灾系统，以及基础教育、环境保护等设施空间。这部分空间的供应水准和规模决定了城市的等级。

（三）政府直接提供的公共空间和政府指定通过市场提供的公共空间

城市公共空间中，除了公益性公共空间必须由城市政府提供外，大部分公共空间都可以通过市场提供。通常在经济发展初期，由于私人资本的存量不足，很难涉足这些投资规模庞大的项目，城市政府仍是这些领域的主要投资人。随着私人企业规模和市场化程度的进一步扩大和提高，越来越多的私人企业进入公共空间的开发运营中来，这可以解决政府投资的不足。事实上，通过市场机制提供公共空间的效率更高。

（四）资本性公共空间和社会性公共空间

资本性公共空间是指构成城市社会经济活动基础物质的空间。这类空间通常具有较大的外部效应，其对城市经济增长的贡献难以直接衡量，必须由城市政府或公共部门来提供。包括城市交通设施、公路、铁路、桥梁、港口设施、基础教育设施和研究设施等空间。

社会型公共空间伺指与城市居民生活特别是精神生活密切的空间。这部分空间带有比较明显的公益性。如公共学校、公共卫生设施、防疫设施、公园绿地以及各种文化娱乐设施等空间。

以上每种分类方法都是从某一个侧面反映了城市公共空间及类型，有利于针对性地了解需求的实际情况。

二、从时间角度考察城市公共空间需求

根据城市社会经济发展和城市公共职能完善的需要，从时间角度预测城市公共空间需求，以指导城市公共空间的有序、合理开发。

（一）临时需求、临时开发建设

这类空间的需求往往是临时性的，虽然开发建设期有差异，但它们的使用期限可以事先确定或可以大致预测。例如，北京申奥场馆、上海世博场馆，它们都属于临时性且建设期长，使用期相对短的公共空间需求，它们在完成自身使命后都存在再利用的难题。而非典期间开发兴建的北京小汤山医院以及大量各类医院的隔离病房就是另外一种形式，它们的开发建设期短、使用时间相对确定，完成自身使命后也存在再利用的问题。

（二）临时需求、长期存在

这类公共空间开发建设完以后长期存在。一般用于满足临时性需求，如用于抗洪救灾的设施，这类空间在汛期就能发挥作用，在其他时间就没有使用需求。当然，当汛期强度超过已有设施的承载量时，也面临着再开发。

（三）永久性需求

这类公共空间的开发是为了满足永久性需求而开发的。例如，学校、医院、道路等等。社会对它们的需求是永久性的，所以它们也经常性的存在，并保持更新再开发。

三、城市公共空间的需求预测方法

（一）平衡法

根据城市公共空间总量按比例分配（如根据不同的服务功能确定不同比例，或根据实际的供需缺口确定比例）。这是一种经验方法，借助于其他已建成空间的

经验数据来推算新建空间的比例分配。

$$\alpha = Q_i / Q \tag{6-22}$$

式中　Q——空间总量；
　　　Q_i——公共空间分量；
　　　α——公共空间比例系数。

上述公式一般用于总量分析。

(二) 叠加法

本方法主要针对已有明确项目的空间开发建设，可根据已经落实的项目进行叠加。

$$G_a = \Sigma G_i \tag{6-23}$$

式中　G_a——公共空间总量；
　　　G_i——公共空间分量。

此方法适宜用于具有特殊功能要求的空间开发，如体育中心、行政中心等等，可将有关项目需求空间叠加计算需求总量。

注释

❶ 土地租金梯度线的斜率为 $-k/q$，如果每套住宅的占地面积 q 降低，土地租金梯度线将变得更陡。

复习思考题

1. 需求空间的影响因素。
2. 空间需求的预测方法。
3. 完成开发策划书需求预测。
4. 制作需求调查表，了解需求的可能性与可行性。

第七章 城市空间开发的投入与产出

第一节 城市空间供给

一、城市空间供给

(一) 城市空间供给的含义

城市空间有市场化和非市场化两类,为了论述方便,本章主要研究市场化的空间供给。

市场化的城市空间供给的含义应从微观和宏观经济两个层面去把握。从微观经济角度来看,所谓城市空间供给是指生产者在某一特定时期内,按各种价格在市场上提供的数量单(或表)。在生产者的供给中既包括了新生产的城市空间商品,也包括过去生产的存货。由于城市空间供给一般是指特定市场的供给,因而又称为市场的城市空间供给。从宏观经济角度来看,城市空间供给就是城市空间总供给,这是指在某一时期内全社会城市空间供给的总量,包括实物总量和价值总量。

城市空间供给要具备两个条件:一是出售或出租的愿望,这主要取决于价格为主的交易条件;二是供应能力,这主要取决于房地产开发商的经济实力和经营管理水平。两者缺一不可。在市场经济条件下,以价格为主的交易条件是主要的,当价格下跌时,市场供给量会减少,价格上升时,市场供应量会增加。

(二) 城市空间供给的特性

城市空间供给与一般商品供给基本上是相同的,因此经济学中所描述的供给曲线、供给函数、供给定理等一般原理对城市空间供给也是适用的。同时应该看到,城市空间商品是一种特殊商品,所以城市空间供给具有自身的一些显著特点,即城市土地供给的刚性和一级市场的垄断性。

城市土地的供给分为自然供给和经济供给两类。自然供给是指自然界为人类所提供的天然可利用的土地,是有限的、相对稳定的。土地的自然供给是没有弹性的,是刚性的。土地的经济供给是指在自然供给基础上土地的开发利用和多种用途的相互转换。土地的经济供给有一定的弹性,但由于受自然供给刚性的制约,其弹性也是不足的。总体上说,作为城市空间基础的土地,其供给是有限的、刚性的。

我国城市土地属于国家所有,国家是城市土地使用权市场的惟一供给主体,因此城市土地一级市场是垄断性市场。

1. 城市空间供给具有层次性

城市空间供给一般分为三个层次。一是现实供给层次,这是指城市空间产品已经进入流通领域，可以随时出售或出租的城市空间，通常称为房地产上市量，其主要部分是现房，也包括已经上市的期房。这是城市空间供给的主导和基本的层次。城市空间的现实供给是供给方的行为状态，它并不等于城市空间商品价值的实现，城市空间商品价值的实现取决于供给和需求的统一；二是储备供给层次，这是指城市空间生产者出于某种考虑将一部分可以进入市场的城市空间商品暂时储备起来不上市，这部分城市空间商品构成储备供给层次。城市空间储备供给是由于生产者主动采取的一种商业行为而形成的供给状态，它和人们常说的空置房是有区别的，因为空置房主要是指生产者想出售而一时出售不了的城市空间商品；三是潜在的供给层次，这是指已经开工和正在建造的，以及已竣工而未交付使用等尚未上市的城市空间数量，还包括一部分过去属于非商品城市空间，但在未来可能改变其属性而进入市场的城市空间数量。城市空间的三个供给层次是动态变化和不断转换的。

2．城市空间供给的滞后性和风险性

城市空间商品价值大，而且生产周期长，一般要一二年，甚至数年。较长的生产周期决定了城市空间供给的滞后性，这种滞后性又导致了城市空间投资和供给的风险性。如果城市空间生产者依据现时的城市空间市场状况确定的开发计划，在目前是可行的，但当数年后房屋建成投入市场时，市场就有可能发生变化，造成积压和滞销。认识这一点十分重要，这就需要开发商对经济形势走向进行正确的预测，使开发计划尽可能符合实际和留有余地。

3．城市空间供给的时期性

城市空间供给具有明显的时期性。所谓时期性是指从不同的长短时期来考察，城市空间供给呈现出一些不同的特征和规律。根据经济学的一般原理，长短期的划分不是以时间的长短为标准的，而是根据要素投入或产品的可变程度大小作出的区分。根据这种概念，城市空间供给的时期一般可分为特短期、短期和长期三种。特短期又称市场期，是指市场上资源、产品等供给量固定不变的一段时间。由于城市空间商品生产周期长，因而其特短期在绝对时间上要比普通商品长些。在特短期内，城市空间供给量保持不变。所谓短期，是指这样的一段期间，土地、厂房设备等固定要素不变，但可变要素可以变动，从而影响到城市空间供给的较小幅度的变化。例如，房屋向高空拓展，一般被认为是一种可变要素的变动。在短期内，土地供给量不变，房屋供给量会有较小幅度的变动。所谓长期，是指这样的一段期间，不但行业内房地产商的所有生产要素可以变动，而且可以与社会其他行业的资本互相流动，从而影响到城市空间供给较大幅度的变化。在长期内，土地供给量变动大，房屋供给量变动更大。

二、决定城市空间供给的主要因素分析

（一）决定城市空间供给的几个主要因素

这里所述的城市空间，主要指房产，而土地作为房产的生产要素看待。影响和决定城市空间供给的因素是多方面的，主要有以下因素：

1．房地产市场价格

房地产价格是影响房地产供给的首要因素，因为在成本既定的情况下，市场价格的高低将决定房地产开发企业能否盈利和盈利多少。一般地说，当价格低于某一特定的水平，则不会有房地产供给，高于这一水平，才会产生房地产供给，而且其价格与供给量之间存在着同方向变动的关系，即在其他条件不变的情况下，供给量随着价格的上升而增加，随着价格的下降而减少。因此房地产供应曲线从一般意义上说是一条向右上方倾斜的曲线。

房地产的供给是随价格变化而变化的，供给量与价格是正相关关系，如图7-1所示。

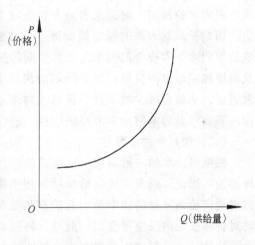

图7-1　供给曲线

2．土地价格和城市土地的数量

土地价格是房地产成本的重要组成部分。据测算，我国目前土地费用约占商品房价格的20%。土地价格的提高对土地所有者来说意味着收益的增加，因而会增加土地的供给，但这种增加是有限的。土地价格的提高对房地产开发商来说意味着成本的上升，面对这种局面，开发商一般会采取两种可供选择的对策：一种对策是向上空间拓展以提高房屋容积率，促使单位建筑面积所含的地价比重下降，消化地价成本的上涨，从而有利于增加房产供给；另一种对策是缩小生产规模和放慢开发进度。当地价上涨的因素难以消化时，开发的收益水平受到影响，同样的资金能够运作的规模也会相应减少，从而会引起房地产供给的减少。

城市房地产的供给能力在很大程度上决定于能够供给城市使用的土地数量。在一定的历史时期内，一个国家能够把多少土地提供给城市使用决定于经济发展的水平。一般来说，一个国家经济发展水平越高，特别是农业生产力越高，单位产出越高，农业能够提供城市的粮食等农产品越多，相对而言，可提供给城市使用的土地就越多。

3．税收政策

税收是构成房地产开发成本的重要因素。据测算，我国目前各种税费约占房地产价格的10%～15%，假定房地产价格既定，其他房地产成本既定，那么税收就是影响房地产企业盈利水平的决定因素。如果实行优惠税收政策，减免税收或纳税递延，就会降低房地产成本。减免税收相当于给开发商一种额外的收益，纳税递延相当于给开发商一种额外的利息收入。开发成本的降低，即使等量资金的房地产实物量供给增加，也会提高开发商盈利水平，从而吸引更多的社会资本投资房地产开发，增加房地产供给量。如果税费增加，则会直接增加房地产开发成本，减少开发商盈利水平，其结果，同量资金开发的房地产数量减少，可能使开发商缩小其投资规模，甚至将资本转移到其他行业中去，从而导致房地产供给的减少。

4．开发商对未来的预期

这种预期包括对国民经济发展形势、通货膨胀率的预期，对房地产价格、城市空间需求的预期,对国家房地产税收政策、产业政策的预期等。由于城市空间生产周期长,对未来的预期就显得十分必要。开发商对未来预期的核心问题是预期的盈利水平即投资回报率,如果预期的投资回报率高,开发商一般会增加投资,从而增加城市空间供给;如果预期的回报率低,开发商一般会缩小规模或放慢开发进度,从而会减少城市空间供给。对未来的预期是一件复杂而又难度较大的工作,需要经营者掌握众多的经济信息,进行科学地综合分析,得出正确的结论。

(二) 房地产供给弹性

根据经济学的一般原理,供给弹性中,供给的价格弹性是最基本最主要的一种类型。因此,通常讲的供给弹性即指供给的价格弹性。所谓房地产供给弹性是指房地产价格变动的比率所引起的其供给量变动的比率,或者说,是指供给量变动对价格变动的反应程度。一般地,特短期内房地产供给无弹性,短期内房地产供给弹性较小,长期内房地产供给弹性较大。

三、时间与房地产供给

一般情况下,房地产总量的供给是随时间而增加的,呈上升趋势。这是因为,房地产的固定性与长久性特点,决定了房地产一旦形成,短期内不会消失。同时,由于经济的发展,居民收入水平的提高,必然导致住宅消费的增加,自然供给量逐步上升。另一方面,不同时期人们对房产的功能质量要求会发生变化,新的房型也应运而生,房地产供给总量相应增加。

导致房地产供给不断增加的原因主要包括城市边界的延伸所产生的城市空间增量、经济增长的长期预期、城市人口的继续增加等。上述几点都会在时间因素的影响下,使得房地产供应量不断增加(图7-2)。

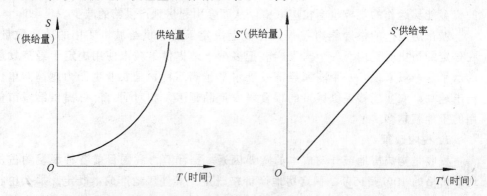

图7-2 供给与时间曲线

四、城市土地的供给量与城市规模成正比

城市土地的供给量与城市的直径的平方成正比。城市的用地是随着城市面积的扩大而增加的,如图7-3所示。假定城市的用地都是宜于建设的平整土地,当城市的直径是 D_1 时,城市土地的供给量就是城市的面积 $S_1 = 1/4\pi D_1^2$;当城市的直径变成 D_2 时,城市土地的供给量就变成 $S_2 = 1/4\pi D_2^2$,此时增量供给是 $1/4\pi(D_2^2 - D_1^2)$,城市土地供给量前后期之比是 $S_1 : S_2 = D_1^2 : D_2^2$。

五、供给与需求的均衡

房地产市场的供需均衡，是房地产市场运行的最基本问题，也是房地产市场运行所追求的目标。由于房地产供需双方是动态变化着的，因此，供需双方的非均衡状态是绝对的、常见的，而它们的均衡状态是相对的、有条件的。要使其非均衡状态转化为均衡状态，必须具备一定的条件。

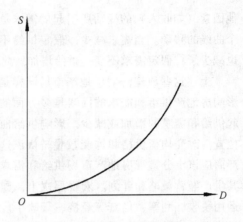

图 7-3　供给与城市规模

（一）供给与需求的均衡

所谓房地产市场供给与需求的均衡，是指房地产商品的供给价格与需求价格相一致，而且供给数量与需求数量相一致时的经济状态。在均衡点上，供给与需求处于均衡状态。

经济学上需求和供给的变动与需求量和供给量的变动是有区别的。所谓需求量和供给量的变动是指当影响需求或供给的其他因素不变时，商品本身价格的变动所引起的需求量或供给量的变动，在图像上表现为在同一条曲线上的点的移动。至于需求和供给的变动则是需求曲线和供给曲线的移动。均衡价格就是通过需求量和供给量的变动而形成的。

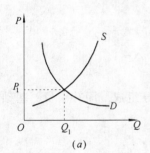 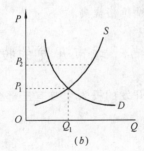 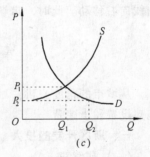

图 7-4（a）、（b）、（c）供给与需求的均衡曲线

在图 7-4（a）中所示的交点位置，市场中的供需双方达到平衡；该交点所对应的量和价是市场均衡量和市场均衡价。

在图 7-4（b）中，当在市场经济条件下，供给者有获取更多利润的天性，他们总是希望房地产价格提高一些。如图所示，在 P_2 的价格上，供给量大于需求量，产生房地产剩余。随之价格下降，回到 P_1 均衡点。

在图 7-4（c）中，需求曲线和供给曲线的交叉点是市场的均衡点 P_1，如果房地产的价格受到限制，如图所示，在 P_2 的价格上，就会产生房地产供给量的不足；然后价格上扬，回到均衡点 P_1。

（二）需求与供给变动对房地产市场均衡的影响

根据供需理论，需求曲线和供给曲线的变动是指当商品本身的价格不变时，其他因素（如收入）的变动所引起的需求量或供给量及价格的变动，其图像表现为整个曲线的移动。当需求减少，假定供给不变，均衡价格比初始时降低了，均衡数量也减少了；假定需求不变，供给增加，此时均衡价格降低了，均衡数量增加。

上述这些原理，对房地产市场同样是适用的，而且十分重要。前面已经分析到影响房地产供给和需求的因素是多方面的，这些房地产价格之外的因素的变化会引起供给和需求的增加或减少，影响供给曲线和需求曲线的移动，从而改变均衡点的位置，改变均衡价格和均衡数量。认识这个原理具有现实意义，微观层次上，房地产商应该十分重视房地产市场供给和需求的变动，重视其均衡态的状况，及时调整其生产经营策略和计划。宏观层次上，国家应该根据逆经济风向行事的原则，主要运用税收、利率、信贷等经济、行政手段，通过刺激或抑制需求或供给的办法，引导供求曲线沿着人们所希望的方向移动，从而达到一个新的均衡状态。

需求与供给的变动及影响：

在房地产供求图上，供给与需求曲线的变动有四种形式，产生四种不同结果：

（1）供给增加，需求减少。供给增加，供给曲线向右移动；需求减少，需求曲线向左移动。此时，市场均衡价降低。

（2）供给增加，需求增加。供给增加，供给曲线向右移动；需求增加，需求曲线向右移动。此时，市场均衡量增加。

（3）供给减少，需求减少。供给减少，供给曲线向左移动；需求减少，需求曲线向左移动。此时，市场均衡量减少。

（4）供给减少，需求增加。供给减少，供给曲线向左移动；需求增加，需求曲线向右移动。此时，市场均衡价格提高。

第二节　城市开发的投入

从城市的角度来讲，城市开发的投入主要有三部分组成，即补偿费、基础设施建设费和土建费。

一、新区开发的投入

（一）补偿费

新区开发的土地对城市建设来说绝大多数是生地，主要用于农业生产。生地用于城市开发后，其补偿主要包括有：

（1）征地费，即前三年的土地平均产值的3～6倍。

（2）青苗和土地附着物的补偿。

（3）劳动力安置。农民失去土地，须对其进行适当的就业安置。

（4）土地使用费。包括为获取土地使用权而支付的土地出让金、转让费及按规定缴纳的土地增值税、土地使用费（税）以及某些城市地方政府规定的实物地租形式的各类附加费用。

（二）基础设施建设费

对生地进行基础设施建设的"七通一平"费用。包括以下两个方面：1）开发区内的市政工程等基础设施建设费用。包括供水、供电、排洪、排污、供气、通讯、道路建设及场地平整费用；2）公共服务及生活设施配套费。开发区内按规划要求兴建非经营性的中、小学校、幼儿园、医院、派出所、居委会等公共服务设施及生活配套设施而发生的费用。

（三）土建费

包括设计和施工两部分：

（1）勘察设计费，包括工程地质勘察、钻探地形测量、小区规划、建筑设计、模型制作等发生的费用。

（2）全部建筑物或构筑物所发生的施工及设备购置费。包括人工费、材料费、机械使用费、施工管理费、设备购置费及安装费等，以及工程承包单位由于包揽工程施工而赚取的利润。

二、旧城区开发的投入

当一个城市在大规模开展住宅建设一定时期后，在老城区的住房由于人口疏散、居住条件差等原因，在房地产二级市场的价格将相对下降，其住房价值大大低于其土地价值，从而使那里的旧房改造具有经济可行性。

早期的旧城区开发往往通过提高容积率以实现其经济收益，所以市中心高层楼数较多。当城市中心建筑容量达到一定程度后，由于规划的限制和城市景观的需要，对许多有保留价值的房屋大多开始转向保留性改造，即通过提升房屋自身的价值来获得收益。此外，一些由于结构性原因而供过于求的住房，也可以通过改造来满足市场需求。

旧城的改造开发无法完全根据市场价值规律来实现，出于社会环境等的考虑，需通过经济政策来促进旧区的改造，包括动迁政策、补偿政策、旧房改造的税收优惠政策等。随着房屋需求的多元化，旧房改造的地位和经济活动将越来越频繁。在旧城改造中，城市开发的投入主要包括以下几个方面：

（一）拆迁补偿费

拆迁人应对被拆除房屋及其附属物的所有人，依据国家或本地区关于城市房屋拆迁的规定，给予补偿。拆迁补偿实行产权调换、作价补偿，或者两者相结合的办法。

但拆除违章建筑、超过批准期限的临时建筑不予补偿。

（二）基础设施改造费

城市旧区基础设施大多配套不完善，且设施陈旧，超载运营，不能正常满足人们的日常生活和工作。在旧城的改造中，首先要改造基础设施系统，并具有一定的超前性，满足城市在今后相当长一段时期的运营要求。

（三）土建费

指对旧有建筑进行维修、功能改造的费用，或在拆迁区，新建建筑的费用。

第三节　城市空间开发的经济收益

对于城市来说城市开发的收益 B 等于房地产开发的收入和成本之差。

$$B = (I - C) A \tag{7-1}$$

式中　$I = P \times F_{AR}$；

$$C = C_a + C_b \times F_{AR};$$
P——房地产价格；
F_{AR}——容积率；
A——开发面积；
C_a——固定成本；
C_b——变动成本，主要是与容积率有关的建筑成本。

一、投入、收益与容积率

下面结合图表说明投入、收益与容积率的关系，建立直观印象。

$$B = (P \times F_{AR} - C_a - C_b \times F_{AR}) \times A \tag{7-2}$$

容积率与收益　　　　　　　　　　　表 7-1

容积率	0	1	2	3	4	5	6	7	8	9	10
征地费用	1 000	1 000	1 000	1 000	1 000	1 000	1 000	1 000	1 000	1 000	1 000
建设费用	0	1 000	2 000	3 000	4 000	5 000	6 000	7 000	8 000	9 000	10 000
2 000 元收益	−1 000	0	1 000	2 000	3 000	4 000	5 000	6 000	7 000	8 000	9 000
2 000 元收益率	−1	0	0.333	0.5	0.6	0.67	0.71	0.75	0.78	0.8	0.818
2 200 元收益	−1 000	200	1 400	2 600	3 800	5 000	6 200	7 400	8 600	9 800	11 000
2 200 元收益率	1	0.1	0.467	0.7	0.76	0.83	0.89	0.925	0.96	0.98	1

从表 7-1 和图 7-5 可以看出，在价格不变的前提下，收益随容积率呈线性变化。价格越高，收益率直线斜率越大，即预期收入也越大。

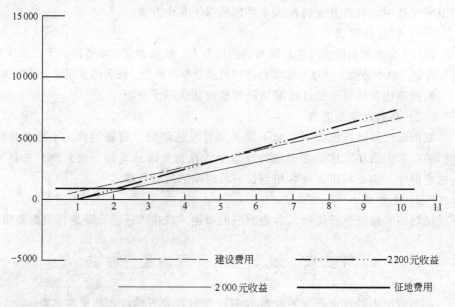

图 7-5　成本收益图

从图 7-6 可以看出，收益率的边际增幅随容积率的增加而递减。

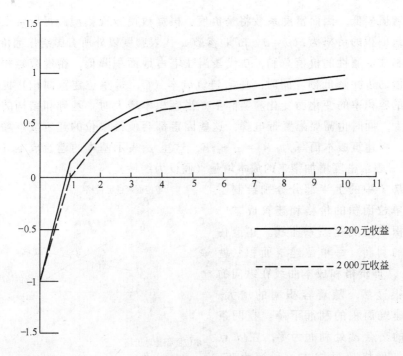

图 7-6 收益率图

二、住宅密度、土地价值和最佳容积率

对于一块将要开发的土地，开发密度（单位面积的住宅套数）是它的核心属性。和其他属性一样，住宅密度也采用开发利润最大化的方法来确定。一个地块的位置特征和潜在住宅的建筑特征决定了特定的一套住宅所具有的位置租金。在这方面，住宅密度与其他属性没有什么区别。高密度会损失掉开放空间、绿地面积以及住宅的隐私性，从而导致住宅价值下降。然而，住宅密度还决定了单位面积的住宅开发套数，从这个方面考虑，它是决定这宗土地单位面积能够获得的位置租金的重要因素。

自有土地的开发商在开发一块地时必然希望扣除建筑成本后的利润最大化，因此开发密度应该保证土地的潜在剩余价值最大化。为了简化，这里假设土地开发用途只能为居住。开发商在确定居住物业的开发密度时，一方面必须考虑消费者对于不同密度住宅的购买意愿，另一方面又要考虑密度如何影响一块建设用地的新增住宅数量。一般情况下，住宅密度增加会降低消费者对每套住宅的支付意愿，所以需要权衡。高密度住宅降低了每套住宅的价值，也就降低了每套住宅的利润，但是增加了该用地可开发住宅的套数。开发商必须平衡这两种因素，力图使建设用地的收益最大化，而绝不能单纯地认为高密度一定获得高利润和高剩余价值。下面我们来仔细研究这种权衡过程。

住宅密度可以通过两种方法表达：一种是用住宅套数与土地面积的比率来表达，另一种是用住宅建筑面积与土地面积的比率来表达，该比率通常被称为容积率（FAR，Floor Area Ratio）。这里用 F 表示容积率。在此我们用容积率来指代住宅密度，在住宅其他属性和位置不变的情况下，消费者对高层住宅或高密度住宅的支付意愿较低，因而密度系数将是负值。根据效用方程模型，可以定义住宅每单位建筑面积的价格为：$p = \alpha - \beta F$。参数 α 代表密度以外所有影响住宅价格的位置因素和住宅属性的价值总和，β 代表当住宅占地面积降低，密度或容积率增大时，价值的边际降低额。同时，住宅建筑成本（C，每单位建筑面积）也随着住宅开发的容积率的变化而变化。实际上，当容积率增大时，基础和结构的安全性要求增大，同时也需要配置带电梯，这些因素都会使每单位的建筑成本增加。为了简化，将建筑成本简写为：$C = \mu + \tau F$，这里 μ 表示基本的建筑成本（每单位面积），τ 表示密度增加带来的成本增量（假设为线性）。

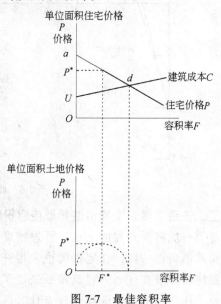

图 7-7 中的上半部分分别绘制了住宅每单位面积的价格和建筑成本二者与容积率的变化关系曲线。建造住宅获得的利润（每单位建筑面积）就是 $p-c$，即价格和成本曲线在纵向的距离。很显然，随着容积率的增大，每单位建筑面积的利润下降。在两条函数线的交点 d 处利润为零，在 d 点的左侧，价格超过成本，利润为正，在 d 点的右侧，成本超过价格，利润为负。

那么，土地产生的利润是多少呢？p 和 c 都是按照每单位建筑面积计算的，它们都依赖于 F。土地的剩余价值应该为每单位面积土地的利润。从

图 7-7　最佳容积率

前者得到后者是决定一切建设用地最大获利能力的关键。

首先，从价格和建筑成本函数之差来获得图 7-7 描绘的住宅利润（每单位建筑面积）。然后将利润乘以容积率坐标轴上的 F 值（建筑面积除以土地面积），这样就获得了每单位土地面积的剩余利润：$F(p-c)$。该每单位的土地剩余利润被描绘在图 7-7 的下半部分。在原点处，由于 $F=0$，所以 P 值为零。在图 7-7 上半部分 $p=c$ 的 d 点，由于单位建筑面积没有利润，土地没有剩余价值，所以 P 值为零。在两点之间，P 值升高，在 F^* 处到达最大值，然后下降。从 F^* 点向上移动，根据图 7-7 下半部分的纵向坐标轴，p^* 是容积率为 F^* 的土地价值（每单位）。从 F^* 点继续向上移动至图 7-7 上半部分的住宅价格方程（p 函数线），根据纵向坐标可以得到在最佳容积率情况下的住宅单位建筑面积价值 p^*。F^* 和 p^* 的数学表达式：

$$F^* = (\alpha - \mu) / 2(\beta + \tau) \tag{7-3}$$

$$p^* = (\alpha - \mu) \times F / 2 = (\alpha - \mu)2 / 4(\beta + \tau) \tag{7-4}$$

理论上，每单位面积土地开发的最大土地利润应该等于该土地的剩余价值。如果不考虑为获得建设用地的支出额，根据公式（7-3）得出的开发密度应该使由于过高的土地原始取得费用而带来的损失最小化。当然，从长期看，住宅开发中

的最大剩余价值必须同时超过土地农用成本和其他用途之价值，这样才能使住宅开发是合理的。换一种说法是，对于平衡状态下的住宅开发，容积率的选择必须既能够使土地利润最大化，又能使该利润超过土地其他用途所能带来的利润。

$$B = (P \times F_{AR} - C_a - C_b \times F_{AR}) \times A_a \tag{7-5}$$

将最佳容积率 F^* 和对应的住宅单位建筑面积价值 p^* 代入公式，得

$$B^* = (p^* \times F - C_a - C_b \times F) \times A_a \tag{7-6}$$

此时的投入是 $(C_a + C_b \times F) \times A_a$，产出 $p^* \times F \times A_a$ \hfill (7-7)

收益率是 $B^* / [(C_a + C_b \times F) \times A_a]$ \hfill (7-8)

根据图 7-7 上半部分，两条函数线的交点 d 处利润为零，在 d 点的左侧，价格超过成本，利润为正，在 d 点的右侧，成本超过价格，利润为负。开发商应该合理利用供给和需求曲线，从而达到利润最大化。

第四节 利润分配和市场控制手段

一、城市空间开发经营利润分析

利润是衡量企业经济效益的重要指标，也是一项综合指标，它集中反映了成本、质量、劳动生产率、企业管理等各方面的工作情况。利润分析的目的在于检查利润形成及其分配计划的执行情况，揭示影响企业利润变动的因素，挖掘企业内部潜力，促进企业改善经营管理，提高经济效益。

（一）城市空间开发利润构成

城市空间开发的利润，是由开发经营利润加上营业外收入，减营业外支出组成的。

开发经营利润的内容包括建设场地（熟地）销售利润、商品房销售利润、代建房结算利润、配套设施销售利润、代建工程结算利润、房屋经营利润和其他销售利润。

建设场地销售利润是企业出售开发的土地收入，扣除开发土地成本和税金后形成；商品房销售利润是企业出售商品房的收入，减去商品房成本和税金所实现的利润。

开发企业接受委托单位的委托，代为开发建设房屋的结算收入，减去代建房结算成本和税金后，为企业的代建房结算利润。

企业接受委托单位委托，代为开发建设场地，住宅等房屋以外的各种工程结算收入，扣除结算成本、税金后的余额，为代建工程结算利润。

企业房屋经营收入减去房屋经营成本和税金，为企业房屋经营利润。

此外，还有企业对外销售材料、物资、提供运输、劳务等收入形成的销售利润，列为其他销售利润。开发企业的营业外收入，是指不属于业务经营的各种收入，如固定资产、经营房、周转房的清理收入、无法支付的应付账款等。

营业外支出，是指国家有关财务制度统一规定的、不能列入成本的、不属于业务经营的各种支出项目，如固定资产、经营房、周转房清理损失，非常损失等。

企业的营业外支出、应严格遵守国家规定的项目、范围和标准，不得任意增设项目，扩大开支范围。

（二）城市空间经营利润构成

对开发经营企业来说，利润由以下几方面构成：

（1）出租房地产利润。

（2）出售房地产利润。

（3）辅营业务利润，如小修养护利润、拆迁清理利润、对外服务利润、其他经营利润等。

（4）营业外净收入、营业外收入扣除营业外支出后的净收入。

（5）其他销售利润。

（三）利润分配的分析

开发经营企业的利润按现行财务、税务制度规定进行分配。其分配去向大体有四个方面：

（1）分给联营单位的利润或从联营单位分得的利润。开发经营企业参加联营，应按联营协议规定的分配方式对联营利润进行分配。开发经营企业分出的利润是其利润总额的一部分和利润分配的一个去向，但分来的利润不作为企业实现的利润，只作为一项可供分配的收益的一项来源。

（2）应交所得税。企业应按国家规定的企业应纳税所得额和适用的所得税税率交纳所得税。

（3）企业留利。开发经营企业的税后所留利润，应根据主要用于开发经营的原则，建立生产发展基金、后备基金、职工奖励和职工福利基金，有新产品试制任务的企业，还应建立新产品试制基金。企业留利一般采用按月预留、年终清算的办法。

（4）弥补以前年度亏损。指企业用当月或当年实现的利润对以前年度亏损的弥补。

利润分配主要采用比较分析法，分别对比实际值与计划值、本期实际值与上期实际值，检查企业利润分配计划的执行情况，研究企业各项利润配额的增长情况。

二、房地产市场运行机制

房地产市场是房地产交易关系的总和。要使房地产交易关系得以形成，必须具备下列三个元素：一是房地产交易主体，即从事房地产交易的当事人。他们既可以是国有土地使用权的法人代表，又可以是房地产开发商，也可以是建筑商，还可以是一般厂商或金融机构或居民等等；二是房地产交易客体——土地或物业；三是房地产交易法规及其监管者、市场的管理者。在房地产投资、开发和流通过程中，上述这些元素的相互联系和相互作用的集合，形成房地产市场的运行机制。

所谓市场机制是指市场在运行过程中，发挥其功能的凭借，即市场凭借什么来调节社会资源在各个不同部门和企业之间的分配比例。市场机制主要是指价值规律作用的形式和手段。一般情况下，市场机制主要包括以下几个方面：动力机制、价格机制、竞争机制、供求机制及利率机制。

(一) 动力机制

房地产开发企业是房地产市场交易的主体，而房地产开发企业从事房地产开发经营的直接目标是追求利润最大化。动力机制就是房地产开发企业的动力与经济利益之间相互制约和相互协调的一种内在联系。动力机制的形成，要以交易主体——房地产开发企业有确定的财产边界和独立的经济利益为前提条件，也就是要以清晰的产权界定为前提条件。因为只有这样，房地产开发企业的经济行为才能只受其独立的合法的经济利益支配，不至于出现各种不应有的扭曲行为，也只有这样，房地产开发企业才具有充分的自主经营权，不受他人强制。而动力机制的功能则在于房地产开发企业对市场发出的信息及时准确地作出反应。因此，动力机制能否形成，关系到房地产开发企业对房地产市场发出的信息能否及时准确作出反映。

(二) 价格机制

价格机制的表现形式是价格的上下波动，供求关系的变化引起价格的波动，价格的变动又引起供求的变化。正是这种波动促使供求趋向均衡，价格与价值趋向一致，因此，价格机制是调节房地产资源优化配置最重要的市场机制。

(三) 竞争机制

竞争，事实上是一种优势比较的体现过程。

竞争的行为主要发生在同类产品的不同厂商或企业之间，但也有买卖双方间的竞争以及买方之间的竞争。竞争的手段，在同一生产部门内主要是价格竞争、质量竞争、服务竞争等，以较高的质量或较低廉的价格战胜对手，在不同的生产部门之间的竞争主要是资金和劳动力的流入或流出。竞争的内容包括争夺市场、资金、人才以及先进技术等。竞争可以促使企业改善经营管理和提高劳动生产率。因此，竞争机制与价格、供求以及资金和劳动力流动有非常直接的关系，同其他一些市场机制共同发挥作用。

(四) 供求机制

供求机制的作用在于调节供给和需求之间的关系。当供给大于需求时表现为买方市场；当需求大于供给时，表现为卖方市场。在这两种不同的市场状态中，供求机制的调节作用是不同的。在买方市场的情况下，供求机制能对企业起到很好的导向作用，如引导企业对产品结构的调整、组合，注意对新产品的开发经营等；当市场表现为卖方市场时，过度的需求会使价格上涨、吸引更多的厂商进入该市场，生产在不断扩大的规模上进行。另外，供求关系的变化，导致价格的涨落，而价格的涨落又刺激或抑制供给与需求。

(五) 利率机制

利率可以看作为资金的使用价格，其主要的作用在于对资金的需求和供给产生影响，即利率的高低会对投资产生刺激或抑制作用，从而对整个经济活动和房地产业产生影响。

第五节 城市公共空间的供给

过去，我国的城市公共空间大多由政府来开发。自从20世纪80年代深圳创新使用BOT方式开发城市公共空间以来，公共空间的开发主体开始了多元化。

城市公共空间包括公共绿地、道路和其他公共设施用地，这类开发通常被称为公共开发。

城市公共开发在城市开发中起着主导作用，公共空间构成了城市空间的发展框架，为各种非公共开发活动既提供了可能性也规定了约束性，所以公共开发又被称作第一性开发活动。在一些发达国家，政府的市政工程和高速公路发展计划直接影响非公共开发者的开发决策。根据英国1970年的统计资料，公共开发约占当年开发总投资的50%。

除了提供基础设施和公共设施以外，政府还参与那些关系到经济和社会发展的整体和长远利益的开发项目，如社会福利住宅、城市更新和工业园区等，这些开发项目往往是非公共者难以胜任的。新加坡在这方面比较突出，80%左右的住房和工业用地是由政府开发的，对国家的经济和社会发展起了极其重要的作用。我国各地城市政府部门所实施的"安居工程"，以及各类经济技术开发区的开发也是这方面的成功例子。

我国近几年的城市建设实践表明，为了实现城市开发的综合效益，公共开发在城市开发中必须发挥先导和主导作用。

复习思考题

1. 了解城市空间的供给方式，决定城市空间供给的要素包括哪些？
2. 如何计算城市空间的经济效益？
3. 城市开发利润的构成内容是什么？请思考：现有的利润分配方式的合理程度与你的改进思路。
4. 结合第六、七章所学的内容，探讨城市公共空间的供需平衡机制。

第八章 城市开发的外部效应

生活中我们经常会看到这样的情形：某城市由于兴修地铁，改善了沿线地区的可达性，而使沿线地价上升，尤其是地铁站点附近的地块，其地价可能上升许多。类似这种由于城市基础设施开发建设而带来的外部影响不胜枚举。其实，任何开发，无论是建设阶段还是建成之后的外观以及用途，都影响着他人。在建设过程中邻居们会受到噪声、尘埃以及交通不方便的影响；建筑物竣工后，在美感上将影响邻居和行人，因为它的外观可能令人赏心悦目，也可能使人望而生厌；建筑物的使用，又将在许多方面影响人们。例如一家新的商店开业，会由于增加了竞争而对邻近的其他商店产生消极影响；一座工厂投产，可能会产生噪声，尘埃或空气污染；一座新的办公楼将产生新的交通需要，从而增加了这个地区的拥挤程度。这些都是由于外部效应的存在。本书前面几章也或多或少的提到了城市经济运行所产生的外部效应，下面，我们试图通过本章的学习来加深对城市开发外部效应的理解。

第一节 外部效应概述

一、外部效应概念及其产生原因

外部效应一词出自于公共经济学术语，是指为了自身目标而努力的经济单位，在努力的过程中使其他经济单位获得了意外的收益或损害的现象。这种正的或负的效应一般不会记入前者的成本或收益，所以称为外部效应。

城市开发的外部效应的产生主要依赖于两个重要的经济前提：第一个前提是城市中存在着一系列的公用物品，这些公用物品为所有物业业主共同享用。由于这些公共品的消费是共有的而不是排他的，所以如果物业业主各行其是，就很难建设并维持这些公共品的使用价值。在决定建造哪些公共品以及如何对其进行投资、建设、管理的问题上，非常需要协调性机构的介入，以使业主们协调工作。

第二个前提是房地产有一个独有的特点，即物业价值会在很大程度上受到周围物业情况的影响，也就是说，物业价值与其他物业业主的行为有紧密的联系。房地产地块的这种相互依赖性引出了业主之间的基本协调问题：尽管存在一种途径可以使所有业主从中受益，但没有一个业主愿意去做。为了解决这些协调问题，地方政府建立了一些介入私人物业决策的机制，其中最常见的是运用区划法，在我国则主要是用控制性详细规划来进行开发的控制。

二、外部正效应

外部正效应是指个体的经济单位在进行经济活动时对其他经济单位或个人带

来了有利的影响或收益,但这种收益无法通过市场反映出来,即进行此项经济活动的单位无法得到任何报酬。如某单位投资改善其周围环境,不仅自己单位受益,其周围的邻居也随之受益,但没有一种市场机制使受益的邻居为此支付报酬。这就是外部正效应。由于这种正效应的存在,社会受益大于单位受益,这样的经济活动就应该得到鼓励。

与外部效应相关的一个概念是外部经济。外部经济实质是多个企业或多种经济活动在空间上集聚在一起所带来的成本下降或收益增加。如一个企业独立布局要修一条路,修路成本由其一家承担,若两个企业布局在一起,两家分担修路的成本,每家的成本都降低了,这就是外部经济。它与外部正效应的差异在于其相互影响的结果可以在成本或收益中反映出来,而后者的结果无法反映出来,所以获得外部经济效益是企业追求的目标,而外部正效应则不在企业决策的考虑之中。

三、外部负效应

外部负效应是指个体的经济单位在进行经济活动时对其他经济单位或个人带来了不利的影响或收益。

个人或单位经济活动的外部影响有时候是损害性的。城市中环境污染问题就是十分典型的外部负效应:某些工厂由于"三废"排放不合标准,污染了大片区域及水体,这些工厂在获得生产性收益的同时,客观上损害了周围土地的价值及水体的正常功能,让社会为此付出了高昂的代价。

第二节 城市开发中的外部效应

在第五章中的论述中我们知道,城市开发是通过有组织的手段对城市资源进行大规模安排以获得城市发展效益的过程。就初衷而言,这种大规模开发活动对整个城市具有积极的外部效应,但由于具体开发条件、开发环境的不确定性,城市开发活动的外部效应也具有不确定性。下面通过开发过程中几个常见现象来分析城市开发的外部效应。

一、周边环境对城市开发的外部影响

业主们通常都很关心社区内其他业主的行为,因为那可能直接影响到自己的物业价值和生活质量。举例来说,当邻近物业无人管理,不断恶化时,业主自然会很担忧,因为损坏的建筑物影响了人们的审美感受,从而使业主自己的物业价值降低。

城市开发也一样,在开发之初,应充分评估周边环境的外部影响。这里指的周边环境不仅是绿化、公园等自然环境,还应包括建筑物、城市道路等建成环境。同样的周边环境对不同的开发内容具有不同的外部效应。比如,邻近工业区会降低住宅开发地块的价值,但又可能使周边工业区开发受益。所以,对于城市开发而言,要根据具体的开发内容、开发性质,利用积极的外部效应,合理进行开发选址。

二、城市开发对周边环境的外部影响

周边环境对开发项目的外部影响比较容易看见,但开发商往往忽视自身开发的外部影响。举个例子,到达地块的容易程度是决定开发价值的重要指标,但是,如果开发后增加的交通量使到达的容易程度显著下降,那会怎么样呢?更重要的是,如果开发降低了该地区其他土地(已开发的或比邻的将要开发的)容易到达的程度(造成更多的交通拥塞),那又会怎么样呢?这种开发还会在这个位置上进行吗?因而在城市开发之初,不仅要评价周边环境的外部影响,还要对开发结果的外部效应进行充分的考虑,对外部效应进行积极的评价与调控。

三、房地产开发中的外部效应分析

正如本节前几部分所论述的,外部效应也可理解为未被市场交易包括在内的额外成本或收益,外部效应可被分为积极的和消极的两类,即外部正效应与外部负效应。其划分取决于个人或社会是否无偿地享有了额外收益,或是否承受了不是由他导致的额外成本。具有外部正效应的产品(诸如研究与开发)在市场上会供给不足。这是因为,在决定购买多少产品时,每一个人或厂商都只想到他自己获得的收益,而并不考虑带给别人的收益。同样道理,有外部负效应的产品,诸如空气及水污染,在市场上会供给过量。市场可能并不能完全包括交易的成本和收益这一事实,为市场失灵提供了一个典型的例子,并为公共部门提供了一种可能的职能。

图 8-1 显示了一种产品,比如说房地产的需求和供给曲线。市场均衡处于两条曲线的交点,这一点被标为 E 点,产量为 Q_P,价格为 P_P。价格反映了个人从额外一单位房地产所获得的边际收益(它度量对额外一单位房地产的边际支付意愿);价格也反映了厂商生产额外一单位房地产的边际成本。在 E 点,边际收益等于边际成本。

在一个完全竞争市场上,市场供给曲线是所有厂商的边际成本曲线(水平)相加之和,而市场需求曲线反映消费者愿意支付的数额。在图 8-1 中,交点为均衡点,数量为 Q_P,价格为 P_P,对整个社会来说它将是边际成本等于边际收益之处。私人边际成本包括的只是由生产厂商实际支付的成本。如果对于整个社会还存在范围更广的成本像污染,那么社会成本将超过私人成本。如果不要求供给者考虑这些额外成本(图8-2),那么生产将处于 Q_P,大于价格等于社会边际成本时的 Q_S,产量将超过边际成本等于对整个社会而言的边际收益的那个数量。

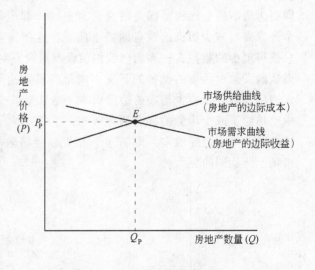

图 8-1 房地产的供给与需求

如果建造房地产时有外部负效应——生产者所造成的噪声、空气污染以及交通堵塞未受到惩罚,那么会是这样一种结果:社会边际成本——由经济中所有个人所承担的边际成本——将超过私人边际成本,即由私人单位所承担的边际成本。在一个竞争行业中,供给曲线相当于所有生产者的私人边际成本曲线的水平相加。图 8-2 对比了两种边际成本,表明建造房地产的社会边际成本曲线位于私人边际成本曲线之上。因此,在社会边际成本等于社会边际收益时,具有经济效率的房地产产量水平为 Q_S,它将低于只考虑私人成本时的产量水平 Q_P。

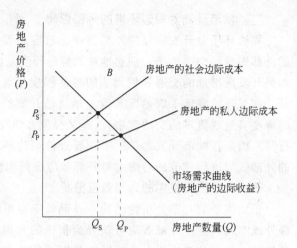

图 8-2 外部负效应引起供给过量

以上分析说明,如果考虑建造所带来的外部负效应,那么,可以认为,在自由市场上,房地产的建造水平将是太高了。同时,减少污染或交通堵塞的开支有多大,这些开支为其他人带来的外部正效应——新设备或交通优化带来的收益,即更为清洁的空气和更畅通的交通有多大,都值得进一步分析。图 8-3 显示了一个开发商对减少污染的设备的需求曲线。这条需求曲线特别低,反映出厂商自己只获得很少的收益这一事实(我们假设政府没有对污染进行管理)。也就是说,厂商从购买减少污染的设备的开支中获得的私人边际收益是很小的。厂商使它的私人边际收益等于减少污染的边际成本,结果是减少污染的开支水平处于 E 点。图中也描绘了减少污染的社会边际收益,它远远大于私人边际收益。效率要求社会边际收益等于边际成本,即 E' 点。因此,经济效率要求在减少污染上作出比自由市场上所达到的更大的支出。

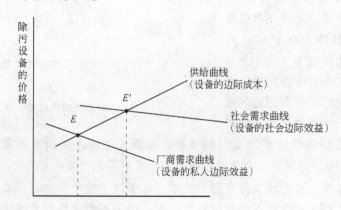

图 8-3 外部正效应引起供给不足

政府的主要经济职能之一就是纠正外部效应所导致的低效率。外部负效应的种类很多，但最为明显的也许要数那些损害环境以及导致我们自然资源损失过快的外部负效应。

私人边际收益仅仅包括厂商所获得的收益，但是由于减少污染的设备提供了外部正效应，社会的边际收益将更高。如果厂商仅仅考虑它的私人收益，它的操作将位于 E 点，此时所使用的设备数量少于就整个社会而言的边际收益等于边际成本时的设备使用量 E'。

第三节 城市开发中外部效应的评价与调控

外部效应作为一种客观存在的事实，我们无法对其视而不见。在城市开发中，作为开发商要考虑如何减少外部负效应的影响，利用外部正效应；作为城市政府，则要发挥积极的调控作用，建立一个行之有效的约束机制，减少因开发商追求自身效益而给城市带来的外部负效应，鼓励带来外部正效应的开发活动。这些问题的解答都会涉及到对外部效应的评价和调控。

一、城市开发中外部效应的评价

通过上面的论述，我们知道外部效应有一个显著的特点，它无法直接在成本或收益中表现出来，即外部效应具有难以量化的特点。这就给外部效应的评价带来了难度，而且，评价所处的角度不同，对外部效应的评价结果也会不同。比如站在开发商的角度，希望利用一切外部正效应给自己带来无形或有形的收益，而往往忽略自身可能对社会带来的不利影响，而站在政府的角度，还需要考虑开发带来的社会效益和环境效益。如何对外部效应进行评价以帮助我们进行科学的决策，是我们需要首先考虑的问题。

对外部效应的评价可以定性和定量两种方法进行。

定性分析。根据开发的主要目的和要求，对周边环境的外部效应和自身产生的外部效应进行分析，区分轻重缓急，对外部正效应和外部负效应做对比研究，找到最佳的平衡点。

定量分析。我们可以借鉴社会学的一些调查分析方法，列出相关因素，制定各因素相对合理的权重，采取专家、群众共同评分的办法，将外部效应的影响量化。这种方法的合理性建立在权重的分配上，制定科学合理的权重比例，需要广泛征询专家和群众的意见。

二、城市开发中外部效应的调控

一般而言，外部效应的调控主体应该是政府。政府需要尽量控制城市开发自身产生的外部负效应，奖励正的外部效应，这需要对外部效应有一个约束机制，将外部效应内部化。具体而言，有如下两种方法：

（一）政府管制

强制要求个人业主或开发者的行为从集体利益出发，这是解决公共品外部效应问题的一种方法。比如，对于住宅区的管制就是对基础设施水平、景观、密度、容积率等方面加以限定，而总体规划和控制性详细规划则限制物业最初使用范围和日后变更范围。这些法规文件可以用来保证公共设施水平的最低限度，以及杜绝业主之间外部效应的消极使用。当然，这种方法假定管制机构拥有足够多的信息（如个人和市场的定价），从而能够取得合理的集体解决办法。

插件 管理措施

政府处理外部负效应最严厉的方法是把它视为非法。对环境外部效应来说，许多政府实施管理措施，确定允许的污染水平并对超过该水平的厂商施以惩罚，而低于规定水平的污染是允许的。

在大多数情况下，经济学家们认为应选择比严格的、极端主义的管制措施更好的办法。这是因为，对污染不应是要么任其泛滥，要么一点也不允许。空气可以更为清洁，或者可以更脏；水可以被污染得更严重或者污染得更少些。当然，存在一定的界限，超过这些界限，空气就不能呼吸，水就不能饮用。但是在达到这些界限之前，拥有稍清洁点的空气的额外成本是多少？人们要将其与额外收益加以比较。在环境领域里，经济学家们像在其他任何领域里一样相信边际分析。

而且，与依照推理所期望的不同，要有效地实施管理措施大概需要更多的政府干预。管理方法有时被称为命令和控制方法，因为它要求如此多的来自政府的指令。在污染问题中，政府必须确定排放的危险水平，然后对每个烟囱群及废物排放管设定适当的标准。在实践中，政府不能对每一个工厂有不同的标准。一般情况下政府对所有厂商采取一个统一的标准，而不考虑每个厂商所面临的边际成本如何。比如，政府可以下令每个厂商减少相同数量的污染，而不管这些厂商在减少污染成本上的差别。这样做看上去似乎是公平的，但它是缺乏效率的。而且，尽管厂商明显地有经济上的动机去避免政府所施加的罚款或法律上的惩罚，但是，一旦他们已满足了标准，他们就不会有真正的动机去寻找更进一步减少污染或者降低到污染标准以下的创新方法。

事实上，对管理制度持批评态度的一种意见认为，厂商看来是把更多的精力放在如何对付管理和努力改变管理制度上，而不是试图在保护环境的方面改善其运行。如果企业有可能通过争辩说这样的限制将会带来失业或其他困难从而免于受到管制，那么雇佣律师去游说负责实施管理的环境保护局可能要比雇佣工程师去开发一种污染更小的技术更为合算。

（二）经济诱导

政府可以设立一些公共权力机构，对不受欢迎的行为予以课税（收费），并奖励或在资金上帮助那些有助于集体利益的行为。比如，那些选择了高于周围物业的容积率的开发者会因此被课税。理论上，存在一定水平的税额足以引导开发者选择合理的容积率。实际上，在美国20世纪80年代，一些城市就设立了一个关联规则，开发者可以超过规划设定的容积率进行开发，但必须为此缴纳额外费用。通常，这些收入被专项用于经济型住房或社区开发项目。此外，还有税收抵免可以被广泛地用于鼓励那些产生积极外部效应的开发行为，例如恢复有重要历史价值的建筑。当然，在决定物业税或税收抵免，需要一个公共代理机构来确定公用设施的定价。

在美国，管制方法远远比经济诱导方法普遍。即使这样，政府也只是将这种调节主要局限在"用途限制"和"基础设施水平"方面，并没有像一些欧洲国家那样对公共设计进行监管。我国也主要运用政府管制的方法，近年来部分城市也开始尝试结合使用经济诱导的方式，取得了较好的效果。

1. 产权界定

大规模的环境恶化是外部负效应的一个明显表现，在把它们确定为市场失灵之后，政府可以通过必要的措施来改善环境状况。以美国诺贝尔奖获得者、芝加哥大学法学院的罗纳德·科斯为首的经济学家们认为，政府应当做的只是重组产权。有了设计适当的产权，没有直接的政府干预市场也可以解决外部负效应。

设想有这样一个小湖，任何人都可以来此钓鱼而且不用付任何费用。每个捕鱼人都不理睬这样一个事实：即他从湖里捕出的鱼越多，其他人所能捕到的鱼就会越少。事实上，他们可能会捕得如此之多，以致使鱼不能够进行足够的繁殖来补充。如果政府重组产权并把捕鱼的权力授予某个人的话，那么这个人就会有充分的动力去有效率地捕鱼。这时就不会有外部负效应。除了短期利益他还会考虑长期利益。他会认识到，如果他今年捕鱼太多，明年的鱼就会减少。如果那是个大湖，他会让其他人来捕鱼并对所捕的每条鱼收费或者规定他们捕鱼的数量。但是他收取的价格和所施行的规定要确保这个湖不被捕捞过度。

上例的要点在于，过度捕捞可以由非常有限的政府干预来解决。政府所要做的全部事情只是正确地配置产权。

这类问题在美国历史上一再出现，例如美国政府把公共土地租给牧场主。由于牧场主只是租用土地，他们常常会过度放牧，导致像土壤流失这样的环境破坏，从而对未来的潜在土地使用者产生外部负效应。如果把产权改变，把土地卖给牧场主，那么他们就会有理由照料好土地而不是滥用它。在决定今年放牧多少头牛的问题上，他们要考虑到对牧草的影响，也即，要考虑到对下一年可放牧数量的影响。

另一个例子，向河水中排放化学物质的工厂。假设在河中游泳具有一年5万元的总价值，使用河流的产权被分配给游泳者们。游泳者们宣称，如果工厂支付他们一年5万元的话，工厂就可以污染河水。如果一种使化学物质不进入河水的过滤器的成本是4万元，那么工厂会选择安装这种过滤器，结果是有效率的。如果过滤器的成本是6万元，那么工厂会付给游泳者们5万元而继续污染河水，结果仍是有效率的。如果产权被分配给工厂的话，结果也会一模一样。如果过滤器成本为4万元，工厂就会宣称，如果游泳者为过滤器的成本付出4万元的话，工厂就停止污染。由于在河中游泳的价值为5万元，因而游泳者们会"买通"工厂不再污染。另一方面，如果过滤器的成本为6万元，那么他们就不会去买通工厂，而工厂会污染河流。

不管产权如何配置，结果都是有效率的。当减少污染的成本超过干净水的价值时就会发生污染；如果干净水的价值超过污染的成本时就不会发生污染。关键的是要有明确界定产权。谁获得产权的问题会对收入分配有影响：一种情况下，工厂会向游泳者们付钱，另一种情况，游泳者们得向工厂付钱。

插件 科斯定理

外部效应问题可以通过重新分配产权得到解决，这种论点被称为科斯定理。科斯定理受到欢迎是因为它把政府的作用设定在一个最小的范围之内。政府只是使产权明晰，然后要由私人市场去取得有效率的结果。应用该定理的机会是很有限的，因为有些时候达成协议的成本可能非常高，特别是涉及很多人的时候。

转到这样一个问题：工厂需要与周围住宅的所有者谈判，而后者已被授予清洁空气的产权。在信息完全的世界中，工厂所有者可以精确地知道清洁空气对每一住宅所有者价值多少，也即知道应该为空气品质的恶化支付多少赔偿。然后，她会比较一下购买治理烟尘污染设备的成本。如果治理污染的成本大于住宅所有者对受污染空气所要求的赔偿的话，她会进行赔偿。这会是种有效率的解决办法。但是工厂不可能准确地知道它的邻居们所要求的赔偿数目，每个住宅所有者可能会坚持要更多的钱，因为他知道没有他的同意，工厂所有者就得被迫去买昂贵的设备。在这种情况下不仅讨价还价的代价昂贵，而且，在许多情况下甚至会使谈判破裂。

虽然明确分配产权会解决有些外部效应问题，但大多数的外部效应，特别是有关环境的外部效应问题，还需要更多积极的政府干预。这种干预可采取的形式包括管制措施、经济惩罚、对采取修正措施者补贴，以及创造一个外部效应交易市场。

2. 税收和津贴

在产权和管理措施之间还有用来解决外部负效应问题的其他方法，这种方法是使用税收或者津贴来鼓励社会需要的行为。税收是棍棒，而津贴则是胡萝卜。两者都是旨在调整私人成本使之包含社会成本。

对违反管理规定的罚款和对污染的税收是相似的，它们都增加了污染的成本，因而抑制了污染。两者重要的区别在于，管理倾向于非黑色即白色，而税收或津贴对其间的灰色区域处理得更好些。

一般来说，管理对超过某个特定水平的污染所施加的惩罚非常高，但是对于维持在污染线以下的行为却没有任何奖励。税收体制提供了较为一致和分等级的奖励——污染减少得越多，所付的税就越低。因此，它们为工厂提供了减少污染的边际激励，污染减少的程度取决于治理污染的成本。这种体制导致"有效率的污染"，因为那些治理污染成本低的厂商会比治理污染成本高的厂商更努力地去治理污染。

除了根据厂商带来的污染程度对其征税以外，政府也可以为它们提供津贴，这可以采取允许厂商用治理污染设备的支出抵扣税收的形式。这种津贴并不降低厂商的产量。如果我们设想政府为治理污染的设备支付全部费用，那么，在这种极端情况下，产出会保持不变。比如，房地产开发商的私人边际成本恰好与没有政府干预时的私人边际成本一样。开发商将不会把它的产量降低到对社会来说有效率的水平。

某些污染已被减轻的事实意味着生产的社会边际成本变得更低了，甚至在我们考虑了治理污染设备的成本之后仍是如此。其原因是减少污染的价值超过治理污染的设备的成本。因此，有社会效率的结果与市场的结果之间的差别缩小了，在此意义上，对治理污染的设备给予津贴是有益的。

厂商喜欢津贴而不是税收，其原因应是很明显的。有了津贴，它们的境况会更好。另一方面，经济学家们倾向于赞成使用税收来阻止污染。他们说，如果这些税被定在合适的水平上，那么污染就不会比命令和控制体制下的污染水平更高。另外税收还给予公司一种激励，使它们尽可能地去减少污染，并发现新的、低成本的治理污染的方法而不仅仅是把污染保持在合法的标准之下。

经济学家们偏好税收而不是津贴的原因并不是因为他们是要与产业界为敌，而是因为经济效率要求每种产品的价格要反映其全部的生产（边际）成本。在这些成本中包括环境成本。如果成本太高，产品的产量就应该低。在实施津贴的情况下，厂商不用支付其所有的成本，部分成本由政府承担了。如果对治理污染给予津贴，那么房地产的使用者就无须承担它的真实成本。他们不会支付治理污染的津贴这一成本，他们也不会支付社会所必须承担的，甚至在安装了治理污染的设备之后仍然残留的污染的成本。

3. 可交易许可证

限制污染的另一种方法是使用可交易许可证。公司向政府购买（或被授予）许可证，允许它们释放一定量的污染。政府只发行足够的许可证，以使污染水平与在命令和控制方法下的污染水平相同。公司也被允许出售它们的许可证。因此，如果一个公司将其污染减少了一半，那么它就可以把一些许可证卖给其他想扩张生产（因而增加其污染物排放）的公司。

可交易许可证的激励效果非常类似于税收的效果。污染许可证的市场能促进最好的反污染手段的产生，而不是仅仅把污染保持在政府设定的界限之下。如果政府希望不断减少污染，那么，可以按逐年减少的被允许的污染数量来设计许可证。在美国，这种不断减少的可交易许可证在20世纪80年代早期曾被用来减少汽油中的铅含量，这一方法的变异形式近来已被用于帮助控制其他形式的环境污染。

（三）政府管制与经济诱导之评价

税收、津贴或者可交易许可证等激励计划，与管理那样的直接控制相比，是有着重要的优势的。污染问题不是一个是否应当被允许的问题——毕竟，在一个工业经济中消除所有污染实际上是不可能的。彻底消除污染也不是有效率的，这样做的成本将远远超过收益。真正要解决的是污染应当被限制在什么程度上的问题，必须对边际收益与边际成本加以比较。如果政府确实知道污染的社会比较成本并相应地规定收费和许可证数量，那么，私人厂商将会致力于污染控制，直到污染控制的边际成本等于减少污染的社会边际收益（当然，这里只是指污染的边际成本）。每个厂商都将有恰当的边际激励。

（四）外部负效应的分区规划调控

分区规划是对城市中每块土地的使用作出一套可被认可的规定。从理论上讲，分区制的目的是为了提高公众健康、安全和福利水平，从而降低由于城市土地开发所带来的外部负效应,达到这些目的的基本手段是将使用目的互不相容的土地分离开来。

公害分区是城市分区规划的一种,目的是把不相容的土地利用分离开来,以减少城市土地开发过程中的外部负效应。

公害分区(外部效应分区)指把被认为不相容的土地利用隔离开的做法。典型的例子是胶水厂,对于胶水厂产生的空气污染问题,一种解决途径是将胶水厂搬迁到远离住宅的工业区。类似地,零售商业产生的外部效应(交通堵塞和噪声)也可以通过建立零售商业区来控制,高密度住宅也产生外部效应,如公寓大楼造成交通问题和停车困难,还会破坏风景、遮挡光线,这些外部效应可以通过建立高密度住宅区得到控制。

1. 工业公害分区

工业企业产生各种类型的外部负效应,包括噪声、强光、灰尘、臭气、震动以及烟尘。分区制将住宅用地和工业用地隔离开,减少人们暴露于污染气体和噪声的机会,因而也将少了外部负效应。分区制作为一种环境政策是很吸引人的,因为它操作比较简便,易于实施,要限定暴露于污染的机会,最简便的方法就是将污染源与潜在的受害者分开。

分区制作为环境政策带来的问题为:分区制不能减少污染总量,只能使污染源迁移,是一种简单的外部负效应转嫁过程。如果某市工业区远离本市居民但靠近附近城市的居民区,那么工业分区实际上增加了总的暴露于污染中的风险。因为分区制没有给厂商提供降低污染的激励因素与强制性因素,所以与其他的环境政策相比它缺乏效率。

工业分区的另一种方案是立体排污费。排污费是一种针对污染征收的税收。出于效率的目的,这种收费应该被设定与污染的边际外部成本相等,即增加一单位污染所带来的社会成本。譬如,一吨二氧化硫产生 20 元的社会成本,那么排放一吨二氧化硫应征收的排污费应该定为 20 元。通过征收排污费将污染的外部效应"内部化",迫使污染者为污染付费,就如他们为劳动力、资本、原材料付费一样。因为,厂商消除污染会减少其排污费的支付,所以他们就有动机减少污染。如果排污费等于污染的边际外部成本,那么在此情况下厂商达到最佳污染水平。

理论上,排污费制度既能使污染水平达到最佳,还能使污染源在空间上的分布达到最佳。如果排污费在各地都不同,那么在敏感地区附近(比如住宅区),厂商将为其产生的污染支付较高的排污费。例如,对于距离住宅区 10 公里的厂商,其排污费可能是每吨污染物 20 元,而对于距离住宅区只有 4 公里的厂商,其排污费就可能为每吨污染物 50 元。在立体排污费制度下,厂商以排污费为基础,决定其产量和厂址。如果排污费被设定为污染的边际外部成本,那么厂商可以同时选择最佳厂址和选择最佳污染水平。

假定某个矩形城市有以下特点:

(1) 居民生活在城市西部,并且向东上下班往返于一个产生污染的钢铁厂。

(2) 钢铁厂与住宅区的距离越远,工人工资就越高:因为工人通过高工资来弥补上下班往返成本。厂商总的劳动力成本等于工资(元/工人)与劳动力总数的乘积。

（3）钢铁厂与住宅区的距离越远，排污费就越低。厂商总的污染成本等于排污费（元/吨）与污染量的乘积。

（4）该市成立时有一项工业分区政策，按照这项政策，钢铁厂坐落于距离住宅区 10 公里之外。

图 8-4 显示不同地段生产钢铁的总成本。斜率为正的曲线表示劳动力成本曲线，劳动力成本从邻近住宅区的 20 元上涨到工业区（距离住宅区 10 公里）的 63 元。斜率为负的曲线表示污染成本曲线，污染成本从邻近居民区的 60 元下降到工业区的 5 元。污染成本的变化反映了排污费的变化。U 形曲线表示总成本，即劳动力成本和污染成本之和，它从邻近居民区的 80 元下降到距离居民区 4.2 公里处的 53 元，然后，在工业区又上涨到 70 元。

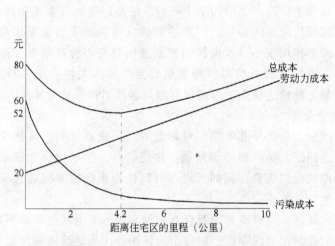

图 8-4　立体排污费与最佳位置

厂商的成本是劳动力成本和污染成本的总和。当污染厂商向住宅区移动时，污染成本增加（因为更多的居民受到污染的影响，所以排污费增加），但劳动力成本却降低了（因为工人上下班往返距离减少了，所以工资降低了）。总成本在距离居民区 4.2 公里处达到最小。

假定某一厂商开始位于工业区内，当该厂商向住宅区转移时，既有收益又有成本。从收益方面来讲，当厂商向其劳动力居住区搬迁时，劳动力成本将降低。从成本方面来讲，因为厂商的污染会影响更多的人，导致污染成本增加，所以排污费也随之增加。假定劳动力成本曲线和污染成本曲线是给定的，我们可以看到，总成本在距离居民区 4.2 公里处达到最小值。如果该市将分区制政策调整为排污费政策，钢铁制造商将会从工业区搬迁到距离居民区 4.2 公里处，从而将总成本由 70 元降到 53 元。

排污费政策比分区制政策更为有效，原因有两点：首先，排污费政策允许厂商将生产地点选择在其制造成本最小处。从全社会的角度来看，在制造成本最小处生产的话，工人节省的上下班往返成本（如劳动力成本曲线所示）大于污染成本（如污染成本曲线所示）的增加，所以新的生产地点更有效率。其次，排污费政策迫使厂商为污染付费，使污染降低到最佳水平，尽量减少外部负效应。

当城市从工业分区制转向排污费政策时，所有污染厂商并不一定会离开工业区。曲线比劳动力成本曲线陡峭的话，厂商将会留在工业区。因为在这种情况下，导致污染成本的增加量大于劳动力成本的减少量，所以总的成本上升。但是，因为排污政策使污染降低到最佳水平，所以它仍然比工业分区制更为有效。

现在，还有大量的城市运用分区制政策取代排污费来控制工业污染，其根本原因有两个：第一，相对于立体排污费制度来说，工业分区制简单易行。为了设定排污费，政府不得不评估城市内部不同地区的污染边际外部成本，为了收取排污费，政府不得不对污染厂商进行监管。而把所有的污染者集中到一个工业区的做法要容易得多。第二，由分区制转向排污费制度会加重某些邻近地区的污染。虽然在排污费政策下厂商产生的污染少一些，但是厂商的位置可能离住宅区更近，因此，会加重其邻近地区的污染。厂商达到最佳污染水平的事实相对于那些呼吸肮脏空气的人而言作用很小，而向排污费制度的转变将提高效率，给全社会带来净收益。因此，用排污费补偿那些呼吸肮脏空气的人大体上是可行的。实际上，厂商很少尝试着去补偿这些人，因此仍有当地居民对排污费持异议。

2. 零售商业公害

零售商业产生大量的外部效应，对附近的居民造成影响。零售商业带来的交通问题造成交通拥挤、噪声和停车问题。传统的分区法通过设立商业区以减少居民接触这些外部效应的机会。例如，通过分区法阻止购物者和送货车对邻近安静住宅区造成侵扰。

按照性能分区制，只要零售商符合有关停车场、交通状况和噪声的性能标准，政府就允许他们在特定地区存在。对每个地区而言，当地政府规定最少的停车位，最低的交通车速和最高的噪声水平。这些性能标准迫使商业开发提供路外停车场以解决停车问题，同时提供交通信号设施，改善路况以解决交通问题，提供护道、优美景观以控制噪声问题。因为零售商采取行动，保护居民免受商业开发带来的不良影响，所以性能分区法允许商业用地和居住用地混合使用。

3. 住宅公害。

大部分住宅外部效应产生于高密度住宅。假设开发商在一栋单户住宅附近修建了一栋四层复合式公寓楼，那么复合式公寓楼将使交通运输量增加，使拥挤度和噪声水平增加，还会增加街边停车场的需求，导致停车场地短缺。另外，高层公寓楼很可能夺走其邻居窗外的优美景观和阳光。

按照传统分区制，公寓楼将被排斥在邻近低密度住宅的地区之外。传统的分区法通过将高密度住宅排斥在单户住宅之外的方式，保护其居民免受高密度住宅产生的外部效应的影响。

传统分区制的一种替代方案是性能分区制。在以性能为基础的分区政策下，如果开发商采取以下措施，将允许其建造公寓楼：

（1）街边停车场。开发商能提供足够的路外停车场以避免出现停车问题。

（2）改善道路状况。改善道路状况以避免交通阻塞问题，且该费用由开发商支付。

(3) 建筑物设计。搞建筑物设计时，要避免景观损失和阳光遮挡。开发商要利用园林绿化在公寓楼和单户住宅之间建立缓冲区。

性能分区制的潜在假设是对公寓楼的判定应该以它对邻居产生的实际影响为基础，而不在于它是高密度住宅这样一个简单事实。如果一个高密度住宅项目没有产生外部负效应，那么，邻居们会允许其修建。

三、讨论

（一）教育的外部正效应

在教育的消费上存在着外部效应，所以边际社会收益高于边际私人收益。如果没有政府的参与，学生会选择 E' 单位的教育（边际私人收益等于边际成本）。如果政府对教育的补贴正好等于边际私人收益与边际社会收益之间的差额，学生会选择最佳的教育数量 E^*。

图 8-5 显示了教育的私人收益和社会收益。教育产生私人收益（对于学生自己而言）和外部效益（对于学生日后的同事及市民而言）。一个人受教育越多，他成为一个更优秀的团队成员的可能性越大，他能较快速地领会指示，并更有可能为提高团队的业绩而出谋划策。换言之，教育产生了工作的外部效应。另外，一个受教育更多的国民在选举时能作出更好的选择，为他人带来

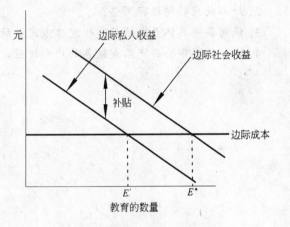

图 8-5 教育消费的外部效应

外部正效应。因为教育带来了这些外部正效应，所以教育的边际社会收益要大于边际私人收益。如果没有政府的干预，公民就不会考虑教育带来的这些外部效应，他们会去选择 E' 单位的教育，而不是最佳的 E^* 单位的教育。

政府有两种方案来解决外部效应问题。一是承担起提供教育的义务，一个免费的义务教育体系可鼓励市民接受更多的教育；另一种是政府对教育进行补贴，允许人们选择学校，鼓励人们获得更多的教育。在图 8-5 中，这个补贴正好等于教育的私人收益和社会收益的差额。补贴将使教育消费增加到 E^* 单位。

（二）公共安全的外部效应

公共安全支出的外部效应有两种类型——正的和负的外部效应。两种外部效应均由罪犯的流动性而产生，他们能从一个辖区自由地溜到另一个辖区。当市政府运用其安全预算来捕获罪犯时，正的外部效应产生：市政府用这种方式为周边城市带来了利益，这样，公共安全支出的边际社会收益高于边际地方（市）收益。当市政府打击犯罪的活动导致罪犯危害周边地区时，便会产生负的外部效应。换言之，警察有时需要跨越几个不同的城市来追捕罪犯，在这种情况下，安全支出因追捕罪犯而增加。于是，安全支出的边际地方收益高于边际社会收益。

就安全保护而言，哪一级别的政府是最佳的？影响政府的最佳级别的一个因素是外部正效应和外部负效应的地域范围，这取决于罪犯的流动性。罪犯的流动性越大，辖区的最佳级别也就越高。处理正的和负的外部效应的典型做法是由市政府提供安全保障服务。

其他的公共安全服务，如消防，也产生外部效应。火势会从一个房间蔓延到另一个房间，所以消防的边际社会收益高于边际私人收益。在大部分大城市地区，消防由地方政府提供。

复习思考题

1. 什么是外部效应？
2. 外部效应的特征有哪些？
3. 试对某一具体开发项目进行定性或定量的外部效应分析。
4. 试分析城市公共产品或服务的外部效应。

第九章 城市基础设施开发

从几百年前人类聚居于城市开始，城市就以它的富裕文明、丰富的创造力和高生产率成为理想的居住乐土。城市的魅力来自于聚集效益及由此而产生的一切需求。构成聚集效益的因素是多方面的，但由于城市规模、人口集中而产生的对基础设施和服务的需求无疑是提升聚集效益最重要的物质基础。特别是当产业和人口集中到一定程度时，城市能否实现可持续发展，在很大程度上取决于城市发展所要求的基础设施和公共服务的供给状况。

城市开发过程中基础设施建设是开发的先期工程，投资大，风险大，利润也不高，但却是城市空间开发的首要任务。另外，基础设施建设项目建设期又长，所以如何获取资金并合理使用资金进行基础设施建设，是城市开发者必须解决的重大课题。

第一节 基础设施概述

一、基础设施的概念与特性

基础设施，顾名思义是为人类生存和发展提供基础条件的各项设施，它既服务于生产也服务于生活。

基础设施又称基础结构（Infrastructure），该词源自拉丁文（Infra），意为"下面"、"底部"。城市基础设施是指建立在城市这一特定区域内为城市经济发展和居民生活提供物质基础条件的设施，是城市赖以生存和发展的重要前提。位置的固定性和服务的区域性是城市基础设施区别于一般基础设施的重要特征。城市基础设施可定义为满足城市物质生产和居民生活需要，向城市居民和各单位提供基本服务的公共物质设施以及相关的产业和部门，是整个国民经济系统的基础设施在城市地域内地延伸。这一定义将城市基础设施的性质、作用和在整个基础设施体系中的地位作了完整而准确的描述。

根据这一定义我们可将城市基础设施分为两大类：经济性基础设施和社会性基础设施。经济性基础设施是指那些具有永久性特征的设施，包括供电、供水、集中供热、管道煤气、通讯、排污、垃圾处理、广播电视系统、环保、防灾以及城市交通设施。社会性设施是指那些与城市居民福利水平相关，间接影响城市经济发展的公共设施，包括文化、教育、卫生、体育、福利等系统，在城市规划的用地分类中属于公共建筑。从城市基础设施的范围我们可以看出，它是一个特殊的产品系统，对其特性必须逐项分析。具体说，可因其特性不同分为三大类：

第一类，具有纯公共品性质的设施，以环境保护、环境监测、城市绿化、城市防灾设施为主。这类设施具有纯公共品的所有特性，因此，城市政府是主要的投资主体,预算拨款是其主要的资金来源。

第二类,公共品特性较强的设施,以城市道路、桥梁、环境卫生、供电、供水、供气等设施为主。这类设施的特点为:首先,具有明显的外部效应、规模性和自然垄断性,如城市供水、供电等设施;其次,具有明显的非排他性(相对于使用者而言),如城市道路、环境卫生等。这类设施私人很难直接投资,或因排他(这里的排他指的是限制其他使用者进入)的成本较高,难以通过市场自发运行,对此,城市政府仍是主要的投资主体,城市财政仍是主要的资金来源渠道。但同上一类设施不同的是,当资本条件和技术条件具备时,私人资本的介入是可能的。另外,由政府投资、私人经营是这一类设施的又一特点。

第三类,私人产品特性较强,但仍为准公共品的设施,以资本进入规模较小,排他成本较低的城际、区际间高速公路或公路,市内外公共交通,集中供热等设施为代表。这类设施的特点为:在不具备转化条件(包括制度条件)时,主要表现为准公共品特性,一旦具备条件,立刻可以转化特性,成为适宜私人资本投资和经营的项目。如闭路电视、公共交通线路等都是私人资本热衷的投资和经营项目。对这类设施加强监管和采取包括财政资金引导、补贴和税收优惠等诱导手段在内的方法,是解决城市财政资金供给不足,提高基础设施运营效率的有效办法。

二、城市基础设施对城市经济的作用

城市基础设施具有作为国民经济基础和先行资本的一般基础设施的特点,由于它们在城市地域空间上的相对集中,对城市经济运行和发展而言,具有更加特殊的作用:

首先,城市基础设施是形成城市聚集效益的物质基础。"集聚性"是城市存在和发展的灵魂。集聚的原因在于城市经济运行和微观经济主体之间高度的相互依赖和空间布局的高密度,而构成密度和密集的前提则是在城市这一特定的地域空间存在着远远大于其他区域的基础设施体系。正如,沃纳·赫希所言:"城市是一个私人和公共活动相互联系、相互依赖的动态体系,城市为企业提供工作空间、交通运输和通信,为公众提供居住空间、娱乐场所、公用事业、后勤支持、安全保护和其他服务。特别重要的是,由于紧密联系(经济聚集)所带来的优势将人们和经济活动吸引到城市中去。"❶

其次,城市基础设施是城市所特有的巨大的外部正效应集合的源泉,也是消除城市中普遍存在的外部负效应的条件。在经济发展过程中,城市如同一块巨大的磁石吸引着四面八方的资源流入。城市之所以具有这样的吸引力和凝聚力就在于城市中存在巨大的外部正效应,而这些正是主要由城市基础设施所构成的,包括宽阔的马路、便捷的交通、夜晚的灯光、良好的教育和丰富的信息等等。但是,在资源的积聚过程中,负的外部效应也源源不断地出现,甚至超过正的外部效应所带来的吸引力。要消除负外部效应对城市的影响,除了制度、法规等管理因素外,经过科学规划的城市基础设施建设和有效供给是惟一重要的条件。

再次,城市基础设施是城市空间结构转化的重要物质支持系统。城市化是一个多维的发展过程,它一方面表现为城市人口的增加,规模的扩大,另一方面表现为城市功能的转化。城市功能是指一个城市在国家或地区内的政治、经济、文化生活中所处的地位和作用。城市功能的转变是在城市空间结构的不断优化过程中实现的，而后者是城市功能组织在城市地域空间上的配置及组合状态，既通常所说的各种功能分区或城市用地在地域上的排列和组合关系。城市功能与城市空间结构之间存在着内在的相互依存关系，在二者的互动转化过程中城市基础设施是最为重要的支持系统，是促进城市功能转变与空间结构优化的重要前提。

最后，我们用1994年世界发展报告——《为发展提供基础设施》的一组数据来总结基础设施对城市经济的作用：基础设施存量每增长1%，GDP就会增长1%。

三、城市基础设施与城市经济增长的关系

正如上文所述，基础设施存量每增加1%，GDP增长1%，城市基础设施与城市经济增长的推动是显而易见的。

城市基础设施服务业是城市基础设施的"软件"系统，同城市基础设施本身一样，它也是城市发展所不可缺少的条件，主要包括以城市基础设施为依托所形成的城市服务体系，例如，城市供电、给排水、公共交通、垃圾处理等。城市基础设施服务业将城市政府的财政能力、管理能力、基础设施的物质能力透过城市的各种"硬件"系统，蛰伏于城市运行的整个过程，展现在世人面前。

基础设施及其服务业覆盖了众多不同的部门，不论用什么样的标准衡量，它们都在国民经济中占有重要份额。根据世界银行的统计，到20世纪90年代初，不同收入国家交通、通讯、煤气、电力和供水等主要基础设施部门增加值占GDP的比例约在7%~11%，收入水平越高，比重也越高。1998年我国上述比例达到8.8%，处于低收入国家与中等收入国家的中间水平。可以预见，随着我国国民经济的快速发展，基础设施在经济中的地位将进一步上升。

事实上，工业化和城市化是刺激基础设施和公用事业需求的因素之一，反之，它们又是工业化与城市化发展不可缺少的基本前提。一方面，基础设施为城市经济增长奠定了物质基础和起飞条件，另一方面，城市经济增长为基础设施创造了巨大的需求，是其价值实现的重要前提。具体分析，二者的关系可作如下概括：

第一，城市基础设施是城市经济增长的路径引导。

城市经济增长是建立在城市物质形态基础上的，城市的自然地理环境固然是城市最基本的物质形态，但随着城市的发展，与城市规划、土地利用、城市改造相连的城市基础设施建设就成为引导城市微观经济主体选址、立项、投资、经营的重要前提。原因在于，城市基础设施作为先行资本的一个重要特征，即它的空间先行效应。

所谓空间先行效应即是在区位的选择上，城市基础设施优先于城市微观经济主体的区位选择。实际上，经过科学规划后的城市基础设施建设，为城市空间成本的节约、城市空间结构的配置和城市基础服务功能的改善创造了良好的条件，这一切都是微观经济主体选址、立项所要考虑的。因此，通过城市基础设施建设可以改变一个城市的产业结构配置，进而影响城市经济的发展。

第二，城市基础设施具有控制或鼓励城市经济发展的作用。

城市基础设施是城市发展的"硬件"系统，选择性地供给城市基础设施可以

缩短城际距离或扩张城市边缘规模,改善由于人口聚集度过低或区位配置不协调而引起的不经济现象,从而起到鼓励城市经济发展的作用。而控制城市基础设施的供给则能起到抑制城市经济盲目扩张的效果,如国外有些城市利用控制水源和垃圾清运的办法来限制大城市的过度聚集。从城市发展的实际看,在不同的阶段,城市基础设施供给的数量和方向有所不同,对城市经济的诱导结果自然也就不同。

第三,城市经济发展是城市基础设施供给形成的物质源泉。

城市政府是城市基础设施的主要投资主体,而政府的投资来源则主要是税收和使用城市基础设施的微观经济主体的付费。那么,无论是税收还是使用者付费,显然都离不开城市经济的发展,从这个意义上说,没有微观经济主体的"捧场",城市基础设施就会成为束之高阁的摆设,不仅难以收回成本,更会缺乏后续资本。所以,在城市基础设施建设上也不能政府一厢情愿,以为开了路就会有人行,栽下树就会引来"金凤凰"。我国一些城市政府决策建的市场由于主体缺位导致空有开发设施,没有经济聚集,成为"空壳市场",就是很深刻的教训。

因此,在把握城市经济与城市基础设施开发的关系上,应遵循这样几个原则:

第一,供给结构中的公共部门与私人部门之间的协调。在城市基础设施的供给中引入私人资本实质上就是引入竞争机制,这可以帮助政府更多地了解信息、减少信息不对称引致的盲目性,同时有助于提高政府供给的效率。

第二,城市基础设施配置与城市功能和特点的协调。城市由于资源状况、历史、地理位置、规模大小、发展潜力等因素导致功能、特点各有不同,城市基础设施投资必须以此为设计和规划的前提,选择适宜城市发展的空间模式和供给模式。例如,为了所谓的经济发展在山清水秀的旅游城市大搞工业性基础设施,结果只能是事倍功半,得不偿失。

第三,城市基础设施存量与增量之间的协调。在城市发展过程中,城市基础设施的特点是弥漏补缺,但是由于城市区域发展速度和结构的非均衡性,城市基础设施配置时要受到原有设施配置状况和条件的制约,不可能与城市人口密度和城市发展需求保持同步状态,会出现设施利用的非均衡,即有的地区缺口较大,有的地区设施闲置。因此,在以旧城改造为主的城市空间结构再造过程中,在基础设施的供给上必须以城市的长远规划为主要依据,同时要充分挖掘现有设施存量的利用潜力。

总之,城市基础设施是城市公共品的主要构成,是一切可以充分展示城市功能的"硬件"和"软件"系统,是促进城市发展,提高城市投资和生活质量的物质载体和服务工具。

第二节 我国城市基础设施开发现状

改革开放以来,我国城市基础设施建设和服务事业发展很快,1985年到1993年,我国在城市燃气工程建设上的投资从7.56亿元人民币增加到34亿元人民币;城市供水工程的建设投资从5.58亿元增加到59.48亿元,分别增加了349%和956%;城市气化率已达到57%;城市自来水普及率达93.1%。在城市交通、道路桥梁、城市绿化以及垃圾污水处理等方面也都有了较大的发展。尽管如此，城市基础设施和公用事业仍然不能满足城市化发展的需要，不仅"硬件"投资缺口很大，"软件"建设也很不规范，这极大地阻碍了经济发展，也成为抑制需求的一大障碍。具体分析，大致包括这样几个方面：

一、基础设施开发投入不足

首先，基础设施投资不足导致大城市城市建设滞后，难以全面发挥中心城市的集聚作用。大城市历来是一个国家或地区政治经济和文化的中心，也是人口密集的中心。例如，我国81个大城市吸纳了城市人口总量的37%，流入城市的约5 000万农村剩余劳力也集中于大城市。

进入20世纪，大城市比重的上升已成为国际趋势，据统计，1960年世界百万人口以上的城市为114个，1980年增至222个，2000年已超过400个（表9-1）。

世界百万人口以上城市的发展❷   表9-1

年份	百万人口以上城市数量			百万城市人口占城市总人口%		
	世界	发达国家	发展中国家	世界	发达国家	发展中国家
1960	114	62	52	29.5	30.4	28.4
1980	222	103	119	34	33.4	34.6
2000	408	129	279	40.8	34	44.2

越来越多的国家将构建大城市，特别是营建国际中心城市作为本国经济发展的战略之一，试图通过中心城市的建设增强本国经济的吸引力，成为经济增长的重心。中心城市的培育和发展除了客观条件诸如良好的区位和自然资源环境外，建设符合城市可持续发展要求的现代化基础设施体系是关键。在城市道路交通方面，近年来，我国每年用于城市道路交通的投资均在200亿元左右，约占全国固定资产投资的2%，从1985年到1995年我国城市人均拥有道路面积由3.1平方米迅速提高到7.3平方米，10年内增长了1.4倍，但同期全国机动车拥有量却由415.7万辆增加到2 534.6万辆，增长了5.1倍，城市交通基础设施的增长远远赶不上交通需求的增长。道路拥挤导致机动车出行速度逐年下降，由20世纪70年代的40公里/小时下降为20世纪90年代15公里/小时，不仅加大了城市运输成本，而且造成日益严重的城市环境污染。1998年北京有近1/3的时间处于四五级空气标准。在市政设施方面，由于缺乏垃圾处理能力，约有97%的垃圾未经无害化处理进入环境，2/3的城市处在垃圾包围之中，成为严重的二次污染源。我国还是一个水资源缺乏的国家，北京、青岛、天津等约100个城市严重缺水，与此同时，水体污染问题也更加严重，90%以上的城市水域严重污染，许多城市水源不符合饮用水标准。这一系列问题的存在已成为我国城市发展的障碍，极大地降低了中心城市的吸引力特别是对外国投资者的吸引力。

其次，以生产建设为中心的基础设施结构制约了中心城市功能的转换，不适应信息时代对中心城市服务能力的要求，城市集聚和扩散功能的发挥受到限制。计划时期，我国城市建设是以建立生产中心为目标的，从城市布局到城市基础设施建设都围绕这一目标，忽视城市社会性基础设施建设，包括道路交通、住宅、给排水等设施的建设，结果使从南到北的城市只剩下单一的生产功能，即使北京、西安这样的历史古都也逐渐转化成了生产建设型城市。

城市功能的单一化明显地制约了城市吸引力和辐射力的发挥。上海曾经以中国和亚洲最大的工业、商业和金融中心的地位跻身国际名城的行列，但经过几十年生产性城市的建设，上海更像是一个巨大的生产工厂，作为中心城市所应具有的商业中心、金融中心、文化中心、科技中心等功能明显不足。尽管近几年上海市加大了基础设施投入，但由于欠账太多，仍不能满足城市发展的需要，基础设施的人均拥有量较低，在交通、通信、能源、环保等方面的基本指标还远远落后于国外大城市20世纪80年代的水平。

近年来，伴随着高新技术的发展，为建设"信息高速公路"和"生态城市"，许多国际经济中心城市纷纷进行城市基础设施的建设和改造。我国大城市基础设施建设也应以此为目标，充分认识基础设施超前建设对城市经济的意义，并以此为目标设计和规划城市基础设施体系，为城市功能向多元化转变创造物质条件。同时营造以上海为龙头的我国中心城市体系，在迎接知识经济过程中发挥中心城市的前卫作用，进而带动周边地区的发展（表9-2）。

城市基础设施的类型与经济发展的关系[3]　　　　　　　　　　表9-2

类　型	基本特点	对经济发展的影响	部门投资效果	城市经济效果	综合评价
超前	超前于经济发展	促进	较好	较好	一般
同步	同步于经济发展	协调	较好	较好	较好
滞后	滞后于经济发展	阻碍	较好	较差	较差

再次，城市域内和城市域外交通、通讯设施的不足也是中心城市集聚效应和功能发挥的一大障碍。

现代化的交通和通讯设施如同人体的血液循环系统，是城市域内外能量交换的管道。我国目前城市交通和通讯设施的状况不仅同发达国家相比差距很大，同一些新兴的发展中国家相比也有距离。以交通设施为例，城市快速轨道运输是世界城市交通发展的趋势，许多大城市如纽约、伦敦、巴黎、柏林、东京、墨西哥城等都建有发达的城市快速轨道运输系统，一些城市的快速轨道运输系统长达几百甚至上千公里，每天输送成百上千万人，极大地缓解了城市交通堵塞状况，为城市创造了更大的发展空间和活力。我国目前仅有北京、天津、上海等少数城市有轨道运输系统，且运力有限。全国城市车均拥有面积逐年下降，交通设施的不足加剧了城市交通的拥挤，城市车辆平均行驶速度20世纪70年代末40公里/小时，而进入20世纪90年代降至15公里/小时。我国城市间的交通网络也是世界上最稀疏的交通网络之一，人均道路长度等同于或低于巴西、印度和俄罗斯的水平。世界银行1994年发展报告认为这是中国长期以来对交通基础设施投资过低的结果，每年由于交通基础设施不足而增加的成本大约占GDP的1%。

二、基础设施经营管理效率低下

首先，经营管理不善，缺乏效率和竞争。目前，我国大部分城市基础设施仍归国有，并实行行业的垄断经营。据调查，1995年末煤气生产和供应业中国有比例占88.6%，自来水生产和供应业占84%，电力蒸气热水生产和供应业为77.4%。由于国家同企业的关系没有理顺，城市基础设施管理和营运体制本身存在许多弊端，如政府的过多行政干预、企业冗员和效率低下。另一方面，由于大部分行业实行严格的定价制度，基础设施成本与收费之间相差很大，使企业在享受巨额财政补贴的同时，缺乏创新和追求利润的动力，也使得城市财政背上了沉重的包袱。

其次，管理方式不适应市场经济的需要，使大量准公共品的运营还处在高投入，低产出，服务差，效益低的计划模式之下，远离市场竞争机制。以城市自来水为例，目前多数城市自来水企业不但没有利润，而且处于亏损状态，由财政给予补贴。根据《中华人民共和国价格法》，我国自来水价格实行政府定价，分级管理，除36个大城市自来水价格由国家计委负责管制外，其余各市的自来水价格由同级物价部门负责。可见，我国的自来水价格管制还是计划管理体制，其最大的弊端是不能刺激自来水经营企业努力降低成本，提高经营效率。主要表现在：1) 价格形成机制不能激发效率。目前，自来水价格的制定基本上是以被管制的自来水企业上报的成本为主要依据的，但这种成本是在特定的区域内垄断企业的个别成本，而非社会成本。按企业的个别成本定价，企业不但没有降低成本的压力，而且还会诱使企业虚报成本，结果出现自来水成本涨多少，价格也涨多少，甚至成本涨得更快的低效率现象。2) 政策性亏损和经营性亏损模糊不清。由于政府对自来水实行价格管制，多数地方政府出于稳定物价的目的，对自来水实行低价政策，因此，自来水公司确实存在政策性亏损问题。但是，把所有的亏损都归咎为政策性的，则源于亏损是由城市政府财政负担的，企业没有减亏增效的压力和动力。不少企业虽然亏损，但人员超编现象很普遍。尽管近年来36个大城市的平均自来水价格由1985年的每吨0.07元涨到1998年的每吨0.89元，其涨幅远远超过通货膨胀的幅度，但自来水企业的总体经济效益并没有多大变化，许多企业还一直处于亏损状态。与此相似，城市公交、煤气等也不同程度地存在这样的问题。

再次，在城市公用事业领域存在着严重的政府缺位现象，造成城市内部基础设施服务功能发育不健全，城市主导功能与服务功能不协调，严重制约了城市聚集效益的发挥。发展城市公用事业是城市政府的主要职责，但目前我国城市中普遍存在公用事业服务能力不足、服务效率不高、发展速度迟缓等问题。从表面上看，这些问题的主要原因是政府财政拨款不足，但实质上为：1) 由于政府在市场上仍有过多"越位"，加之，政府要养活一支庞大的公务员队伍，挤占公用事业开支就不可避免；2) 缺乏对公用事业的明确定位，公用事业所具有的外部利益机制，是其不能由市场配置的原因，在没有严格的制度约束下，将大部分公用事业推向市场，必然导致公用事业部门的营利趋向重在谋求资源和资产收益而不是经营盈余，如近几年以垄断行业为主的服务价格的高涨，既不利于公用事业单位提高效率，也有悖于公用事业企业的改革方向；3) 一些公用事业部门为了追求短期利益和部门利益,在事业资金本以短缺的状况下"抽瘦补肥","多种经营",将资金转向厚利项目,使本来就薄弱的公用事业更是雪上加霜。

最后,城市基础设施的短缺也影响到城市的可持续发展。目前,我国大城市经济增长速度和人口增长速度均超过基础设施的供给速度,城市基础设施的过度利用使其边际产出效率急剧下降。以上海为例,尽管每年投入近1亿元资金用于建设垃圾处理设施,但城市垃圾以每年7%的速度递增,远远超过了城市设施的供给能力。同时,城市公共交通匮乏,私人交通工具快速增长,加剧了汽车尾气污染,城市空气质量急剧下降,这一点在大城市特别是城市中心地带表现得尤为突出。由于地区间调水功能的欠缺和水资源设施的供给不足,全国约有400多个城市存在不同程度的水资源短缺,其中严重缺水的有108个,许多缺水城市的消防设施都无法正常使用。据有关报道,因为缺水,全国工业总产值每年减少2 000多亿元,严重影响了城市居民生活和城市经济发展。城市道路供给短缺也造成严重的交通拥挤和效益损失。据估计,我国现阶段城市机动车增长速度是城市人口增长速度的2.37倍,道路需求对于城市发展本身就具有超速膨胀的特征,在这种情况下,道路建设稍有滞后,负效应的累积就会相当大。

面对我国城市基础设施供给和管理中存在的诸多问题,加强和完善我国城市基础设施体系开发已是势在必行。

第三节 城市政府在基础设施领域的职能定位

一、政府投资的局限性

一种比较流行的观点认为,基础设施是公共物品,应该由政府投资。这种观点在经济学界由来已久。尽管经济学家们理论上认为基础设施应该完全由政府投资,曾几何时,国家财政投入是我国基础建设项目惟一的资金来源,通过中央和地方财政支出,用于基础设施的建设。在城市财政支出体系中,城市基础设施是一个非常重要的支出内容。"据世界银行的一项调查分析,在发展中国家基础设施投资通常占到公共投资的40%~60%,占GDP的2%~8%。改革开放以来,城市基础设施投资一直呈上升趋势。以上海市为例,用于城市维护和建设的资金占城市财政支出的比重由1978年的14%上升到1996年的41%。"❶

但是,随着基础设施体制改革的日渐推进,政府投资基础设施暴露了一定的局限性。

首先,公共财政力量不济。以我国为例,我国基础设施建设的关键问题是资金。虽然,我国2002的税收达到17 000亿元,但出口退税就达1 000亿元,各个地方政府为了吸引投资也纷纷高比例退税,估计达2 000亿元。而我国吃财政饭的高达3 000多万人,所以实际可投入基础设施建设的资金不多。同时现在每年有800~1 000万的农民转为城市居民,按每人5万元的基础设施投入一年需4 000~5 000亿元。

其次,国有企业存在效率问题。私人企业以利润最大化为其追求的目标,客观上会努力增加收入、降低成本,不断提高效率;而政府不以利润最大化为目标,其决策者和经营者不具有对经营成果的剩余索取权（Residual Claim Right），从而缺少提高效率的激励机制。我国现有国有企业彻底走出困境之前，任何领域新建国有企业都有可能给政府背上新的包袱。相反，通过股份制改造让民间资本参与基础设施的建设和经营往往能够提高经营效率，增加经济效益。

再次，政府直接参与投资和经营，难免陷于纷繁复杂的微观经济事务之中，既不利于政府履行其维护市场秩序和宏观调节的职能，也不利于企业之间的公平竞争。政府在制定和执行政策时有可能偏袒自己投资的项目而给其竞争对手造成不公平的环境。这种情况中外皆然。

由此可见，经济学家们要求政府承担投资基础设施的责任，而现实中政府却无法包揽基础设施投资。这个矛盾是由于国有经济的效率大大低于私有经济造成的。

二、我国政府（财政）合理的职能定位

中国是发展中国家，税收只占GDP的15%左右，大大低于发达国家30%的水平，政府财政在给公务员发了工资以后基本没有什么剩余。我国正处在快速城市化过程中，需要建设的基础设施规模巨大，资金需要巨大，仅靠财政无法满足投资需求，财政无力包揽全部基础设施。另一方面，如果政府直接投资基础设施，难免身陷微观经济事务之中，影响其基本职能的履行。所以政府应让市场机制在基础设施领域充分发挥作用。为此，政府应该做好以下事情：

第一，应该承担基础设施的未来需求预测和总体布局规划，并制订基础设施建设的中长期计划，消除市场的盲目性，为提高基础设施投资效率打下基础。由于很多基础设施像高速公路、机场、港口、码头的覆盖范围不局限在一个城市的行政区域，因此建立在区域合作基础之上，更大范围的总体布局规划之上基础设施建设才可以大大提高基础设施的投资效率。

插件 浙江和上海参与国际经济竞争共同作出重大战略决策，为合作开发浙江洋山深水港项目，上海市成立了投资主体上海同盛投资（集团）有限公司，而浙江省也成立浙江同盛投资（集团）有限公司。为建设深水港项目中的跨海大桥，还同时成立大桥项目公司。在投融资体制上实行投资、建设、运营、监管四分开的创新模式。两地合作以公司方式投资建设一座共长34公里，其中海中长达26公里的跨海大桥，这是目前世界上海洋跨度最长的前所未有的重大基础设施工程，也是重大基础设施工程对政府直接投资模式的重大突破。❺

基础设施建设可以适度超前于需求，但不能严重过剩。应该引入竞争，但竞争应当适度。某些基础设施项目的过度投资，可能引发恶性竞争。例如前几年的长江建港热，导致大多数长江港口亏损。对于这些过度投资，政府都应该及时制止。

第二，政府必须对垄断的基础设施公司实施管制，防止其滥用垄断权力遏制潜在竞争对手和损害消费者权益。高额的初始固定成本以及相对较低的可变运营成本决定了基础设施具有自然垄断性。在自然垄断性行业中，垄断比竞争具有更高的生产效率，所以基础设施领域应该允许垄断在一定程度上存在，并适度限制竞争。但是，对于其他企业难以进入的自然垄断行业，像供电供水行业，政府应该规定服务质量、限制价格。如果对垄断公司的垄断权力不加限制，垄断公司为了自身获得最大利益必将损害全社会的整体利益，这是市场不能解决的问题。

第三，在一些相互之间具有替代性的自然垄断领域，政府与其管制垄断，不如为行业间竞争提供方便，用市场机制限制垄断。某些替代技术的出现使细分的行业之间出现了竞争，例如在电信业，虽然有线电话网具有自然垄断性，但是可移动蜂窝式无线通讯、微波通讯以及卫星通讯与之存在激烈的竞争。在公路、铁路、水运和航空等交通方式之间也存在着相互替代性。尽管上述各细分的行业都是自然垄断的，但是它们相互之间的竞争大大削弱了各自的垄断地位。在我国未来中长期的基础设施建设中，政府有必要强化其干预职能，同时从具体的微观经济事务中解脱出来。

在具体操作中，政府应该注意避免以下三种失误：

第一，注意提高基础设施规划和决策的科学性，维护政府与企业之间契约的严肃性，避免出尔反尔，丧失信用。有的地方政府急于求成，引资心切，事先缺乏合理的布局规划和整体设计，也没有准确测算具体项目的投资回报，就许诺优厚的条件，并轻易签订合同。在项目实施过程中，合同的不合理逐渐暴露，政府不得不一再修改合同，并承担违约责任，损害了自身形象。

第二，政府不必参股每一项基础设施投资。我国基础设施投资尚未形成规范模式，民间资本投资可能面临难以预测的变数。为了持续获得政府的支持，投资基础设施的民营企业经常要求政府参股，试图以此将政府的利益与基础设施项目联系起来。从单个项目来看，只要政府财力允许，这种做法无可厚非。但是如果该项目与其他基础设施项目存在竞争，并且需要政府维护公平的竞争，政府的参股使其公正性受到怀疑。

第三，在吸引外资及民间资本参与建设和经营的基础设施项目中，政府应该建立激励机制，促使民营企业提高效率，而不能承诺固定回报。前几年，在由计划经济向市场经济转轨过程中，有关基础设施的投资政策经常改变，因此外商为了避免风险要求固定回报。现在我国已加入WTO，一些重大的基础设施投资政策国家已明确，同时国务院已发文，明令禁止一切政府承诺的固定回报项目，已经开办的政府承诺的固定回报项目限期清理。

注释

❶ [美]沃纳·赫希. 城市经济学. 中译版. 第10页. 北京：中国社会科学出版社，1990。

❷ 联合国人类聚落中心. 人类聚落的全球报告. 1987。

❸ 叶孝理. 现代城市管理手册. 北京：经济科学出版社，1990。

④ 高培勇．城市财政管理．第 126 页．北京：经济科学出版社，2002。
⑤ WWW.law110.com/lamstudy/320070.htm。

复习思考题

1．城市基础设施的概念与特性。
2．从上海市最近几年的城市基础设施建设步伐与城市经济的快速发展中，讨论两者的关系，提出更加合理的协调方式。

第十章 城市土地开发

第一节 城市土地开发概述

一、城市土地开发的必要性

城市的进一步发展，客观上要求对原有的经济结构、产业结构和社会结构进行调整，使其布局更趋合理，以便不断适应现代社会生产力发展和改善人们生活环境的要求。因此，城市的扩展和改造就成为一种必然的趋势。然而，城市的扩展和改造，必须首先对城市土地进行开发，城市土地开发是城市经济、社会发展的前提和基础，是城市建设的前期工程，然后城市各项建设事业才能在此基础上顺利地发展起来。所以，城市要发展，土地开发必须先行。

城市土地开发是指为适应城市经济社会文化发展的需要，而对土地进行投资、改造和建设，提高土地质量和价值的过程。它包括城市土地的开发和再开发。

城市土地开发和再开发的必要性主要表现在以下几个方面：

一是，城市化发展的需要。城市经济的发展促使城市聚集效益的不断提高，产生更大的吸引力和辐射力，出现日益向周围扩展的趋势，是城市化的客观表现。据统计，1949年中华人民共和国成立时，城市数量为132个，只有约5%的人口生活在城镇。到2000年城市数量增加到663个，2000年人口普查的调查结果表明：市镇部人口从1949年的5 765万人增加到2000年的4亿多，市镇人口占总人口的比重达36%。随着大量农民进城，城市土地不可避免地适度扩大，以满足城市经济发展的需要。

二是，城市现代化和社会生活质量提高的客观要求。随着技术进步、生产力的发展以及产业结构的调整，社会经济活动的日趋多样化、多元化，人们的生活习惯、生活方式、社会心理和价值观念也随之发生变化，社会需求也将发生变化。如城市居民的平均生活水平和居住水平的提高，不仅要求增加住宅面积和设备，而且要求有更多的公共设施、更宽裕的环境和更优美的公共活动场所。而城市土地的有限性，则使传统的小区平面布置难以解决这一矛盾，这就需要对原有的城市进行重新开发。交通工具的发展使人们的活动半径扩大，人均城市空间需求增加，因此增加土地的供应量和改变原有的城市土地的空间结构，以适应变化的需要。

三是，避免城市功能衰退。延长城市生命周期的需要。随着城市发展，城市人口的急剧增加以及原有的城市的基础设施等会受自然的、经济的、技术的和政治的乃至社会文化等因素影响，呈现出超负荷状态，产生衰退现象，城市所提供的各种承载功能不能满足生产和生活的需要。城市聚集效益下降，这就为城市房地产开发和再开发提出了新的要求。

四是，改革开放、吸引外资的需要。随着对外开放的发展，需要有一个对国内外投资者具有强大吸引力的投资环境，客观上也需要对城市土地进行开发和再开发，使投资者不仅能在生产经营上获得经过开发的便于投资设厂、兴办各类企业和经商等所需要的土地、厂房、商办楼和各种基础设施和服务设施，而且能在生活上获得一个吃、住、娱乐等舒适优美的环境。

综上所述，城市土地的开发和再开发，既是从根本上再造城市的投资、生产、流通等经济活动条件，提高城市现代化整体功能的需要，又是改善居民的工作、居住及文化娱乐等生活条件的需要，从而满足城市因发展对空间提出的新要求。

二、城市土地开发的类型

城市土地开发是指为适应城市经济、社会文化发展的需要，对土地进行投资、改造和建设，提高土地的质量和价值，使其具有社会经济效益的一种经济活动。这一活动是通过一定的技术经济手段，扩大对土地的有效利用范围，提高对土地的利用深度，以满足生活和生产不断发展的需要。

城市土地开发的对象，是具有一定开发潜力和开发价值的土地，主要包括土地的后备资源和已开发利用的低利用率的土地，是以土地为对象，以城市建设为目标。因此，城市土地开发的结果必须包括两方面：一是城市建成区面积的增加；二是原有城市建成区的功能提高以及基础设施和生态环境的改善。

城市土地开发类型大致有以下四种：

(1) 通过围海、围湖造地等方式，开拓并增加土地，并把这些土地用于城市建设。

(2) 将废弃、闲置的土地（如河滩盐碱地、荒山等）经过平整开发用于各项建设，变为城市建设用地或开发为小城镇等。

(3) 改变原有土地的使用功能（主要是农田），通过投资，进行各项基础设施建设，改变原有土地的使用功能，将低效利用变为高效利用，提高土地使用价值和价值。

(4) 对已经或开始衰落的城市中的某一区域，进行新的投资和建设，使之重新发展和繁荣。

上述四种情况中前三种是将非城市用地开发为城市用地，也称为将生地建设为熟地，后一种是城市土地再开发利用。

三、城市土地开发和再开发的特点

城市自身的发展是城市土地开发的动力。城市经济社会文化的建设和发展，如城市人口增加，产业结构调整，必然会产生对土地新的需求，或者原有土地不适合扩大的土地需求，或者原有土地质量不符合改变了的用途。因此，城市土地开发都是为了适应城市改造更新和发展的需要而进行的。城市土地开发具有如下一些特点：

(1) 将导致城市土地在数量上的增加或质量上的提高。城市土地开发，不仅会增加被开发土地的自身价值，而且会极大地提高城市土地总价值。

(2) 城市土地开发都伴随城市基础设施和公用事业的建设和完善，以及城市生态环境的改善和城市景观的增加。基础设施和服务设施以及各类房屋、构筑物的建设是城市土地开发的主要内容。

（3）城市土地开发必将改变原来城市的空间结构、社会结构和经济结构，改善人们的工作环境，提高居民的生活质量和城市的生态环境质量，使城市更加现代化。因此，城市土地开发过程就是城市自身的发展过程。

根据以上城市土地开发的特点，对于城市土地开发，就不能理解为是一次性完成土地用途的改变，而是反复进行的。同时，它与城市旧区的房屋更新也有明确的区别。

城市土地开发，是城市各项开发和建设事业中最重要的一项基础性建设。做好城市土地开发工作，不仅可以合理地利用城市土地，充分发挥城市土地的经济效益，而且对于改善城市的投资结构和环境，提高整个城市的经济效益、社会效益和环境效益，积累城市建设资金，正确处理好城乡之间、工农之间的关系，都具有十分重要的意义。

四、城市土地开发与房地产业

城市土地的开发和再开发，离不开房地产业的发展。可以说房地产业的发展与否，直接影响到城市土地的开发和再开发。房地产业是城市土地开发和再开发的主体。

对城市土地进行开发和再开发，提高了土地的使用价值，并把土地这个自然物实行商品化经营，从而形成了地产业。而地产业是房产业的基础和前提，房产依赖于地产而存在，地产则通过房产才能实现，因此，地产业与房产业统称为房地产业。房地产业经济就是土地及物业所有权在经济上的实现所构成的经济运动。因而，要进行城市土地开发和再开发，就必须确立房地产业在城市经济乃至整个国民经济发展中的地位。事实上，房地产业已是当今世界上一项具有较高效益的产业，并是经济繁荣的重要支撑点，许多经济发达国家和地区，都把它当作国民经济的支柱产业之一。

在传统的产品计划经济体制下，土地无偿、无限期的使用制度，将土地仅作为资源而忽视了其效益，因此，在城市土地开发和再开发过程中，只是把土地作为一般载体和场地。虽然，在土地使用过程中产生的各种经济效益以利润税金形式上交，但并未认为这部分利润税金是城市土地产出，反而认为城市土地只有投入没有产出，对城市土地的投入开发是"非生产性"投入，因而不断削减包括城市投入在内的全部非生产性质投资占整个基建投资的比重。由比较正常的"一五"时期的33%，降为"二五"时期的14.6%，"三五"、"四五"时期也只有17%左右，低于正常需要的一半。直至1978年改革前，累计城市欠账超过1 000亿元。房地产业长期萎缩，全国近4 000个城镇110亿平方米建成区城市土地，在财务和统计计算中的价值基本上等于零。事实上，土地价格并没有消灭而是隐蔽在房产中。在改革开放后，城市土地的经济效益就愈益体现出来了。据初步结算，1990年底，全国城镇房地产投资已达6 000亿元以上，开发的国有土地面积2.5万平方公里，房屋总量为66亿平方米。已形成房地产总值为38 200亿元的巨额财富，而1990年全民所有制企业的固定资产只有1.2万亿元，因此，如果能将这笔巨额财富投入社会生产、流通、消费的市场经济循环中，使其不断增值并形成良性循环而迅速壮大，不仅能解决"城市病"，而且能推动整个国民经济的迅速发展。可见，把房地产业作为城市土地开发和再开发的主体以及国民经济的支柱产业势在必行。

房地产业在现代化城市建设及城市土地的开发中不仅是主体产业，而且还是基础性、先导性产业。城市要建设和发展，首先是房地产业要发展。房地产业是指从事房屋和土地开发、经营、管理以及维修、装饰、服务等各种经济活动，它是具有高附加值的综合性产业。它包括了生产、流通和消费三个环节。既能为社会创造财富，为国家提供积累，又能促进消费结构调整，活跃市场经济并带动众多相关产业发展，所以，房地产业在国计民生中占有极为重要的地位，房地产业具有如下特点：

(1) 它是以土地和房屋等不动产为基础的，离不开一定的空间区域。

(2) 它是代表社会主义市场经济的一种需求，离开了它，商品经济的生产、交换、分配和消费四个再生产环节就无法继续下去。

房地产业在经济建设中起着先行带动作用。世界经济发展的历史已表明，工业化、现代化及伴随而引起的城市化都对土地和建筑产品产生旺盛的需求。因此，房地产业的发展，既是经济发展的产物，又直接影响城市土地开发的发展，并继而影响着整个城市现代化的进程。

实践已证明，房地产业在整个城市土地开发中起着决定性的主体作用。

五、城市土地开发与城市改造

城市作为一个有机体，需要不断地新陈代谢，它从形成兴起至发展衰落有一个生命周期，城市的这种生命周期因工业化和现代化的发展而变化。在城市的发展过程中，城市功能会发生部分，甚至根本性的变化。原有的发展模式和建筑、各类基础设施服务和生活设施会显得陈旧落伍或丧失效用，原有城市会因物质磨损、结构性失调而使城市整体功能不能适应城市发展对空间提出的新要求，这在客观上要求加速对原有城市进行改造或重新开发，以保持和增强城市的生命力，延长城市的生命周期。因此，对作为城市多种经济活动得以展开和城市基础设施赖以建立基础的城市土地进行开发和再开发，就是以土地为手段，改善城市生产环境和生活环境，为城市社会提供必需的活动空间，促进城市的繁荣发展。

对于城市改造，世界各国根据各自的不同情况采取或制定的城市开发和再开发政策是不同的，对城市改造的理解也存在着一定差别。在美国，城市改造就是更新，即把影响城市整体功能发挥的那些老旧破损的房屋拆除，代之以新的建筑、街区和公园；而英国则认为，城市改造是在原有城市基础上进行改造和修缮，使其达到可接受的水平。旧城区的更新，虽然可以不必扩大城市规模而开辟新的城区，节约了用地，改善了资源利用，但是需要以大规模的资金投入为代价，而且已建立的社会联系和交往则将暂时中断。而在原有结构基础上进行改造和修缮，虽有节约资金（据测算，整修费用一般只占重建的57%），改建速度快，见效早，而且不会损害已形成的社会联系等优点，但是改建、修缮后的房屋使用年限短，更新要求快，更重要的是不能从根本上解决影响城市整体功能发挥的制约因素，如土地的有效利用、供应量以及新开道路、学校、商业、娱乐及各种服务设施的增加等。

根据我国现有城市的实际情况，城市改造意味着对土地进行再次开发，即在原有城市基础上实行再开发。它要求从根本上改变那些落后且不合理的城市经济结构、社会结构和环境结构，重新规划城市空间布局，建立合理的用地结构，使有限的土地资源得到最经济的利用，提高城市整体功能。因此，其内容应主要包括重建、改造和修缮三个方面，具体说明如下：

(1) 城市结构的调整。如城市用地结构、城市空间结构、城市人口分布结构的调整，城市管网结构、道路网架和公用设施的改建。

(2) 损耗的实物补偿。这主要是通过局部更新和全部更新来实现的。如房屋的修缮、改建和扩建，古建筑物的修缮和保护，道路的修建包括架设空中通道或开挖地下通道，修建交通疏散设施和停车换乘枢纽及各类停车场等。

(3) 城市环境的整治。包括增加绿地和公共空间，污染源的排除，垃圾污水处理；把单纯的小街坊改造成完整的居住区等。

很显然，城市土地的再开发是城市进行改造的基础，通过对城市土地的再开发，创造出更多适应变化需要的办公用地、商业用地及交通便利的住宅用地和公共绿地，绝对、相对地增加城市土地的供给量，从而为城市的改造提供必要的物质空间，促进城市改造方式，应以提高城市土地内涵为主，即主要是土地的功能型调整，达到提高土地集约度和使用合理性的开发过程。它通常是通过拆迁、基础设施的改造更新和土地功能转换来实现的。现在，实践中进行的主要有以下几种形式：

1) 通过对具有级差优势的土地进行批租，采取切块出让，利用房地产开发和经营手段，吸引外商直接投资或内外合资、外省市投资合作，进行滚动式开发，发挥土地效益，多渠道筹措资金，以推进城市改造。如广州采取这一方式，仅1991年一年就新建市区住宅3.04万套，共212万平方米，并无偿提供包括道路、供排水、学校、托儿所、居委会和商业网点等在内的共折合资金4.7亿元的市政公共配套设施。

2) 运用级差地租效益，将住宅建设与商业等经济建设结合起来。即通过将城市中心区或相近地区具有较好区位的旧宅地进行改建更新为高级商品住宅、商业办公楼以及多功能新房，收取地差效益，异地安置动迁户，这样，既可改善居民居住条件，疏解高密度人口，调整市区人口布局，又可繁荣经济和美化城区，优化城市用地结构，并获得进行城市改造所需要的资金。

3) 对原来具有各类风格典雅的花园住宅或建筑进行重新修缮、整理，以拍卖或招标形式出售或出租，将获得资金建造具有多功能、造型各异的超前普及型生活小区，从而恢复和保护了原有城市风貌建筑群，又能改善现有居民居住条件，增加城市景观。使国家不花钱或少花钱就进行了城市改造，例如上海思南路别墅区的改造。

4) 合理调整城市原有布局，将原来的码头区、工业区、低档生活区调整置换为以休闲、金融、商贸和房地产为主的第三产业经济区；将原有地段商业网点没有连贯成片的重新开发营造为具有各自特色的专业街，形成具有住宅、商贸、娱乐、教育、卫生等一体的综合功能区，以改善城市风貌、繁荣城市，适应城市化的发展。例如上海新天地，位于上海市中心地区，原为低档旧式里弄生活区，建筑密度高，环境极差，生活质量低下，中共一大会址就坐落于此。为了改善环境，上海利用外来资金，进行国际招标，引入国内外名人开店，名店设铺，将其开发建设成为一个集餐饮、娱乐、商业、居住为一体的高档休闲生活区域。再如旧金山渔人码头（图10-1），原为渔港，接近市区，临山靠海，面向金门大桥。地方政府为了吸引游客，将原来渔码头改造成为游船码头，将原来的水产仓库改造成为集食海鲜，喝咖啡和旅游商品销售的休闲商业服务综合体，设置了开放式旅游公交车、专用式旅游车等多种旅游车，形成了一个交通方便，风景优美，环境舒适休闲旅游胜地。

图10-1 旧金山渔人码头利用旧仓库改造的休闲商业服务综合体入口

5) 利用基础设施、公共服务设施等项目的建设来直接进行城市改造和促进城市改造。例如，通过道路拓宽更新，建立多层次、多结构、立体化交通、建设地段和架设高架公路，以及开发旅游风光城或大型综合医疗保健院、体育场馆、美术馆、电影娱乐城、小型的园林景点，以促使沿街和所属地段或经过地段的再开发。这样，一方面将使每一寸土地获得充分利用，提高了土地级差效益，增强了吸引投资的优势，解决了城市土地再开发所遇到的资金不足的问题；另一方面，拓宽了空间，完善了市政公共服务设施，改善了社会环境和生态环境，推动了城市改造。如上海虹口区，利用吴淞路闸桥建成通车和道路拓宽、交通便利的优势，吸收资金2亿美元，集资2.2亿元，在全长近4公里的沿线道路两旁建造了一批商业、住宅和办公等现代化高层建筑群，改造危棚、简屋数万平方米，300多户居民的住宅条件得到改善。

以上5种方式的共同特点在于，从改变黄金地段低效益产出状况入手，带动其他地段的改造，并利用土地级差，发展房地产业吸收资金滚动开发来优化城市空间布局，改善市容环境，从而使城市改造取得一定的经济效益，使城市土地再开发走上良性循环的轨道。

在进行城市土地再开发时，既要考虑到合理利用土地，提高土地的使用价值，又必须充分注意到土地利用的社会效益、经济效益以及生态环境效益。在实际操作过程中，应注意以下几点：

第一，重建与改建要统一协调。城市是规模巨大的人造物质，是人类世代劳动积累的劳动成果，历史发展的规律和经济条件决定对于原有城市不可能彻底推翻，从头开始，也不能超越经济条件和社会条件一味追求城市的现代化，这样做只能事倍功半。因此，对于已不能满足现代社会发展要求的设施等，必须拆除重建改造；对反映城市风貌的各类建筑群，应修缮保护和改建，使拆除和保护统一起来。

第二，要考虑到改造的滚动性和稳定性、局部完善性和整体协调性。构成城市空间的各个局部都有着内在联系，对一个局部的改造，必然引起一系列相关的改造需求，如重新布局，调整某地段建筑密度和土地使用，要受到该地段相应的交通容量、人口密度，供排水、煤气管道以及各类服务设施承载能力的制约。随着城市的发展，过去的单个建筑群，就可能成为整个周围环境的组成部分形成一个小区，由部分变为整体。因此，必须进行系统的全面考虑，严格按照规划进行，杜绝随意建设。

第三，加强技术经济分析，采用现代科学技术。城市土地再开发，要将土地低效利用转为高效利用，将资金集中地分布在有限的空间里，就需要采用最现代的科学技术手段，建立各种科学利用模型，计算最合理的土地利用价格，从而通过科学技术的利用，达到现实土地利用的最优化，实现环境效益、经济效益与社会效益的统一，促进土地优化配置和城市改造的科学性。

六、城市土地开发的原则

城市土地不仅是一种财产，是一种社会关系的客体，还是一种自然物质。因此，城市土地作为自然历史的结合体，也有着自身的发展规模，它的开发利用，除了受社会主义基本经济规律和社会主义市场经济规律制约外，还受土地自然发展规律和生态规律的制约。这就决定了对城市土地的开发不仅要按照初级社会主义的要求去调整土地经济关系，而且还要根据土地的自然发展规律以及生产力发展程度和城市化的要求，进行合理开发和利用。

所谓合理开发利用，就是必须根据土地经济的规律和土地本身的自然规律，有效地对土地进行保护、开发、整治和利用，提高土地利用效益，使土地生态效益、经济效益和社会效益得到有机的统一。因此，城市土地进行合理开发，必须遵循以下原则：

第一，生态原则。在城市土地资源转化为城市土地资产开发过程中，必须重视人文生态的客观规律，以保护城市的土地为前提，使土地开发符合生态和景观的要求。城市土地是自然地理的综合体，因此，必须要有利于保护自然生态环境，保护土地使用价值的耐久性和其他自然有用性，不能破坏土地的生态平衡。这就需要，一是严禁各种大气污染、水污染、土质污染、垃圾污染和噪声污染；二是必须依照对城市土地利用的需要进行地形的改良；三是采取行政、法律、经济等各种措施，提高用地单位及个人对保护土地生态环境的责任感和积极性，对破坏土地生态环境的行为要予以严厉制裁。

第二，规划原则。城市土地的开发和再开发必须按照土地规划要求进行。城市土地的开发是实现城市发展规划的重要手段，而城市的土地开发规划又是进行城市土地开发的依据和"龙头"。其一是，有了一个具有开拓、超前和科学的土地开发规划，城市土地的开发、整治、建设和利用才能有计划地进行，减少开发中仅为追求收益而破坏土地利用上的整体性和合理性以及对城市发展的支撑系统和公共设施开发重视不够和投资匮乏的弊端；其二是，现代生态城市决定了城市土地开发必须以整个城市用地的开发效益为目的，只有按照土地开发规划进行开发才能使城市土地的使用有一个合理的总体布局，才有可能避免因追求局部效益而产生的整体盲目无序状态，为城市发展提供合理空间系统，使土地开发取得更好的宏观效果；其三是，要考虑社会经济发展的弹性需要和土地利用配置的兼容性，从而保护整个城市开发乃至地区分类的一致性，使城市所聚集的社会生产及其要素得以高效率发展，实现土地开发与经济生活的最佳地域组合。

第三，立体原则。城市土地的开发和再开发必须根据土地的适宜性，实行最大深度的立体开发，最大限度地发挥其功能。根据不同的土地自然经济特性进行开发和再开发，使一切城市土地都能用在其经济特性和自然特性相结合的用途上，即一方面要使每一块土地都能够发挥其应有的经济功能，另一方面，要使每一块土地都能提高其利用价值和潜力。同时，在开发中，不能仅仅着眼于城市土地在外延上的扩大，应重视城市土地内涵上的集约利用，因地制宜，从而保证土地的永续利用。还必须考虑对土地地下的开发和利用以及土地地上空间的合理规划及开发利用，使城市土地利用达到最佳空间结构和高效化。

第四，整体原则。城市土地的开发和再开发必须是对土地的整体利用，维护和保障城市整体和公众的利益。由于开发的根本目的在于改善城市生产环境和生活环境，为促进社会经济发展服务。因而，在开发建设过程中，必须尽力创造一个洁净、舒服、优美的环境和空间，提供在一个城市中人们所向往和必要的各种设备和服务，如滨河公园、街心花园、街景小品、没有污染的交通、饮食店、商店等各种服务系统。同时，必须注意到土地使用单位和社会整体利益的协调和综合，防止妨碍和侵犯公众和社会权利的现象出现，使城市土地开发既符合使用单位及个人的利益，又不影响公众社会的利益，如建筑办公楼和商业楼，必须在楼前开辟一个让人休憩的小花园，建筑街景小品等，其费用由土地使用者负担。这样做，有利于城市整体经济发展，有利于改善城市景观和环境，最终有利于提高城市公众居民的生活质量。

城市土地开发必须遵循以上四个原则进行，而且必须在开发中达到统一，才能是合理的开发。不能以偏盖全，更不能为了短期利益而忽视了长远目标，也不能为了局部个别利益最大化，而破坏城市整体利益及合理布局和发展，损害城市景观和环境。

七、城市土地开发的目标

城市土地合理开发是指城市土地在城市的不同经济部门之间、各个不同的项目之间的合理配置和高效使用。

城市土地开发的目标,在很多土地经济著作中都是将其表述为使土地开发的经济效益、社会效益和生态效益最大化,实现公平、效率和环境的统一,保证人口、资源、环境和社会协调发展。但是,具体地进行一个城市土地开发的目标分析,却是很难用简单的几句话讲清楚。因为在不同的经济发展阶段和不同的地区,城市的作用不同,城市的性质不同,城市的产业经济结构差别,城市的形成条件各异,城市的空间形态不一样,城市土地的配置和开发目标显然存在着很大的差异。例如,工业城市和旅游城市,不能简单地以相同的城市用地结构标准来判断其土地开发的合理性。城市规模不同,其空间集聚能力不一样,人均用地指标不应当完全一致。在城市化水平较低的阶段,往往是一些大的城市具有非常强大的经济吸引力,城市规模随着人口的增加在空间上出现蔓延之势,而其他更加广大的区域往往因为经济实力有限,投资环境较差,而无法形成区域中心城市。在此阶段,尊重其城市化发展的现实,在积极发挥原有城市的区域核心作用,促进城市的空间有序扩张和新城市的建设往往是必需的。但是,对于一个具体的城市的建设,人口、经济和文化的空间集聚具有很多的优越性,它具有可以节约用地,减少基础设施投资,充分发挥规模经济效益等优点。在城市土地开发过程中,城市空间组织的均质性和多样性也常常是学术研究争论的问题。城市土地开发和再开发过程中,注意克服不同土地用途的相互干扰和不利影响,按照城市用地的经济功能把城市划分为居住区、商业区、产业区等功能区,具有一定的合理性。但是,城市用地过分纯化,使城市各个功能区的用地性质单一,会使城市有机体分割成碎块,影响城市的正常运转。例如,战后西方城市规划就从追求功能纯化的分区建设,向功能混合的方向转变,探索城市空间有序的混合。一些建设规划,只区分了居住与工作场所用地,安排了混合建设用地,鼓励将居住、商业、管理、教育和业余活动中心以及没有重大干扰的生产生活混合修建。在新经济和全球化迅速发展的新时代,劳动分工和经济联系的方式发生了变化,城市形态也必然发生改变,未来的世界"虚拟城市"有可能取代当今实体城市的部分功能,但是,大城市,甚至城市绵延带,其通达性、多样性和密集性特征,也使得它们能够取得无可替代的、史无前例的地位。

对于城市土地合理开发,许多人也可能简单地把它和城市规划相互联系。但是,如果对我国城市土地开发的规划管理进行分析,过去的城市规划对于城市土地的开发,由于受多种历史因素的影响,存在着一些明显的缺陷,尚不能很好地适应城市建设发展需要和目前土地开发管理的现实需求。

第一,过去的城市规划对于城市土地开发规模的确定,多是以城市建设用地需求为核心的,以额定的人均土地需求标准结合各城市人口预测规模来确定城市建设用地的供给,没有充分考虑城市经济发展带来的土地的社会扩展需求。近年来,我国许多城市为了既满足现代化城市土地需求,又要符合城市规划的人均土地需求标准,只能拼命扩大规划人口,根据有关资料介绍,将城市规划的规划人口累计起来，到 2000 年已达 20 亿人。

第二，过去的城市规划对城市土地用途的确定，多是考虑建设用地的适宜性和城市土地用途之间的兼容性，较少考虑土地资产价值的实现，对城市土地开发缺乏深入的成本效益分析，没有进行可行性论证，这就有可能出现规划设计不符合房地产开发的技术经济前提，土地开发设计的用途不能实现。据调查，我国各地城市规划在城市建设中大多只起到部分作用，就是城市规划工作做得较好的上海市，其城市建设开发用地与规划用地性质不完全符合的个案比例达 40% 以上。这显然难以适应我国土地开发管理由计划指标控制为主向实行土地用途管制为主的管理方式的改变，土地管理上可操作性差。

第三，过去的城市规划对城市土地开发结构的确定，虽然反映了土地开发同城市自然环境、城市性质和经济产业结构关系，强调土地开发结构平衡，但多以静态分析为主，缺乏对土地开发类型形成、发展和地域分布规律的深入研究，对城市土地开发中不同类型间空间替代、时间演进规律缺乏深刻的认识，使得城市土地开发规划适应性差，指标弹性很小，难以满足城市社会经济发展与城市更新发展的需要，城市规划与土地管理工作难以走在城市建设的前面。世界银行 20 世纪 90 年代初对我国的旧城改造调查指出，在改造土地开发时，很多地方是大幅度提高建筑容积率，使其从很低的指标（0.3~0.6）提高到了较高的指标（2.5~10.0），有的造成基础设施超负荷，有的出现挤占公共绿化用地，存在着人居环境恶化的可能。城市建设由此同人们追求生活质量提高的趋势相违背。

第四，过去的城市规划多强调了技术专家的作用，多是按城市建设设计标准来提出土地开发方案，没有重视现实城市土地开发的权属关系，公众参与非常有限。我国有的城市规划，目前仍然印有"机密"字样，一般人很难看到。群众不了解规划方案，就谈不上将规划的落实化作自觉的行动。使得城市更新改造过程中，居民拆迁多以行政干预为主，一刀切，没有重视土地权属转移、城市用地规划与土地整理作用的充分发挥，也不利于城市社区建设与历史文化保护。使得城市改造中土地开发产权纠纷多，城市土地再开发阻力大，土地管理任务繁重。

城市土地合理开发的目标，的确是十分复杂的问题。对城市土地合理开发目标的选择，一般说来，应当遵循以下几个方面的原则：

(1) 城市土地开发要充分考虑区域经济、社会和人口发展的趋势，重视城市核心作用的发挥，建立科学和合理的城镇体系，积极推进城市化进程的健康发展，保证城市建设用地的合理供给。

(2) 城市土地开发要与城市的性质和发展方向相一致，有利于城市空间结构优化和对外联系。

(3) 城市土地开发要以人为本，提高城市的适居性，并且做好投入——产出分析，保证城市土地开发能够形成资金的良性循环。

(4) 城市土地开发要充分发挥土地位置的区位优势，优地优用，注意发挥城市土地的级差效益。

(5) 城市土地开发要注意不同用途的相互兼容性，克服不同土地用途的相互排斥性，提高其综合开发的互补性，通过综合开发使土地资产增值。

(6) 城市土地开发要重视土地的集约开发，注意节约用地，促进耕地保护。

(7) 城市土地开发要搞好城市历史和文化遗产保护，保持城市文脉的连续性。

(8) 城市土地开发要考虑城市供氧、供水、污染防治等方面的限制，注意城市景观风貌的美化，保持和建立优质高效的城市生态平衡。

第二节 城市土地开发模式

一、城市土地开发和再开发的模式

城市土地开发的目的，是为了提高城市土地的利用率和增加土地的使用功能。而城市土地的利用，主要是利用其承载力，而城市土地的位置差异，又是城市土地经济的首要影响因素。因此，城市土地开发实质上是对城市土地的使用强度及位置的开发和利用并由此取得一定经济效益的经济活动。由于城市各种经济活动的相互依存和相互作用，决定了城市内各功能区界限的相互交错，并使每个功能区占有一定面积，处在一定位置上，从而使各功能位置、大小或位移具有彼此消长的关系，它对城市土地的开发、利用会提出不同的需求。所以，在实际开发中，各种形式的开发不能单独进行，而一定是相互交错，相互联系，涉及到方方面面。从城市土地的利用和对城市空间发展形成以及土地开发的效益来看，城市土地开发的方式可以分为综合开发、成片区域开发和项目梯度开发三种。

(一) 城市土地的综合开发

城市土地的综合开发，也叫房地产综合开发，包括土地开发、房屋开发和基础设施开发三个部分。这种开发方式是根据城市总体规划和社会经济发展计划的要求，选择一定区域内的用地，按照规划要求的使用性质，实行"统一规划，统一征地，统一设计，统一施工，统一配套，统一管理"的原则，有计划、有步骤地进行开发建设。

综合开发的内容，一是对规划设计、征地拆迁、土地开发、组织施工、验收交用，做到各个环节紧密衔接、互相配合和协调发展，以求缩短工期，取得良好的经济效益。二是对新开发区和旧城再开发区的工业、交通、住宅、科教文卫、商业服务、市政工程、园林绿化等所需用地，根据需要和可能，分别轻重缓急，统筹安排，配套建设，分期交付使用，这是一项综合性的生产活动。

综合开发的具体形式主要是新开发和再开发。新开发就是指对新市区和卫星城镇的开发，其主要特征表现为，通过对农业土地投资开发为可供城市使用的建设用地，体现了城市空间形式水平方向的发展。再开发是指对原有城市某些区域进行改造、扩建和修缮，主要是将城市原有利用效益低的土地变为高效利用的土地，使城市建设资金集中合理地分布在有限的空间里，它是通过土地容积率的提高来表现的。

综合开发的特点在于，首先在开发内容上做到统筹协调。通过对各项目的综合平衡，最合理地安排交通、电力、通讯、给排水、供气、消防等诸种设施与主要用地功能之间的比例关系和开发秩序，避免各项开发投资因互相干扰而降低效益。其次，在开发规模上做到合理适度。通过综合开发，合理安排互补功能用地的充足空间，实现规模经济，提高土地的利用系数。如将城市中不同性质、不同用途的各个分散的社会生活空间组织在一起，形成一个完整的街区或一组紧凑的建筑群体，使城市向高空、地面、地下三向空间发展，构成一个流动连续的空间体系。再次，在开发效益上，做到兼顾综合。通过综合开发，能直接影响到城市开发的社会效益、经济效益、生态效益甚至景观效益。如合肥金寨路北段1.05公里长的旧街改造，只用了40天时间拆除破陋房4.1万平方米，且在一年时间里，新建44幢共15.7万平方米的楼房，不仅根本改善了原有的1582户居民的居住条件，还提供了8.5万平方米的住宅和商店。实行城市土地的综合开发，较之于分散的单项开发，具有极大优越性，作用如下：

其一，有利于提高城市建设的总体水平。由于综合开发是按照城市总体规划进行统一建设，改变了那种条块分割、各自为政、千家计划千家施工、建筑标准五花八门、布局缺乏整体性、影响城市整体景观及合理布局的局面。

其二，有利于房屋建设和基础设施建设的协调发展。实行综合开发，把城市作为一个有机整体实行配套建设，从而能使住宅和公共设施同步进行，开发一片，受益十片。改变了那种因各单位分散建设，只解决建设物本身投资，而与城市服务、公共基础设施（如商业网点、学校、幼儿园、医院等）配套建设的脱节，使主要用地功能的建设项目完成却无法使用的局面。

其三，有利于提高城市建设的社会化水平。综合开发能最大限度地合理使用土地，提高土地利用系数，缩短建设周期及降低成本。据有关部门统计，进行综合开发，可以提高土地利用系数10%～15%；工期一般可以缩短1/3，成本降低单方造价10%左右，全员劳动生产率提高10%。

其四，有利于保护城市生态环境。进行分散单项开发，施工场地星罗棋布，地下设施你填我挖，容易造成脏乱及噪声、空气等污染遍及城市。综合开发面大点少，易管理，建一片，成一片，合理布局，保持市容整洁，利于环境保护。

其五，有利于集中统一使用资金，节约投资。由于综合开发通过各种形式将资金筹集后统一使用，统一成本核算，统一材料管理，不仅能加快工期，降低成本，而且能取得良好的规模效益。据徐州市统计，综合开发比分散建设所完成的人均施工量提高效率8倍，按定额，统建工程比分散工程每平方米要降低造价9%～11%。

我国城市土地综合开发这一方式虽然是从房屋统建的基础上起步的，但是，统建基本上是采用行政办法管理，主要是把国家、地方投资捏在一起，实行局部统建和组织企业集资统建，其资金来源和分配都是对号入座，有很大局限性。而综合开发则是主要采用经济办法，以商品的形成进行生产和销售，资金的来源主要是通过集资，其基本特征是集城市土地开发和建设综合统一于一体，将房地产作为一个统一的有机整体进行开发建设。显然，两者存在着原则区别。较之于统建，城市土地综合开发更能满足社会经济发展对城市空间的要求。这一方式已替代旧的统建开发方式而成为我国城市土地开发的一种主要形式，并将随着城市现代化的发展，其内容、形式等将不断发展和完善。

（二）城市土地的成片区域开发

成片区域开发，又可称为专业性开发，是指在依法取得国有土地使用权后，依照规划对土地进行综合性的开发建设后，进行房地产的经营活动。这里所指的综合性开发建设分为两个层次：一是首先要进行基础设施的建设，通过"七通一平"形成各类建设用地所必备的基本条件；二是在建设公用设施的基础上，还必须建设与生产及各种经营活动和生活相配套的各类服务设施，改善投资环境，为投资者使用土地创造条件。而经营活动是指在开发建设以后，转让土地使用权，出售或出租地上建筑物和经营公用事业，如有偿供电、供水、供气等。一般来说，城市开发以政府行为为主，具有相当大的面积。具体究竟以多少面积为界限，应按各地实际情况而定。如福建省内部掌握在1.5平方公里以上，辽宁省规定在1平方公里以上，上海则没有明确规定，只要符合前两个条件就行了。

城市土地的成片区域开发，最初是在沿海开放城市和经济技术开发区所出现的利用外资来投资进行城市土地开发的一种方式，现已成为城市进行新城区开发和旧城区改造的主要方式之一。这种开发带有明显的专业性，一般包括工业开发区、商业住宅区、金融贸易区、高科技科学园区、旅游经济区、大学园区等的开发建设。就其具体形式来分，可以归结为"筑巢引鸟型"和"引鸟筑巢型"两种。

所谓"筑巢引鸟型"，即由国家出面，由政府机构或委托开发机构进行建立开发区，投入资金进行基础设施建设，通过改善投资环境以吸引投资者举办项目，进行城市土地的开发改造。由于这种开发方式先要有较大数额的资金准备，建设期内不能移作他用，这就等于丧失了机会成本和其他投资利润。投资期间，基本没有资金回收，而且投资回收期限较长，待开发完成各项经济活动正常运转后才能有效益，如资金来源于贷款，还要负担较重的利息。虽然有土地使用税费作弥补，但土地开发投入与产出有很大差距。如深圳从1980年建立特区至1988年初，市政府累计在土地开发方面投资了13亿元，通过土地使用税费征收回来的还不到4 000万元。所以，开发建设越快，地方财政负担越重。同时，由于这种方式吸引的项目有限，从而土地利用率不高，致使开发后的土地闲置，造成土地资源的浪费，投入资金沉积，收不回来，需要再开发的土地又缺少资金来源，形不成良性循环。如天津开发区规划用地33平方公里，一期开发只有3平方公里，大部分土地需要开发，但因资金不足而未能进行。又如，福州市马尾开发区1985年至1990年由国家投资开发4 599亩，付出金额8 381万元，实际使用土地仅2 358亩，尚有2 241亩土地闲置，历年收取的场地使用费只有3 818万元，与投入相比，缺亏4 563万元。

随着改革开放力度的加大，现在较为普遍地采用了一种称之为"引鸟筑巢型"的开发形式，即通过出让国有土地使用权给投资商进行城市土地的开发改造。其特征是利用土地吸引资金，将土地变为资金，用土地积聚资金，这是一种借助外力迅速改善投资环境和改造城市、进行土地开发和再开发的方式。投资开发者，可以是外商外资，也可以是内商内资；可以是公营的，也可以是私营的；可以是某一企业或集团单独投资开发，也可以几个企业或集团联合投资、合作合资开发。因此，吸收投资的面广量大，容易形成巨大的资金流，进行规模开发，加快开发速度。

这种开发形式的特点及好处在于：首先是政府只需要通过制定法律规定及总体规划要求，就可以从宏观上对投资者的开发经营进行管理和指导；其次是既可以节省直接投资，又可同时获得大额出让金，增加政府收入，为城市的土地开发和再开发注入新的活力，形成房地产开发投入产出的良性循环。如深圳仅1991年就通过出让土地获得出让金达10.38亿元人民币用于城市土地的开发，广州开发区实行用地权出让后仅一年，开发资金回收额是以前的3~5倍，天津采用这种形式进行城市土地开发，还本付息近7 000万元人民币；再次是有利于调整城市空间布局，优化产业结构，推动房地产业以及第三产业的发展，形成了土地开发与教育、科研、生产相结合的综合开发系列工程，促进了投资技术转移及贸易等各门类跳跃发展。如上海金桥开发区，仅1992年一年开发建设，就吸引项目120个，投资总额15亿美元，平均每个项目1 200万美元，平均每平方米土地吸纳700美元，完成1.9平方公里的市政配套以及长度超过12公里的下水道和区内多环马路，并奠定了由中科院等30多家第一流科研开发单位在内，投资逾700万美元的科学城，吸引投资1.5亿美元的贝尔公司和投资1亿美元的上海冰箱压缩机股份有限公司等十批特大型技术含量较高企业的落户；最后，能在不花钱和少花钱的情况下，较为迅速地改善城市投资环境和市容环境，提高土地利用率，获得较为明显的社会经济效益。如福州市在旧城区通过出让19幅地块，共拆除旧房70.6万平方米，拆迁安置居民1 800户，兴建28层以上楼宇19座，建筑面积70万平方米，并建成了五一路等四条风格迥异、功能完善、设施齐全的商业、旅游街区。

由于城市土地成片区域开发所批租土地不同于宗地批租出让，其出让土地面积大，使用年限长，因此，在采取这种方式进行土地开发时，必须注意以下几点：

其一，资金投入要有明确法律规定。即要明确投资开发土地项目投资者出资比例、到资期限，投资额必须与建设规模相适应，扩大规模或增加投资项目应相应增资。

其二，开发期限的法律规定。为防止投资者占地不开发，影响土地效益，应视开发规模的大小确定开发期限，在合同规定的开发期限内没有完成投资开发的，收回未开发的部分用地并追究违约责任。

其三，要以项目带动开发。即必须依据开发区域将来的发展规模、产业结构、功能分区和项目要求，来确定引进的具体各类项目，防止出现没有项目投资，甚至只追求眼前利益而使投资者圈地后炒卖地皮。

其四，要限制牟取暴利。对地价进行认真评估和测算，既要考虑国家利益不受损失，也要让投资者有利可图。在土地使用过程中所产生的社会投资引起的增值，国家应通过征收增值税来合理安排土地所有者与使用者的利益分配。

(三) 城市土地的项目梯度开发

这是指依据原有城市功能，适应用地结构的重新组合，利用土地级差效益而改变土地低效益利用的一种开发活动。按土地开发布局和调整土地使用功能的角度，项目梯度开发又具体可分为以下几种方式：

第一，以点连成片，相对集中开发改造。这主要是对于某些原有结构不合理、功能不全或已不适合发展需要的旧区，进行土地使用性质的调整、改造。例如，这种开发活动表现在住宅区的改造或新建上，则有小区式，即被改造的用地规模及人口达到小区规模；成坊式，即以街坊为单位的改造；成街式，即以街道为单位，采用镶边式改造；点式，建筑量小于1万平方米的改造。概括起来，就是点、线、面。这种小区式、成坊式、成街式和点式都有相对集中改造之意，各点、线、面之间又统一全局考虑，瞻前顾后，存在着互相呼应关系，对组织完善的居住环境、土地利用调整和市政工程配套是有利的。上海自1980年以来采取这种开发方式，先后对全市23片地区共占地415.7公顷面积进行重新开发改造，共拆除住户12.47万户，单位10 387个，建筑面积达331万平方米，新建住宅824万平方米，容纳住户15.16万户、70多万人口，单位692个。既提供良好的居住环境，又适应了城市发展需要，调整了土地使用功能，形成了新的城市风貌。

第二，以点带面滚动梯度型开发改造。即通过集中对某一地段、地区重点先进行开发改造，提高其使用功能和区位价值，然后以此为中心，进行辐射式带动相关周边地段和地区的开发改造。这种开发形式表现为以一些重大市政建设项目及城市基础设施的改造为契机，来增加土地利用系数和调整土地使用功能，合理城市布局的空间结构，满足城市的社会功能要求。如通过疏通拓宽道路、建造高架公路、地铁、立交桥等重要构筑物、商店、宾馆、车站等，从而带动周围布局的重新调整、开发和疏通，形成新的、具有高效经济效益的土地利用格局，促进地区经济的发展，实现土地与建筑物的有效利用。如上海天目西路恒丰路地区，总用地面积达124公顷，原有房屋大多是棚户简屋，市政公用设施薄弱。铁路新客站的建成，不仅拆迁居民7 000多户和单位200多个，而且建造了包括面积4.5万平方米的高架候车室、南北两个共8.6万平方米的广场在内的整套车站设施，并扩散改造了整个地区。其中建成了中亚饭店、长安大厦等几个宾馆和邮政大厦，环龙商场以及航空、轮船售票大楼等，并将周围四个街坊改造成环境良好的新居住区。此外，还相继拓宽和辟建天目西路等四条相邻的主要马路，各项公用事业管线及下水系统亦得到更新和完善。从而使这一地区成了既是上海最大的陆上交通枢纽，又是商业服务、经济贸易中心和新型的居住区。

第三，以项目为契机，分片开发改造。即以某一个或几个建设项目为中心，进行城市土地的开发改造，逐渐形成新的商业街、居住小区、工业街坊以及新兴卫星城，从而合理填补充实原有城市，增加城市功能，适应城市现代化发展的需要。以年产300万吨能力的大型钢铁联合企业为重点项目的上海宝山钢铁总厂为例，它是建国以来最大的建设项目：距上海市区26公里，占地12平方公里。现已建成70万千瓦的电厂1座，蓄水量为1 087万立方米的水库1座，铁路线778公里，市政设施包括道路133公里、桥梁75座、排水泵9座以及排水管网69.1公里。与此同时，还开发建设了友谊路等3个居住小区，建有住宅98.8万平方米、公有建筑15万平方米，另有高级宾馆、综合性医院、文化宫影剧院、中小学、各类型商店及新卫星城镇的同步建成，它与原有的蕴藻浜工业区构成了上海卫星城中规模最大、人口较多的钢铁工业新城，既调整了城市布局，又疏解了市区人口，促进了城乡一体化建设。

城市土地项目梯度开发的特点如下：

(1) 能集中资金开发一片，建设一片，收效一片。由于这种开发能够充分利用原有的城市基础设施，因此，开发时间短，投资少，节约资金，但收效快，投资效益明显，符合量力而行、实事求是的开发原则。

(2) 便于市政基础设施的成片改造，能较好地满足规划设计意图，改善城市市政系统的功能以及增加整个城市的市政容量，从而迅速改观一片地区的市容环境、增加经济效益和提高土地使用价值。

(3) 这种开发把旧区改造与居住条件的改善和土地开发与经济建设结合起来，既提高了土地的综合利用率，发展了城市经济，又给城市居民制造了一个舒适优美的工作生活环境，较为直接地满足了居民对居住的需要。

(4) 有利于城市朝多中心组合的现代化方向发展，发展多功能综合区，改善城市原有不合理的空间布局及城市环境质量。

(5) 有利于实行居住区、工业区金融商业贸易区等与改造区的统一建设，既可以分期实施，配套建设，配套管理，配套交付使用，又可以科学地安排各项服务设施，注意自然环境变化，从整体上协调发展了城市空间，改善了城市环境。

运用这一方式的前提是加强城市规划管理和土地利用规划，严格按照规划进行，严格审批程序，按区位分期、分批、集中开发。同时在具体实施时，必须按照先地下，后地上，统一规划，统一领导，统一建设的科学开发原则进行，防止随意插建、见缝插针式的无序开发。

二、城市土地开发模式选择原则

由于影响和决定城市房地产利用的人口、技术进步、经济发展等重要因素是不断变化的，因此，事实上不存在一个永恒的、理想的房地产开发模式。作为某一种开发模式，只是在一个时期内把某一地区现有的土地利用状态改变为更适合社会经济发展要求措施之一。还由于在长期的社会经济发展过程中，不可避免地存在某种难以预料的不确定因素，所以，对城市房地产开发模式的选择，不能是单一的、固定不变的，而应该是综合的、有弹性的，必须从人口增长、技术进步、工业化和城市化以及农业现代化等社会经济发展过程有规律的、有机联系的需要加以选择。同时，城市土地的开发还会受到社会政治、经济、自然地理诸因素的影响，因而要根据现有条件，实事求是地按照原则，遵循历史条件，结合本区域的实际来进行。具体选择原则如下：

(一) 条件性原则

即根据城市的自然条件与社会经济条件的实际状况加以选择。自然条件是指城市土地的数量、质量、分布、土地增值潜力和自然性状，社会经济条件主要包括经济发展水平、交通运输容量、人口数量质量、土地利用习惯、土地后备资源和已开发但利用低的土地量。

(二) 适宜性原则

通过对土地适宜性评价，鉴别所需要开发的城市土地对某种特定用途的适宜性和限制性，以及相关土地资源的优劣势，包括各种土地的利用特征和特性功能，从而确定应采用哪种开发模式为最适合其开发目标和具有最佳开发利用的价值。

(三) 综合性原则

由于城市土地开发必然要涉及自然、科技、经济、社会、生态环境等各种因素，它对不同的经济部门和地区利弊得失很难完全一致，需要解决的矛盾也会因城市范围的大小、开发目标和需求的不同而不同。因此，采用哪种开发模式，则应在综合分析，综合平衡，协调各方面的要求基础上加以选择。

（四）效益性原则

模式的选择重要的是以最大的综合效益为最终目标。既要重视经济效益，又要以生态环境效益和社会效益为前提，坚持生态环境效益、社会效益和经济效益相统一。对所需要开发的城市土地进行生态环境、社会和经济现状的综合评价，以明确其合理利用的方向和方式，采取相应模式进行开发。

（五）特点性原则

由于不同级别的城市其规模、发展方向、职能等都带有本身历史的特点，在城市土地开发要求、占地规模及各类用地的标准方面有很大差别，所以确定选用开发模式，还需要根据城市历史基础、地域特点和发展沿革过程，正确对待与其他城市的差异性，既要符合城市发展现代化规律，又要反映和体现当地群众的客观需要，尊重客观现实。

在实际中，应按照选择原则，综合采用各种开发方式，选择城市土地开发的合理模式，强调采用任何一种单一性的开发模式，将会失去其原有的效益最大化和最经济、最合理的有效性。开发模式的选择只有与所开发的区域、地段、基础条件以及开发要求目标相适应，才能是最为合理。

三、城市土地开发效益及评价

衡量、比较和判断应采用哪一种开发模式，最优化、最合理的标准应该是城市土地开发效益。城市土地开发效益是由城市土地开发的生态环境效益、经济效益和社会效益综合构成的。

（一）城市土地开发的生态环境效益

主要是指通过对城市土地资源的合理开发和保护治理，使暂时失去平衡的生态系统重新趋于平衡，使恶化了的社会生态环境转向有利于生产、生活和土地资源更新的方向发展，或者建立新的人工生态系统，以大大提高土地单位面积的产出率，从而更充分合理地开发利用土地资源。

由于城市土地开发的生态环境效益提高是城市土地开发经济效益和社会效益提高的重要前提，因此，在进行城市土地开发过程中，必须首先要按照土地的自然生态环境进行。例如，作为第一生产者的绿色植物，具有降低尘埃、净化空气、减少噪声危害的功能，在进行城市土地开发时，就应该注意保护和增加绿色植物在城市面积中所占的比重，使这一天然环境调节者充分发挥制氧工厂、气候调节器的作用，增加城市自身生态系统的调节机能，并通过提高城市公共场所自身的公有价值来改善人工生态环境。如禁止或限制排废气量大的车辆使用，发展公共交通，限制私人小汽车的出行，改善交通结构或改造某些车行道为街心花园、步行街等，增加城市的公共场地。同时，将那些占地大、能耗多、运量大、污染严重等不适合在市区发展的企业迁出市区，或转向发展适合市区的第三产业，以减少污染物的产生，提高生态环境效益。如日本东京从1964~1974年间，市区工厂占地从3 200公顷减少到1 900公顷，10年内共减少了40%，迁出的土地主要用于绿化和城市基础设施及旅馆办公楼等。既改善了城市生态环境质量，又提高了土地利用率。其实，在城市土地开发过程中，许多国家都经过只重视开发带来的经济效益，而忽视生态环境效益的过程，结果不得不花费很多资金重新整治。所以，有必要对城市土地开发所造成的生态环境质量的变化以及影响程度、发展趋势作出客观评价：一是对开发过程中所造成的生态环境破坏进行现状评价，二是对进行大规模开发后可能造成的生态环境污染及变化做事前评价。评价的目的在于选择最佳的、适合实际的土地开发模式，更好地提高开发利用的深度和广度，获得城市土地开发的最佳环境效益。

（二）城市土地开发的经济效益

主要是指通过城市土地开发这种投资活动，使原低效利用的土地转为高效利用，并使城市经济在空间上的密集程度和布局更趋于合理，以提高城市的聚集效益。城市土地开发的经济效益主要是以土地产值效益、居住效益，以及运行效益等表现出来。

1. 土地产值效益

即按所开发的单位土地面积平均的国民生产总值计算，其数值往往是商业高于工业，工业高于农业，市区高于郊县农村。据统计资料表明，日本城市商业、工业和农业的土地单位面积平均收入比约为10 000∶100∶1。这种巨大的土地产值效益差距具体表现在土地价格的差别上，它推动着工厂企业向城市边远地区土地价格较低的方向扩展，即所谓的城市离心率函数作用。因此，在城市土地开发中，就应运用这一作用来重新调整城市空间，合理布局，改善城市经济土地结构，使之符合土地经济优化的要求。如城市中的黄金地段应建立包括金融、旅游、外贸等在内的大型商场，形成商业规模效应；利用土地价格，促使企业、单位、个人向各自优化地段集中靠拢，形成区域集约优势；建立多层次综合工业楼，使工业厂房向高层叠加发展等等，以期提高土地产值效益。

2. 居住效益

指所开发的土地单位面积上容纳的居民数，表现为以城市环境质量为条件的城市人口密度。据国外研究表明，居住小区的人口密度以每公顷1 000～5 400人为效益最佳，楼房建设高度20层才达到经济层数和高度。按照这一标准，我国城市土地的居住效益是很低的。为此，在城市土地开发中，应注意发展高人口密度和低建筑密度的居住区，住宅楼房空间化，将住宅在水平或垂直两个方向集中起来，局部或全部地变成由一栋建筑物形成的居住小区。如在屋顶上修建平台花园，布置为居民服务的活动场所等，把道路和停车场及商店修建在大楼地下，这样，不仅可以大幅度地增加建筑密度而不占用更多的住宅用地，而且可以增加道路、广场和公共绿地面积，从而进一步提高了居住效益，节约了土地，并改善了城市环境质量。但居住高密度会受到城市基础设施、开发资金、技术水平及城市性质的限制。因此，提高居住效益必须依据实际，不能一刀切。

3. 运行效益

指以交通运转、信息通讯、能源供应、给排水和环卫处理为主的城市基础设施运行的效益,它是城市土地开发的经济效益的基础。如果没有这5大系统运行的高效益,城市土地开发取得高效益是不可能的。因此,必须重视城市基础设施的开发建筑,建设以高速公路和地下铁路、高架轻轨列车为主的大容量快速运输系统、垃圾处理和废热利用系统、集中供热系统和电子监测计算处理系统等。如在交通上,可参照发达国家"上天入地"的办法,即建筑各类型的立交桥和兴建商业性地下通道,形成立体化的交通网络。防止这些系统机能超载、过量、堵塞、脱节以致失调,以适应城市经济和科技发展变化的需要。

由于城市土地开发是一个复杂的生产过程,在评价其效益时,必须综合考虑,应以宏观综合效益为主。方法一是以使用价值的实物量表示,二是以价值形态的货币量表示。这种效益的取得是在保证一定质量和对全社会产生良好作用的前提下进行,片面追求经济效益,其结果不仅不能增强整个开发效益,而且会给今后的改造带来困难,其间接的经济损失和对社会带来的不良后果是难以估量的。

(三)城市土地开发的社会效益

主要是指通过城市土地开发,从而对被开发地区的社会、经济产生有利影响,以及辐射到周围地区的效应。如上海闵行经济技术开发区的开发,不仅建成了比较完善的市政公用基础设施,改善了区内原有的道路、通讯、给排水等,而且推动了社会经济的发展。至1989年底,共吸收投资2.21亿美元,仅1989年,区内已投产企业工业总产值达6.8亿美元,营业额6.7亿元人民币,生产经营性外汇总收入4 908万美元,成了一个具有"磁性效应"的对外开发窗口,并且为上海浦东新区的开发建设提供了有益的经验。由于社会效益是一个全局的综合性指标,并具有相当部分的间接性,因此,在评价时,必须以城市土地开发活动与被开发区以及区外的效应影响程度的联系来衡量。这些联系愈广泛,便愈可以获得更大的社会效益。

对城市土地开发效益评价的目的和意义就在于:一是选择最优的开发模式,尽可能做到将经济效益的提高与生态环境效益、社会效益的改善相结合;二是为提高开发决策的科学性,防止无效投资提供依据;三是检验开发方案在科学技术上的可行性和经济上的合理性,以期进一步提高开发的综合效益。

总之,城市土地开发的最终目的,是为了促使土地资源的最优配置和最经济利用,从而推动社会经济的发展、繁荣和人民生活水平的提高,因此,要求开发的三个效益之间应是互为依存,互为制约和协调发展。以牺牲其中一方面的效益来谋求不完全的、片面效益的做法是不妥的,坚持三个效益的统一,获得综合效益才是城市土地开发的核心问题。

第三节　城市土地经营

一、城市土地经营概述

土地是重要的生产要素,也是政府拥有的国有资产中最大的资产。城市土地的经营收益,是政府重要的财政收入,可以用来投资城市基础设施,改善城市的面貌。经营城市土地,合理规划和利用城市土地,对增强城市竞争力发挥着重要作用。

(一) 市县政府是经营城市土地的主体地位

《土地管理法》规定，城市市区的土地属于国家所有，国家所有土地的所有权由国务院代表国家行使。土地的所有权包括对土地的占有、使用、收益和处置权。如果按照这个要求，国务院将对国有土地行使占有、使用、收益和处置权，这实际上是做不到的。因此法律规定了国务院主要行使的是土地收益的分配权和土地的最终处置权，将其他权能通过法律授予地方人民政府，主要是市县人民政府。从国家体制上来讲，授权地方人民政府并不影响国务院行使土地的所有权，我国是单一制国家，而不同于联邦制国家，中央政府与地方政府是上下级关系，国务院领导地方人民政府工作，可以将自己的权力授予地方政府。这样，就使市县政府实际上具有了占有和使用的权力，并拥有部分收益和处置权，可以支配城市国有土地，国务院通过市县政府实现对城市土地的国家所有权。

经营城市土地的主体是政府和土地使用者，政府在城市土地经营中处于支配地位，即具有土地财产管理和行政管理双重职权。而土地使用者主要行使对土地占有、使用和收益的权力，并受到政府行政权的限制。因此，在城市土地的经营中，城市土地的合理使用和土地市场的建设，关键在政府。

《土地管理法》按照决策权与执行权分开的原则，土地的审批权主要由国务院和省级人民政府行使，而具体的编制和执行权放到市县人民政府。既符合国家对土地市场的宏观调控的需要，又有利于最大限度地发挥市县政府经营城市土地的积极性。

市县政府拥有市县土地利用规划的编制权和组织实施权。《土地管理法》规定国家实行土地用途管制制度，实行土地用途管理的依据是市县土地利用总体规划。使用土地的单位和个人必须严格按照土地利用总体规划确定的用途使用土地。《土地管理法》把土地利用总体规划的编制权和组织实施权赋予了市县人民政府。国务院和省级人民政府主要行使审批权。只要符合法律法规的有关规定和上级土地利用总体规划的要求，国务院或者省级人民政府将予以批准，否则，将要求予以修改。城市人民政府可以在法律法规和上级土地利用总体规划确定指标范围内决定本行政区的土地利用的性质和利用方向。对城市土地实行批发零售的审批办法，市县政府拥有供地权。对土地利用总体规划确定的城市建设用地规模范围内的土地，建设需要占用农用地和征用土地的，实行由城市人民政府按年度土地利用计划分批次报国务院或者省级人民政府批准。农用地转用和征用土地方案批准后，将由市县政府土地管理部门拟定供用土地方案，报同级政府批准，可以采用招标、拍卖等方式出让土地或者划拨土地使用权，不再需要报上级政府批准。对于城市原有建设用地，特别是旧城改造的土地，则完全由市县政府决定，上级政府只负责监督。因此，对城市土地的供应数量、供地方式、供地方向、地价的确定、收益的使用等都将由市县政府决定，市县政府有权采用处置城市土地资产和调控土地市场的方式。

土地有偿使用收益的分配机制，使市县政府可以发挥土地资产的最大效益。《土地管理法》规定，新增建设用地的土地有偿收益30%上缴中央，70%留地方。

根据国土资源部和财政部的规定，新增建设用地有偿使用费的收缴办法采用包干制的办法，即按城市类别、有偿使用土地比例等确定每平方米的上缴收益，由市县政府一次上缴中央金库，而与出让金的实际价格无关。按此规定，出让价格高的市县政府收入高，上级也不参与分配，出让价格低的中央也不减免。市县政府可以采取市场的方式配置土地，争取取得最大的土地收益，同样，对城市存量建设用地的出让收益全部归地方，中央不参与分配。

土地的分区属土地登记制度，为市县政府经营土地发挥了基础作用。土地登记工作由当地市县政府负责，国务院和省级人民政府不直接承担土地登记工作，这与当前世界各国土地登记规则是一致的。在土地的所有权和使用权发生争议时，上级政府可以协调甚至裁决，市县政府根据裁决结果办理土地登记。市县政府负责统一土地登记工作，为市县政府依法保护土地权人的合法权益提供了条件，也为市县政府改善投资环境，吸引投资者提供了保障。

（二）政府经营城市土地的重点内容

市县政府在城市土地经营中起到了核心和关键作用。要经营好城市土地，重点做好以下几方面的工作：

一是，加强对规划的编制研究和实施工作，进一步发挥规划对城市土地利用的调控作用。在计划经济时代，政府对土地的控制手段主要是计划和审批，而在市场经济条件下，控制土地利用的手段是土地利用总体规划和城市规划。土地利用总体规划和城市规划的水平，直接影响到城市土地的管理水平、土地利用效率、城市环境的改善、城市功能的完善。目前，规划中存在的主要问题为：一是土地利用总体规划和城市规划的水平不高，影响了城市的发展；二是市县政府对规划的重视不够，编制规划没有充分论证和听取各方面意见，规划缺乏科学性和严肃性；三是执行规划不力，没有把规划作为控制土地使用的强制性手段，不按规划办事，任意改变规划用途等还时有发生。市县政府必须重视规划的编制和实施，真正发挥规划对城市土地利用的控制作用。

二是，建立统一协调的城市土地经营机构。市县政府在城市土地中是双重身份。一方面代表国家行使土地所有权的职能，且有对土地资产经营和收益的权利。另一方面，又依法行使行政管理权，对城市土地行使规划、许可、登记等权力。目前，政府土地行政主管部门实际上行使着这两种职能。但是，由于土地利用涉及到规划、市政、园林、财政、工业、交通等各个部门，规划和经营城市土地需要各部门的协调，因此，应当成立以市政府主要负责人为领导的城市土地经营委员会，各有关部门的负责人为委员，办公室可以设在国土局，负责城市土地经营中的协调工作。土地是重要的资产，有资产的共同特性，要使土地资产发挥最大的效益，按照政企分开的原则，必须要有独立于行政机关的专门机构来对土地资产进行收购、储备、开发、筹划和出让等工作。可以设立隶属政府的土地专营公司，将土地按商业运作，土地运营的收益归政府所有。这样构筑起在城市土地经营委员会领导下由国土局和土地经营公司组成的城市土地资本运营的体系。

三是，建立和完善城市土地资本经营的各项制度。要使城市土地运营规范，必须尽快建立和完善城市土地运营的各项制度和配套措施，如市县政府城市建设统一征用集体土地制度、国有土地使用权收购、收回制度、国有土地统一出让制度等。配合城市土地经营，应当建立城市土地发展基金，基金的来源可以是财政拨款、土地收益和银行贷款等，土地发展基金的设立对经营城市国有土地和调控土地市场至关重要。

四是，建立规范统一的土地市场。经营城市土地，除了发挥政府的主导作用外，还应当发挥其他主体经营城市土地的积极性。建立统一、规范、有序的土地交易市场，为土地经营者构筑土地交易平台，依法征收土地交易中的税费，根据土地市场价格的波动提出稳定地价的具体措施，并为土地使用权人办理土地登记手续，保证土地交易安全。我国土地市场主要的任务是尽快建立土地有形市场，并保证土地的合法安全交易，防止土地的隐形交易，建立正常的市场秩序。

二、土地储备机制

城市土地资产经营真正按照资产经营的一般原理，考虑土地资产的保值和增值，是近年来才认真研究和实施的。它是随着我国社会主义市场经济体制的不断完善、经营城市理念建立起来以后才提出来的。其重要的标志，是我国各地建立起了城市土地储备制度和机构。下面我们着重研究分析现阶段土地经营的重要手段与方法——土地储备制度，深入把握该经营方法的利弊，为后续土地资产的最优化利用做贡献。

（一）土地储备制度

建立起城市土地储备制度和机构，是近年来我国地方政府土地管理部门探索盘活存量土地，转变土地利用方式的新举措。1996年，上海建立了我国第一家土地收购储备机构——上海土地发展中心，以后杭州、南通等地也开始试行这种新的土地管理机制，并在实践中加以完善。特别是1999年杭州土地收购储备制度建设的成果和经验在全国土地集约利用市长研讨班上介绍，引起了各地政府和土地管理部门的共鸣。全国各地纷纷建立土地收购储备机构，以土地收购储备制度促进我国土地使用制度改革的深化，使城市土地资产经营进入了一个新时期。

城市土地收购储备制度，是指城市政府依照法律程序，运用市场机制，按照土地利用总体规划和城市规划的要求，对通过收回、收购、置换、征用等方式取得的土地进行前期开发、整理，并予储存，以供应和调控城市各类建设用地的需求，确保政府切实垄断土地一级市场的一种管理制度。城市土地收购储备制度的建立，是我国土地管理重视耕地保护，强调城市土地集约利用，控制城市土地供应总量，盘活城市土地存量的一种必然选择，也是在我国房地产发展一度过热，大量城市建设用地闲置，而采取的亡羊补牢的措施。通过土地收购储备，使闲置的土地得到合理利用，优先使用。同时，土地储备制度的建立，也为我国国有企业改革的顺利进行提供了保障。国有企业改革需要大量的资金支持，以解决企业减员、增效、转产、迁移或者资产重组的问题，土地收购储备为国有困难和破产企业实现土地资产变现提供了重要途径，形成了以土地为中介的筹资渠道，使国有企业改革能够顺利进行。土地收购储备制度的建立，使城市的无主土地、利用不合理的土地和无法利用收回的土地，国有破产企业的土地等有了统一的归宿。使城市可供建设的存量土地向政府手中集中，有利于政府实现对城市土地一级市场的垄断，加上城市新增土地必须由政府来征用，真正实现了城市土地资源合理配置。

城市土地收购储备是建立起城市土地供应的"仓库"，它是手段，不是目的。其目的是要促进城市土地的合理利用和集约利用，实现城市土地资产的保值和增值。根据国内外土地收购储备制度的经验，土地储备机制运行模式由三个主要环节构成：

一是收购。通过收购，实现土地使用权由集体或城市其他使用者手中向政府的集中。现阶段，我国城市土地收购应主要包括以下几种形式：1)"征"，征用。通过征用，将列入城市发展规划的集体土地转为国有土地，使之成为城市建设用地。2)"收"，回收。按《土地管理法》、《城市房地产管理法》规定，两年内没有使用的土地、改变用途的土地、单位搬迁及违法使用的土地，政府可以依法将土地使用权无偿收回。3)"购"，收购。对于部分地段好级差高但使用不合理的土地，可以通过市场交易的方式从原土地使用者手中购回土地使用权，重新开发后，调整土地使用功能。4)"换"，置换。运用价值杠杆，实现不同土地使用权的置换，使政府达到收回土地使用权的目的。

二是储备。储备一般包括两部分内容：1)对收回土地的开发或再开发。政府在取得土地使用权后，可以委托专门的机构或单位，对土地实施开发或再开发，使生地、毛地变成熟地。2)储备。储备时间的长短，根据城市发展对土地的需求和政府财力的承受能力等情况确定。据有关资料，一般城市土地的储备期为 $2\sim3$ 年，较长的达 $7\sim10$ 年。土地储备期间，可以短期出租或利用以增加收益。

三是出让。储备中的土地可以根据城市经济和房地产开发的需要有计划地进入市场。进入市场的方式可以是协议，可以是招标，也可以是拍卖。随着土地市场行为的逐渐规范，出让的方式应逐渐转为招标和拍卖，以最大限度地实现土地的价值。

由此可见，城市土地收购储备的过程，是一个土地资产经营的过程。城市土地收购储备专门机构的建立，是对我国城市土地资产经营不准许企业对土地进行储备、投机的一种补充和完善。因为，企业不能有闲置的土地，它必然要求政府能够及时供应它们需要的土地。政府没有土地储备，必然会延误企业的建设周期，影响城市投资环境的吸引力。政府实行土地储备，对土地进行统一规划，统一开发，统一出让，能够有效地控制城市用地供应总量，以供给引导需求。它有利于城市规划的实施，也有利于控制城市土地市场价格，防止房地产投资过热而产生泡沫经济危害国民经济的持续稳定发展。土地收购储备，可以充分地进行土地利用规划和营销策划，通过招标和拍卖，实现土地资产的保值和增值。城市土地收购储备，从制度上消除了土地隐形交易的土壤，有利于清理整顿土地市场，防止国有资产流失，减少政府的官僚主义和腐败。土地收购储备，实现土地资产的增值，也提高了政府按照市场经济规则，从原土地使用者手中收回土地的能力，有利于土地权属的合理转移，并做到公平和效率的统一。城市土地收购储备，低价进，高价出，可以使政府充分享受到城市社会经济发展带来的土地资产增值效益，实现以较低的土地成本进行城市基础设施和生态环境建设，有利于提高城市环境的质量和城市综合竞争力。

(二)土地储备机制对城市土地开发的影响

纵观我国城市土地开发与建设，由于政府尚没有完全建立土地一级市场垄断的体制，往往把未开发或待开发的土地以各种方式划给某某建设指挥部，或某某房地产开发公司，或某某用地单位，形成政府批地，开发公司和用地单位进行土地开发或再开发的用地格局，使大量土地通过各渠道分散地进入市场，土地开发和再开发的总量难以控制。就目前状况来看，至少存在以下几个方面的问题：一是组建"建设指挥部"的土地开发模式往往先开发经济效益高的地段和房产品，而剩下的常常是公建配套和公共设施或是一些疑难问题，最后将负担推给政府承受，还得由政府自己来扫尾；二是各开发公司和用地单位各显神通，协议签约土地，从事地产经营和储备，难免出现土地投机，使整个房地产开发市场遭受冲击；三是量多面广的土地交易、多头操作容易导致"暗箱"作业，在土地批租过程中会产生大量的寻租行为和不规范的土地交易。

建立土地收购储备机制下的开发建设模式，把分散的土地集中起来，把冲击房地产市场的源头规范起来，通过收购——储备出让的形式，建立土地一级市场体系，统一出让土地，使政府掌握控制城市建设中土地的"批发权"。这样的新城市土地开发建设模式对城市土地利用将产生积极的影响。

杭州是一个典型例子，在土地储备经营中实行"一个渠道进水，一个口子放水"的制度。市区范围的开发用地由市土地储备中心一个"口子"供应，由于集中供应政策的落实，从机制上保证了政府对土地供应的调控，有利于保证土地供应与需求总量平衡，为实行计划供地、用地创造良好的条件。同时也保证了土地供应的合法性，减少违法用地、多头批地、越权批地等现象发生，促进了土地市场的规范运作。

市区盘活的土地统一由市土地储备中心收购，原土地使用者的经济补偿由储备中心负责，一方面加快企业存量土地盘活进度，不受开发需求的影响，特别是一些所处地段不够理想、短时间内无法及时推出的困难企业用地，可以得到及时盘活；另一方面减少了由于开发商的原因而造成土地补偿费不能及时到位的风险。

通过土地招标、拍卖，有利于形成一个公平、公开、公正、竞争的土地市场环境，让一批真正有实力的开发商来参与城市建设，促进土地市场的充分发育和健康发展。由于实行净地出让，事先进行土地平整，明确规划指标，这样有效地避免了开发单位直接干预地块的规划指标确定，从机制上保证了城市总体规划的顺利实施。

土地收购储备典型运作实例之一：

杭州缝纫机厂地块位于朝晖路65号，靠近武林广场，周围配套设施齐全。1999年，该企业与同系统的房地产开发公司达成土地转让协议，房地产开发公司向该厂支付了部分土地补偿款。1999年杭州市政府《关于进一步深化国有土地有偿使用制度改革推行土地使用权招标拍卖出让的通知》（杭政【1999】19号）颁布后，市域范围内用于经营性开发的土地一律通过招标拍卖确定开发单位，2000年，该地块作为历史遗留问题进行处理，以总价9 229万元协议出让给同系统的开发公司开发。该公司认为9 229万元的价格太高，可能导致亏本，于是申请土地储备中心按9 229万元原价收回。土地储备中心在一次性支付9 229万元收回土地后，将该地块重新推出招标，结果浙江金都房地产开发公司以10 836.8万元的高价中标，超出原价1 600万元之多。

从该运作实例中，可以得出这样的结论："一个渠道进水，一个口子放水"的土地政府垄断机制，减少了国有土地资产隐性流失，促进了房地产开发市场的优胜劣汰，压缩了房地产开发商的利润空间，增加了政府的财政收入。

土地买卖一级市场的垄断，政府认为该制度执行为城市的建设筹集了资金，因此非常成功。目前，全国已有1 002个城市与地区建立了土地储备中心（资料来源中央电视台2002-2-2的新闻观察），呈星火燎原之势。这充分说明城市收购储备制度是合乎政府要求的、实践非常成功的土地创新制度。

（三）土地储备机制在城市开发时可能产生的问题

"一个渠道进水，一个口子放水"实质就是政府单方面控制土地的市场投放量，从而达到控制房地产开发市场的目的。如果政府比较明智，能考虑各方面的利益，城市发展会比较稳定，但是如果政府过分考虑某方面的利益，可能会适得其反。

（1）过分严格控制土地供应量会促使地价上升，房价上涨，房地产"泡沫"的产生

从1998年起，杭州的房价就步入了快车道。有关统计数据表明，2000年是杭州房价涨幅最大的一年，统计数字显示，浙江房价的平均涨幅位居全国第二。省会杭州的房价涨幅更是创造了近年来的全国第一。1998年杭州市中心的平均房价为每平方米2 800元，2001年已达到每平方米4 500元，两年涨幅达65%。杭州市主流楼房（高层和小高层）平均房价达每平方米5 300～5 800元，最高房价平均达每平方米16 000元。作为房价重要组成部分也是其主要拉动力的地价，杭州市的土地出让费从1998年底的每亩200万元，逐年疯涨，1999年为每亩500万元，2000年达到每亩800万元。该市城西的楼面地价从1998年底的每平方米800元，涨至每平方米4 200多元，增长了5倍。7月12日，在杭州市举行的一次土地公开拍卖（该市开发用地已全部实行公开招标）中，一个叫"新大地"的房地产开发公司以每亩1 800万元的高价中标（总价高出第二标1.9亿元），这可能是全国最高的土地出让费之一。某开发商以每平方米4 200元的楼面地价拿到一块地后很是苦恼，按照这一价格，其商品房最终售价必须达到每平方米7 000元以上才能挣到钱，这样杭州的房价就可以跟北京相比了。杭州的一些房地产商已经想把手头的项目赶紧清盘，到杭州以外去发展。杭州的这种房价及其涨幅已经显示出房地产"泡沫"的强烈信号。❶

土地收购储备典型运作实例之二：

都锦生丝织厂地块位于杭州环城西路与凤起路交叉口的东北角，毗邻西湖，土地面积27.7亩。该地块由土地储备中心收购后，于2001年6月20日将拆迁平整的净地以公开招标方式进行出让。北京大地科技实业总公司以5.1115亿元的高价中标，超过底价3.311亿元，平均每亩达1 846万元。

如此高的地价，不是开发商仅仅依靠压缩自身利润空间就可以消化的。该地块是否更改规划指标，是否更改规划用途，我们无从查起，但该地块的出让直接影响到周围地价的上升，房价的上升。2001年8月，该地块附近的房价平均每平方米上升300元。❷

土地收购储备典型运作实例之三：

2002年1月10日下午举行的杭州市2002年首次国有土地使用权招标会——25号地块招标。25号地块位于钱塘江北岸，依江背山，加上规划中的新塘河从中穿插而过，又是此次推出的惟一一块接近100亩的住宅地块，吸引了众多房地产开发商的目光。南都置业、西湖房产等9家知名开发商都赶来竞标，最终该地块被杭州滨江房产集团有限公司以高出底价1.6亿元的高价抢到手。这块地的楼面地价约是每平方米2 700元，加上建设和其他费用，建成的精品楼盘估计每平方米在4 500元以上。

土地收购储备典型运作实例之四：

温州市锦山化工厂，位于瓯海区西山东路183号，该厂原是生产塑料制剂的专业化工厂，在册职工348人，由于严重亏损，市政府决定对该厂原有土地进行综合开发。该地块工厂占地10 650平方米，周边民宅拆迁范围用地6 650平方米，合计17 300平方米，总建筑规模为39 079平方米。根据规划局批准的设计方案，容积率为2.3倍，建筑面积分配见表10-1。

某住宅小区建筑面积分配表　　　　表10-1

建筑	多层	小高层	公建	营业房	安置房	合计
面积（平方米）	16 148	14 310	1 860	545	7 080	39 943

该地块开发权的争夺战发生在1999年的春夏之交，最终由浙江温州市银来房地产开发公司取得土地有偿转让议标的胜利。土地有偿转让费4 188万元，工程建设投资预计5 000万元以上，合计总投入1个亿。当时，该地块商品房售价，多层2 100元/平方米以下，小高层预测为2 700元/平方米左右，营业房6 000元/平方米。根据已批规划设计的总产出＝多层商品房产出＋小高层商品房产出＋营业房产出＝8 334万元。很明显投入大于产出，开发风险巨大。但不开发，开发商为取得该地块开发权已付出的很大投入将付诸东流。后来开发商经过一系列的活动，最终使政府同意将该地块的规划做局部调整：1) 该地块扩大拆迁范围（2 700平方米），开辟底层为菜市场，2~7层为商品房。2) 新开辟的菜市场沿街四幢底层原设计为非机动车库调整为商业用房。3) 层数不足7层的尽量调整为7层。最终，该项目的总用地为20 000平方米，营业房面积为2 257平方米，商品房面积为47 051.03平方米，总建筑面积高达60 000平方米，容积率为3.0倍。

另一个典型例子是香港。香港的土地实行供应垄断制度，政府严格控制一级市场的土地供应量，造就香港地价、房价40年高速增长的神话。1991年签订的"中英联合公报"中，协议规定每年新增土地供应不许超过50公顷。香港政府要保护这个会生金蛋的地产市场，要保证其直至1997年。

土地价格的上升，直接影响私人住宅物业市场价格的急升，据恒生银行研究部资料显示，1984年第4季度时，港岛市区小型住宅（实用楼面面积少于40平方米）每平方米为7 181港元，至1994年第二季度时已上升为每平方米51 170港元，升幅超过6倍。1993年时，一个大学生毕业须付出年薪15倍才可购置一个位于市区的37平方米使用面积单位。一个大学生要不吃不喝得工作40年，才能购买起一幢"千呎豪宅"（93平方米）。很多人都认为香港地少人多，所以居住环境与面积不及其他国家，甚至比内地差很多都是应该的。可是按人均面积比例，香港与新加坡相近，但香港人的人均居住面积、环境要比新加坡差很多，究其根本原因就是土地一级市场的垄断，政府为了保持较高的地价，土地供给长期少于土地需求，造成供需的严重脱节。相对于周边城市来说一方面本地居住成本越来越高，迫使大量香港居民不得不到内地周边地区和城市居住，形成居民流失，另一方面产业成本愈来愈高，迫使产业向农村或其他城市转移。

（2）土地收购储备制度实施的过程中，土地的供应规模受到限制

由于土地收购储备中心一家垄断供应土地方式，刚开始时期受其投入产出生产能力局限，土地收购零星分散，规模偏小，使成片大规模的旧区改造难以实现。对于大型房地产开发商来说，为了保证企业运作的连续性，必须采取企业土地储备方式，所有土地均采用招投标方式，使一些有经济实力的大型企业储备土地增加了成本，增加了开发周期，延长了社会资本的占用时间。因此，在刚开始的一段时间内，客观上土地的供应规模不可能很大。然而，当政府的土地储备量足够，想要扩大土地供应规模时，也不能随心所欲，土地供应量的规模将受到以前投放量的制约。

杭州土地储备中心目前存在的问题是库存土地越来越多，土地供应压力越来越大。从供给市场看，从1995~1999年间，杭州房地产项目土地供应总量为4 309亩，年均供应土地878亩，其中1999年只有537亩。长期累积的房产消费需求，正好遇上了建立在土地供应不足基础上的商品房供求的紧缺，直接导致了杭州房产市场价格的连续攀高，并出现远远高于广大居民消费能力和期望的高房价。由于房产商品生产周期较长，房价过高现象到2001年和2002年初得到集中表现。而2000年和2001年，杭州房地产项目土地供应量达到了4 233亩，接近于前五年的土地供应总量。同样，因为生产周期较长和价格出现滞后的原因，这两年土地供应量的成倍增加，导致今后两三年内杭州房地产市场上商品房投放量的大量增加，并直接影响房价的走势。如果未来中国经济增长减慢，杭州的房价将会受到崩盘的威胁。

随着城市东扩，特别是在余杭、萧山两市并入杭州市后，杭州开始走入"钱塘江"时代，"大杭州"大都市的概念得以确立。杭州市区面积由原来的683平方公里扩大到3 068平方公里，土地资源得以极大丰富。如果长期的紧缩政策会使房地产的价格不断上涨，形成房地产的价格的大量泡沫，结果会像香港一样，一方面人均居住面积不断下降，与周边地区形成强烈反差，造成大量居民的流失；另一方面会形成价格陷阱，一旦某些因素变化就会导致价格崩溃，就像1997年金融危机时的香港房价普遍下跌，大批中小房产主濒临破产一样（香港的房屋抵押

贷款占总贷款额的53%，一旦房价跌幅过大，将直接影响银行的安全），将影响社会稳定，对政府形成严重压力。

（3）地方政府过度追求土地使用权的出让受益，往往会造成城市开发过程中规划指标难以控制。

开发商参与城市开发的目的是追求利润，开发项目最终的买单者是老百姓，他们的承受力是受到经济能力制约的，即受到城市经济发展水平的制约。在有限的购买能力及昂贵的土地价格的双重压力下，开发商要想盈利，想尽一切办法突破规划上限，也是他们迫不得已的选择。

（四）对我国若干城市土地储备运作的比较

1996年8月，我国第一家土地储备机构——上海市土地发展中心诞生；1997年8月，杭州土地储备制度开始启动，其中建设成果和经验在1999年全国土地集约利用市长研讨班上引起了强烈反响；1999年6月，国土资源部以内部通报形式转发《杭州市土地储备实施办法》和《青岛市人民政府关于建立土地储备制度的通知》，并向全国推广杭州、青岛两市开展土地储备的经验；2001年4月3日《国务院关于加强国有土地资产管理的通知》（国务院15号文件），明确要求"有条件的地方政府试行收购储备制度"。从此，众多城市纷纷成立土地储备机构，土地储备工作在全国迅速展开。然而，国家并未出台更为具体的规定，各地只能自行探索，结果是做法各异、模式众多。本章以各城市土地储备本身的特色和已产生的社会影响为主要依据，选择上海、杭州、南通、武汉等四个典型城市加以总结、比较，以期为我国城市土地储备制度的持续运行提供借鉴。

1. 储备机构收储土地的性质比较

上海土地储备属于市场主导性质。在上海，虽然政府规定了收储土地的范围，但对范围以内的土地实施收储并不具有强制性，土地发展中心能否成功收储土地要视其与用地单位的协商情况而定，如果在土地收购价格或约定土地收益分成等方面协商不成，土地储备将无法进行。显然，决定储备的主要力量不在政府而在市场和用地企业，土地发展中心成功收储土地的关键在自身与用地者的谈判协商能力、信誉和实力。

杭州土地储备属于政府主导性质。政府明文规定，杭州市区范围内所有需要盘活的土地都要纳入土地储备体系，由政府垄断收购和储备，并经土地储备中心开发后统一向市场提供，其他任何单位、个人都不能收购土地，也不能供应土地，划拨土地使用者也不能通过补办出让手续的方式自行转让土地使用权。不仅如此，市土地储备中心代表政府依法收购土地还具有强制性，在土地收购的众多方面政府都出台了统一规定，基本没有给土地使用者讨价还价的机会。

与杭州土地储备基本类似，南通土地储备也属政府主导性质。政府规定，凡属于收储范围以内的土地都必须进入土地储备体系，由政府垄断收购和储备，经土地储备投资中心开发后再提供给市场，其他任何单位和个人都不能收购土地，也不能向市场供应土地。

武汉土地储备既非政府主导也非市场主导。武汉土地储备虽能体现政府意志，但决非政府主导，虽然武汉市土地整理储备供应中心需要根据土地收购计划、储备计划和供应计划，择优拟定经营性房地产项目用地收购方案，报经市城市规划国土资源管理局审批后实施收购储备，并且储备土地的招标拍卖方案只有获得城市规划国土资源管理局的审批才能实施，但对于收储范围以内的土地并不全部收储，也没有垄断土地市场的供应，还存在其他土地使用者合法向市场供应土地的可能。另一方面，武汉土地储备虽能体现市场导向但决非市场主导，收储土地需要遵循市场经济规则，并给予土地使用者讨价还价的机会，但绝不是由土地使用者说了算，土地储备具有一定程度的强制性。对于收储范围以外的土地以及虽属收储范围以内但不宜收储的土地，其土地使用者确实拥有转让土地的权力，但并不能自由转让，而是需要获得政府许可并在公开的土地市场内进行。

2. 土地储备机构的职责比较

上海土地储备机构是接受政府委托从事土地收购、储备工作的职能机构，基本职责是土地储备，具体来说就是，协助政府建立土地收购。储备、出让机制根据城市土地利用总体规划、年度供地计划和市场需求，适时收购、储备土地，并将经过开发的储备土地投放市场。

与上海相似，杭州土地储备机构的职责也是土地储备，是经政府授权，在市土地收购储备管理委员会的领导下，运用行政手段实施土地收购、储备以及供应的前期准备工作。

南通土地储备机构的职责则具有明显差别，市土地储备投资中心既履行土地储备职责，也履行土地资产管理职责，既负责土地储备业务，还接受市政府委托履行国有土地资产代表职责，对国有企业改革中的土地使用权作价出资（入股）部分进行管理、收取企业改革中以租赁方式处置的土地使用权租金和其他用地者按规定向政府缴纳的租金。其土地储备机构履行土地资产管理职责在全国是惟一的。

武汉土地储备制度是土地储备与土地交易许可的密切配合，一套班子的土地整理储备供应中心与土地交易中心除担负土地储备责任外，还承担土地交易许可职责。根据《武汉市人民政府关于建立土地储备制度的通知》的规定，经营性房地产开发用地要由市土地整理储备供应中心统一收购，统一储备，统一出让。但对于其他土地，主要是非经营性房地产开发用地、污染搬迁企业存量土地以及虽属储备范围但不适宜收购的土地，政府并不是撒手不管，由土地使用者自由交易，而是配套出台了土地交易许可制度，允许其到土地交易中心申请办理交易许可手续，并通过在土地交易中心公开挂牌确定土地受让单位，实现交易。

3. 用地者转让土地的权力比较

上海土地储备制度下的土地使用者具有最充分的权力。上海土地储备实施的依据是《上海市国有土地使用者收购、储备、出让试行办法》，但该办法仅适用于未经土地使用权出让的国有土地或土地使用权出让后应当依法收回的国有土地，对其他性质的土地使用者来说，直接转让土地的权力丝毫没有受到土地储备的限制，完全可以根据市场需求自行转让土地。即使是收储范围内的土地，其土地使用者还可就土地收购事宜与土地发展中心讨价还价，因为上海土地储备本身不具有强制性。如果是房地产开发企业，还可望实施企业土地储备。《上海市国有土地使用权收购、储备、出让试行办法》第十五条就明确指出,房地产开发企业受让国有土地使用权后,按土地出让合同规定建设期满而尚未开发的地块,经市房地局、市财政局审核同意可对受让地块以城市绿地方式进行土地储备后再行开发,并且对一次性支付上述地块土地出让金有困难的,可向市财政局申请,经核准后办理储备期分期付款,房地产开发企业的这种待遇在国内其他城市是没有可能得到的。

相比之下,杭州、南通土地储备制度下的用地者权力较小,不仅在具有强制收购性质的土地储备机构面前无能为力,而且自身想合法转让土地绝无可能,所有需要流转的土地都必须由土地储备机构收购,政府禁止任何私自交易土地的行为。

武汉土地储备制度下的用地者权力居中,虽然土地整理储备供应中心收购土地时无多大回旋余地,但若属储备范围之外的土地或虽属储备范围之内但不宜收储的土地想要交易,借助土地交易许可制度,通过向土地行政管理部门提出交易申请还是可能实现的。当然,土地使用者想私下转让土地也是行不通的,市土地中心不受理使用者与建设用地单位直接签订协议的登记申请。

4. 调控土地市场的方式及效果比较

上海土地储备制度通过协商方式收购土地,并经开发后根据市场需求出让,因而能对土地市场施加一定的影响。另一方面,政府对于即使属于收储范围内的土地也不强制收储,存量土地使用者享有充分的处理土地的权力,可以自主转让土地,从而增加了土地市场供应的不可预见性。总体看来,政府难以施行对土地市场的绝对控制。

杭州土地储备制度具有强制性,市土地储备中心具有在政府行政法规规定的收购范围内垄断收购、储备、开发、供应土地的权力。所有属于规定范围内的土地包括新增建设用地进入市场,必须由土地储备中心预先取得,再由土地储备中心提供给市场,市场上的土地全部由土地储备中心提供,政府严厉禁止用地者自行交易土地的行为。可以说,政府通过抓统一收购权、统一批发权实现了政府对土地市场的高度控制。

南通土地储备制度同样具有强制性,所有准备交易的土地必须由土地储备投资中心统一储备后再投放给市场,政府禁止用地者直接交易土地,从而实现了政府对土地市场的高度控制。

武汉土地储备制度规定了收储土地的范围,土地储备机构可以依法收储部分土地并经开发后向市场公开提供。对于不进入储备系统的土地,政府出台土地交易许可制度,允许土地使用者获准交易许可后在土地有形市场交易土地。这样,通过实施土地储备制度,由土地整理储备供应中心统一征用、收购和回收土地,再根据计划储备土地,供应土地,实现了政府对储备土地进入市场的调控。借助土地交易许可制度,允许土地使用者向土地管理部门提出交易许可申请,并在土地交易中心挂牌、招标、拍卖供应土地,保证了政府对非储备土地进入市场的调控。

5. 储备土地的出库方式比较

上海土地储备制度出让储备土地基本采取协议方式,主要根据开发商的资信、资质、业绩等条件选择合适的受让者,不过在2002年7月1日上海市已经启动土地使用权出让招标拍卖制度,扩大招标拍卖的范围,除法律规定的以外,居住和非居住商品房建设用地都将实行招标拍卖。

杭州土地储备制度供应储备土地的方式分招标拍卖和协议两种,市区三级地段以内的储备土地使用权用于房地产开发或经营性质项目建设的,应通过招标拍卖方式确定开发单位,其他储备土地使用权可以通过招标拍卖方式确定开发单位,也可通过协议方式约定开发单位。

南通土地储备制度供应储备土地采取出让或划拨等方式,用于房地产开发或其他经营性项目建设的将通过招标拍卖方式确定用地单位,对符合法律规定的划拨条件的建设项目用地,经市政府批准可以采用划拨方式供地。

武汉土地储备制度供应储备土地的指导思想是积极推动招标拍卖方式,逐步减少协议出让方式,对商业、旅游、娱乐、豪华住宅等经营性用地原则上逐步采取招标拍卖方式,其他土地在供地计划公布后若出现两个以上对同一地块有意向的,也纳入招标拍卖范畴,依法以招标拍卖方式供地。

6. 收储土地的资金需求比较

不论采取何种土地储备模式,对资金的需求都将是巨大的,不过各个城市的差异还是十分明显的。

上海土地储备制度尽管规定了土地储备的范围,但是否收购某一宗地不仅看自身的实力,还要仰赖与土地使用者的谈判结果。因而,收储土地的规模可以保持在较低水准,实施土地储备所需的资金量可以达到最小。

杭州、南通的土地储备制度强调对欲进入市场的所有土地实施收购、储备、开发,再根据市场行情供应熟地,因此需要的资金量十分惊人。根据资料,2001年杭州市土地储备中心以信誉担保方式累计获得银行贷款35.65亿元,年末贷款余额达到20.25亿元。

武汉土地储备制度实施土地储备结合土地交易许可制度,储备土地可以有选择地进行,即使属于储备范围内的土地如遇资金困难也可不予以收购而借助土地交易许可审核让其自行进入市场,从而实现了对资金需求总量的有效控制。

除此之外,四个代表性城市在土地供应计划、政府优先购买权等方面还存在差异(表10-2):

某些城市在土地供应计划,政府优先购买权上的差异　　表10-2[③]

比较项目	上海	杭州	南通	武汉
土地储备性质	市场主导、不具强制性	政府主导、具有强制性	政府主导、具有强制性	政府主导与市场调节相结合
储备机构的职能	储备土地	储备土地	储备土地+管理资产	储备土地、交易许可
土地储备权力所在	政府储备机构+房地产开发企业	政府储备机构	政府储备机构	政府储备机构

续表

比较项目	上海	杭州	南通	武汉
储备范围以外的土地交易	用地者自由交易	不存在范围以外的土地交易	不存在范围以外的土地交易	由用地者借助交易许可制度获得许可后完成
储备范围以内的土地交易	土地发展中心、用地者均可进行	必须由储备中心完成	必须由土地资产储备投资中心完成	部分由储备中心完成，部分由用地者获准许可完成
用地者自行交易	不禁止	严格禁止	严格禁止	必须获得交易许可，并在土地市场内进行
供应土地的主体及其权力	土地发展中心、用地者基本自由供应	土地储备中心独揽	土地资产储备投资中心独揽	土地整理储备供应中心供应部分，用地者获准供应部分
市场垄断方式与效果	不强制储备，效果差	强制储备，效果好	强制储备，效果好	储备+交易许可，效果理想
储备土地供应方式	协议出让	招标、拍卖出让、协议出让	招标拍卖划拨	招标、拍卖、挂牌出让、协议、划拨
资金需求	可以控制到最小	十分巨大	巨大	可以控制到一定程度
储备土地供应	没有严格的供应计划	存在储备土地供应计划	存在储备土地供应计划	既有储备土地供应计划，也有交易许可计划
政府优先购买权	不存在优先	绝对优先	绝对优先	有条件优先

第四节 城市地下开发概述

　　城市的下部结构通常是指城市道路、给水、排水、电力、电讯、绿化、垃圾处理等基础设施，其特点是项目多，规模大，建设周期长，耗用资金及材料多，需要超前建设。事实说明，城市下部结构在很大程度上跟不上城市建设的发展，城市下部结构所包括的各种工程设施及管网之间也存在着种种不协调，从管网系统看，往往是市郊通畅而城内阻塞；从能源供应看，一般是市郊富裕而城内匮缺。因城市下部结构发展的滞后，若建设部署不当，会带来随意性与盲目性，助长市政建设的分散性。

　　城市下部结构还包括城市地下空间的开发与利用，诸如，人防建设、大型地下交通设施、地下商业街以及地下水资源的利用与保护、防治、地面沉陷等方面，都要纳入统一规划分期实施，以期达到城市上、下部空间的协调发展。基础设施与经济发展息息相关，它对经济增长有重要的影响，其中尤以可靠的电力供应、高效的道路交通网和便捷的通信设施最为关键。也有主张以能源和水源属优先开发的，因为随着收入的增加，经济和生活水平的提高，对能源和通讯的需求越来越大。

城市基础设施实际上是企业生产的外延，而我国长期把建设的重点放在工业生产上，忽视城市建设，形成城市基础设施短缺、滞后现象，已经在社会经济生活中产生严重影响。

城市的上部和下部结构要协调发展，必须注意以下几方面的工作：

（1）基础设施对于城市用地发展方向并不是消极的从属，而是具有一定的反作用力。如北京的新区建设，充分注意与水源条件的结合，城镇体系的构成向"富水区"的城东北、西北方向靠近。

（2）基础设施能力的分布，特别是能源点的变化将会对全局产生较大的影响。如某市在旧城区东部布置电厂，以适应城北大型工业企业的需要，城市进一步发展后，发现原定的电厂处于城市中部，介于旧城与新区之间，存在很多难以克服的后遗症。所以，对电厂、煤气厂、水厂、污水处理厂以及大型变电站等设施的选址要十分谨慎，尤其要结合城市近远期发展规划，充分论证后再决定之。

（3）地下水的合理开发，防止地面下沉。当城市地下水水位分布出现"漏斗"现象，要及时研究并采取对策，如冬灌夏抽。市域境内的湖泊，对调洪蓄洪，改善城市生态环境大有裨益，防止非法占、盲目填、无序开发而造成湖面锐减。武汉市城市总体规划中将尚存的超过百亩的27个湖泊严格地、永久地保护起来，为城市留下最宝贵的自然财富，并实行"蓝、绿、灰"三线管理。蓝线——水体严格保护线，原则上不得挪用；灰线——外围控制界限，即建筑密度和建筑高度控制线。

（4）注重城市地下空间的综合开发。1983年6月，联合国自然资源委员会专门通过了决议：认为地下空间是一种潜在的巨大自然资源，开发利用这一资源，可以减轻人类面临的"人口爆炸"、城市和农村问题。向地下索取空间资源是人类社会发展的必然。

（5）结合城市特点合理部署高层建筑。高层建筑的分布要尽量避免偶然性和盲目性，不顾城市现有基础设施的能力会使城市系统的运转陷入更大的困境。

（6）保持合理的建设投资比例。住宅投资与市政基础设施配套投资的比例以1:1为好。按建设常规，土地开发面积、开工面积与竣工面积之比为4:2:1。

总之，城市上、下结构协调发展的关键在于，建设资金的筹措与投资导向、建设速度的协调、开发总量的平衡以及发展方向的控制。

注释

❶ 21世纪经济报道．政府猛推经济房开发商着了慌．2001.08.27。
❷ 凤起路与环城西路周边商品房房价统计。
❸ 谭术魁，彭补拙．中国房地产．2003。

复习思考题

1. 试述城市土地开发和再开发的特点。
2. 城市土地开发的模式有哪些？
3. 城市土地开发的效益包括哪些？
4. 城市土地储备制度实质是什么？
5. 你认为"土地储备制度"是否具有普遍适用性？是否有改进、完善的操作模式？试论述你的观点。
6. 简述城市地下开发涵盖的内容。

第十一章 城市功能区开发

第一节 城市生活区开发

一、城市居住功能与生活区

（一）城市的居住功能

住是人类生活中吃、穿、住、行四大要素之一，人的一生2/3时间是在住宅及其周围的环境中度过。自1933年《雅典宪章》明确提出现代城市应解决好居住、工作、游憩、交通四大功能之后，居住就作为城市规划中的重要内容而备受重视，人们越来越意识到了"居住"在人类城市生活中的重要地位。

居住是人类生活的核心部分。人的休养生息都是在居住功能区内完成的。"居者，居其所也。"——《谷梁传·僖公二十四年》。古人很早就作出这样精辟的解释——居住是要有一定的场所的，即住宅，它是人们吃饭、睡觉、学习、娱乐不可以须臾缺少的、安全和舒适的场所。但是，住宅所能提供的活动内容仅仅是生活的一个基本的内容。现代文明和科学技术的发展使人们的生活越来越丰富多彩，简单的居住空间已经不能满足人们的需要。其实，人类早期对于生活的认识也并非是吃饭、睡觉这样简单的往复循环，"生，生长也。"——《广韵》，这句话就说明真正的生活是不断发展变化的、具有活力的一种生存状态。这也是现代城市居住区应该具备的特点，即提供人们满足自身不断发展、具有活力的生活条件。因此，现代城市所进行的居住区开发在不断充实其功能，调整其结构等工作的同时，已经不知不觉地步入到"生活区"的建设中去。

在城市规划中似乎找不到"生活区"的概念，长期以来与城市生活关系最密切的内容都包含在"居住区"中，如住宅、托幼设施、中小学和生活绿地等等。但是随着人类认识世界的技术手段、理论体系的不断发展，对城市的研究也不断扩大，尤其是20世纪下半叶系统论、控制论、协同论的建立，将城市的各个组成放在一起进行综合研究逐渐成为一种可能。希腊建筑师道萨迪亚斯就提出了"人类聚居学"，他认为可以把包括乡村、城镇、城市等在内的所有人类住区作为一个整体，强调从人类住区的"元素"（自然、人、社会、房屋、网络）进行广义系统的研究。因此，在对城市居住区开发的问题进行研究时，仅仅专注于"居住"一个方面是远远不够的。必须将居住与人类城市生活的其他具有密切联系的部分结合到一起来分析研究才能获得更为整体、系统的认识。

因此在现代城市的功能结构发展中，用"生活区"来代替"居住区"能够更准确地表明，在工作、交通和游憩之外与人们关系最密切的活动所需要的城市功能空间。

(二) 居住区与生活区

1. 居住区

在我国1993年颁布的《居住区规划设计规范》对居住区是这样定义的：泛指不同居住人口规模的居住生活聚居地和特指被城市干道或自然分界线所围合，并与居住人口规模（30 000～50 000人）相对应，配建有一整套较完善的、能满足该区居民物质与文化生活所需的公共服务设施的居住生活聚居地。

居住区的规划建设就是对城市居住区的住宅、公共设施、公共绿地、室外环境、道路交通和市政公用设施所进行的综合性具体安排，主要侧重对住宅区物质环境的塑造和基本功能的完善，对居住环境的文化背景和居住者的社会心理感受往往缺少关注。这也是在社会经济水平不很发达的背景下为了尽快解决住房问题而产生的问题。

2. 生活区

本章所定义的生活区是具有社区特征和现代居住生活所需完备设施的城市空间。根据对相关研究资料的检索，经过整理可以看出当前对社区的认识主要有以下几个方面：所谓社区，就是以一定的生产关系和社会关系为基础，形成了一定的行为规范和生活方式，在情感和心理上有地方观念的社会单元。城市中的社区是由城市中具体的空间范围内对该地区有一定认同感的居民及他们的生活环境所组成的。在我国一般可以将居住区和街道办事处管辖地视作城市社区。社区内的居住者是具有某方面共同利益的交往群体，他们能够相互影响，形成共同的利害关系及价值准则。简单地说，社区就是地域生活共同体。"社区"这一概念的提出主要是针对以往居住区、住宅区等概念对人们生动丰富的生活及多元化的空间环境的表达力不足而提出的，现代生活区除了具备社区在社会关系上的特征，还应该在物质设施方面满足多样化的现代生活需要，如教育、娱乐、就业和卫生管理等。以不同的内容、类型和品质互相区别与补充，并围绕居住功能构成人类在城市中休养生息的生活区。

二、城市生活区开发

(一) 城市生活区开发的含义与特点

对城市生活区的开发可以追溯到19世纪初期英国产业革命时期。当时，伴随着工业革命，生产力得到大大提高，造成城市聚集了大量的产业工人，工人们的居住环境急剧恶化，卫生和住房条件都非常恶劣，生活的基本条件难以得到保障。产生了严重的社会不安和动荡，政府不得不采取对策，集中解决工人的住房问题，从而开始了在城市中大规模开发人类生活区的历史。

住宅区开发研究最早在20世纪20年代被伯吉斯（E.E.Burgess）提出，到20世纪50～60年代盛行"过滤论"（Filter Down）或"历史论"（Historical），即新住房被富有的家庭占有，"过滤"下来的旧住房让给相对贫穷的家庭使用。这是一种实证论，曾被说成是一种社会生态学的理论，因为它使用了生态学的入侵和继承的概念。虽然，在初期这些生活区的开发和规划并不完善，但正是在不断的尝试中才使得今天积累下大量的对城市人居生活空间开发建设的经验。

从城市规划的角度看，当前城市生活区的开发就是在城市的居住用地和与该地块密切联系的城市绿化用地、公共设施用地上，依照城市发展目标和原则，运用城市规划和市场经济的手段，有计划、有目的地建设满足城市居民要求的生活空间，其中包括住宅、室外环境、商业服务、文教卫生、体育、管理等多种设施，并实现一定经济、社会效益的行为。

（1）由于生活区的主要建设内容为住宅，服务对象针对城市居民，它具有不同于一般房地产开发项目的一些特点

1）个性化消费对象。生活区开发的主要产品——住宅是以居民（或家庭）为消费对象的，消费者的经济、教育、社会等方面的背景都是影响其选择生活空间的重要因素，开发产品的定位与规划设计的内容必须对这些方面的影响有所反映，并对消费心理进行了解和分析。这与写字楼或商场等房地产不同，其消费对象为机构或者团体，要求相对单一。

2）大批量的产品开发。每个人都需要一定的生活居住空间，生活区开发建设的规模效益也要求住宅的大批量建设，我国又处在城市化的高速发展时期，城市住宅无论是需求量还是供应量都非常巨大。

3）复杂多样的市场流通。住宅使用寿命较长，价值较高，不仅具有使用价值，还具有很好的投资保值作用。在市场经济体制下，住宅的销售、转卖、租赁、抵押等活动都非常活跃，不同的市场需求和流通方式对住宅开发以及配套设施与环境的安排都具有各自具体的要求。

（2）生活区在城市空间中分布有其自身的特点

1）关系度——生活区与城市中其他功能区有不同程度的相关关系：

居住与就业岗位关系度为1；

居住与购物中心关系度为0.2；

居住与休闲区关系度为0.05。

2）分布概率——生活区是按一定规律在城市中分布的，与城市快速交通的节点有密切关系，如就近上班。

层数 N

层高 level high——H；

面宽 face width——W；

间距 between distance——L；

间距比 ratio——R；

进深 deep——D。

3）生活区开发是与周边生活质量要求密切相关的，如日照（图11-1）。

$$Far = \frac{D \times W \times N}{(D+L)W}$$
$$= \frac{D \times N}{(D+L)}$$

$$Far'_D = \frac{D \times N}{(D+L)} = N$$

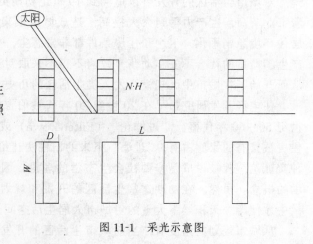

图11-1 采光示意图

$$\frac{N \times H}{L} = a$$

$$\frac{N \times H}{a} = L$$

4）生活区的分布与交通费用地价的关系

家庭交通费用的组成要求：

①上班交通费用＋购物交通费用＋休闲交通费用＝家庭交通费用；

②时间距离的换算；

③交通舒适性；

②＋③＝交通时间的机会成本，约占标准工作时间的25%。

（二）城市生活区开发的状况

城市生活区建设是以住宅为核心的整个居住生活环境的建设，所以生活区开发状况主要体现在住宅开发上。住宅开发的模式、水平与特点直接反映出城市生活区开发的相关内容（图11-2）。

我国自改革开放以来房地产业尤其是商品住宅开发产业得到迅猛发展，一方面由于长期以来积压的城市住房问题需要大量新建住宅来解决，另一方面市场经济体制的逐步完善和住房改革政策的推行，使住宅开发获得了良好的发展空间和政策支持。住宅开发不仅要能够在数量上还要在开发的建设质量和科学性上满足城市发展和人民生活的要求。

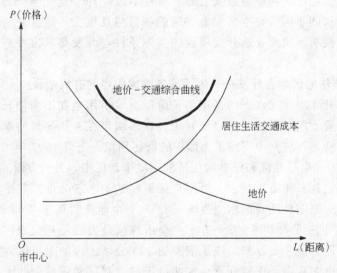

图11-2　地价与交通成本

如果把住宅放在城市生活区的整体中去观察，就可以通过住宅开发的不同类型来对生活区开发的状况进行了解。住宅开发的分类非常多样，这与住宅的建设类型和开发手段的多样性是分不开的。作为生活区的组成部分，不同规模的住宅开发对生活区的形成具有不同的作用。

1. 楼宇开发——生活区基本元素的叠加

受用地面积和开发能力制约，开发规模在一栋或者几栋住宅之间，一般为多层建筑，包括少量高层，人口规模不超过居住组团，一般在 1 000 人以下。这种规模的住宅开发主要是为了解决住房短缺的问题，对配套设施和环境景观没有明确的要求，只要能够达到一定卫生和交通条件即可。这种开发类型在房地产市场的发展初期较多，随着开发企业的实力不断增强和城市经济发展的速度加快，这种仅仅提供一定居住面积，缺少良好生活配套的住宅楼宇开发不能满足市场和城市发展的需要，现在一般只用于零星地块的改造中。

由于住宅是生活区的最基本的内容，这种类型的住宅开发除了提供一定面积的住宅，在生活设施与环境等方面并没有对居民生活提供更多的条件，因此只能是生活区中基本元素的叠加，对生活区整体功能的加强与完善没有产生一定作用，反而由于区域中居住人口的增加使配套设施和公共绿地的人均拥有水平有所下降。

2. 住宅小区开发——生活区基本单元的形成

住宅小区是城市生活区的基本单元，也是人们在意识到良好的居住生活条件不仅要有一定的居住面积，还要在居住环境、配套设施、物业管理等方面有相应的水平。以住宅小区为单位进行住宅开发在技术规范和规划管理方面都具有比较明确的要求，因而能够较好地保证居住生活条件和居住环境质量，相对完整的环境空间也为社区管理和邻里交往提供了有利条件。因此，可以从功能与规模上看作是生活区的基本单元。

但是这类住宅小区与严格意义上的"居住小区"[1]不一定完全一致。由于用地规模和住宅档次的不同，在生活配套设施的项目与规模上不能够完全照搬规范中对居住小区的要求，而需要从开发项目的实际条件与开发要求出发进行针对性的部署。

3. 大规模住宅区综合开发——生活区各组成内容的有机结合

我国当前处在城市化水平的高速增长阶段，城市用地在不断增长，拥挤在市区中的人口需要不断疏散到新区（城）中。许多城市在总体规划的编制和修订中不约而同地在新区（城）中安排了大面积的居住用地。上海 1997 年拟定的 4 个示范生活区[2]中的春申居住区和三林居住区都在城市新区中。另一方面，城市旧区和棚户区的改造也具有相当数量。上海棚户区面积达到 365 公顷，其中普陀区潭子湾、潘家湾和王家宅地区（简称"两湾一宅"）一个地块就有 50 公顷的改造面积。而北京 2002 年已拆除危房 84 万平方米，全市规模最大的一片危改区东城区的朝内南小街将动迁居民 3.2 万户，涉及范围达 193 公顷，再加上市区内工业外迁置换出来的土地也多数用于住宅开发。这些位于城市新区和旧城中的大片土地通过政府在基础设施和政策调控等方面进行的工作，吸引了一些在资金和开发能力上具有优势的开发企业，从整体出发进行开发与规划建设的安排，开发内容包括多个住宅组团（小区）、商业配套、交通网络、城市景观及绿化、教育配套、信息网络等多个方面。这类大规模综合性的住宅开发与城市生活区在功能与组成上具有很多一致性，是生活区各组成内容的有机结合。

三、我国城市生活区开发现状的特点

对当前生活区开发类型的分析也是一个对当前生活区开发状况的了解过程，

城市的经济发展与住房政策的改革使我国当前生活区的开发处在一个特殊的时期，出现了一些新的特点。这一方面对当前和未来的生活区开发提出了新要求，另一方面科学的规划开发方法也成为需要。

（一）我国进入住宅需求高峰期

据建设部的分析报告显示，❸2000年底我国人均住房建筑面积20.4平方米，而高收入国家人均住房建筑面积则达到46.6平方米。世界各国的经验表明，在人均住房面积达到30~35平方米之前，该国将保持较为旺盛的住房需求。调查结果显示，我国居民对现住房的满意率还不到20%，约有48%的居民提出在两三年内愿意换购住房；已购公房户中也有67%希望通过换购住房来改善居住条件和环境，但目前即使在已购公房上市踊跃的上海市，已购公房上市总量还不足已售公房的10%；加上不少居民愿意投资住房，因此，住房潜在需求量还相当大。1999年底，我国城镇人口已达3.89亿，以人均增长10平方米计算，就需增加住房近40亿平方米。

按"十五"计划规划，到2005年，中国城市人均住宅建筑面积将达到22平方米，户均达到70平方米；到2010年，可望人均25平方米，户均80平方米，国内生产总值比2000年翻一番，人均国内生产总值将超过1 500美元，那时的住宅建设投资占国内生产总值的比重可能达到峰值。这从另一个方面反映出我国已经进入住宅建设的高峰期。

以上数字表明，我国目前已经进入解决居民住宅的关键时期。其主要依据为：1）国外的经验和发展规律。当某国人均国民收入达到300~1 000美元的经济发展水平时期，在这个时期住宅的投资量占国民生产总值的比重比较高，而且住宅建设投资随人均国民生产总值的增加而增加，直到人均国民收入达到8 000~10 000美元或以上时，住宅需求才开始减少。我国2000年人均国民生产总值约802美元，恰恰处于住宅产业的发展时期。2）从国外居民消费结构的转化规律来看，恩格尔系数低于40%~50%的水平时，是房地产业和住宅建筑业的快速发展时期。我国目前的恩格尔系数已经降到48%左右，有的大城市还不到这一比率，所以，人们收入中的很大空间有可能用于住宅消费。

因此，大规模的生活区开发建设无论从社会还是市场角度，都有巨大的需求空间。如此巨大的住宅市场，如果政府没有合理统一的开发策划作为引导，不仅会造成开发建设上的盲目和低效，更有可能影响居民解决住房问题的速度、造成资源的浪费和社会的不公平。

据世界银行提供的统计资料显示，当人均GDP达到1 500美元时，就进入了住宅建设的高峰期。按照我国的十五计划，到2010年我国人均GDP将要比现在翻一番，即1 500~1 600美元，这也就意味着从现在到2010年的近10年时间里将是我国住宅建设由发展期进入高峰期的重要阶段。实际上，由于我国长期受计划经济的束缚以及其他历史原因所造成的城市住宅短缺问题早已暴露出来，自改革开放尤其是住房制度改革以来，城市的住宅建设一直持续增长。以上海为例，自1995~2000年间由于城市建设需要和改善城市居民住房条件的要求共计拆迁住宅1 756.38万平方米，其中，危棚简屋365.72万平方米（表11-1），而同期上海每年都有大量住宅进行施工以安置拆迁居民和供人民改善生活条件（表11-2）之用。

房屋拆迁情况（1995~2000年）[1] 表 11-1

年份	拆迁户数（户）	其中居民住宅	拆迁面积（万平方米）	其中	
				居民住宅	"365"危棚简屋
1995	75 777	73 695	322.77	253.90	
1996	89 132	86 481	342.95	258.86	
1997	79 857	77 388	479.67	363.16	239.89
1998	78 205	75 157	452.22	343.94	48.99
1999	75 185	73 709	342.50	248.17	50.33
2000	70 606	68 293	365.77	288.35	26.51

注：1997年"365"危棚简屋拆迁面积为1997年底累计拆迁数。

房地产开发企业房屋建筑面积和造价（1995~2000年） 表 11-2

指标	1995	1996	1997	1998	1999	2000
房屋施工总面积（万平方米）	5 074.80	6 005.46	5 341.79	5 416.10	5 083.18	5 523.23
住宅	3 843.22	4 154.16	3 647.47	3 704.29	3 747.17	4 263.50
别墅、高档公寓	246.47	329.62	235.66	192.76	217.34	254.11
办公楼	634.46	1 018.77	929.91	903.60	660.12	515.10
商业营业用房	274.68	503.29	423.57	511.71	410.84	438.47
其他	322.44	329.24	340.84	296.50	265.05	306.16

如此巨大的住宅开发与需求数量，使城市居住生活条件发生了巨大的改变，一些问题也随之产生。由于建设速度较快，又缺乏在市场经济条件下建设大规模城市住宅的经验，失去了以往计划经济体制背景下福利分房产生的"皇帝女儿不愁嫁"的优势，因而导致一些住宅因配套不全、布局不合理、设计规划等方面的诸多问题而大量积压或者给居住者带来生活上的不便。这些问题不仅造成开发资金的积压，也是对土地资源的浪费和居民生活条件改善的漠视，同时容易诱发一些社会问题。因此，大量的住宅建设不仅应该着眼于"住宅"这一基本元素，而且要把它放在建设城市"生活区"的背景下，才能避免犯"近视"的错误。生活区的开发建设也不仅仅只是完成一定数量居住面积和配套设施那么简单，而应该体现出居住生活个性化消费的特点，制定与居民需求和城市社会发展相适应的针对性策略，才能保证大规模的生活区开发建设的健康发展。

（二）生活区开发处于市场竞争之中

我国确立了以社会主义市场经济为主体的经济体制，住宅建设也由福利分配转向了商品住宅的市场开发，这个转换过程带来的对经济效益的重视也对城市生活区开发提出了新的要求。城市生活区开发的实质就是城市中大规模的生活设施开发，其中住宅是比重最大的部分。一般情况下，在城市的开发建设总量中，住宅的建设总量一般占有50%的份额，而在居住功能为核心的生活区内，住宅建设的比重一般占有70%以上。住宅也和商品经济中的其他内容一样面临着竞争的威胁，这就意味着不同类型的生活区也处于市场竞争之中。可以说，在这样的经济背景下，市场竞争是影响生活区开发的关键。这就决定了生活区的开发建设也要遵循优胜劣汰的市场规则。

在生活区开发中存在两方面的因素，决定其能否在竞争中脱颖而出。一是该生活区在开发建设中的最不利因素，即影响其竞争实力的"门槛"。任何一块用地都会因为区位、内外部环境条件以及政策法规等多方面的约束而形成非常严重的发展桎梏。如果没有对其提出合理有效的解决策略，其他方面的优势也无法对其加以掩盖和弥补。最终结果从市场角度看会从整体上极大削弱该项目在市场上的竞争实力，而从社会角度看，这种不足往往会给居民生活和城市居住生活条件的改善带来不利影响。

上海三林苑在一定程度上就有这方面的教训。20世纪90年代中期它作为国家安居工程规划设计金奖的获奖项目，在规划、建筑设计和环境景观等方面都在当时处于领先水平，但是由于建成以来，区外支路系统一直没有得到较好完善，东西方向联系较薄弱，尤其是到2001年为止，与西侧主干道上南路之间仅有永泰路一条联系道路，加上该地块地处毗邻高速路杨高路和城市外环线的城市南端，居民与城市的联系难以满足实际需要。而且该小区建成后主要作为安置城市中拆迁居民和部分低收入居民的安居用房，这类居住者出行的主要交通工具为自行车和公共交通。在当前周边缺少足够就业岗位的情况下，公共交通就成为居民上班的主要交通工具，并且使用时间较为集中，这就使三林苑的区位劣势越发突出，所拥有的建筑规划优势也显得苍白起来。尽管从小环境和住房条件来看，这里比市区中的很多住区都要优越，但是主要由于上述原因难以吸引更多的居民入住，相关的配套设施也就难以形成规模，从而导致该生活区难以快速发展和成熟起来。从当前状况来看，如果不能尽快提供快速交通联系，加强周边支路网的建设，促进周边场所发展增加就业岗位，这里就会出现更多回迁市内的居民，而空房为外来人口租赁，该生活区的治安和管理都会面临新的问题。由此可见，在三林苑的开发前期，对区位和周边交通和就业条件还缺乏足够的认识与分析，并且没有能够在较短的时间内拿出应对措施，因此在建成以后的一段时间内，在一定程度上影响了该地区的良性发展，并给未来的开发建设造成了负面影响。

决定生活区开发在竞争中取胜的另一关键因素就是它的优势。在条件相差无几的项目之间，能够为市场接受、被消费者选择的往往就是凭借一个（或者几个）"卖点"。所谓"卖点"，就是将该生活区与其他竞争者区别开来的优点，而且这一优点应该是切实有利于选择住房的消费者，并且是针对某一类型的消费人群制定的。也就是说，"卖点"要具有现实性和针对性。

如大连的星海家园就是一个例子。本身由于星海家园属于城市中旧厂区（原为大连油漆厂）改造，区位环境背山面海，但是由于星海家园与海尔之间隔着星海湾和中山路，海景并不能借到多少，加之大连市内市区住宅建筑层数均控制在五层以下，因此海景对于该地段来说缺少现实性。在考察周边类似区位和规模的住宅区的基础上，星海家园将区内水景作为重点向市场推出，在"你无我有，你有我优"的指导思想下，打破了以往滨海居住环境仅凭自然海景而忽视内部环境中水景元素的利用的做法，不仅弥补了自身在海景上的缺陷，而且以对内部环境的细致处理和重视获得市场的青睐。

近年来，以环境或者生态优势作为市场竞争中的主打力量并不鲜见。上海棚户区改造项目中较为成功的中远两湾城在保证高容积率的现实条件下，一改原来两湾地区一河污水的脏乱景象，以精致周全的环境绿化配套使之一直处于市场销售的前列，并且由于绿化与建筑、儿童活动、休闲体育设施具有紧密的联系，容易接近，环境具有很强的均好性，加之与轻轨站点联系方便，就比同期开发的万里城获得更多的好评，因而市场表现更为突出，成为棚户区改造成功的范例。上海万里城的规划与建筑设计是经过国际招标筛选出来的优秀作品，但是在开发过程中，宽阔的绿化带对住宅间的小环境改善作用不明显，而且绿化带的建设加大了前期投资开发成本；同时远期规划的地铁在开发后的相当长时间内没有实现通车（缺乏现实性），使得该生活区在发展过程中出现了一些问题。

通以对上述正反例子的分析，对照城市规划与开发中关于生活区的理论和实践分析可以看出，生活区的开发规划设计并不是开发成功的核心要素，而应该是基本要素。在市场经济的背景下，竞争是全方位的，市场需求对规划设计条件的确定发挥着重要作用。任何单一或者片面的优势都难以成为建设市场满意、群众接受的良好生活社区，而要更好地满足居住者对生活物质与精神条件的要求，就需要在开发前期从内外环境、土地资源价值、居住空间供给以及文化内涵、个性服务等全方位进行考虑并提出具有现实性和针对性的策略。规划设计是将以上策略落实到物质形态的一个必要过程，如果没有前期大量细致深入的工作，再好的规划设计也是盲目的、没有生命力的。

（三）社会与经济发展对生活区开发的要求

评价一个城市的物质环境建设，居住生活环境是不能忽视的内容，而人的生存环境的改善，一般要看居住生活场所的改善。所以说，生活区可以视为城市发展和社会文明程度的重要标志之一。而城市生活居住问题，也是长期以来困扰着城市开发与规划建设的主要问题。自20世纪40年代以来，建筑规划专家、社会学家、心理学家、生态学家从不同角度进行探讨和研究，对现代城市住区逐渐形成了比较系统地认识，主要内容如下：

生活区应该建立以人为中心的生态平衡。人是城市生活的主体，居住建筑要以满足人的生理、心理需求为中心进行设计，同时人和物（动植物、建筑物、空气和水）是相互依赖、互相适应的共生体，应该建立人与物相亲和的社区空间，合理安排生活循环系统必需的人、物质的结构和密度，在人的衣、食、住、行得以满足的同时，保持自然、社会、经济生态的平衡。

生活区有能力提供不同的生活空间。居住空间应该能够满足人的归属感和安全感，提高生活情趣。因此，生活区的物质环境要富有"标识性"的特点。除了依靠社会工作发挥功能之外，还要建造能创造人际交流机会的社区，具备共同参与和创造文化生活和公益事业的物质条件。因此，相关的商业服务、文化教育、休闲娱乐功能应该与生活需要相结合，配合整个生活区的综合开发规划安排，并反映出不同的社会文化特征。

生活区的建筑应具有多样性、多层次和美感。尤其是住宅及其环境，作为人的主要生活场所，不同素质、职业、文化背景、年龄的人对住宅的空间、结构、设施有不同的要求，单一的模式是最不尊重人的自由选择的表现。但是，住宅开发不能不受到经济实力、行业利益和生产力水平的制约，如何协调因此产生的矛盾，也是开发过程中要解决好的问题。

以上也是社会发展对生活区的功能与组织构成提出的要求，当前建设的生活社区如果在功能和结构上不能够体现这些方面的要求，将无法满足现代居住者对理想居住空间环境的需要。

另一方面，国民经济水平的提高和科学技术的进步给人们的生活带来了巨大的变化，这就对城市生活区的各项内容带来新的要求。"以人为本"和可持续发展的观念已经得到全社会的认同，并在建设实践中被广为运用，主要体现在以下几个方面：

一是，生活区环境与开发效益特点，包括色彩与采光，植物与氧气，休闲与服务等等。

二是，对居住住房和生活空间的自然要素的要求具有强烈的需求，包括对新鲜空气、日照时间和条件的要求，以及对环境噪声和光污染限制的要求。

三是，对人工要素的要求。包括住房内部的各类设施条件、楼宇的公共设施条件、小区的设施条件和社区中心及商业空间、教育卫生条件、绿化环境的配套设施数量和质量的要求，包括电力、自来水供应充足、通信线路通畅、设施运行状况良好等。

四是，对社会要素的要求。包括合理的社会制度和完善的社区组织，有良好的文化氛围和活动爱好者的活动空间，能建立共同的或者可以兼容的生活习俗和宗教习惯，有统一的社会道德标准。

可以说，在经济和社会的不断进步与发展中，生活区的内容和质量都在发生着变化，同时在市场机制的作用下，生活区的规划设计应该比以往更多的考虑市场的因素。从政府的角度来看要注重对市场变化和需求的了解与满足，从开发商来看则不能仅仅以自身的经济效益为出发点，应该结合居民生活的需求，而从规划设计人的角度出发，不应因为片面的审美与设计方面的要求而刻意去营造某种结构或者环境。随着住宅市场向买方市场逐渐过渡，对生活区开发决策的科学化与合理化的要求变得日益突出。在这样的背景下，生活区将以不同的区位特点、住宅特点、结构特点、教育条件和就业条件、居住者身份等特征进行分化，呈现出崭新的发展趋势。

另一方面，市场经济并不是决定生活区开发决策的惟一力量，单纯追求经济效益不是进行生活区开发的惟一目标，因而也不能成为指导生活区开发规划与设计的惟一准则。可持续发展的目标为城市建设开发提出了更高的要求，这也对生活区开发的合理性与科学性提出了更高的要求。经济的可持续发展与环境、社会的可持续发展都是保证一个城市良性运转的必要条件和发展目标。因此进行生活区的开发不可避免既受到社会、经济、环境等方面的制约,也反过来影响着社会、经济、环境的发展。在进行关于生活区开发的策略中,需要从社会、经济与环境的要求与相互制约出发,才能有助于实现城市可持续发展的管理目标。

因此,城市生活区的开发规划是一项综合的系统工程。它不仅仅需要对不同功能的建筑物进行合理、科学的空间布局,更需要对市场、社会以及相关政策法规的细致了解和分析。作为一种对人民生活、城市发展产生重大影响的投资行为,经济效益是和社会效益、环境效益分不开的。一个生活区开发项目的成功,必须要进行基于规划、经济、市场、政治与社会等多学科综合的全面安排。只有这样,才能综合各个方面的利益,指导各项开发工作的有序进行,满足城市中不同的人对居住、购物、文化体育及卫生设施的不同需求,保证开发投资的成功。只有将开发活动与城市规划管理与发展协调起来,才能保证社会效益、经济效益、环境效益的综合最优。

在这样的背景下,城市生活区开发策略的确定必然要涉及城市规划、管理、法规、经济、生态、环境等多学科,其本身需要进行严谨、科学的组织和策划,才能保证开发建设的顺利进行和城市的健康发展。这项具有极强综合性的工作,必须由政府组织各方面的专业人才,从社会的整体利益和公众需求出发,严格按照城市规划的要求,进行统筹布置,才能够达到预期的目标。

第二节 城市产业区的开发

一、产业经济开发区开发规划的指导思想与原则

(一)持续发展的原则

目前,绝大多数的产业开发区规划程序是这样的,首先完成的是开发区总体规划和开发区控制性详细规划(具有一定的空间形态),然后以此为基础形成投资指南,进行引资行为,最后对每一投资地块进行修建性详细规划(图11-3)。

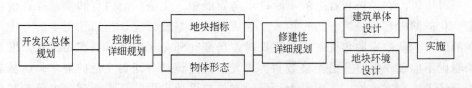

图 11-3 规划设计程序图

但是,在招商和开发的过程中,不确定因素很多,在不同利益的驱动下,诸多规划内容都发生了变化,而且开发区的管委会为了投资的引入也会不惜牺牲一些条件,由投资方"分割"土地,从而导致土地开发在用地功能上的混乱。这就使得规划虽然在前期过程中起到了一定的指导与引资的作用,但后期由于建设中的布局比较混乱,与原规划形成较大偏差,最终导致规划的龙头作用"失职"。

因此,在产业开发区的开发规划中应以可持续发展为原则,引入持续规划的(Sustainable Planning)思想。

20世纪50年代末美国数学家R·Bellman建立了动态规划(Dynamic Planning)数

学方法。其核心内容是动态行为，它具有两个基本特征：1）它是一个多阶段的动态决策问题。2）它是一种带有反馈（Feelback）性质的决策行为。同时 Bellman 提出了著名的最优化模型（Optimal Model），即在某种决策系统下，使目标函数实现极大或极小，用于城市规划领域，可使城市建设达到最理想水平的效益和状态。

根据 Bellman 的思想，运用于开发区开发建设，将规划过程作为一个持续的阶段性进行和完善的过程，不将开发区固定在一个终点上（End-state），而是根据我们对开发区的客观预测能力，对开发区的主要因素进行预测和规划，在开发中不断更新，收集发展的新信息及时作出反馈和决策，对规划进行修改和调整，进一步指导实施，同时，完成更深一层次上的规划（图11-4）。

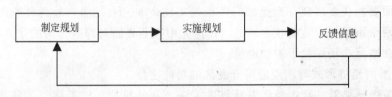

图 11-4　规划实施图

（二）以人为本的原则

我国以往产业开发区在规划建设过程中，往往片面强调了其经济效益，而忽视了生活在其中的人们其他各个方面的需求，从而导致开发区配套设施不完善，居住条件恶劣，开发区环境质量低下等等不良现象，使产业开发区的吸引力锐减，投资意向降低，从而造成恶性循环。随着产业结构调整和升级，人们已不再将便利的交通、低廉的土地价格作为投资的惟一标准，而是越来越重视熟练技术性人才、创造性人才的密集程度。纵观国外产业开发区的成功案例，无不将人作为首要考虑的因素之一，越是能吸引人的地区就越是充满活力与创新的场所。因此，在产业区开发规划中应始终贯彻"以人为本"的原则，创造亲切宜人的工作、生活空间。

二、产业经济开发区的结构体系

产业经济开发的结构体系由产业经济开发区的功能定位、产业经济开发区的目标体系、产业经济开发区发展思路与开发策略、产业经济开发区的选址及产业经济开发区的可行性研究五大部分组成。

（一）产业经济开发区的功能定位

功能定位是选择产业发展模式、战略对策的基础。功能定位准确就能从城镇与区域经济的发展中获得永久的支持。在兴办产业开发区之初，国务院规定了产业经济开发区的主要任务是"大力引进我国急需的先进技术，集中举办中外合资、合作、外商独资企业和中外合作的科研机构，发展合作生产、合作研究设计，开发新技术，研制高档产品，增加出口创汇，向内地提供新型材料和关键零部件，传播新工艺，新技术和科学的管理经验"。国务院的规定是对开发区的总体要求，具体到不同地域、不同规模、不同类型的产业经济开发区，应允许有不同的具体要求，需要从更广泛的地域范围，宏观与微观相结合，内部环境与外部环境相结合地加以具体分析论证，确定其合理的功能定位。

1. 国际环境变化与产业经济开发区的功能定位

我国产业经济开发区功能定位与国际环境特别是亚太经济发展趋势相关联。一是，经济全球化使我国经济开发区面临的国际竞争压力明显增大，随着我国加入世界贸易组织（WTO）和国际经济一体化程度的不断提高，竞争将从国内市场扩展到国际市场。我国将面临着更强烈的区域性竞争。二是，新的科技革命加速了世界产业结构调整，特别是高新技术和知识经济的快速发展将引发一场新的产业革命，使发达国家产业升级、转移、扩散加快，加工工业和初级产品将面临大的调整。我国开发区产业发展将面临着新的挑战，既要加快工业化进程，又要补知识经济的新课。因此，对我国的产业开发区来说，有必要一方面建立与发展具有科技优势和国际市场竞争优势的高新技术产业，加快推动产业结构的优化升级，另一方面要加快发展现有产业部门特别是支柱产业，立足国内外两种资源，面向国内外两个市场的工业的技术改造，加速大中企业集团与跨国公司的建立和发展，以期能在国际市场中处于主动地位。

2. 国内经济形式与产业经济开发区的功能定位

从国内形势看，我国经济发展将进入一个新的阶段，以短缺经济和数量扩张为主的发展阶段已基本完成，继续靠产业扩张带动经济增长的时代基本结束。国民经济正在向以买方市场和整体素质提高为特征的新阶段过渡。也就是说，我国经济发展已经进入了必须依靠科技进步和产业结构优化升级才能保持国民经济持续快速健康发展的新阶段。

从我国所处的经济发展阶段出发，我国许多经济开发区应首先考虑的是扩张与优化第二产业，促进高新技术产业的建立与发展；其次是加速发展外向型经济，提高外向型经济的效益，增强外贸产品的国际市场竞争力；最后是积极发展第三产业，加强基础设施，改善投资环境。

3. 区域环境特色与产业经济开发区的功能定位

任何一个产业经济开发区都存在于一个特定的区域环境之中，都必须以此区域为依托来进行开发建设。突出该区域环境特色，建立相关的主导产业或特色产业，对于产业经济开发区的功能定位具有极其重要的意义。同时，以区域性产业结构为依托，参与区域产业的分工协作，实行优势互补，资源共享，可以使产业区内产业得到快速、健康的发展，并以此为龙头，带动相关产业协调、稳定地发展。所以，在开发区开发前期策划就应努力寻求产业功能与区域环境特色的结合点，实现产业经济开发区的有效开发。

4. 开发区内部环境与产业经济开发区的功能定位

相对而言，产业开发区原有的比较优势正在逐步丧失。在产业经济开发区的起步阶段，低廉的劳动力价格和较低的工业用地价格是开发区十分明显的比较优势，特别是劳动力的低工资成为外资投向于劳动密集型产业的一个有利因素。甚至可以说，开发区劳动密集型产业的迅速发展是国际产业结构转换和开发区劳动力低工资这一比较优势相互作用的结果，但随着开发区的不断发展，人均收入水平的提高以及劳动力素质的不断改善，劳动力低工资的这种静态比较优势正逐渐丧失。无论在工业用地价格还是在劳动力低工资方面，产业开发区这一比较优势正在丧失，这必然会影响产业开发区的产业功能定位，挖掘产业内部潜力及寻求产业区域相对优势转换的契机,是进一步吸收和扩大利用外资规模的基础条件。

5. 开发区外部环境与产业经济开发区的功能定位

从外部环境看,其一,在总体上,国内各开发区之间存在着相当明显的发展差距,与世界发达国家和地区相比,其产业结构的差距更大,表现为第二、三产业劳动生产率偏低,第三产业发展相对滞后;其二,各开发区普遍存在着产业结构趋同化的问题,工业结构档次较低,工业外延发展未能与内涵的发展同步提高;其三,工业企业专业化协作程度低,行业企业间的联系松散,生产专业化程度不高,且没有形成规模经济。以上这些问题都会在不同程度上影响到产业开发区的产业结构的优化升级,进而影响到产业开发区开发初期的产业功能定位。

(二) 产业经济开发区目标体系

目标体系的策划是整个开发策划工作的基础,它在功能定位的基础上,提出并确定目标因素,建立起目标系统,并对系统优化界定,最终确定开发目标。

产业经济开发区目标按性质可分为战略目标和具体目标两部分。产业经济开发区战略目标的确定,必须从宏观全局高度出发,全面考虑产业经济开发区与相关地区及所在城市的具体情况。既要使产业区产业规划目标与国民经济发展规划、国家产业政策及高层次区域发展方向相协调,又要体现出产业区产业特色。按时序过程整体考虑当前和长远之间的关系,依据可持续发展的原则,不同的发展阶段,应有不同的目标模式,并力求使各阶级的规划目标相互衔接。同时为实现总体线路目标,必须重视时间因素及其影响,即时效性。一般在产业区开发过程中,可初步划分为形成、扩张、成熟三个阶段,并对每一阶段制定明确的产业发展目标。

产业经济开发区的具体目标,表现为开发过程中的技术目标、经济目标、社会目标、生态目标等各项详细目标,它由战略目标系统决定,针对开发的整个生命期,常常体现在运营阶段上。

在建立这类目标系统时应遵循以下基本原则:

1. 首先满足强制性目标

强制性目标与期望目标之间争执,如常见的环保要求与经济性(投资收益率、总投资等)之间的争执,则必须满足强制性目标。

2. 建立均衡的目标系统

目标系统建立要照顾各方面利益,如政府机构、投资方、运营方、顾客等,又要符合总目标。目标系统的建立应能协调开发组织和上层系统之间的利益平衡,既防止部门干预目标设计,又要防止部门利益冲突而导致目标因素的冲突,使开发目标能最大程度地满足上层系统各方面对开发的需要。

3. 明确目标系统的重心

均衡并不排除各个组成部分具有一定的优先次序,出现个别的或一定数量的"重点"目标,形成目标系统的重心,这往往是政府的明确要求。

4. 注意目标系统的补充与调整,保持适度弹性

开发运作的深入和发展会要求目标系统不断补充与调整,同时也提供了这种可能性,在开发策划前期应注意到这种补充与调整的可能,使目标保持适度的弹性。

产业区开发的目标系统可能包含的目标因素很多，但不是所有的目标因素都纳入体系范围，因为在开发过程中不可能解决所有问题，达到所有可能的目标。因此，需要对目标因素进一步优化，由专家组进行认真研究，界定、划分目标范围建立起切实可行的目标体系。

（三）产业经济开发区的发展思路

产业经济开发区的发展思路必须立足于现有的各种条件，把近期开发与中长期发展结合起来，在激烈的市场竞争中寻找各种发展的契机。把握发展的契机，关键问题是充分利用和发挥现有的优势条件，尽量减弱和转化不利因素的影响。概括地说，有以下几点：

（1）在"本地资源"上做文章，集中力量发展产业化龙头企业，并根据产业发展的总体目标对基础设施和公共部门的建设进行统一规划，并保持弹性，随时可以调整，从而在体制上和基础设施建设上不受旧格局的影响。同时，重视开发区内的政策优势，以提高结构的灵活性。

（2）立足于发挥优势，培育产业经济区特色产业。从宏观全局高度看，我国许多开发区没有从宏观布局和本地的条件来发展具有本区特色的产业，而是不顾本身的条件和优势，争相发展一般性的加工项目，尤其是许多开发区大上电子信息、机电一体化、生物工程、新材料、新能源及一般性加工项目，彼此之间缺乏合理的分工，造成了低水平的重复建设、重复引进和重复生产的问题，导致了结构趋同化。这不仅会牺牲各个区域的比较优势和分工效益，而且会加剧内部的竞争程度，影响对外竞争力。经济开发区要避免陷入这种状态，必须一开始就注重形成自己的产业特色。基础设施建设与项目引进互为条件，两者共同构成产业发展的起点。在推进和开发中培育产业特色，要重视这样几个方面：一是产业项目的选择要注意其发展前景，并考虑产业配套和结构转换；二是要注意环境污染和环境保护问题；三是对高耗能、粗加工的项目始终要加以限制，即使在招商困难的情况下也要如此；四是对于各地均全力追求的"热点"项目的引进要持谨慎态度，尤其要注重产业的比较优势和竞争优势。

（3）全面了解其他产业经济开发区发展动向，适当调整发展目标，在产业结构的变动中加强产业发展的优势。产业结构总是在变动中趋于高度化，20世纪90年代以来国际产业结构变动速度明显加快，我国产业结构也正处于调整和升级时期。产业开发区的产业结构调整必须适应这一变动趋势，从世界出口加工区的情况看，一般要经历形成、扩张、成熟以至衰落等几个阶段。形成阶段是产业结构逐渐形成的过程，扩张阶段则是产业结构变动的升级转换时期，到了成熟阶段，产业结构将出现大幅度调整和转换，否则就会较快转向衰落。因此，产业经济开发区如何在结构变动中加强产业发展优势，是一个重要的战略问题。

（四）产业经济开发区的区位选址

产业经济开发区的区位选址好坏直接影响到将来开发的成败。同时，根据产业类型不同，产业经济开发区的选址将遵循不同的原则。传统产业往往是资源制约型产业，对于原材料、能源、劳动力等依赖性很强，同时其他辅料和产品的运输也是一个重要的组成部分。因此，传统产业的区位选择，往往需要考虑以下因素：

(1) 接近原材料产地，或是接近产品市场。

(2) 交通便捷，劳动资源丰富。

(3) 地形、地势良好，便于进行基础设施建设。

(4) 便于接受大城市辐射，产生互动效应。

高技术产业所需原材料与传统产业相比要少得多，对资源的依赖性不像传统产业那么强，其产品体积小，重量轻，运输方便，自然运量就较小。所以，这些都使得其选址不必像传统产业那样受到自然环境的限制。但是，另一方面，它要求较高的智力资源，对信息的依赖性强，对资金的需求量大，对环境质量的要求高，对各种服务的需求多。也就是说，高技术产业对于软环境的要求远比对于硬环境的要求高得多。特别是在选择高技术区这样一种集约发展模式时，这些软环境要素的影响更加突出，其在区位选择时已经起到决定性的作用。

综合各国的经验教训，高技术区的区位选择，应该依次考虑下列各项因素：智力密集、开发性技术条件、网络要素、基础设施条件、生产和生活环境基础。

1. 智力密集

作为一种资源来说，智力资源比较密集的区域不是指具有科学知识的个人，而是指从事各种基础科学研究和应用开发研究的科研机构。对高技术产业有促进作用的智力密集区不是一般意义的大学或科学研究中心所在地，而是指具有研究性的理工科大学和科学院所等结合在一起，构成高水平的研究与开发（R&D）能力的新型智力资源集中区。这类智力资源常酝酿出一些新的科学设想或新的设计方向，是开发高技术产业的智力基础。智力资源在某种程度上比硬资源更有价值，因为现代工业发展主要依靠技术结构的转化。没有基础科学和开发性研究人才，没有培养人才的中心，就不可能争取向先进结构转化，在竞争中就会被淘汰。美国"硅谷"区拥有8所大学、9所社区大学和33所技工学校，这些智力资源一方面为高技术产业进行技术设计、指导、咨询，另一方面则源源不断地向"硅谷"输送高质量人才，使美国"硅谷"的大型集成电路处于领先地位。

在我国选择高新技术产业开发区时，一般均已注意到智力资源密集的趋势。应当指出的是，对智力密集区的认识应尽可能避免仅从特定区域的统计数字中的大专院校、科研单位多少、高级科技人员密集程度等方面作出开发区依托优势的判断。因为，其中仍含有一些无法直接参与高新技术活动的部分，所以这些数字只能视为客观区域文化素质及其水平的标志，视为发展高新技术产业的潜在社会文化基础。

总之，对高技术产业开发区具有指向作用的智力资源密集区位问题，应从总体与具体两个方面进行分析。一方面，对于区域整体的科学技术水平与文化素质分析，它关系到发展高技术的背景条件与经济社会支持程度。如天津在高技术产业开发区的调研中就指出了天津市的智密区与智密核心区两个层次。另一方面，具体明确开发区与所依托的智力集团的联系强度及其现实性和可能性。这些同开发区的发展领域以及对所在地区的传统工业改造有极为密切的关系，如天津开发区所认定的电子信息技术产业机电一体化技术产业和新材料技术产业等方面就与南开大学、天津大学等教学科研单位的研究基础相关。

　　2. 开发性技术条件

　　智力资源的密集为高技术的发展提供了可能性。但是，高科技产业能否在某一特定区域健康地发展还有赖于与其发展相关联的市场、服务等因素，如果采用传统产业发展的说法，就是还需取决于其所需的"原料"、产品的"下游"去向以及生产所需的配套设施等。具体讲，主要包括四个方面：首先，是作为开发基础的区域技术开发能力。也就是说，该地区是否能把研究成果迅速转化为产品的技术素质，拥有新材料、新能源以及相应的科学技术手段和运用这些手段的技术人才。其次，是区域开发技术能力。一般认为，高技术产业的发展需要有基础性技术、关键性技术、先导性技术等开拓新产业结构的支撑体系，这些方面在一定区域的密集，为高技术产业的发展奠定了技术基础。而这几方面一般都是在一个大城市或区域内比较集中，所以，高技术产业往往会在大城市地区孕育。再次，要具有多种方向的中试功能。高技术产业产品更新换代比传统产业快，新产品不断问世，因而对于产品中试的需求特别大。通过中试，把成熟的技术孵化为产品，为大规模商品化生产做好准备。因而，不是要求一般的实验室或生产车间，而是要求装备精良，人员素质高，具备工业性试验条件。所以，拥有中试孵化功能的区域条件往往表现为经济、技术条件较好的产业发达地区。最后，是拥有能够吸纳高技术的大工业基础。高技术本身以精细为重要特点，但是，其产业化的产品同样包括了大量传统工业的成果，因而，它无法脱离传统工业而独立存在，需要大工业的支持，它的技术、产品需要扩散，大工业也需要依靠高技术实现生产的现代化。也就是说，以高技术的创新为龙头，包括了创新、吸收、扩散整个过程，以此带动整个区域经济的发展。

　　3. 网络要素

　　高技术产业是当今发展最为迅速的生产力。受尖端化和国际化倾向所决定，高技术本身就是一个应变能力较大的柔性系统，而支持这个系统的条件就是网络要素。网络要素包括两个方面，即信息网络和人才网络。

　　(1) 信息网络

　　谁拥有信息，谁就在生产竞争中处于优势地位，对传统产业如此，对于高技术产业更是如此。随着世界由工业社会逐步进入信息社会，世界各国已经把信息资源视为一种与材料、能源、资金同等重要，甚至更加重要的资源。对于信息资源条件的评价一般包括：信息资源的数量、覆盖面积、传递速度、相互关联程度、获得方便程度等。有关研究表明，信息资源最大的特征在于其共享性、再生性以及相互激励产生新的创新特征。同时，信息获得时间的早晚变得特别重要。

　　网络化是信息资源得以更好地开发利用的基本条件，信息高速公路的建设已经成为席卷全球的热潮。而这种网络正是信息资源存在、传播的重要方式，也是信息资源最为密集的地方，因而也正是高技术产业最易于诞生和生存的环境。

　　(2) 人才网络

　　实践证明，发展高技术产业需要多种学科和专业的协作进行研究与开发，因此也可以说，高技术产业开发区的建设与发展是多种专业人才的组合共同创新的综合产物。

在围绕高技术产业开发区建设的多种人才网络中,首要的是要有接收与判别有价值信息资源能力的科学研究人才,由他们提出课题或建设项目。其次,要有开发事业的组织孵化人才,有从事生产力的指导人才,有进行风险投资的金融机构与决策者,有行政管理和领导者的支持。此外,还要有经济、法律、商贸等方面人员共同构成的开发者人才网络,才能保证开发区研究与开发、生产与制造、销售与服务这个综合体各环节的起步与正常运作。

4. 基础设施条件

良好的基础设施条件是产业发展的基本保证,高技术产业同样无法脱离基础设施存在。因为其特征决定,高技术产业除了一般的产业发展要求的基础设施条件外,特别强调基础设施的质量。比如,在交通运输方面,高技术产业不像传统产业那样消耗大量的原材料,产品也往往体积不大,因而,对于运输的要求是快速、方便,尤以航空或高速公路为理想的运输方式。通讯条件的好坏对于高技术产业至关重要,特别是大容量、网络化的通讯媒体更是必不可少的。在能源方面,它要求洁净、可靠的能源供应,供水方面对于水质的要求也比传统产业苛刻得多。效率在高技术产业的发展中占有特别重要的地位,因而,适于它发展的环境往往是那些大城市地区。

中国高技术区的选择基本考虑到基础设施方面的因素,或经过一段时间的建设,基础设施条件已经有了明显改善。但是,与国外高技术区相比,在有些方面还有不小的差距。有的开发区依托于城市边缘,但城市的基础设施一时还难以顾及其需要,或者受到城市基础设施总体容量的限制,不得不另起炉灶,前期成本相当昂贵;有的高技术区干脆白手起家,虽然具有良好的用地条件,但是同样面临着基础设施建设成本这个门槛的限制;还有的位于市区,周围制约因素众多,发展受到限制,基础设施往往也非常陈旧,适应不了高科技产业发展的需求。因此,基础设施问题应该是中国今后进行高技术产业区选址和建设中重点考虑的问题。

5. 生产和生活环境基础

高技术产业对于环境的要求非常严格,这是由其生产特性所决定的。比如,微电子产品的生产往往要求恒湿、恒温,空气中的悬浮尘埃、有毒成分的比重必须达到非常低的水平等。因此,这类产业的布局一般选择在环境质量好的地区,这样可以降低为维持日常生产环境所需要的费用,保证产品的质量。

另外,高技术产业的就业岗位对于人员的素质要求很高。在此工作的人员中科学家、设计师、熟练技术工人占绝大多数,他们一方面要求有良好的工作环境,另一方面也追求良好的生活质量。在他们生活的社区里,希望能有充足的社区设施、美好的居家环境,而且要求具有一种激励创新的氛围。否则,难以吸引高技术人才在此落户,安居乐业。

从上面的分析可以看出,高技术产业区的建设首先要选择那些智力资源密集、具有一定技术孵化能力的地区。这些地区一般要求有良好的交通和通讯条件、丰富的信息资源、洁净的环境质量、优良的社区生活品位。这些都是在高技术区规划建设中应该充分考虑的问题。

三、产业经济开发区的开发

（一）产业经济开发区的开发进程

产业经济开发区的开发进程可以概括为：

聚结、吸引、辐射三个阶段。

首先，产业经济开发区的开发需要具备良好的培养基础——地区内的经济条件、科技条件、社会或环境条件。同时，它的开发起动需要外部促进条件，即产业经济开发区的政策导向和资本与科技的投入。

在此基础上，区内各工程项目在内外因素的条件下，开始"聚结"。随着功能的聚结，产业经济开发区开始由产生转向发展，这样就形成了规模，形成了更好的投资条件，就形成了吸引力，进而加速了它的发展。在发展过程中，又形成一定的与其他地区相抗衡的竞争力，这样便聚集了更多的社会生产和社会生活，产生出巨大的辐射力，影响并促进着其他相关区域的建设与发展。

产业经济开发区不是孤立存在的，它必须同其他各种环境因素相联系。它的开发进程不是线性的，是在稳定与不稳定、均衡与不均衡的矛盾运动中进行的。节奏并不是始终如一的。随着环境因素的变化，开发区的开发进程时而呈现大幅度、高速度，时而呈现小幅度、低速度。

产业经济开发区开发进程的这种特征是由两个规律共同支配的，一个是自然系统规律，一个是人工系统规律。所谓自然系统规律是市场规律，开发区的土地开发受到市场中价值规律的调节；所谓人工系统的规律，是人们对客体特有的主观性、计划性的规律。人们在开发区的开发中，通过人工系统规律，一方面能发挥主观能动性，促进并引导开发区的进程，另一方面可以通过计划性避免因市场性而引起的盲目和外部负效益。

为了促进产业开发区的开发，必须了解它的进程，了解它的内在规律。在整个开发过程中运用自然系统规律与人工系统规律，促进产业的聚结、吸引和辐射，并通过创造条件和积极引导为这一进程的发展提供硬件环境和软件环境。尤其在聚结这一阶段，它是整个开发过程的决定阶段。如果在该阶段通过良好的软、硬环境的创造促进了资本与科技的聚结，那么在市场规律的作用下，将使其自然走向非平衡态，产业产生吸引力，导致规模的扩大，最终具有区域的辐射力。

（二）产业经济开发区的开发特点

产业经济区是一个具有独特性的新型城市开发区。无论从它的工程系统，还是从它的发展方向来看，都具有其自身的特点。

产业开发区的开发是一项复杂的工程系统，从该角度来看，它具有6个基本特点：

1．工程前期工作复杂

它的开发首先要进行充分的区域选址分析和发展条件论证，其次要完成复杂的软件系统，包括目标系统、管理系统、可操作系统等等。

2．工程项目多

首先产业开发区是一个多功能综合开发区，因此工程项目的层次比较复杂，有生产功能、科研功能（高新技术开发区）、居住功能、商业办公功能、文化娱乐功能等等。其次，每一工程项目类型中的工程量比较大。

3．建设周期长

产业开发区是一个从科研（高新技术产业开发区）——生产——管理办公——生活——商业服务的一系列的建设行为，因此，其建设周期比较长。

4．品位高

时代进步对新开发提出了高的要求，决定了它的开发是高品位的。一方面要提供良好的产业开发环境，吸引投资，吸引科技人才，另一方面，它是一个面向新世纪的工程，应具有现代气息和较好的环境面貌要求。

5．涉及面广

一方面，产业开发区其自身功能层次复杂，另一方面，它不仅以周边区域的科技环境、经济环境、社会与自然环境为发展条件，而且它还对周边相关产业产生积极的辐射作用。

6．投资量大

从客观上讲，产业开发区功能齐全，基础设施要求高以及建设周期长等因素，使得整个开发区的开发投资量大。

7．从开发区的发展来讲，具有阶段性、波动性、突发性三个基本特点

（1）阶段性

产业开发区的开发可分为四个主要阶段：

第一阶段是复杂的开发前期准备工作（筹划、论证、选址等工作）；

第二阶段是制定规划、项目引进、确定资金投入；

第三阶段是土地被征用或建设；

第四阶段是更新与商业化。

（2）波动性

产业开发区的发展、转化和变迁受城市经济和外界环境的发展和衰落的影响，同时也受政治环境与部门管理者主观因素的影响，所以产业开发区的开发具有波动性。

（3）突发性

产业开发区的发展行为受到市场的引导，受城市内外环境的波动影响，并且这些条件都具有突发性和不易预见性的特点。由于市场经济的发展和政策频繁干预，加上投资决策的影响和国家对开发政策的非法律性，以及开发过程中的投机性等最终导致高新技术产业开发区的发展具有突发性。

（三）产业经济开发区的开发

在世界现存的近千个各类经济开发区中，真正能够做到举世公认成功的，并且在经济和社会效益方面令人感到满意的并不多。以设立经济开发区最多的美国为例，20世纪80年代初期，在其批准并开业的69个外贸区中，经济活动十分活跃的外贸区只有38个，其余的均存在某些困难和障碍，影响了其开发进程。因此，开发一个理想的高新技术产业开发区并非易事，必须从设区和开发之日起就开始不断孕育与积累。

尽管世界各地经济开发区的发展进程表明，并没有一套不变的固定模式，但是，其中却有一些可以共同遵循的基本原则和科学的方法及程序。

高新技术产业开发区的经营包括两大阶段：开发阶段和管理阶段，开发阶段是决定阶段，又可分为以下三个主要进程：

1. 设区的前期策划阶段

主要内容包括：1）大量的科学调研与考察；2）进行系统和全面的客观分析与比较研究；3）确定产业区性质和功能定位；4）确定其方向和目标体系；5）确定发展思路与战略；6）确定选址与规模；7）提出各种可供选择的可行性研究报告。

2. 中期规划阶段

这一阶段工作包括：1）制定出分期实施的近、中、远期发展总体规划；2）制定出（起步区）控制性详细规划；3）制定出开发区管理准则和投资指南；4）项目招商；5）论证详细具体的项目工程，并报请审批；6）落实实施开发计划的财力、人力和物力；7）根据项目对原规划进行进一步调整。

3. 后期实施阶段

这一阶段主要是实施批准的发展规划和项目工程计划，包括：1）项目落实；2）深入设计；3）项目实施与项目管理。这些为开发区转入正常运作做好管理和服务工作。

根据以上所述的产业经济开发区所特定的开发程序，我们将产业区规划层次与相应的管理保障层次相互融合，共同形成一个网络系统。同时，这三个阶段是程序上的先后关系，执行起来又存在着时间和空间上的交叉，它们以土地开发为线索，共同组合成一个有机的统一系统。应当特别指出的是，产业区的开发永远是一个持续的过程，随着时间的推移、内外因素的变化，任何阶段上的任何点都不会是一成不变，甚至开发决策也有可能因为开发的深入进行而发生相应的调整。

资料链接 宝山城市工业园区（北区）产业定位研究 ［详见附录一］

第三节 城市中心区的开发

一、城市中心区研究背景

改革开放以来，伴随着农村剩余劳动力的释放和国民经济的持续高速发展，我国进入了快速城市化的时期。城市化的两个结果就是城镇数目的增加、城镇人口规模和用地规模的增大。据统计，在1985～2000年间，全国城市由324个增加到663个，数目增长一倍多，全部建成区面积由9 386平方公里增加到22 439平方公里，年平均增长6.0%，城镇人口（指城市市区和建制镇两部分的市镇人口）总数由25 094万增加到45 844万，年平均递增4.1%。由此可见，中国进入一个快速城市化时期，城市每年新区开发量十分巨大。在城市新区的开发中，城市一般采用中心带动的方式来促进开发，即先建设有一定规模和质量的新的城市中心区，然后依次带动城市周边地区的开发建设，形成城市新区。城市中心新区一般是公共设施建设量集中的片区，包括城市的行政、商业、文化等，并有一定量的居住用地的开发，是用地类型十分综合的功能片区。与此同时，有些特大城市也从疏解旧城功能，缓解旧城压力，改善城市功能布局和城市风貌等角度出发，开始了城市副中心的开发建设。可以预见，城市新中心区和城市新副中心区的开发建设将成为今后一段时间许多城市的开发建设重点。

（一）城市中心区概念界定

城市中心区作为城市结构中的一个特定的地域概念，国内目前还没有明确的定义。各类研究人员在讨论城市中心区时都侧重于自身的角度，导致城市中心区概念上的多样性和模糊性。例如，Downtown一词主要流传于北美一带，它不是学术界严格的定义，而是人们日常生活中对城市闹市区的俗称，通常是指传统的商业中心。与此相似的Uptown是指城市的住宅区和非商业区，与Downtown相似的还有城市中心商业区（CRD，Central Retail District）。从城市整体功能结构演变过程看，城市中心是一个综合的概念，是城市结构的核心地区和城市功能的重要组成部分，是城市公共建筑和第三产业的集中地，为城市及城市所在区域集中提供经济、政治、文化、社会等活动设施和服务空间，并在空间特征上有别于城市其他地区。它包括城市的主要零售中心、商务中心、服务中心、文化中心、行政中心、信息中心等，集中体现城市的社会经济发展水平和发展形态，承担经济运作和管理功能。

在不同的历史发展时期，城市中心区有不同的构成和形态。首先，古代城市中心主要由宫殿和神庙组成，这与当时的社会状况相符。其次，工业社会中，零售业和传统服务业是城市中心区的主要功能，Downtown是当时城市中心区的代称。再次，城市中心区发展到现在，地域范围迅速扩大，并出现了专门化的倾向，如CBD（Central Business District）的兴起，但城市中心区本质上仍是一个功能混合的地区。

本章所指的城市新中心区，主要是指根据城市规划有待开发的、集中未来城市一个或几个重要职能的核心地区，它可能是城市未来的行政中心、商业中心、文化中心或几个中心的结合。由于开发规律和策划内容的相似，在本章中还包括城市未来的副中心地区。表11-3介绍性说明了我国即将开发的几个城市新中心区。

即将开发的几个城市新中心区　　　　　表11-3

所在城市	用地规模（平方公里）	中 心 类 型	所 在 区 位
湖南湘潭	3.50	未来城市行政、商贸、金融、信息、文化、娱乐中心	城市北部边缘区
安徽蚌埠	2.69	未来全市新的金融贸易、生活居住中心，同时具有旅游休闲的功能	城市中心（原机场地区）

续表

所在城市	用地规模（平方公里）	中 心 类 型	所 在 区 位
陕西宝鸡	2.10	未来城市副中心，综合行政、商贸、办公、金融、文化娱乐	城市新区
浙江温州	5.2	未来城市行政办公、文化、商业、会展中心、经贸、市民公共活动中心	带状发展的市区中部
浙江金华	1.79	城市副中心，未来金东区行政、文化、商业中心	市区东部、新区中心
浙江丽水	3.1	未来城市行政办公、文化、商业中心	城市北部边缘区
浙江台州黄岩	1.92	未来城市副中心，综合商贸、体育、文化娱乐	城市西南片
沈阳浑南新区	约1.5	未来城市副中心，商办、行政、文化、商业	浑河以南
辽宁盘锦	3.45	未来城市中心，行政、文化、商业、金融、居住	城市核心，辽河以南

（二）城市中心区开发研究目标

由于在城市新中心区的开发中，开发量大（远超过一般单个房地产公司所能承受的规模），开发时间长，资金投入量大，对城市影响意义深远。同时又不能延续计划经济体制下的城市开发模式，需要包括政府、开发商等在内的多方参与、合作。目前，我国城市在此类的开发中，往往由政府部门出面制定规划，进行可行性研究，制定开发策略等，政府的工作往往集中于开发的某一侧面或某一阶段，缺乏系统的、完整的全程性的操作、监控行为。这一方面由于新中心区开发时间跨度大，政府人事的换届使得开发中行为原则难以贯彻，同时也缺乏一个系统的、完整的理论指导开发实践。为此，有必要借鉴城市发展战略、可行性研究、市场调查、项目评估、项目策划、工程经济学等学科的研究和实践成果，以市场营销策划和国外的 City Marketing 等理论为基本原理，以系统分析和评价的方法为研究方法，通过将城市开发概念的扩展和延伸，对城市在新中心区开发的特点、开发规律、运作程序内容与方法等方面进行研究，力求将目前城市新中心区开发中各个侧面、各个阶段的理论与实践成果进行整合、创新，使之系统化，完整化。一方面对此类城市开发的运作提供指导，提高开发综合效益，提升城市竞争力，另一方面对此类开发中的城市规划设计提供新的思路，提高其实施可行性和可操作性。

二、城市中心与中心区的历史发展进程

（一）古代城市：城市中心的职能变迁

人类社会在原始社会几十万年的发展过程中，经历了三次社会大分工，特别是第三次社会大分工以后，由于生产力的发展与社会分工的加深，产生了具有商品交换和政治与防卫功能的城市。

古代的社会统治以王权和神权为中心的。无论是原始时代具有城市雏形的村落，还是后来有成熟形制的都城，神庙和宫殿总是城市建设的主角。如古埃及新王国时期的首都阿玛纳（建于公元前1370年）已经有了明确的分区，特别是已经有了明显的市中心区。中心区内，皇宫居中，大小两个阿顿庙分列左右。

中国周代在营造城市方面已经有了初步的规制。《周礼·考工记》中记载，"匠人营国，方九里，旁三门，国中九经九纬，经涂九轨，左祖右社，前朝后市，市朝一夫"。城市的中心是宫城和祖庙，"市"处于次要的位置。

西方社会到了古希腊时期以后，早期民主制度的发展使城市广场取代卫城和庙宇为城市的中心。广场的周围是商店、议事厅和杂耍场等，广场往往在两条主要道路的交叉点上。在海滨城市里，广场靠近船埠，以利贸易。城市广场普遍沿一面或几面设置敞廊，开间一致，形象完整。例如，阿索斯（Assos）城的中心广场、古罗马的中心广场群等。

中世纪欧洲有统一而强大的教权，教权常凌驾于政权之上。教堂占据城市的中心位置，教堂广场是城市的主要中心，是市民集会、狂欢和从事各种文娱活动的中心场所。另外，由于社会活动和商品贸易的需要，有的城市还有市政厅广场和市场广场（Market Place）。当时的佛罗伦萨是当时欧洲最有影响的城市之一，其市中心的西格诺利亚广场是意大利最富趣味的城市广场之一，也是一个象征共和国独立而带有纪念意义的市民广场。广场上有市政厅，塔楼高达95米，作为城市中心和城市的标志。

中国的封建社会中，皇族的地位高高在上，有无限权威。仕途是中国古代读书人的最终目标，"学而优则仕"，而商人是受歧视的阶层。这种社会状况反映在城市布局中，就是皇宫和官衙居于中心地位，作为商品交换场所的市场在城市中则偏于一隅。隋唐长安城的布局采取严格的坊里制，将商品交换集中设置在东市、西市中，居于中心地位的仍是皇宫和皇城（或官衙）。

到了封建社会中后期，商品交换日益发展，各地的贸易日渐频繁，城市的布局形态也趋于多元化，市场往往形成于交通运输便利的滨河码头等地区。例如，六朝以后南京秦淮河两岸发展成商品聚集、交换地区，直至民国时期夫子庙地区一直是南京的商业活动中心。北宋东京（开封）城的中心被宫城所占据，而在交通便利的汴河两岸形成繁荣的商业活动场所。北宋张择端的《清明上河图》描绘的就是开封汴河两岸繁华的商业活动。

（二）近代城市：城市中心的快速发展与中心区的形成

18世纪下半叶英国发生科技革命和产业革命，开始了机器工业时代。科技革命和产业革命使得大工业的生产方式得以推广，经济空前繁荣发展，城市规模扩大。这些都引起社会经济领域和城市规划结构的巨大变革，城市化进程加快，城市中心空前繁荣，表现出前所未有的特征。

首先，城市中心内容丰富多样。除城市中心传统的商业功能外，随着工业社会的到来，为工业生产服务的行业也都聚集到城市中心里，如商务办公、专业服务等行业。同时，零售业的经营方式也发生变化，大型的百货商店和各类专营店开始出现，城市中心真正成了城市服务功能的聚集地。其次，城市中心职能高度聚集，城市中心在城市结构中的地位使其成为城市中经济活动最多的地区。同时也是地价和租金最昂贵的地区和城市人流的汇集点，由此形成城市中心职能和建筑空间的高度集中，城市中心越来越拥挤。再次，城市中心规模发展巨大。大工业的生产方式大大刺激了商品经济的发展，各种商业金融机构在城市中心集聚，原有的城市中心已不能满足新的需求，于是城市中心的地域范围逐渐扩展，中心内建筑密度不断加大，容量也不断加强，城市中心规模快速增大。最后，城市中心区开始形成。城市中心规模的扩大和职能的多样使城市中心布局形态突破传统的围绕广场或街道的模式，而转向跨街区、多轴向发展，城市中心区已经成为城市地域结构中最重要的组成部分。在早期美国城市中，Downtown 就是指当时的城市中心区。

城市规模的迅速膨胀、社会结构和经济结构的转变，使城市原有结构面对新的发展要求产生了尖锐矛盾，尤其是城市中心地区。高度集中的城市中心职能使城市中心拥挤不堪，交通工具的发展（如汽车）也给城市带来大量人流，城市中心环境日趋恶化。

中国在鸦片战争后，帝国主义势力不断侵入，使中国沦为半封建半殖民地社会，在中国的土地上出现了半殖民地城市，其他一些封建城市也随着这种社会经济的改变而发生不同程度的变化。

殖民地城市中有些是受某个帝国主义国家的控制，其城市中心规划建设与其殖民帝国城市有类似的地方，如青岛（德国和日本）、哈尔滨（沙俄）、长春和沈阳（日本）等。有的城市处在几个帝国主义国家占据下，有特殊的租界地。这些城市大都是中国原来最大的工商业及交通中心，城市中租界与旧城区有强烈的对比。在城市中心建设上，表现为破败的传统商业中心和租界内兴起的西式城市中心。各个国家的租界之间各自为政，造成中心分散。例如，上海在1845年划出英租界后，先后有美、法、日等国在上海占有租界区。随着租界区的建设，南京东路、外滩等地区逐渐繁荣，形成上海新的城市中心。天津在被开为通商口岸后，先后共有八国的租界分布在城南海河东西两岸。随着这些租界的建设和扩张、天津商业中心也随之南移，由北大关三岔河口转向法租界的紫竹林一带。南市是中国地界内较繁华的商业地段，位于租界边缘，由此形成租界新中心与老城传统中心并存的局面。

除这些殖民城市外，原来的封建城市虽受到帝国主义的入侵及本国资本主义发展的影响，发生了局部的变化，但其城市中心总体仍停留在原有的基础上。发生变化较大的是处于交通枢纽区位的城市，如武汉、成都、重庆等。

（三）现代城市：经济全球化条件下中心区的发展

近代西方城市的快速发展带来一系列问题，如人口过度集中，城市环境日益恶化，土地和资源的不合理使用等。随着汽车逐渐成为西方国家私人主要交通工具后，越来越多的中产阶级家庭远离拥挤不堪的城市中心，搬迁到城市的郊区，这就是二战以后西方城市发展中的郊区化现象。另外，为了疏散大城市过密的人口和产业，政府也在一些大城市的周围建设了许多卫星城。

郊区化的趋势使郊区购物中心悄然兴起，新城的建立也分散了城市中心的客流，城市中心遇到了强有力的竞争。早在1920年，全美国90%的零售活动发生在Downtown，而到了1970年，城市中心的零售总额不到全国的50%。城市中心中保留那些高品位及稀有的并且对整个城市甚至以外的顾客有吸引力的商品零售。城市中心更多的是办公设施，中心构成也发生了很大的变化。城市中心四周围绕着贫民窟，使城市中心的犯罪率上升。城市中心交通拥挤，汽车噪声和污染严重，城市中心空间环境日益恶化，城市中心区随着郊区化的进程和自身环境的恶化走向衰落。

为了解决城市中心区的衰落问题，西方城市在二战以后就开始着手城市中心区的更新工作。首先是"办公综合体"的大量兴建，这种综合体的底层裙房是商业零售，塔楼部分是宾馆和办公用房，这种功能混合形式恰好满足了市中心职员和游客的购物、餐饮及住宿的需求。其次是交通方式的改进，如建立和恢复城市中心区的步行系统，建立公共交通系统，兴建快速轨道交通系统等。再次是历史地段的重建、综合文化场所的开发等也是复兴城市中心区的重要措施。另外，改善城市中心区的环境是中心区复兴的关键。城市中心区复兴的典型例子有美国的费城中心区改建等。

费城是美国较为古老的城市，整齐的方格形路网组成了城市的基本骨架。费城中心区的改建规划基本上保留了原有的格局，主要对几条18世纪的街道进行了改建，并在这几条街上插进了几座摩天大楼。中心区有完善的交通服务系统，即环状高速道路、地下铁道和步行街。市中心有地下中心广场，地上有散步林阴道，其端部与地下电车停车场相连。

在更新改造的同时，城市中心区的职能构成也在发生着变化，其中一个重要特点是商务办公职能的加强。这一特征在国际性大城市中表现得尤为明显。

国际性大城市的产生是世界经济全球化趋势的必然结果，它的一个主要特征就是CBD（中央商务区）的形成和发展。在国际性大城市中，CBD已经成为城市中心区的主要组成部分。CBD不仅集中了大量的跨国公司的总部，还有高层次、专业化的商务服务，包括金融、法律、会计、管理及广告业等。这类公司聚集于国际性大城市的CBD中，为跨国公司在全球运转自如起到了决定性作用。

中国在解放以后，由于社会制度的改变，经济建设受到了所谓"先生产，后生活"，"重生产，轻消费"等的思想的影响，致使我国城市的产业结构存在严重的不协调，城市第三产业比重很低，城市建设方针也从"消费性"城市向"生产性"城市转变。所有这些都导致了城市中心功能和规模的萎缩。

20世纪70年代末改革开放后，我国城市经济开始起飞，国家经济政策逐步从计划经济向社会主义市场经济发展，产业结构随之发生变化，第三产业的比重越来越大，这些都促进了城市中心在职能和规模方面的巨大发展，同时也对城市中心原有的结构造成很大的冲击。中国城市普遍面临着在经济快速增长条件下，城市中心区如何协调发展的问题。

面对城市中心出现的种种问题，许多城市都积极进行城市中心综合改建，通过对中心区位条件、商业设施、交通状况的调查分析，提出提高土地利用价值，调整中心结构，改善交通条件，改善中心环境等改建措施。

中国现代城市中心的发展中，相对改革开放前的一个显著的变化是商务办公设施的增加，特别是在东南沿海特大城市中，有些已经开始形成CBD的雏形，商务办公设施的发展大多是建立在传统商业中心的基础上，如武汉、重庆、沈阳等。也有离开原中心择址另建，形成新兴的商务中心，如上海的浦东陆家嘴商务中心，北京的建外商务中心，深圳福田商务中心等。

三、城市中心区的功能与构成

（一）城市中心区的功能形态

不同规模和区域地位的城市中心区的功能构成形态是有差异的。首先，许多小城镇商务功能分散，城市结构比较单一，往往一条街或一个节点就集中了城市的商务功能，这些城镇没有也不可能形成真正的城市中心区。其次，地区性的中心城市的中心区以商业零售功能为主，常常还包括行政中心，商务办公功能不集中，这类城市主要包括像中国的省会城市那样的地区中心城市。第三，区域或国际间地缘中心城市的中心区除拥有大量的传统服务业和商业零售业外，高级高务办公职能也占有相当的比例。城市中心区内已经出现新兴的CBD，如中国的上海、北京，欧洲的米兰、柏林，北美的多伦多、墨西哥城，非洲的约翰内斯堡等。第四，全球性城市的城市中心区功能十分复杂，包罗万象，但以高级商务职能为主，也就是说它有发展成熟的CBD或CBD网络，城市中心区功能是以CBD功能为主导功能，其辐射强度是全球性的，如纽约、伦敦、巴黎等城市的中心区。

（二）城市中心区的构成

中心区的类型可按功能分为商业、金融、文化、行政、体育等；按位置可分为形心、重心、主次。此外还可按中心区的级别与规模、发展与变化以及组织结构分类。

城市中心区是城市发展过程中最具活力的地区。可以这样说，当代城市的大部分高级服务职能设施都相对集中在城市中心区内。城市中心区作为服务于城市和区域的功能聚集区，其功能也必然要适应和受制于城市自身的要求和城市辐射地区的需要。不同功能的分区组合形成城市中心区不同的景观和活力。城市中心区在服务职能上主要包括以下几方面：

1. 商务职能

商务功能是城市中心区的基本功能，它承担着城市及其辐射区域经济的运作、管理和服务，其商务设施包括诸如公司总部办公（生产和经营管理）、国际国内贸易（商品流通）、银行、证券、保险（货币投资和信贷）等。城市商务功能增多与城市经济发展、产业结构升级有着直接的关系。在不同规模和等级的城市中，其商务中心功能的构成比例有很大的差异，全球性城市或国际性大都市中，办公、贸易、金融功能的比例和绝对规模都很大，而在中小城市中，商务功能弱小，商业零售则占有很大的比例，形成商业零售为主的城市中心。

2. 信息服务职能

信息服务业是使用信息设备进行信息搜索、加工、存储、传递等信息服务，是提供高度专业化信息的产业，是城市中最具活力和成长性的产业。信息服务中心主要包括会计、法律服务、审计、广告策划、信息咨询、技术服务等功能。它们的外在物质表现多以办公楼为载体，对城市经济的发展、城市文明与城市景观的形成都具有重要意义。

3. 生活服务职能

生活服务业是与居民生活密切相关的行业，包括餐饮服务、商业服务、旅游服务等，其中商业零售业是城市中心区重要的组成部分，而旅游产业的上升使其成为城市经济的新贵。与旅游相关的一系列配套服务设施如宾馆服务等在城市中心区内应占有一席之地。

4. 社会服务功能

社会服务业主要包括文化活动、教育培训、医疗保健、社会福利等服务行业。科学研究、文化的创作和传播及全民终身教育将是21世纪信息城市的重要功能。在未来的城市中心区发展中，文化娱乐功能的地位会越来越重要。文化娱乐所生产和交换的是文化产品或无形商品，它作为地方性文化的代言者和传播者更是具有独特的价值。因此，剧场、博物馆等文化建筑在城市中心区占有越来越重要的位置。就业培训及继续教育培训是在未来知识经济条件下经济发展和企业组织变化的必然产物，随着知识周期的缩短，培训功能将是未来城市中心区功能的重要组成。

5. 专业市场

专业市场包括批发市场、各类专业街等。

6. 行政管理职能

行政管理职能历来是城市中心区的功能之一，行政管理部门作为宏观管理和政策制定的实施者，是城市功能正常运转的重要保证。

7. 居住职能

居住是城市中心区的传统职能，在未来经济全球化和一体化的趋势下，人员流动将趋于加快，中心区内办公式公寓将逐渐增多。适量的公寓和住宅以及与此相配套的公园绿地等开放空间，能够避免城市中心区成为夜间无人的"办公区"，因而在世界上许多城市中心区内都配置有一定比例的住宅和公寓。

（三）城市中心区的范围界定

理论上城市中心区职能设施在地域上的覆盖范围即为中心区的用地范围。由于中心区职能设施的变异和动态发展，往往难以准确地划定中心区与非中心区的界限。由此，人们曾探讨用不同的方式来进行城市中心或中心区的范围界定。城市地理学界在进行CBD的研究中，曾提出多种确定CBD范围方法，它们均是由CBD易于度量的某些特征发展而形成的。在以交通流量为基础的分析方法中，有车流量、步行人流量分析法和车、人流量相对指数分析法；在以地价、租金为基础的分析方法中，有单位街面地价分析法和地价相对指数法等。而影响最大、应用最广泛的则是墨菲指数法。有学者在研究CBD界定时认为CBD被一个闭合环状交通系统（骨干道路、公交站场等）所环绕，并将其定义为"输配环"，建议以"输配环"来界定CBD地域（李域，1997年），这种方法在城市规划中有一定的合理性和可操作性。

城市中心区作为一个外延很广泛的概念，它的范围的界定比 CBD 有更大的难度，这是由城市中心区的特征来决定的。首先，虽然城市中心区功能呈集中状态，但由于城市中心区功能比较复杂，影响其分布的因素较多，建立定量模型时难以兼顾准确性和全面性。其次，城市中心区只是城市中规模最大、功能最全、历史最长的中心区域，并不是将城市所有商务功能较集中的地区都划入其中，如当今城市发展过程中出现的一部分副中心就不属于城市中心区范围之内。第三，城市中心区是一个功能复合地区，虽然存在着专业化分区的倾向，但在不同的城市中这种分离程度往往和基础设施、整体的城市结构有关，这种分离的不平衡造成了城市中心区边界的淡化。第四，信息产业的发展使城市中心区的功能扩散成为可能，交通、通讯、办公自动化和网络化是其技术基础。虽然，我国城市中心区发展的外围扩散倾向尚不明显，但仍给城市中心区的定量界定带来困难。

人们常常能直觉地指出一个城市中心区的大致范围，城市中心区在功能和行为特征上给人们以较强的识别性。国外的一些城市中心区研究常常以行政管理区划分，或天然界线划分，如纽约曼哈顿岛中心区，东京的中央、千代田和港区组成的中心区等。而伦敦的中心伦敦（Central London）就是伦敦的中心区，它的边界主要是四个铁路终点站及一些主要干道围成的模糊性地带。像这种以一些道路或其他天然界线来大致确定中心区范围的例子在国内外城市中很多。

四、城市新中心区开发规律

（一）城市新中心区形成的原因和类型分析

1．城市新中心区形成的根本原因

城市新中心区形成的根本原因是由于经济发展而带来的城市化进程的推进。目前，关于城市化的研究，城市化的进程与经济发展密切相关。随着我国经济的快速发展，城市化进程也进入了一个加速时期，城市化的快速推进带来的结果是城市数目的增加和城市人口和用地规模的扩大，使得城市新区开发增多，这其中就引出了城市新中心区的开发和形成。

2．城市新中心区形成的类型分析

（1）城市"跨越式"发展模式的选择

尽管我国一些城市出现了较大规模的再开发，但我国的大部分城市还处于成长期，新开发在城市开发中占大多数。与城市新开发活动紧密相联的是城市增长模式。城市增长模式总体可以概括为环状增长、指状增长、"分散组团"式增长。环状增长指城市用地在城市边缘区以圈层结构向外扩张，通俗地讲，就是"摊大饼"模式；指状增长则是城市发散由四周的交通线向外扩张；"分散组团"增长（或称"跨越"式增长）则是指在"现有城市建成区以外，建设与老城平行的城市功能区，以容纳新产生的城市职能，将单一增长核心转变多个增长核心的发展模式。其最大的特点就是，不仅是局部职能（如工业或居住）的迁移，而且要建立一个稳定完整自我依赖的社会服务体系，转移后新区的主导职能不再仅仅是老城相应功能的疏解和延伸，而且是平行于老城相应功能，最终在规模上和质量上要全面赶上甚至超过老城，形成与老城的水平分工。"❺在新中国发展历史上，建国初期，梁思成和陈占祥所提出的关于北京城市发展战略的"梁陈方案"，可能是城市

"跨越式"成长的最早尝试，如图11-5所示。

赵燕菁通过研究认为，城市发展模式选择与城市经济发展速度密切相关，当人口年增长率达到3%（对应的经济增长大约在10%），并维持25年左右的持续增长的时候，城市适宜选择"跨越式"成长模式。按照这个速度，城市人口规模大约在一代人之内翻一番（经济规模增加10倍）。事实上，中国许多城市的发展速度都超过了这个临界值，并且选择了"跨越式"成长的模式。青岛政府转让位于老城历史街区的办公楼，迁往面积约1.5平方公里的新的行政中心，取得旧城改造、新区建设和获取土地转让金等积极效果。同样的还有中山、厦门等城市，在沿海经济发达城市采取"跨越式"成长之后，随着内地经济发展的提速，许多内地城市也面临着同样问题，在城市发展过程中，由于实际需要，会将城市的某一特定功能外迁，建设新的城市副中心，比如，建设城市的文化中心、体育中心、商业中心等等。然后，由于新功能的导出，带动副中心周边地区开发，形成城市新区，这在某种意义上也可以看作是"跨越式"发展的一种情况。

（2）大型企业建设的引导

这在某些传统工矿业城市的发展中较为多见，在这些城市中，开始由于矿产采掘的需要，会在临近矿区附近建设城市新区，随着矿产资源的采掘殆尽，城市结构调整，带来城市用地结构的调整，城市再一次进行新中心区的开发建设。以盘锦市为例，如图11-6所示，城市的老城区在辽河以北，后来由于开采石油的需要，在辽河以南地区建设了一片新城区，新城区和老城区相互分开，隔辽河相望。现在由于城市产业结构调整的需要，新老城区之间开始更新一轮的城市新中心区的开发建设。

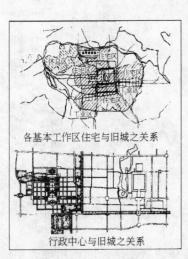

图11-5 梁思成和陈占祥所提出的关于北京城市发展战略的"梁陈方案"

图11-6 盘锦市中心区区位转移示意

(3) 大型基础设施用地置换

由于城市用地规模的不断扩大，原来处于城市边缘区的机场、车站等大型基础设施用地逐渐被城市用地所包围，对城市的发展带来诸多不利因素。机场、车站等外迁后，将会在城市内部出现大量空置地。由于这些城市用地区位条件较好、地价高将会出现较高强度的开发，在功能类型上，也将以出现能支付较高地价的商业、商务办公等开发类型为主，很容易出现城市新中心的开发。以蚌埠市为例，由于原有机场的搬迁，使得在城市中心地区出现约3平方公里的城市未开发用地，现已规划为城市未来的商业中心、文化中心，其中商业、文化用地占1/3，这种类型的城市中心区开发，由于区位条件好，会出现高地价、高强度开发，而且土地开发进程迅速，土地出让资金回收快，城市建设经济压力小，但是如果开发过程中，规划管理不当，会出现开发中失控现象。比如，过度追求经济利益导致开发强度过高，难以形成良好的城市形象和城市环境。

(二) 城市新中心区开发类型特征分析

1. 城市新中心区开以新开发为主

就城市开发的客体而言，可以分为新开发和再开发两种基本类型。新开发是将土地从非城市用途（如农业用途）转化为城市用途的开发过程。再开发是城市建成环境的物质更替过程，往往伴随着功能转换，如从居住用途转变为商务用途，或者从单一用途转换为综合用途，同时还可能以高强度发展代替低强度发展。

如果城市新中心区开发是城市选择"跨跃式"发展的结果，城市的新中心区往往选址是跳出老城范围，选址在城市近郊区，或称城市的"边缘区"。这里往往是城市的建成区和非建成区相结合的地带，现状用地类型也以农业用地等"生地"为主。如丽水新行政中心区（图11-7），农居点和农村耕地占整个开发范围的81.9%。一方面，城市选址在城市近郊区，相对于"飞地式"的建设而言，可以减少道路等基础设施投资。同时，由于毗邻城市建成区，有利于老城区居民迁居意向的形成，促进城市新

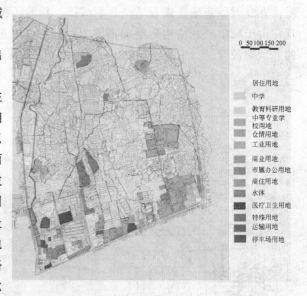

图11-7 丽水新行政中心区用地现状图

中心房地产开发和城市繁荣。在地块的选择上，选择现状用地以农业用地为主的地块，可以减少征地成本，降低开发门槛，同时，由于现状用地以"生地"为主，可以统一规划，有助于良好的新城市风貌的形成和城市功能结构的合理布局。

由于产业发展的带动或者大型基础设施的转移而带来的城市新中心区的开发，

所占比例较少，开发类型也多是以生地型开发为主要特征。

2. 土地开发与物业开发并存

从城市开发过程的角度，可以分为土地开发和物业开发的两种类型。土地开发包括道路和市政设施建设、场地平整和清理，通常称之为将"生地"转变为"熟地"。无论是新开发还是再开发，如果涉及到大规模的成片开发，往往是首先进行土地开发，然后划分地块，并逐一转让给各个业主或开发商进行物业开发。

城市的新中心开发是典型的城市较大规模的成片开发。一般情况下，中等城市新中心区（包括行政、商业等公共设施用地和周边部分居住组团用地）范围约2～5平方公里。大城市和特大城市用地规模略大些，是典型的成片开发，开发前以农业用地的用地类型为主，往往需要政府先进行基础设施建设和征地动迁，然后将各个地块出让给业主和开发商。所以，城市新中心区开发往往以土地开发为先导，继之以物业开发，由于城市新中心开发需要一段相对长的时间（5～20年不等），表11-4所示的温州市新城市中心区的基础设施建设计划用时跨度为5年。因此，在开发中往往采用滚动开发的模式，会出现整个新中心区内不同区位上的土地开发和物业开发并存的状况。

温州市新城市中心区的基础设施建设计划（部分）　　表11-4

绣山路	一期工程长1050米，宽30米，桥长190米宽30米	4000万元	2000年内完成
市府路	长2996米，宽66米，1号桥长315米，宽66米	21737万元	2001年4月完成
上田路	一期工程长1080米，宽40米，桥长200米，宽36米	7000万元	2001年1月完成
温迪路一期	长560米，宽30米	1408万元	2001年6月完成
上陡门路（四期）	长1000米，宽40米	2000万元	2001年6月开工 2002年3月完成
绣山公园	总用地152亩	3500万元	2000年内基本完成
世纪广场	总用地8.7公顷，地下商场1万平方米，地下停车场1.5万平方米	5000万元	2001年底完成
中心区文化广场		1000万元	2001年底完成

3. 公共开发和商业开发并存

在市场经济体制下，城市开发的主体可以归结为公共开发部门和非公共开发部门两种基本类型。相应地，城市开发活动也可以分为公共开发和非公共开发两种基本类型。两者之间在行为准则上存在着本质差别，分别是以社会利益和个体利益为出发点。

公共部门的开发活动涉及城市公共领域，应该是非商业性（即非营利性）开发。在非公共开发中，如果开发者是业主本身，并且以自用为目的，也属于非商业开发。在非公共开发中，如果开发活动是以营利为目的（即为出售或出租不动产而获得货币收益），则称为商业性开发。

在城市新中心区的开发活动中，道路广场、公共绿地的开发建设，属城市的公共领域，往往是非商业性开发。另外，由于城市新中心区往往包括城市的行政办公用地的开发，这类开发是以政府为主体的，也属于非商业性开发。在我国，由于市场机制的逐步建立，在城市新中心区开发中，居住建筑、商业建筑等的开发往往由开发商出资开发，这属于以营利为目的的商业开发。

4．开发呈现多元化

以上三点是对城市开发类型而言所做的分析，可见在城市新中心区的开发中，无论是就城市开发的客体而言，还是就城市开发的主体而言，都呈现出一定的多元化特征。如果从更深、更细一层分析，城市新中心区开发活动中多元化特征更加明显。

首先是土地所有权关系多元化。我国《土地管理法》规定："城市市区的土地属于全民所有即国家所有。农村和城市郊区的土地，除法律规定属于国家所有的以外，属于集体所有。宅基地和自留山，属于集体所有。"从目前我国城市新中心区的开发来看，开发前土地所有权属关系呈现多元化，一般是农村集体所有制土地占多数，并有零星的城市建成区的国有土地，而且农村集体所有制土地，常常分属于不同利益主体，即归几个不同的农村集体所有。在开发过程中，城市通过征地，将集体所有制土地转换成为全民所有。

其次是开发投资主体多元化。在城市新中心区开发中，存在公共开发部门和非公共开发部门两种类型开发主体。如果进一步详细分析，就开发投资主体而言，有城市政府投资开发（如城市公共领域建设），又有农村集体资金参与的开发（如零星农居点的改造），同时还有政府委托企业投资开发（如BOT开发模式）、私有资金性质的企业投资开发（如某些居住小区的开发）、政府和企业共同开发等模式，而且随着中国进入WTO后，国外资金的参与和投入将是不可逆转的趋势。

（三）城市新中心区开发中土地市场特征——多方博弈

在城市新中心区开发中，土地供需市场呈现寡头垄断的市场特征。这是因为土地所有权关系和投资主体都呈现多元化，但在某一个具体的城市新中心区开发中，参与开发的土地所有者和投资主体，数量都是有限的，同时可供开发的土地数量有限，具有一定的资源稀缺性。在这种寡头垄断的市场特征下，土地所有者和土地投资者之间经常出现多方"博弈"的现象，参与博弈的各方在给定制度安排下，选择各自的最优战略，这种由参与各方各自的优势战略形成一个战略组合，即自动构成的集体选择结果就是纳什均衡。博弈论的经典案例"囚徒困境"告诉我们，个人理性行为可能导致集体的非理性（即非整体最优）。这种博弈现象出现在城市新中心区开发中，会产生许多消极的后果。比如，会使得土地开发的整体效益不能最好地发挥出来。当土地供大于求时，土地所有者（供给方）为争取投资，相互间竞争压价，使土地经济效益不能充分发挥出来，而土地供不应求时，土地所有方和投资方之间则会出现哄抬地价，土地投机加重，使真正的土地开发变得困难，有时还会使得公共空间的建设难以进行等。

资料链接　上海石库门的新生——保护与改造[详见附录二]

第四节　城市边缘区的开发

一、城市边缘区概述及土地利用特征

（一）城市边缘区概念的发展

近年来，无论是在发达国家还是在发展中国家，城市化进程最明显特征之一是城市自身的近域推进和广域扩展，反映到城市地域结构上，城市化最敏感、变化最大、最迅速的地区在城市边缘区。

第二次世界大战以后，由于大城市急剧膨胀，导致科学家与规划师之间在描述包括城市郊区在内的地域环境时，用语和定义很不一致，诸如"边缘区（Fringe）"、"内缘区（Inner-fringe）"、"乡村——城市边缘区（Rural-urban Fringe）"、"城市影响区（Urban Shadow Zone）"、"城市远郊区（Exurban Zone）"、"市区外缘区（Urban fringe）"等。而且，这些概念有时还被交换使用，有时又定义不同地区，然而实际上这些概念在地域上又都有一定程度的交叉重叠。

20世纪50年代以来，随着大城市的不断膨胀，城市边缘不断扩大，在核心城市以外构成了与城市有密切关系的地域，奎恩（Queen）和托马斯（Thomas）将其称为大都市区（Metro politan Region），并将这种地域结构分解为内城区（Inner City）、城市边缘区（Urban Fringe）和城市腹地（Urban Hinterland）三个部分，首先进行了城市边缘区的研究。

1968年R.J.普里沃（Pryor）对城市边缘区进行的表述为："城市边缘区是城乡间土地利用、社会和人口统计学等方面具有明显差异特征而位于连片的建成区和城市郊区，并且几乎完全没有非农业住宅、非农业占用和非农业土地利用的纯农业腹地之间的土地利用转变地区"。鉴于现代城市的扩大，并不是简单的城市快速发展前沿的外部增长，而是在城市郊区呈点状快速向外围扩展，形成不连续的土地利用形式。威迪汉德（J.W.R.White hand）把这种边缘区带定义为城市边缘区（Urban tract）的一种形态。20世纪80年代，前苏联及东欧国家也开始了这方面的研究。1985年茹哈列维奇也进一步把城市边缘区定义为"反映错综复杂的城市化过程的特殊镜子"，既客观地反映一系列长期形成的异常深刻的居民迁移规律，又是城乡融合的先锋地区。从社会发展角度看，实质上它是"从城市到农村的过渡地带"。

在中国，近年来由于城市化进程随经济发展在快速推进，单个城市规模在不断扩大，城市边缘区的发展变化迅速而剧烈，这引起了很多学者的注意。关于城市边缘区的研究也从社会学、地理学、经济学、城市规划学等各个方面不断扩展，取得了丰富的研究成果。关于城市边缘区的概念也不断发展而日趋完善，顾朝林（1992年）认为城市边缘区包括两方面含义，即"同时具有自然特性和社会特性。城市边缘区是城市中具有特色的自然地区，城市化对农村冲击最大，是城乡连续统一体最有效地被利用的地区和城市扩展在农业土地上的反映。"张云飞、潘琦

(1998年)对城市边缘区（Urban Fringe）的定义是，"城市发展到一定阶段，在城市和乡村地域之间，由于城市与乡村各要素相互渗透，相互作用所形成的独特的地域实体。其边缘效应明显，功能互补强烈，自然人文景观和土地利用具有显著的过渡性、动态性、差异性和复杂性等特征，既不同于典型的城市，也有异于典型的农村"。在这个定义中，"边缘效应"的概念源于生态学。"由于交错区生态条件的特殊性、异质性和不稳定性，使得毗邻群落的生物可能聚集在这一生态重叠的交错区域中，不但增大了交错区中物种的多样性和种群密度，而且增大了某些物种的活动强度和生产力，这一现象称为边缘效应"（赵志模、郭依泉，1990年），而相邻地域间具有一定宽度直接受到边缘效应作用的边缘过渡地带称为边缘区。城市边缘区则是位于城市和乡村地域之间，边缘效应明显，同时受城市和乡村共同影响，同时具有城市和乡村两类地域实体的特征的地域。张云飞、潘琦对于城市边缘区的定义是非常准确和完善的。

一般说来，城市规模越大，城市边缘区范围也越大，城市边缘区的发育也越充分，情况就越复杂，也就更能从中总结出规律。所以迄今为止，对于城市边缘区的研究较多的集中于大城市甚至特大城市。

(二) 城市边缘区的土地利用类型

城市边缘区土地利用类型主要由城镇居民点和厂矿用地、农业用地、交通用地、水域、特殊用地、绿地和未利用地等构成。

(1) 城镇居民点和厂矿用地。这类用地主要指城镇用地、农村居民点和独立于城镇居民点之外的厂矿企事业等单位的生产建设用地。主要包括居住用地、公共设施用地、工业用地、仓储用地、道路广场用地和市政设施用地。

(2) 农业用地。这类用地主要是指用于农、林、牧业的土地。主要包括耕地、园地、林地、牧草地等。

(3) 交通用地。这类用地主要是指城乡居民点和厂矿用地范围以外的铁路、公路、农村道路、民用机场的建设用地，包括道路的附属设施，道路两旁三行以下的护路林带，以及交通、防洪、防潮兼用的塘堤、河堤等。

(4) 水域。这类用地主要指城市边缘区自然水体和人工蓄水以及水利设施用地。主要包括河流、湖泊、水库、坑塘和沟渠等。

(5) 特殊用地。这类用地主要是指用于特殊目的的土地。主要包括军事用地、外事用地、保安用地和其他特殊用地等。

(6) 绿地。这类用地主要指城市边缘区除农田外的绿色空间用地。主要包括公共绿地、风景区用地、自然保护区等。

(7) 未利用土地。这类土地主要指那些没有列入上述各项，尚未利用的土地，其中含难以利用的土地。

(三) 城市边缘区土地利用特征

城市边缘区与城市核心区相比具有地域广阔、人口较少、对外交通方便等优点，与农村地区相比又具有接近市场、信息灵通和拥有良好的城市基础设施等优势。正是由于这些独特的区位优势形成了城市边缘区的土地利用特征，包括以下几个方面：

1. 农业用地集约化程度高

城市边缘区内农业用地与远郊农业用地相比，一方面，由于这里与城市联系方便，靠近市场，能及时迅捷地获得城市的技术和信息，单位面积耕地的产出率和活化劳动均较远郊农业区为高；另一方面，由于城市不断向外扩展，蚕食耕地，农业用地越来越成为宝贵的土地资源，较远郊农业区更为精耕细作。

2. 企事业单位用地规模大，开发强度低，效益低

从城市边缘区的企事业单位来看，多呈现出占地大，污染严重和生产用料大的特点。从城市核心区到城市边缘区，仓库、工业用地规模往往呈现由小到大，工业污染由轻到重的规律，与城市核心区的小规模绿地空间不同，边缘区往往拥有大型的游乐场所和公园。占地规模较大的铁路编组站、货物、大专院校等企事业单位等也多位于城市边缘区。

在用地强度上，边缘区城市用地则随着离中心区距离增大而衰减，与城市中心区相比，土地利用具有建筑密度低，容积率低和经济效益低的特征。

城市边缘区与城市中心区在用地特征上的以上差异，一方面反映了土地利用的价值规律，有其合理性，另一方面也与我国长期以来曾经实行的土地制度有关。长期以来，我国实行土地的无偿使用和低费用制度，客观上造成了谁占有优势区位，谁就能获利的局面。城市居民因没有房租差异而都愿意住在市区，企业因没有地价收费则尽可能选址在市区，边缘区的企事业占地面积往往大于实际需要。但是随着土地有偿使用制度的建立，地价、房价的差异带来了边缘区土地开发的新现象。边缘区土地开发的强度逐渐增加，经济效益逐渐改观。

3. 土地利用性质的转变与开发推进过程相符合

城市生产的需要是城市边缘区不断扩展的最基本动力之一。一般说来，边缘区的扩展往往以生产性用地为先导，其次是居住和一些配套设施。在我国，大型商业设施和办公楼几乎不会存在于边缘区，随着我国经济发展水平的提高，有些经济发达城市的边缘开发也呈现出以居住为先导的模式，但还没有形成主流。

城市边缘区是一个充满活力的地域单元，边缘区的发展从无到有，不断推陈出新。老的城市边缘区逐渐发展成为城市核心区，新的城市边缘区又从邻近的农村中产生，以此推动城市地域扩展。

随着城市的外向扩展，城市边缘区土地利用性质也在不断变化，总趋势是由农村用地转化为城市用地。一般说来，土地利用性质变化呈现出如下规律：近郊农业用地——工业用地——居住用地——商业服务配套设施。

由于我国现阶段经济实力的限制，许多城市在向边缘区推进的过程中，对原有农村集体所有制土地中农民住宅的改造还不能及时纳入城市规划中，农民住宅镶嵌于城市用地之中，形成"城中村"的现象，而且随着城市规模的扩大，用地的不断外推，"城中村"区位条件不断改变，地价不断上涨，改造代价越来越大，为城市自身发展带来诸多后遗症。另外，在城市边缘区的外缘区，农民住宅和乡镇企业布点分散现象随处可见，企业零星分布，且多占据交通干道两侧土地，污

染严重,规模效益低。

二、城市边缘区开发

(一)城市边缘区开发规划的必要性分析

如前所述,城市边缘区开发呈现出多元化特征,出现多方"博弈"的现象,而"博弈"的特点就是参加各方都是从自己的利益出发决策,结果使整体效益不是最优,这其中需要规划的调节和制约作用。同时,由于开发中涉及社会的多个利益集团,出于协调社会各利益集团之间关系和社会公正等原因,需要规划的介入。最后,由于纯粹市场模式下的城市开发对经济利益的片面追求不可避免产生外部效应问题,如造成环境污染、开发过度后的城市拥挤等,这种情况下就需要政府进行干预,在开发过程中政府最有效和直接的干预手段就是城市规划和管理。

(二)规划方法和步骤

城市边缘区的开发规划,既不同于宏观层面的城市总体规划,也不同于微观层面的局部地段的修建设计,应该是属于中观层面的城市规划。在我国现阶段城市规划的技术体系中,控制性详细规划由于其所具有的弹性、活性和承上启下的地位,能比较好地适应城市边缘区开发的要求。所以,在城市边缘区的开发规划中,应该是以控制性详细规划技术为基础和核心的城市规划,其工作流程和内容如图11-8所示。

1. 基础研究和目标组合

如前所述,城市边缘区的开发规划应该是以控制性详细规划为核心的规划内容,而基础研究除了控制性规划所要求的内容外,尤其应该注重的是城市总体发展战略和未来可能发展方向的研究,这些将直接影响整个城市边缘区的形态和未来发展模式。

对于规划所应确立的目标组合,从城市规划的价值观角度来看,可供选择的一般有以下几项:

(1)符合城市总体规划或总体发展战略的要求;

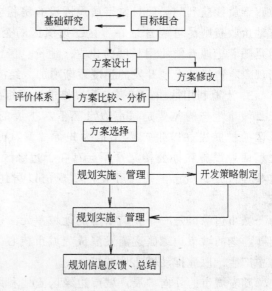

图 11-8 城市边缘区开发规划的工作流程和内容

(2)增强城市作为工作、生活、休闲娱乐和经济活动地点的吸引力;

(3)吸引各方面投资;

(4)改善城市形象和城市环境;

(5)提高社会福利水平;

(6)促进社会公正;

(7)增强城市竞争力,提高城市在城市体系中的地位等等。

在规划的前期阶段,由基础研究所得到的对城市的了解和认识是制定规划目标的依据，而规划目标预设也往往决定基础研究的方向和侧重点，二者相互影响，相辅相成。对于不同的城市、不同的边缘区，其开发规划也应有不同的目标组合，不同的目标亦有不同的权重。

2．以控制性详细规划为基础和核心的规划设计

控制性详细规划由于其与规划管理的密切结合，以及所具有的灵活性能适应开发中的各种需要等特点，能够较好地指导其城市边缘区的开发。由于实际开发的需要，控制性详细规划自身的内容也在不断的完善和发展，出于城市形象和城市环境塑造的需要，控制性详细规划与城市设计内容相结合，出于吸引开发投资的需要，控制性详细规划又可与开发策划相结合，增加相应的策划内容等等。

3．方案的评价选择

与单个的房地产开发项目不同，城市边缘区的开发应是政府指导下的由多方参与，多个单独开发项目组成的一系列的开发项目，所以，对城市边缘开发区规划的评价选择与单个开发项目的可行性研究和财务评价有所不同。

方案评价的一个常用方法是对组合目标中的每个目标设定一个权重，然后对方案中每个目标的满足程度进行打分，得出方案在单个目标下的得分，再乘以目标权重，相加得出方案总分，得分高者方案为优，用公式表示为：

$$A = \sum a_i b_i$$

式中　A——方案总得分；

　　　a_i——第 i 项目标权重；

　　　b_i——方案的第 i 项目标得分。

这种方法是一种比较直观又可以量化的方法，但在使用过程中单项目标权重的设定和单项目标下方案的得分都受到评价者个人水平、经验等主观因素的影响，不可避免地会产生一定偏颇。

由于城市边缘区开发是一种中观层次的开发，其开发过程中许多经济指标和社会环境指标都可以进行估算和量化比较，所以，对开发方案的评价选择可以采用费用——效益分析的方法。

涉及投资的工程项目评价和筛选，一般可以分为财务评价、国民经济评价和社会评价三个层次。财务评价是根据国家现行财税制度和价格体系，分析、计算项目直接发生的效益和费用，编制财务分析报表，计算评价指标，从投资者角度考察项目的盈利能力、清偿能力以及外汇平衡等财务状况，据以判定项目的财务可行性。国民经济评价是按照资源合理配置的原则，从国家整体角度考察项目的效益和费用，通过计算项目对国民经济的净贡献，评价项目的经济合理性。除经济目标以外，还有其他社会目标，如地区或阶层间的利益分配，就业、环境改进和社会安定等等，这些属于社会评价的内容。

财务评价和国民经济评价的主要区别在于评价的出发点或角度的不同，前者主要从投资者或项目本身的角度出发，后者则是从整个国家和社会的角度出发。而费用——效益分析就是进行项目国民经济评价和社会评价的办法之一。其基本原则是用货币作为统一尺度，也考虑货币的时间因素，只是强调项目所得是指项

目的社会效益而不是指财务评价中的收益,项目所失为社会费用而不仅指财务的支出。例如,在工程项目建设和运行中,项目所失为社会费用而不仅指财务的支出,但对社会来说,可能是一笔收入,这是两种评价方法的差别。

用费用——效益分析对方案进行评价选择就是对方案的社会效益和社会费用进行估算、比较,由政府根据自身实际情况和发展目标对方案进行选择。

4. 规划实施、管理

城市边缘区的开发过程中,土地利用由农村用地转变为城市建设用地,土地价值不断增加,受经济利益驱动,城市建设中无视法律的现象常有发生。大量发生的违法活动,性质恶劣,严重影响城市规划布局和城市规划实施,使城市公用设施等超负荷运转。城市边缘区的违法建设活动,往往具有占地和建设规模小,形成快,分散隐蔽等特点,而且易蔓延,所以城市规划管理部门尤其要加大执法力度。由于城市边缘区介于城市和乡村之间,其区位的特殊性和自身特点,决定了其规划管理既不同于城市也有异于乡村。规划的实施、管理必须正确引导,综合运用技术、政策等手段。

资料链接　上海宝山罗店新镇开发〔详见附录三〕

注释

❶ 居住小区一般称小区,是被居住区级道路或自然分界线所围合,并与居住人口规模(7000~15000)相对应,配件有一套能满足该区居民基本的物质与文化生活所需的公共服务设施的居住生活聚居地。——摘自《城市居住区规划设计规范》(GB 50180—93)。

❷ 上海市开发建设示范居住区实施纲要. 上海市建设委员会上海市住宅发展局1997。

❸ 生活时报2001年9月10日。

❹ 上海城市建设信息中心公布数据。

❺ 赵燕菁. 高速发展条件下的城市增长模式. 国外城市规划. 2000(1)。

复习思考题

1. 了解城市生活区、产业区、中心区和边缘区开发的全过程,从项目入手,掌握各自开发的常用模式。

2. 结合第十章第四节城市地下空间开发,试分析城市地上空间(功能区)与地下空间开发的最佳结合点。

下篇　城市开发实务

第十二章　城市开发投融资体制

第一节　国家投融资体制改革

由于我国的城市开发的主导力量是政府，开发的资金，尤其是前期的基础设施投资主要由政府组织完成。早期的投融资渠道以政府拨款和银行贷款为主。由于城市开发的投入多，回收期长，风险大，直接经济效益不一定多，资金来源受到限制，影响城市的发展。为此我国进行了投融资体制改革，其核心问题是"将全社会资金引入经济建设的各个领域，将市场机制运用到投资、融资、退出、建设、运营、管理等各个环节，从而形成全社会资源有效配置"。

目前，我国经济的增长仍属投资拉动型。按照正在制订的《国家投融资体制改革方案》的框架，据有关专家预测 20 年内将为中国 GDP 贡献 8 万亿元人民币，其中第一年约为 3 000 亿元，由投融资体制松绑所带来的 GDP 贡献率达到 3% 左右。

一、健全进入与退出机制

目前中国投融资体制改革的一个根本问题，是要对两大关键机制——进入和退出机制进行再造。尤其对于创业投资者，如果没有可行的资本退出方案，投资者不会将资金投入。

国家投融资体制改革的基本方向是，依据"谁投资，谁决策，谁受益，谁承担风险"的原则，在国家宏观调控下，更好地发挥市场机制对经济活动的调节作用，确立企业的投资主体地位，规范政府投资行为，逐步建立投资主体自主决策，银行独立审贷，融资方式多样，中介服务规范，政府宏观调控有力的新型投融资体制。城市开发中，在政府鼓励发展的地区，企业投资可以获得税收优惠，部分抵免企业所得税。对个人的实业投资，则全额或部分抵免相应的个人所得税，同时进一步深化行政审批制度改革，使城市开发中的运行成本大幅度下降。

二、投融资主体结构变迁

投融资体制的改革一直是中国经济体制改革的重点和难点。目前，中国经济不缺资金，关键是资金的使用效率，而资源配置不合理，是目前资金使用效率低下的根本原因。

显而易见，制订投融资体制改革方案，是我国进一步扩大企业（包括社会投资）的自主权，进一步缩小政府投资的领域和范围，简化审批程序，为社会投资，包括外商投资，创造更好的条件。

国家将对投资领域进行分类界定，对于各类经营性项目、准经营性项目、非经营性项目，分别采取社会招商，创造条件吸引社会资金以及政府投资等方式进行，真正实现政府由全面投资向重点投资的战略性转变，为社会资金的准入创造一个基本的体制环境。

这意味着，除了国家政策、法规限制开放的领域，所有经营性领域将逐步向社会资本开放。尤其是如水务、公交、燃气、供电、环保、收费公路、供水、供气、供热、轨道交通，以及文教卫体等城市经营性基础设施，经营性社会事业项目等，各种资本都有机会参与投资兴建。

最近十几年来，我国的投融资体制一直处在调整和改革之中，但至今一直未能到位。随着非公有制经济对国民经济的贡献率的增大，激活民间资本的投资热情已是经济发展的迫切需要。

2003年6月8日，世界上最长的跨海大桥——宁波杭州湾跨海大桥正式奠基。这座大桥将对长江三角洲地区发展格局产生重要影响。在大桥的建设资金中，浙江民间资本占到了50.25%。民间资本参与基础工程的建设且比例如此之大，这是我国投资体制改革的一个范例。

当然，我国的投融资改革依然任重而道远，决非一日之功。以北京市为例，民间投资总量2002年年底虽然已达到900亿元，但民间投资的市场准入仍然存在许多限制，在城市电力、铁路、公路、水利、交通、能源、邮政电信和市政设施等行业，民营企业仍无法进入，在交通运输及邮电通信行业中，民间投资只占0.7%；电力、煤气、自来水生产和供应业中，民间投资只占3.2%。当然，伴随着我国投融资体制的进一步深化与改革，我国城市开发的投融资方式与主体日益呈现多元化，投融资非国有经济特色也将愈发明显。

第二节 城市基础设施开发投融资

在我国市场化进程中，城市基础设施和公用事业部门是进程最慢，市场化程度最低的部门，相当一部分基础设施和公用服务的价格仍由国家定价，相应地，建设资金仍以财政拨款和行政性安排贷款为主。近几年一些市场性强却不规范的筹资方式逐渐发展起来，例如集资修桥修路，设站卡收取过桥过路费，高额的电话初装费等。这些办法从短期看解决了部分项目的资金问题，从长期看却造成乱收费，乱摊派的隐患，既影响了政府职能定位，也制约了后续发展的能力。因此，建立公开、规范、适应城市基础设施和公用事业筹资需要的投融资体制是十分必要的。

针对不同性质和特点的城市基础设施与公共服务，可以根据其项目自身特点，决定其市场化程度，选择不同的投融资方式。

目前采用的融资方式归纳起来不外乎股权融资和债权融资。简单说，股权融资和债权融资的区别在于风险配置方式不同。股权融资时作为社会微观经济主体的企业的财务风险小而出资人的风险大，债权融资时出资人的风险小而企业的风险大。当然，对出资人来说，股权投资的预期收益大而债权投资小。

一、股权融资

从国际资本市场的发展看，股权融资的比重日渐上升，已经成为资本运动的重要力量。股权融资具有融资主体主动、筹集资金广泛、资金用途灵活和使用期限长等特点，较商业银行贷款优越。从我国的情况来看，通过发行股票筹集资金的规模已越来越大。

（一）公开发行证券融资（公募）

随着我国资本市场的发展，城市基础设施证券融资成为具有鲜明特点和突出优点的筹资方式。证券融资首先要创立按市场化方式运作的上市公司，这既可以较为灵活地盘活城市基础设施的存量资产，利用证券市场的增资配股为新的基础设施建设项目筹集到必要的资金。新项目的建成并投入使用成为上市公司新的利润增长点，从而可形成新一轮的增资配股活动，有助于实现城市基础设施的滚动开发。

对于供电、供水、公共交通、邮电通信等城市基础设施项目，证券化融资方式具有较强的优势，原因是这些项目所提供的服务层次属于满足社会基本需求，需求弹性较小，并通常受到国家政策的支持，其业绩受通货膨胀、经济衰退等不利因素的影响较小，因而上市股票在证券市场上是真正的蓝筹股，自然受到广大的投资者，特别是稳健型投资者的青睐。从国际实证资料来看，1984年英国电信公司51%的国有股份向社会公开发售，融资达39亿英镑，大约有225万认购者得到了该公司的股份。并且，该公司的股票一上市，价格便上扬了90%。1996年11月，德国将国家控股的德国电信公司在世界股票市场上市，实施了公司的股份制改造，取得巨大成功，一举获得200多亿马克的资本，成为欧洲最大的电信公司。中国电信（香港）有限公司从1997年起先后在香港、纽约公开招股并挂牌上市，共筹资306亿港元，成为在香港股票市场上的第四大上市公司。上海证券交易所上市的"申通股份（600 834）"和"原水股份（600 649）"也属于此类公司。

城市基础设施证券化的意义不仅在于有效地筹集建设资金，还可以通过产权明晰来促进城市公共事业的产业化经营，使上市公司自身的利益制衡机制和资本市场的有效监督机制结合起来，提高资金使用效率。

（二）私募融资

在股份有限公司的筹备与组建过程中，通过私募方式，吸收多种渠道的资金。采用这种类型的股权融资方式，主要有以下几点考虑：一是为了减少证券监管部门繁琐的审批手续，尽快筹集所需资金；二是为了减少不必要的信息披露义务；三是筹集的资金量比较大，公司决策层相对稳定。

二、债权融资

（一）外国政府贷款

1. 外国政府贷款的概念

外国政府贷款是指一国政府向另一国政府提供的，具有一定赠与性质的优惠贷款。根据经济合作与发展组织（OECD）的有关规定，政府贷款主要用于城市基础设施、环境保护等非盈利项目。我国利用外国政府贷款始于1979年。目前，我国同日本、德国、法国、西班牙、意大利、加拿大、英国、奥地利、澳大利亚、瑞典、科威特、荷兰、芬兰、丹麦、挪威、瑞士、比利时、韩国、以色列、波兰、俄罗斯、卢森堡及北欧投资银行、北欧发展基金共 24 个国家及机构建立了政府（双边）贷款关系。除英国、澳大利亚、俄罗斯三国外，其余上述国家及金融机构目前均有贷款余额。奥地利、荷兰、法国、意大利、芬兰、丹麦、西班牙、加拿大、韩国、以色列、科威特、北欧投资银行和北欧发展基金等国家和组织均支持农业及农产品加工项目。

1979~2000 年，我国借用外国政府贷款累计生效额 327.416 亿美元，其中德国、法国、西班牙居前 3 位。总执行项目 1 746 个，其中建成项目 1 654 个，在建项目 92 个。从地区分布看，32% 投向中部地区，68% 投向中西部地区，其中 47.6% 投向中部地区，20.4% 投向西部地区。农林水利项目占总量的 6% 左右。

2. 外国政府贷款的主要类型

(1) 纯软贷款

主要有德国财政合作基金、意大利环保贷款，科威特、韩国、波兰政府贷款。西班牙对一些项目也提供 100% 软贷款或纯赠款。

(2) 混合贷款

各国普遍采用的贷款方式。一类是赠款加出口信贷，主要国家有荷兰和瑞士；第二类是软贷款加出口信贷，大部分贷款属这种类型；第三类是优惠贷款，如奥地利、以色列等国家的政府贷款。

(3) 特种贷款

如北欧投资银行贷款。

3. 外国政府贷款的特点

(1) 属主权外债，贷款必须偿还。外国政府贷款是我国政府对外借用的一种债务，是国家主权外债。除国家发展改革委、财政部审查确认，并报经国务院批准由国家统借统还的外，其余均由项目业主偿还且多数由地方财政担保。

(2) 贷款条件优惠。外国政府贷款其赠与成分一般在 35% 以上，最高达 80%。贷款利率一般为 0.2%~3%，个别贷款无息。贷款偿还期限一般为 10~40 年，并含有 2~15 年的宽限期。

(3) 限制性采购。除日本、科威特两国是国际招标外，其余国家的第三国采购比例为 15%~50%，即贷款总额的 50%~85% 用于购买贷款国的设备和技术。一般不能自由选择贷款币种，汇率风险较大。

(4) 投向限制。借用的外国政府贷款主要用于政府主导型项目建设，主要集中在基础设施、社会发展和环境保护等领域。

(5) 具有政府间援助性质。政府贷款是在两国友好的情况下，兼具政治外交和双边经济援助性质的优惠性中长期贷款，但申请外国政府贷款比较困难。

(二) 金融机构贷款

银行贷款是目前我国基础设施建设项目较常用的一种筹资方式。"九五"期间，基础设施建设实行了资本金制度。一般资本金不少于投资总额的 30%，其余靠银行贷款解决。由于基础设施建设投资巨大，造成企业债务负担严重，还贷压力很大。另外，基础设施建设的贷款数额较大，期限较长，贷款的用途和本息的偿还受诸多限制。

（三）卖方信贷

在基础设施的建设中，有时需要采用外国的先进设备，这时就可以要求国外设备供应商提供卖方信贷。按照惯常的国际贸易原则，某国为了扩大本国商品的出口，采用向国外购买者提供信贷，进而扩大出口，一般的贷款期限较长，利率由双方商定。根据以往的经验教训，如果卖方信贷是采购的前提，很有可能导致采购价格过高，采购质量偏低。

（四）融资租赁

实际上，融资租赁可以看作是按揭贷款的一种变形。融资租赁，系指财务公司作为出租人用自筹或借入资金，购进或租入承租人所需的设备，供承租人在约定的期限内使用，承租人分期向出租人支付一定租赁费的业务经营活动。融资租赁主要包括直接租赁、转租赁、回租租赁、杠杆租赁和综合租赁等形式。

融资租赁的操作程序如下：

(1) 选择租赁设备。承租人根据市场的要求和自己的需要选定所需的设备。

(2) 向财务公司提出融资租赁申请。承租人根据自己选定的租赁设备向财务公司提出租赁申请书，财务公司接到承租人的申请后派技术人员对客户进行审查，包括客户的经济效益、财务状况、偿债能力等，出具评估报告，并报公司审批。

(3) 租赁谈判，签订租赁合同。由财务公司、承租人、设备制造商共同参与，对有关设备的规格、型号、性能、价格、质量、技术指标、供货日期、交货方式、付款方式、索赔与仲裁等问题进行协商。最后，根据协商的结果签订有关合同。

(4) 购进设备。按照有关合同的规定，财务公司向设备制造商购进承租人所需的设备，并会同承租人对设备进行验收。

(5) 承租人按期交纳租金。

(6) 租赁到期后，设备的处理。租赁期满后，根据合同的规定对租赁设备进行处理。目前一般有三种处理方式：一是承租人将设备退回财务公司；二是续租；三是由双方协商，将设备出售给承租人。

在英国和美国，很多大型项目采用融资租赁，因为融资租赁可以通过厂房和设备的折旧为项目发起方带来税收好处，从而降低生产成本。但这种方式主要是相对基础设施中的设备投资较大的项目，如码头、电厂的设备、地铁等。

（五）债券融资

通过向各类社会投资者发行债券，募集资金，用于基础设施投资。地方政府发行债券，最大的制约来自《中华人民共和国预算法》。该法明确规定："（除法律和国务院另有规定外）地方政府不得发行地方政府债券。"地方政府不具备发债主体资格。根据国际惯例，市政债券可以分为一般债务债券和收入债券。前者是以政府的一般征税能力作为担保，需以政府的税收偿还。而收入债券是以政府事业的收入为担保，由这些事业所获得的收入来偿付。收入债券的发行人不一定是政府，政府的代理机构或者授权机构也可以作为发债主体，因此地方政府发债可以通过所属的企业发债。例如需要发债券建设地铁，可以通过地铁公司发行债券。

债券的担保人可以由另一家政府控制的企业承担,实际的担保人是地方政府。对于那些建成后可以收费的基础建设项目,也就是日后有现金流的项目,可以采取这种方式发行债券。

三、项目融资

项目融资是一种综合融资方法,在城市开发过程中针对某一具体建设项目成立项目公司,运用多种手段融资。因其应用广泛成为一种常用融资方法。

项目融资是一种大规模筹集国际资金的融资手段,一般以债权融资为主,因其应用广泛,操作性强,所以单独予以介绍。项目承办人为该项目筹资和经营成立的一家项目公司,项目公司承担贷款,以项目公司的现金流量和收益作为还款来源,项目公司的资产作为贷款安全保障。该融资方式一般应用于现金流量稳定的发电、道路、铁路、机场、桥梁等大规模的基本建设项目,且应用领域逐渐扩大。项目融资方式有以下两种:

一是,无追索权的项目融资。无追索权的项目融资也称为纯粹的项目融资,在这种融资方式下,贷款的还本付息完全依靠项目的经营效益。同时,贷款银行为保障自身的利益必须从该项目拥有的资产取得物权担保。如果该项目由于种种原因未能建成或经营失败,其资产或收益不足以偿还全部的贷款时,贷款银行无权向该项目的主办人追索。

二是,有限追索权的项目融资。除了以贷款项目的经营收益作为还款来源和取得物权担保外,贷款银行还要求有项目实体以外的第三方提供担保。贷款银行有权向第三方担保人追索,但担保人承担债务的责任,以他们各自提供的担保金额为限,所以称为有限追索权的项目融资。

在我国,为项目建设而专门设立的项目公司大多数是中外合资经营公司和中外合作经营公司。中、外两方的出资额占总投资的比例较小,项目建设资金的70%以上是贷款,以国际银团贷款为主,与设备供应商所在国提供的出口信贷或国际金融机构的贷款一起构成项目的联合贷款,其中还包括发行债券和融资租赁。这种将项目与其发起人的其他债务分开,"就项目论融资"的做法,从一个新的角度来吸引外资。只要项目具有稳定的收益,并且能将风险限制在一定的范围内,同时又需要大量的借贷资金,就可以考虑采用这种融资方式。因此,许多能源、交通、通讯、城市公共设施的项目就成为项目融资的首选。项目融资中,本国银行和金融机构可以参与银团贷款,成为参与者之一,向国内或国外的项目贷款,也可以成为担保银行国的出口信贷担保。国内银行参与项目融资,可改变当前我国一方面储蓄过剩,银行"惜贷",另一方面一些很好的投资项目又无法得到国内银行足够的贷款的局面。因为在项目融资的实施过程中,有一套很好的分散贷款方风险的措施。

项目融资从前期的项目可行性研究开始到项目的谈判,签约,建设施工直至运营,实行全过程的监督和严格管理,并且对项目主办方和经营者的实力和资信进行全面评估,保证了项目能够达到预期收益。同时,在项目的各种合同中明确加入了承担风险的条款。如通过与承包商签订的建设承包合同将工程建设超预算的风险转移给承包商,将设备和原材料涨价的风险通过供货合同转移给供货商等。

项目融资中的各种担保和严格的合同管理，保证了投入资金的有效产出，提高了资金运用效率。下面专门介绍两种项目融资中采用的比较多的融资方式。

（一）BOT

1. BOT融资的含义

BOT的概念是由土耳其总理厄扎尔1984年正式提出的。BOT是英文Build Operate Transfer的缩写，即建设—经营—转让方式，是政府将一个基础设施项目的特许权授予承包商（一般为国际财团），承包商在特许期内负责项目设计、融资、建设和运营，并回收成本、偿还债务、赚取利润，特许期结束后将项目所有权移交政府。实质上，BOT融资方式是政府与承包商合作经营基础设施项目的一种特殊运作模式。

BOT融资方式在我国称为"特许权融资方式"，其含义是指国家或者地方政府部门通过特许权协议，授予签约方的外商投资企业（包括中外合资、中外合作、外商独资）承担公共性基础设施（基础产业）项目的融资、建造、经营和维护；在协议规定的特许期限内，项目公司拥有投资建造设施的所有权，允许向设施使用者收取适当的费用，由此回收项目投资、经营和维护成本并获得合理的回报；特许期满后，项目公司将设施无偿地移交给签约方的政府部门。

2. BOT融资方式的特点和种类

（1）BOT融资方式的特点

1）BOT融资方式是无追索的或有限追索的，举债不计入国家外债，债务偿还只能靠项目的现金流量。

2）承包商在特许期内拥有项目所有权和经营权。

3）名义上，承包商承担了项目全部风险，因此融资成本较高。

4）与传统方式相比，BOT融资项目设计、建设和运营效率一般较高，因此，用户可以得到较高质量的服务。

5）BOT融资项目的收入一般是当地货币，若承包商来自国外，对宗主国来说，项目建成后将会有大量外汇流出。

6）BOT融资项目不计入承包商的资产负债表，承包商不必暴露自身财务情况。

（2）BOT融资方式的种类

BOT融资一般指BOOT融资（即建设—拥有—运营—转让）。在实际运作过程中，BOOT融资方式产生了许多变形，因此，BOT融资方式是BOOT、BOO（建设—拥有—转让）、BTO（建设—转让—经营）、BOOS（建设—拥有—运营—出售）、BT（建设—转让）、OT（运营—转让）等融资方式的总称。各种方式的应用取决于项目条件，如BOO方式在市场经济国家应用较多，而我国以公有制为主体，因此BOOT项目较多。从经济意义上说，各种方式区别不大。

3. BOT融资的运作过程

BOT融资的运作有七个阶段，即项目的确定和拟定、招标、选标、开发、建设、运营和移交。

（1）项目的确定和拟定。首先，必须确定一个具体项目是否必要，确认该项目采用BOT融资方式的可能性和好处。这项工作通常是通过政府规划来完成的。有关部门将查明在某一特定期限内,是否需要一个发电厂、一条道路、一座桥梁、一项城市运输系统或者对国家经济具有重要性的其他基础设施项目。然后,政府将重点研究采用BOT融资方式满足该项目需要的可能性。有时,也会由项目单位确定一个项目,然后向政府提出项目设想。如果决定采用BOT方式,那么,下一步就要写一份邀请建议书,然后邀请投标者提交具体的设计、建设和融资方案。

(2) 招标。

1) 招标准备工作。招标有几种不同方式,包括竞争性招标、单一来源采购或某种有限的招标办法。大多数招标者都希望对潜在的投资者进行资格预审。经验表明,招标者不应以投标者数量为首要考虑因素。相反,投资的质量、成本和及时性以及吸引有诚意的投资应该成为设计招标程序的出发点。

邀请建议书将提供关于项目的详细规定,列出必须达到的具体标准,包括规模、时间、履约标准以及项目收入的性质和范围。在招标邀请书中最好还包括项目协定草案。从招标者的角度来说,这个阶段很重要。

一套高质量的招标文件,透明度高,招标和选标程序明确,对BOT融资项目的成功是至关重要的。有经验的投标者将招标文件和选标程序视为项目可行性和招标者完成该项目具有多大成功可能的重要因素,必须明确规定并且坚持各项竞争条件,否则会妨碍有诚意的竞争者参加竞争。

从招标者角度看,招标和选标过程将确定所需要达到的"标准条件",并在很大程度上决定竞争和投资者的质量。经验表明,选定最合适的项目投资者即中标者是BOT项目能否成功的最重要的因素。

2) 标书的编写和提交。作为对邀请书的响应,一些感兴趣的投资者或发起人通常会组成一个联营集团,共同提出一份满足邀请建议书要求的标书。一般说来,联营集团的成员在这个阶段会就费用分担、各成员在项目中应起的作用及可能的项目结构达成初步协定。如果涉及需要在项目参与者之间交流的保密性专利资料,那么,联营集团初步协定中还应包括适当的保密协议,或者由参与者另外签订这类协议。

联营集团将自己对项目的可行性进行更深入的研究,对作出开始融资的决定和增强其吸引资金的能力来说,这类研究将是一个至关重要的因素。然后,联营集团将争取潜在的贷款人、股本投资者及承包商和供应商初步表示兴趣,并签订初步意向书,以便在此基础上编制标书。

下一步则是联营集团编写和提交标书。邀请建议书应要求标书中列入一项可信的融资计划,尽管不一定是确定的融资承诺。投标过程可成为项目拟定过程的继续,在标书中可能增加邀请建议书中没有包括的许多细节。在某些情况下,应当允许在标书中对项目的一个或几个方面提出修订或提出替代性方案,以便更好地完成项目建设。

(3) 挑选中标者。招标者对响应邀请建议书而提交的标书进行挑选,选出暂定中标人。评估标书的成员应该包括政府官员、技术、财务和法律顾问等。

挑选BOT项目的标书,一般来说不会仅以价格为依据,挑选的依据应包括价格、可靠性、经验等因素以及所设想的拟议项目能在多大程度上给招标者带来其他利益。这类利益包括节约外汇，促进技术转让以及提供就业机会和为招标单位人员和承包商提供培训。

在某些情况下，招标者也许会通过与投标人直接谈判，对最低限制标书作出改进。但是，不应过分依靠这类进一步谈判，以免影响竞争性投标程序的公正。如果该程序的公正性受到损害，不但会影响目前BOT项目的顺利进行，而且也为今后BOT项目提供不好的示范。

在初步选定标书后，招标者请中标人制定并签署最后的合同文件。某些情况下，招标者将向中标人发出一份意向书。双方签字后，意向书将使当事方承诺真诚合作，通过谈判达成并签署一份最后项目协定，然后实施该项目。在有些情况下，招标者和中标人立即就项目协定中的未定因素进行谈判。

(4) 项目开发。投标的联营集团中标后就可以作出更确定的承诺，组成项目公司或确定项目公司结构。如果尚未组成这样的公司，必须提供建设项目所需的股本金。同样，在招标者接受的基础上，发起人可以开始或再次与承包商和供应商联系，争取对有关条件和价格作出更明确的承诺，这些承诺将进一步确定项目建设的成本。

得到这些承诺后，项目公司就可以同政府就最后的特许权协议或项目协定进行谈判，并就最后的贷款协定、建筑合同、供应合同及实施项目所必须的其他附属合同进行谈判。在谈判这些相互关联的合同过程中，必然对项目继续进行进一步深入的研究。

经过谈判达成并签署所有上述协定后，项目将开始进行财务交割。财务交割是指贷款人和股本投资者预付或分期预付用于详细设计、建设、采购设备及其顺利完成项目所必须的其他资金。

(5) 项目建设。一旦进行财务交割，建设阶段即正式开始，当然，并不是所有特定项目都可以清清楚楚地分成这几个阶段。有些情况下，一些现场组装或开发，甚至某些初步建设可能先于财务交割。但是，项目的主要建筑工程和主要设备的交货一般都是在财务交割后，那时才有资金支付这些费用。

工程竣工后，项目通过规定的竣工试验，项目公司最后接受而且政府也原则上接受竣工的项目，建设阶段即结束。

(6) 项目运营。这个阶段持续到特许权协议期满，在这个阶段，项目公司直接或者通过与运营者缔结合同按照项目协定的标准和各项贷款协议及与投资者协定的条件来运营项目。在整个项目运营期间，应按照协定要求对项目设施进行保养。为了确保运营和保养按照协定要求进行，贷款人、投资者、政府都拥有对项目进行检查的权利。

(7) 项目的移交。特许经营权期满后向政府移交项目。一般说来，项目的设计应能使BOT发起人在特许经营期间还清项目债务并有一定利润。这样项目最后移交给政府时是无偿的移交，或者项目发起人象征性地得到一些政府补偿。政府在移交时应注意项目是否处于良好状态，以便政府能够继续运营该项目。

4. BOT融资的招标、投标、评标程序

BOT融资在我国的运作，是采用公开的竞争性的招投标方式进行的，一旦项目建议书得到批准，即进入到招投标程序。主要程序如下：

（1）资格预审。要对投资者的法人资格、资信情况、项目的产业能力（包括技术、组织、管理、投资、融资等能力）、经验和业绩进行公开评审。

（2）招标。BOT融资的招标文件包括主件和附件，主要有以下内容：1）投标者须知（含评标标准与程序）；2）投标书内容的最终要求；3）项目的最低标准、规格与经济技术参数的规范；4）特许权协议草本；5）政府部门提供的条件等。附件至少对以下参数作出说明：①外汇汇率；②通货膨胀及贴现率；③建设期和项目筹备期；④项目经营和收费标准；⑤收费标准调整所使用的方式和参照的指数等。

（3）投标。投标者一般均为联合体，投标者至少应按投标须知提供以下文件：1）投标函；2）项目可行性研究报告；3）项目融资方案；4）项目建设工期与进度安排；5）投标保证金；6）招标文件要求的其他文件。

（4）评标与揭标。由国家发展和改革委员会组织中央、地方政府有关部门、项目发起人，以及熟悉项目的技术、经济、法律专家参加，进行公开评标。选出最具有资格的投标者，对特许权协议进行确认，谈判后进行公开揭标。国家发展和改革委员会的主要职责是保证评标的公平、公开和公正，整个过程应依法由公证机构进行监督。

5．BOT融资项目中特许权协议的主要内容

BOT项目中特许权协议的主要内容包括：

（1）特许权协议签约各方的法定名称、住所。

（2）项目特许权内容、方式及期限。

（3）项目工程设计、建造施工、经营和维护的标准。

（4）项目的组织实施计划与安排。

（5）项目成本计划与收费方案。

（6）签约双方各自权利、义务与责任。

（7）项目转让、抵押、征收、中止条款。

（8）特许权期限。

（9）项目移交内容、标准及程序。

（10）罚责与仲裁等。

6．BOT融资项目的风险分担原则

项目公司自行承担项目的融资、建造、运营和维护等商业性风险。对项目公司不能准确预测而带来的风险采取以下承担原则：

（1）由于国家政策、法律法规的变化致使项目公司受到实质性的影响，政府部门可以通过调整收费价格，延长特许期限，或采取其他相应措施予以补偿。

（2）自然不可抗力因素由项目公司通过保险方式承担。

（3）政治不可抗力，可通过协议协商加以解决。

7．BOT融资项目中各方的权利与义务

BOT融资项目中各方的权利与义务包括以下几个方面：

(1) 政府部门对项目公司的活动依法进行监督、检查和审计。如发现有不符合特许权协议的行为,有权要求采取修正措施,如拒不接受,有权进行处罚。

(2) 出于项目融资的目的,项目公司可以通过抵押等方式转移自己在特许权协议中合法拥有的权利与义务。

(3) 现有的特许权项目已能满足需要,签约方的政府部门不再投资重复建设与之有过度竞争性的另一个项目。

(4) 项目公司所组织的投标活动,同等有限选择国内的设备供应商、工程承包商等,以促进公平竞争。

(5) 特许权项目的工程设计、建造施工、经营和维护人员要雇用本地劳动力,并组织培训。

(6) 政府依法保证项目公司将其收益所得人民币,按有关规定兑换外币,以对外支付外汇。

8. BOT 融资项目中政府的监督与管理

在 BOT 政府框架中规定了对以下行为的处罚条款:

(1) 不履行规定的权利、义务的。

(2) 不按特许权协议规定的标准施工建设及滥收费的。

(3) 经营管理不善,设施、服务低下的。

(4) 对环境造成污染,不予以改进的。

对以上行为国家和地方政府视情节轻重,将给予警告、罚款、停业整顿、没收非法所得、取消特许权等处罚。

9. BOT 融资项目的争议解决方式和适用法律

(1) 适用于国内法律和国务院颁布的行政法规。

(2) 政府与项目公司的商业性的争议提交仲裁解决。

(3) 项目公司与其客户的争议,按其性质也可提交法律程序解决。

10. BOT 融资方式的新发展——电力工业改革新思路

有专家提出,电力工业利用 BOT 融资方式应该转变思路从 TOT 起步。

所谓 TOT,是指中方把已经投产的电站移交(T)给外资经营(O),凭借电站在未来若干年内的现金流量,一次性地从外商那里融得一部分资金,用于建设新的电站。经营期满,外方再把电站移交(T)给中方。这种方式由于避开了 BOT 中所包含的大量风险和矛盾,比较容易使双方意愿达成一致。

有专家指出,TOT 方式对于中国电力企业的发展有以下几点好处:积极盘活国有资产,符合当前国有企业改革的大方向;为拟建项目引进资金,为建成项目引进管理,做到了有序开放;不必等待投融资体制改革取得进展,就可以着手操作;只涉及经营转让权,不存在产权、股权问题,可以避免许多争论;把电力市场与开放电力装备市场、电力建筑市场分割开来,使问题简单化。同时,境外资本也能从 TOT 中受益。这是进入中国电力市场的一条捷径,投资者可以尽快从高速发展的中国电力工业中分获利益。当然,由于 TOT 的风险比 BOT 小很多,投资回报也应该适当降低。另外,不仅是能源公司,金融机构、基金组织、私人资本等都有机会参与投资。❶

（二）信托融资

信托公司作为项目的投融资中介，接受分散的投资者的资金信托，以如下方式参与基础设施项目投资。

1. 贷款信托

信托公司以发行债权型收益权证的方式接受投资者信托，汇集受托资金，分账管理，并集合运用。通过项目融资贷款的方式对基础设施项目提供支持，项目公司以项目的经营权质押和机器设备等实物抵押。

在项目融资中，项目主办人专门为项目的融资和经营成立一家项目公司。项目公司是一个独立的经济单位，项目公司以自己的名义而不是项目主办人的名义向外贷款。信托公司以信托人的身份作为贷款方，着眼于该项目的收益向项目公司贷款，而不是向项目主办人贷款。在项目融资贷款信托中，贷款人即信托公司依赖项目投产后所取得的收益及项目资产作为还款来源。

2. 以基础设施信托投资基金为中介进行股权融资

信托公司可以发起基础设施信托投资基金，并受托对基金进行投资管理，为基础设施项目提供股权支持。基础设施投资基金通过私募的形式招募投资公司、实业企业，为基础设施项目或企业直接提供股权支持，并从事资本经营与监督。它集中社会闲散资金用于对具有较大发展潜力的基础设施项目进行股权投资，并对基础设施项目公司提供一系列增值服务，通过股权交易获得较高的投资收益。通过基金管理人对资金的集中运作和专业化管理，保证基金股东获取比单独投资更高的收益。

我们可以按照国家有关产业投资基金法律、法规和国际通行的公司型封闭式基金的经营管理惯例，结合中国现行的投融资体制，通过制定一整套管理制度，以及一系列协议、合同、章程等法律文件的形式，建立一个职责分明、相互监督、安全有效的基金运作机制，实行基金公司、基金管理人与基金托管人三权分离、相互制衡的现代基金管理制度，以保证基金股东投资的安全与回报。

3. 融资租赁

基础设施项目中机器设备的购置可以大量运用融资租赁手段。《信托投资公司管理办法》规定，信托投资公司所有者权益项依照规定可以运用的自有资金，可以存放于银行或者用于同业拆放、融资租赁和投资。信托公司可以以自有资金开展此类业务，而不需像租赁公司一样向银行贷款。由于减少了中间环节，无论从融资贷款的成本还是降低租赁贷款的风险方面，都具有优势。

四、专项基金制度

专项基金制度又不同于上文所阐述的各种融资方式，它通常是特定制度安排下的一种产物。

通过财政拨款、基础设施运营企业的利润留存、接受社会捐赠等方式，把资金集中起来，建立专项基金制度，专门用于基础设施建设。该方式不失为筹集基础设施资金的好方式，惟一的不足就是专项资金的量一般较小，只能满足一部分需求。

国外交通运输的建设基金一般都是依据法律而设立的，但在我国国内要建立专项基金制度难度比较大。

第三节　城市功能区开发投融资

一、产业开发区投融资

概括开发区的共性，可将开发区投融资涵盖的范围分为两大领域，即竞争性领域和非竞争性领域。

（一）非竞争性领域投融资

非竞争性领域可细分为以科研、文化、教育、卫生、体育等为主要内容的社会公益事业领域和以道路建设养护、给排水、城市集中供热、城市燃气输配、绿化环卫、公共交通、公园广场建设养护等为主要内容的城市市政公用事业领域。这里所探讨的非竞争性领域投融资体制改革与创新，主要涉及非竞争性领域中的社会公益事业和城市市政公用事业的投融资体制的改革与创新。

1. 关于科教文卫等社会公益事业领域的投融资

根据项目区分理论，这一领域的项目除义务教育外，其总体属性为准经营性和经营性。因此，改革创新的取向为：明确属性，区别对待，市场准入，政策倾斜。在权益归属上，实行"谁投资，谁收益，谁所有"的原则；在投融资主体上，实行"政府+事业单位+企业法人+社会自然人"的模式；在运作方式上，可采取"政府监管，业主运营，平等竞争，优胜劣汰"、"政府所有，委托经营，差额拨补，契约约束"、"资产重组，股份经营，自负盈亏，自我发展"，以及中外合资、合作等方式。如在广播电视业方面，可以将可经营的有线电视业务有条件地推向市场，与广播电视行业管理部门脱钩，由其自主经营，自负盈亏，同时接受政府监督；对准经营性的无线广播、电视业则可以采取委托经营管理、财政差额补贴的形式，逐步推向市场，最终实现与财政脱钩。在医疗卫生领域，现阶段可以采取"大系统、小服务"的模式推进。"大系统"就是管委会（政府）通过差额拨款建设医疗卫生系统基础设施，医疗卫生机构本身则通过营利性经营实现差额补齐。如青岛开发区开工建设的总投资约5 300万元的开发区第一人民医院病房楼项目，资金来源为政府投资占40%，医院自筹占60%。同时，对国有医疗机构，可采用股份制等形式，允许社会资金进入，以将其稳步推向市场，同时，管委会（政府）在项目用地和外围配套方面给予政策优惠扶持。"小服务"就是放开部分医疗卫生市场，允许、鼓励私人和社会机构投资兴办专业医院、诊所、社区医疗服务中心等，为居民提供各具特色的医疗卫生服务，实现市场资源的有效配置。在教育方面，一是要鼓励社会力量投资办学，政府予以宏观调控，并在学生就业、户口迁入等方面给予扶持；二是要积极探索非义务教育"国有民营"的办学模式。青岛开发区在对区内公办高级中学实行的"国有民营"体制改革试点，允许并规范社会力量办学等方面作了一些有益的探索。在体育方面，可探讨与区内高校、大型企业和事业单位合作建设体育场馆设施，由合作各方负责养护管理，实现资源共享，推动体育事业的大众化和社会化进程。

2. 关于城市市政公用事业领域的投融资体制改革

城市市政公用事业领域投融资体制改革是整个开发区投融资体制改革与创新

的难点和重点，主要原因有三个方面：一是政府财政性投资大部分用于这一领域；二是其具有投资规模大、回收期长、无直接收益、社会公益性强等特点；三是项目属性较为复杂，经营性、准经营性、非经营性项目交叉于一起。因此，这一领域投融资体制的改革与社会公益事业领域相比来说，既有共同点又有各自的特性。

市政公用事业领域投融资体制改革与创新的总思路是，以实现投资主体的多元化、资金来源的多渠道化和经营方式的多样化为目标，并辅之以价格体系的理顺，调价听证制度的完善，分三种类型具体推进。

一是，对于收费道桥、管道燃气、公共交通等经营性项目，投资主体可以是包括外资在内的全社会投资者，坚持"谁投资，谁收益"的权益归属原则。在运作方式上要采用拍卖、招投标、包装上市、BOT、TOT等方式；投资决策方面，要重点考虑投资者的投资回报率与公众消费者的消费承受能力，同时管委会（政府）要对项目进行必要的宏观调控、经营监管和价格调控。有的城市还就公交线路经营权进行了公共竞价等等，都是这方面的有益尝试。

二是，对于城市供排水、供热、污水处理、垃圾处理等准经营性项目，改革的取向是特许经营、企业运作、以副补主、保本微利。其投资主体可以"企业法人＋股民＋境外投资者＋政府"，投资的方式可以是"厂网分离，厂地分离"。政府投资输配管线或场地使用权，民间投资水厂或热源厂、垃圾处理厂，具体的投资方式可以是合作、合资、独资、股份制等。在权益归属上，坚持"谁投资，谁收益"的原则；在经营目标取向上，以社会效益为主，兼顾经济效益，确保保本微利，微利的标准一般是要达到10%左右的回报率。在一定的年限内，管委会（政府）要予以一定的补贴，补贴的方式可以是财政补贴、税收减免、以地换厂等等。这些项目大都可以通过收费经营最终达到盈亏平衡并略有盈余，因此可以交由独立的法人实体去经营。同时政府按照价值规律和市场供求关系，实施政府指导价，主持价格听证会，以发挥政府调控的有效性和经营主体的积极性。同时，大力鼓励业主跨行业经营，拓展副业，弥补主业的不足，解决分流人员的再就业工作。如，青岛开发区积极鼓励区公交总公司、区供排水总公司，在搞好公交线路运营服务和水务的同时，大力发展公交广告与汽车维修及工程施工与物资配送等服务业，在一定程度上抵消了其主业上的亏空。

三是，对于城市敞开式道路、广场、公园、路灯、城市公共绿地等非经营性项目，投资主体只能是管委会（政府），权益也全部归属管委会（政府）。在运作方式上，一般可以考虑"所有权与经营权相分离"、"建设与管理相分离"的原则，引进项目法人制及建设和经营权招投标的竞争机制。通过竞争择优选定委托对象，由受托的项目法人作为业主，实施建设、管理和经营，政府则按委托协议履行支付义务，主要是拨付城市维护费。在投资决策时，主要考虑决策的科学性、合理性，努力降低投资成本和管理成本。由于这类产品具有自然垄断性，不能直接全部推向市场，当前依然必须主要依靠政府直接投资建设。为了避免滋生腐败，保证建设质量，统筹好项目的各个要素，应积极实行项目法人制，同时辅以招投标制、监理制、跟踪审计制、责任追究制等，对项目投资实施全程监督。即使是非经营性项目，也有利用社会资金和人力资源的创新之处。比如，北京、南京等城市，推出由公民或法人认领城市公园绿地、树木的办法，青岛开发区的建设环保局早在1998年就与团区委签订了领养绿地的协议等等，这些都不失为创新的做法。

3. 改造或组建国有控股的开发区城建投资有限公司，是推进城市市政公用事业投融资体制改革的重要举措

为实现投融资体制改革的目标，当前很有必要按照现代企业制度的要求，重组城建投资有限公司，作为管委会（政府）首要项目法人，依市场法则进行投融资，实现"投资—经营—回收—扩张"的良性循环。具体操作思路是对现有能够实行资产分离和经营的城市基础设施资产，进行全面的清理，通过资产评估和补办土地使用权出让手续，以现有资产作为管委会（政府）投资股本，并吸引社会民间资本参股，组建城建投资有限公司。公司注册资本金一般以实物资本为主，货币资本为辅。在运行初期，其主要职能是通过商业融资承担政府直接委托的工程项目（主要是经营性项目）建设和对拥有的经营性资产进行出租、出让、出售等方式盘活资产，专门进行城市基础设施的建设与经营。经过一定时期的运营扩张后，政府要与公司脱离原有的直接依存关系，管委会（政府）要减持在该公司中的股权，并促使公司创造条件，进入证券市场融资，逐渐成为具有较强实力的主要建设投资主体。在这方面，天津、大连、广州等开发区以实际做法作了验证。青岛开发区也在这方面进行了新的探索，主要做法是将区科技文娱中心、行政中心、会议中心、宾馆、热电燃气总公司、供排水总公司、公交总公司等公益和公用事业性国有财产进行资产重组，筹建新的城市建设投资发展有限公司。其主要功用有三个方面：一是投资建设营利性的城市市政工程项目；二是为政府基建贷款提供担保，解决管委会（政府）贷款信用的问题；三是发挥好融资职能，拟通过包装上市等手段，积极筹集社会资金用于扩大城市公共产品的建设。

4. 创新融资方式，是投融资体制改革的重要方面

创新项目融资方式就是要突破"一靠财政，二靠银行"的传统思维定式，要瞄准国际国内资本市场及其发展态势，努力拓宽开发区社会公益项目和城市基建项目融资渠道。目前，有以下几种融资方式可供选择：一是国外政府贷款，特别是无息或低息贷款；二是国内开发银行或商业银行贷款；三是申请发行建设债券，包括到国外发行债券；四是资产重组，包装上市，到资本市场融资；五是剥离有效资产，连同项目经营权出让给外商（TOT），使管委会（政府）得以全部或部分地收回投资；六是利用BOT（建设—经营—移交）或BT（建设—转让）的方式，引进国外资本参与可收费的城市基础设施项目的建设与经营；七是采用产权置换的方式融通基建项目建设资金，如用道桥冠名权、公共场地广告经营权等产权换取道桥的建设资金或公交站牌的建设维护资金；八是接纳区内外义举之士的赞助；九是鼓励志愿者认养绿地等。

（二）竞争性领域投融资

产业开发区竞争性领域投融资模式可采用PPP（Public-Private Partnerships）模式。它属于一种公私合作模式，即公共部门与私人企业合作模式。该模式是指政府、营利性企业和非营利性企业基于某个项目而形成的相互合作关系的形式，

在多方博弈过程中达成最佳结果，实现增和博弈。通过这种合作形式，合作各方可以达到与预期单独行动相比更为有利的结果。合作各方参与某个项目时，政府（非营利机构）并不是把项目的责任全部转移给私人企业（营利性组织），而是由参与合作的各方共同承担责任和融资风险。PPP模式代表的是一个完整的项目融资的概念。

PPP模式的组织形式非常复杂，既可能包括营利性企业、私人非营利性组织，同时还可能有公共非营利性组织（如政府）。合作各方之间不可避免会产生不同层次、类型的利益和责任的分歧。只有政府与私人企业形成相互合作的机制，才能使得合作各方的分歧减少，在求同存异的前提下，完成项目的目标，实现多方中长期共同利益。

PPP模式并不是对项目全局的重新洗牌，而是对项目生命周期过程中组织机构的设置提出了一个新的模型。

一般来说，私人企业的长期投资方有两类：1）基金，只对项目进行长期投资，不参与项目的建设和运营；2）建筑或经营企业，既对项目进行长期投资，又参与项目的建设和经营管理。

PPP模式的一个最显著的特点就是项目所在国政府或者所属机构与项目的投资者和经营者之间的相互协调，并在项目建设中发挥作用。政府的公共部门与私人参与者以特许权协议为基础，进行合作，与以往私人企业参与公共基础设施建设的方式不同，这个模式的合作始于项目的确认和可行性研究阶段，并贯穿于项目的全过程，双方共同对项目的整个周期负责。在项目的早期论证阶段，双方共同参与项目的确认、技术设计和可行性研究工作，对项目采用项目融资的可能性进行评估确认，采取有效的风险分配方案，把风险分配给最有能力的参与方来承担。

PPP模式与以往私人企业参与公共基础设施建设的项目融资方案（如BOT）相比，虽然并不是全局上的改变，但带来的影响却是巨大的。

第一，这种组织机构的设置形式可以尽早确定项目可行性，并可以在项目的初始阶段更好地解决项目整个生命周期中的风险分配。

第二，PPP模式可以使得参与项目融资的私人企业可以在项目的前期就参与进来，有利于利用私人企业先进的技术和管理经验。PPP方案适用于产业区等城市开发项目。在以往有些产业区建设中，由于在项目的早期计划阶段对于建设所采用的技术设计方案已经确定，会使得项目建设过程中进一步技术创新受到限制。如果采用PPP方案，可以使有意向参与项目建设的私人企业与项目所在国政府或有关机构，在项目的论证阶段共同商讨项目建设过程中所采用的技术方案，从而有可能采用较新的研究成果。

第三，在PPP方式下，公共部门和私人企业共同参与设施的建设和运营，双方可以形成互利的中长期目标，更好地为社会和公众提供服务。而且，在PPP模式下有可能增加项目的资本金数量，进而降低资产负债率。

第四，通过PPP融资模式，使得项目的参与各方重新整合，组成战略联盟，对协调各方不同的目标起到了关键性作用。

第五，在PPP融资模式下，有意向参与公共基础设施项目的私人企业可以尽早和项目所在国政府或有关机构接触，可以预先收集资料，进行可行性分析，设计开发方案，节省项目开工后的筹备与论证时间。

PPP方式突破了目前的引入私人企业参与设施项目组织机构的多种限制，尤其适用于大型、一次性的项目，如产业区、地铁以及学校等等，应用范围十分广泛。图12-1为PPP融资模式示意图。

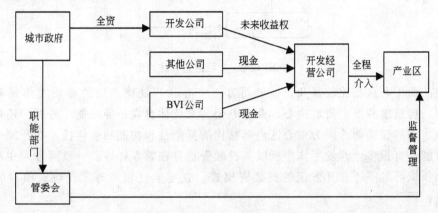

图12-1 PPP融资模式示意图

二、生活区开发投融资

如前所述，生活区开发包括旧区改造更新与新区开发。旧区改造如上海普陀区"两湾一宅"改建为"中远两湾城"，新区开发如上海三林地区的全新开发建设。

众所周知，生活区开发也可以分为非竞争性领域开发和竞争性领域开发，非竞争性领域的投融资模式可参考产业开发区的对应投融资模式。

在竞争性领域，其投融资模式可以表述如下：

(1) 开发商与政府签订开发合同，获取生活区地块的开发权。

(2) 开发商组建项目公司，开发商投入股本金，约占总投入金额的20%~30%，用于项目的启动和前期建设。

(3) 项目公司向银行融通资金，资金量一般占总投入的70%~80%，用于项目阶段的开发。

(4) 项目公司以地块的开发权（可以看作是一种期权Option）和预期现金流做支撑，偿还银行贷款本息。

(5) 生活区开发完毕，贷款清偿结束，项目公司完成使命后，整个生活区改由物业公司经营管理。项目开发投融资阶段在（1）~（5）之间完成，如图12-2所示。

三、城市中心区投融资

城市中心区在开发模式上与生活区开发相近，无外乎两种形式：其一，新中心区的开发；其二，旧中心区的改建与扩建。但中心区的开发又有别于生活区的开发，生活区开发建成后的物质实体是以生活居住及其配套服务功能为主的设

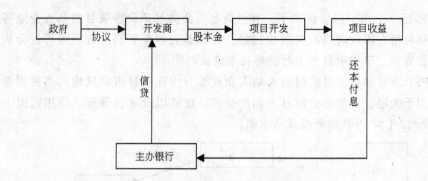

图 12-2 生活区融资结构图

施,而中心区则比较复杂。一般而言,中心区开发建成后的物质实体是商业零售、传统服务业、行政中心、商务办公、文化体育娱乐等功能,另外,还可能具备生活居住功能。因为中心区内部结构的复杂性和功能的多样性,在开发过程中可能会有很多个开发主体,所以其投融资也存在着多样性。一般而言,在非竞争性领域可参照产业开发区的投融资模式。在竞争性领域开发投融资模式表述如下:

1. 行政中心开发投融资

行政中心开发一般由政府委托开发商进行,其全部投入由政府财政支付。因为由政府信用作担保,所以可以大量利用银行拆借资金作为项目开发费用,还款责任由政府财政承担,可能会有部分建筑由社会捐赠建造。

2. 商业区开发投融资

商业区可以引入营利性组织作为开发主体,开发商以部分股权资本组建项目公司,由项目公司开发商业区,股本金可作为开发前期的部分启动资金,大量的资金来自于金融机构贷款,还款保证来自于商业建筑的出售或出租后的现金流入。融资结构图类似于生活区的融资结构图(图 12-2)。

3. 商务办公区开发投融资

中心区商务办公楼以中高档写字楼为主,也是由营利性组织作为主要开发主体,开发建设后的物质实体主要以出租为主。如果是成片商务区开发(如 CBD 开发)则因为其开发周期长,投入资金量大,可能会由若干个开发商参与开发,除前期的股本金外,大量的也是以信贷资金为主。

4. 文化体育等服务设施开发投融资

该类设施属于城市公共品,开发商构成比较复杂,可以是营利性组织,也可以不是营利性组织。部分设施可能是政府投资、民间建设、民间管理运营、政府监管的模式,而其他设施可能是具备经济价值的开发项目,其融资方式也就类似于商业区和商务办公区开发。

总之,中心区开发量大,开发时间长,资金投入量大,对城市影响深远。而正因如此,其开发实施主体(融资主体)和融资方式也相对复杂。最终,其融资方式则不外乎金融工具和金融杠杆的合理应用与现金流的合理配置。

注释

❶ 有关 BOT 的具体案例分析可参见城市开发导论．夏南凯．上海：同济大学出版社，2003。

复习思考题

1. 现阶段，我国城市存在哪些基础设施投融资方式？
2. 请讨论，改革开放以来，我国城市基础设施 BOT 融资方式的积极意义与它的局限性。
3. 借鉴国外的经验，考虑设计出新型金融工具以满足我国日益增加的城市基础设施建设。
4. 非竞争性领域的投融资模式包括哪些？适用范围有哪些？
5. 试述竞争性领域 PPP 模式的应用的优势和局限性。

第十三章　城市空间开发调控

城市的发展过程受城市内部活动需求及既定城市结构的影响，同时也受到城市所在地的自然条件及行政区划等其他因素的影响。城市空间的自然增长一般趋向于投入最小的地区，对旧城既定的社会和生态基础设施有相当的依赖性，因而其发展总是体现为非均衡的外溢增长。

城市结构演进的研究表明，以单一核心外溢增长形成的单中心城市往往拥有"主宰"城市影响力的核心，带有强烈的向心和聚集倾向，城市发展到一定规模，单中心城市容易受到既定城市结构容量极限的制约。单中心城市蔓延式增长的问题在于，周边区域各种活动对中心的绝对依赖导致城市功能下降。

城市的发展过程始终是一个"打破平衡，恢复平衡，再打破平衡"的动态过程。虽然，城市规模的自然增长取决于聚集经济效益，但是城市结构优化的关键却在于有意识的人为控制和引导。

不可能依赖局部和单一项目内部经济性与外部经济性的自我协调。干预城市结构发展最有力的力量来自于城市政府有意识的控制和引导。

第一节　城市开发组织管理体系

所谓体系，一般是一个由某种规则的相互作用或相互依赖的关系统一起来的事物的总体或集合体。开发组织管理体系是指在城市开发过程中有内在联系和相互协调统一的组织系统，是贯穿于城市开发全过程的一个系统。由于城市开发是城市复杂大系统的子系统，科学的开发组织体系模式，才能促使城市开发的高效运作，是实现城市可持续发展的必备条件之一。

我国城市开发经过一段时间的探索，在借鉴国外管理经验的基础上，初步形成了具有中国特色的开发组织管理体系模式。由于我国开发区类型、层次不尽相同，因此在组织管理体系的模式方面也并不完全一致。我们通过城市开发区的开发组织管理体系来论述一般意义上的城市开发组织管理体系。一般而言，我国的城市开发区组织管理模式大致可分为行政主导型、"公司制"以及混合型三大类。

一、开发组织管理体系类型及其优缺点

（一）行政主导型管理模式

所谓行政主导型管理模式，就是在开发区的管理过程中，突出强调政府行政部门在开发区管理中的主导作用，由所在地区的城市政府或政府业务部门进行直接管理。行政主导型管理模式根据开发区管委会的职能强弱又可分为"纵向协调型"管理模式和"集中管理型"管理模式两种。

1. "纵向协调型"管理模式

"纵向协调型"管理模式强调由所在城市的政府全面领导开发区的建设与管理。所在城市的人民政府设置开发区管理委员会或开发区办公室。管委会(办公室)成员由原政府行业或主管部门的主要负责人组成,开发区各类企业的行业管理和日常管理仍由原行业主管部门履行,开发区管委会只负责在各部门之间进行协调,不直接参与开发区的日常建设管理和经营管理。直接参与管理的有市土地管理、科委、计划经贸、规划建设、环境保护、海关商检以及财政税务等部门。而所在的区县政府主要负责开发区的行政管理、公安、消防、文化、教育、环境卫生、计划生育、商业网点管理等工作。

"纵向协调型"组织管理模式的结构如图 13-1 所示:

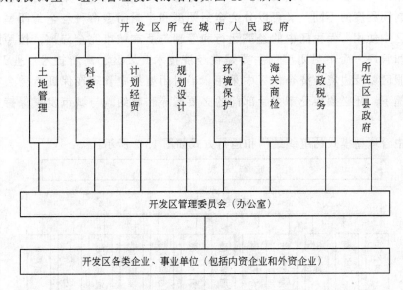

图 13-1 "纵向协调型"组织管理模式

我国哈尔滨高新技术产业开发区的管理模式就属于"纵向协调型"中的一个典型。哈尔滨高新技术产业开发区在刚刚设立之时,市直有关部门就在开发区相继设立了工商、财政、国税、地税、规划、土地、房产和劳动保险分局等派出机构,同时金融、保险等部门也在开发区设立分支机构。而该开发区的管理委员会则是由 40 多个部门的主要负责人组成,由市长兼任管委会主任,管委会下设办公室,由管委会代表市政府对开发区实施领导和管理。后来,该区又把高新区管理办公室更名为管理委员会,并在管理委员会下面设置了办公室、政策研究室、人事劳动局、计划财政局、招商局、企业发展局、外资企业管理局和基建规划局等八个职能部门。

采用"纵向协调型"管理模式的优点是,有利于城市政府的宏观调控,开发区能在城市政府以及有关职能部门统一协调下,比较准确完整地执行路线、方针、政策,使开发区的发展格局与城市的整体经济发展保持一致,开发区的开发建设不会脱离城市的整体规划轨道而片面发展。

"纵向协调型"管理模式的弊端主要是,这种管理模式基本上还是采用原来政府组织管理体系中的条块管理模式,开发区管理委员会权限很小,不利于开发区的大胆创新和试验。同时,管理委员会在许多职能部门的多重管理之下,会造成相互推诿和相互扯皮的现象,造成管理工作效率的低下。

2. "集中管理型"管理模式

"集中管理型"模式是我国大多数开发区所采用的管理模式。这种管理模式一般由市政府在开发区设立专门的派出机构——开发区管理委员会来全面管理开发区的建设和发展。与"纵向协调型"管理模式相比较,这种管理模式中的开发区管理委员会具有较大的经济管理权限和相应的行政职能。管理委员会可自行设置规划、土地、项目审批、财政、税务、劳动人事、工商行政等部门,这些部门可享受城市的各级管理部门的权限,全面实施对开发区的管理。集中管理型管理模式按照封闭程度的不同,又可以分为全封闭型和半封闭型两种。全封闭型主要是在保税区中使用,保税区中的经济运行和管理与所在城市完全隔离,按照国际惯例运行和管理。而半封闭型则主要是在经济技术开发区、高新技术产业开发区、旅游度假区以及边境经济合作区中采用。半封闭型集中管理在保证管委会相对独立的前提下,还必须接受市主管部门的必要指导和制约,与城市发展保持大体一致。

集中管理型模式的组织结构和运行方式如图13-2所示:

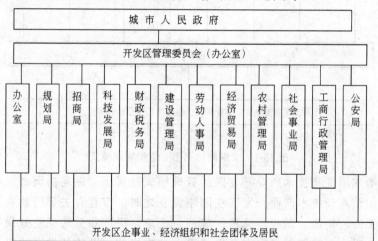

图 13-2 集中管理型模式

苏州高新技术产业开发区就是实行"集中管理型"管理模式。苏州高新技术产业开发区由市政府的派出机构——新区管理委员会统一领导。苏州新区管理委员会下面设置了办公室、规划局、招商局、劳动人事局、公安局、国土房产局、经济贸易局、科技发展局、农村管理局、社会事业局、建设管理局、财政税务局以及工商行政管理局等职能部门。在这种管理模式之下,苏州高新技术产业开发区的机构设置大为减少,数量只有市政府相应机构的$\frac{1}{10}$左右,这就使得机构的职能具有较强的综合性,如办公室兼有文秘、宣传、外事、政策、统计、行政、文档、接待以及信息等职能。在党政关系上,苏州市高新技术产业开发区实行"两块牌子，一套班子"，对重大问题实行"大办公会议制度"，由党委、管委会集体研究解决。党政之间既分工又合作，党委负责干部队伍建设，勤政廉政。管委会全面负责行政管理、经济管理和社会管理。党委书记、管委会主任由苏州市副市长兼任，不设人大和政协。在决策机构和执行机构上，坚持在管委会统一领导下，按权责一致原则，合理分工，各司其职。在管委会下的职能机构之间，管委会要求各部门目标一致，按统一的准则工作，实行"重大问题追究制度"，对于涉及若干部门的工作，管委会实行"专题班子工作制"，确定分管领导与部门，其他部门密切配合，减少了部门之间的摩擦，提高了工作效率。

以苏州高新技术产业开发区为例的"集中管理型"模式来看，其优点还是显而易见的，主要表现在以下几方面：

（1）由于开发区管理委员会拥有较大的经济管理权和部分社会事务管理权，以及拥有经济管理和社会体制方面的新运行体制、运行机制的试验权，因此，"集中管理型"模式的管理委员会能勇于创新，不断探索，成为组织管理体系改革和其他改革的重要渠道。

（2）由于管理委员会摆脱了"纵向协调型"管理模式下市级职能部门的牵制和约束，能够及时果断地解决处理区内发生的重大问题，合理安排开发区的各项活动以及发展目标，提高工作效率，有利于开发区的整体规划和协调发展。

（3）由于管理委员会下面的职能部门受管委会的统一领导，摆脱上级职能部门和管理委员会的双层领导机制，同时管委会下的职能部门能够相互沟通，协调一致，避免了部门之间的相互扯皮的现象，提高了工作效率。

"集中管理型"管理模式的不足之处主要表现在以下几方面：

（1）由于开发区相对独立，受城市主管部门的控制力较弱，这样易使开发区的发展脱离城市的整体发展目标和发展规划。

（2）这种管理模式可能会导致开发区与老城区在人才以及资源方面的竞争，使老城区的发展受到影响。因此，开发区采用"集中管理型"管理模式，城市的主管部门必须加强对开发区的宏观调控，尤其是开发区与老城区的发展协调问题，保证城市的总体发展规划。

（二）"公司制"管理模式

"公司制"管理模式又称为企业型管理模式或无管委会管理模式。这种管理模式主要是以企业作为开发区的开发者与管理者。这种组织管理模式目前在县、乡（镇）级的开发区建设中使用较多。一般是由县、乡（镇）政府划出一块区域设立开发区，县、乡（镇）政府不设立派出机构——管理委员会，而是通过建立经济贸易发展开发总公司作为经济法人，来组织区内的经济活动，并由经济贸易发展开发总公司承担部分政府职能，如协调职能等。总公司直接向县、乡（镇）政府负责，实行承包经营，担负土地开发、项目招标、建设管理、企业管理、行业管理和规划管理等六种职能，而开发区的其他管理事务，如劳动人事、财务税收、工商行政、公共安全等，主要还是依靠政府的相关职能部门。"公司制"管理模式的运营方式如图13-3所示。

我国深圳科技工业园区就是采用的"公司制"管理模式。科技工业园区的各

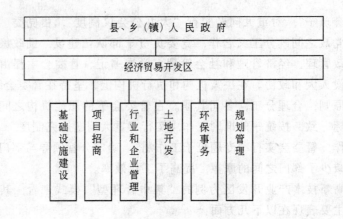

图 13-3 "公司制"管理模式

项具体事务均由总公司负责。总公司设有政策研究室、技术发展部、企业管理部、规划设计部、土地开发部、计划服务部、总经理办公室、人事培训部、管理服务公司以及民间科技企业开发服务中心等管理服务机构。总公司的职能主要包括：1）负责园区的统一规划，审批入园的企业，统一收缴园区各企业的税款，向政府部门填交报表；2）经营和管理园区内的房地产，进行土地与基础设施建设，然后出售或租赁给入园企业；3）引导园区内企业的发展方向。总公司和园内企业都是独立法人，不存在领导关系，主要是经济上的合同关系。

采用"公司制"管理模式的优点表现在以下几方面：

（1）有利于政企分开，使开发区政府从大量的行政事务中解脱出来，提高工作效率，增加管理机构对市场信息的敏锐性。

（2）有利于总公司经济实力的增强，有利于运用经济杠杆进行开发区建设。

（3）有利于开发区整体建设的速度和经济效益的提高。

采用"公司制"管理模式的弊端主要表现在以下几方面：

（1）总公司作为经济组织，缺乏必要的政府行政权力，如征地、规划、项目审批以及劳动人事等，行政协调能力不强，权威性不及政府部门，影响了管理效率的发挥，只能在较小型的开发区中适用。

（2）"公司制"管理模式，在我国现行行政组织管理体系下，很容易使管理手段和管理方法陷入老框框。另外，由于开发区所在政府一般要分管部分社会事务，但相应的行政部门会认为整个开发区是由开发区发展总公司开发管理的，往往会造成社会事务管理的死角。

（3）由于开发区发展总公司是一个企业，因而必定会采取各种手段面向国内外市场，以达到其盈利的目的。其一切经营活动的目的就是为了追求经济效益的最大化，可能会损害社会效益和环境效益。

（三）混合型管理模式

混合型管理模式是介于行政主导型和公司制管理模式之间的一种管理模式，或者是采用两者结合的方式来管理开发区的一种管理模式。混合型管理模式在我国又有政企合一和政企分开两种具体的模式。

1. 政企合一型管理模式

政企合一型管理模式类似地方的行政管理模式，它是在管委会下设一个发展总公司。管委会负责决策、职能管理以及服务性工作，而下设的发展总公司一般是负责开发区内的基础设施建设，这种发展总公司虽然有的是经济实体，但管理行为很大程度上仍然是行政性的。管委会和总公司在人员设置上相互混合，管委会主任和发展总公司总经理通常是互相兼任，即是通常所说的"两块牌子，一套班子"。在这种管理模式之下，政府的管理具有双重性质，不仅行使审批、规划、协调等行政权，同时还负责资金筹措、开发建设等具体经营事务，而开发区的总公司和专业公司基本上没有自我决策权。政企合一型管理模式组织结构和运行方式如图13-4所示。

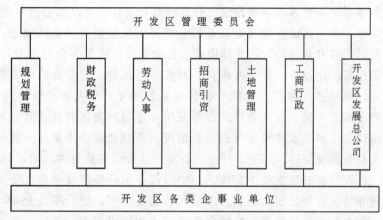

图13-4　政企合一型管理模式

我国南通开发区就是采用的政企合一型管理模式。南通开发区实行"两块牌子，一套班子"，统一领导，统一规划，统一开发，统一管理，开发区总公司直属管理委员会，主要负责开发区的建设事务。

采用政企合一型管理模式的开发区，在建立初期对开发区建设具有一定的推动作用，它有利于管委会和总公司各司其职，既发挥政府的行政职能，同时又发挥总公司的经济杠杆功能。但是，由于管委会管理的最大特征是具有统一性和权威性，开发区总公司和专业公司基本上没有决策自主权。随着开发区的进一步发展，其弊端更是易见：

（1）开发区管委会不仅负责宏观决策，同时还要负责具体的微观管理，容易导致政企不分，管委会管理权力过分集中，使管委会精力分散，降低管理的效率。

（2）总公司的作用不能充分发挥，公司缺乏活力，形同虚设。

（3）由于受自身利益驱动，很难对所有企业一视同仁，实行国民待遇。

2. 政企分开型管理模式

在政企分开型管理模式下，管委会作为地方政府的派出机构行使政府管理职权，不直接运用行政权力干预企业的经营活动，只起监督协调作用，而开发区的所有公司（包括总公司和专业公司）作为独立的经济法人，实现企业内部的自我管理，从而实现政府的行政权与企业的经营权相分离。政企分开模式，目前为我

国大多数开发区所采用,根据具体情况不同,又可以分为四种类别:

(1) 管委会与总公司并存　开发区既设有管委会,又设有开发区总公司。管委会主要负责宏观决策,监督、协调和项目审批,总公司负责开发项目引进,经营各种基础设施。广州开发区、天津开发区、常州开发区等均属这一类别。常州开发区(常州高新技术开发区)的总公司与管委会是并行的具有独立法人资格的经济实体。总公司的主要职能是招商、引资、合资合作和负责项目实施。管委会下设办公室、经济体制改革办公室、财政局、劳动人事局、经济发展局、地方行政管理局、国土规划局、工商财政局等机构,管委会行使对区内土地统一规划、审批进区企业、企业登记管理等职能。

(2) 管委会与专业公司并存　开发区在设立管委会的同时,又设立各种专业公司,由专业公司负责各项基础设施的开发经营和项目引进。如福州马尾开发区、昆山开发区等。苏州昆山技术开发区是靠自费开发取得显著成功的典型,开发区采用"少政府,多专业公司"的管理模式。在管委会下设了办公室、项目开发部、规划部、动迁部、建设科、劳动人事科、财务科等机构。管委会的主要职能是管理开发区的行政事务,制订开发区的总体规划、年度计划及有关行政规章制度,对开发区的土地进行统一规划管理,统筹安排并审批开发区的投资建设项目,监督检查进出口工作和国家政策法令的执行情况,依法处理涉外事务,管理开发区的财政收支和财政规划等。而昆山开发区各类专业公司都是自主经营、自我开发、自我约束、自我发展的独立经济实体,如中国江苏国际经济技术合作公司昆山分公司、工业开发投资总公司、经营开发公司、物资公司、建设事业公司、工贸实业公司等。各类专业公司都有各自的服务领域,如建设实业公司,是一个以进行开发区基础建设为主的经济实体,兼营房地产业务。工贸实业公司则是一个工贸结合、技贸结合的经济实体,主要职能是洽谈外引内联项目,组织销售、代购、代销进出口业务,研究掌握经济情报,进行市场预测,为企业提供市场信息。

(3) 管委会与联合公司并存　在这种管理模式中,管委会是作为政府派出的机构行使管理职权,而负责开发区建设及项目引进的总公司一般是由开发区管委会同其他企业共同出资建立的内联型股份制公司。这样可以充分利用大企业的雄厚资金、先进技术及管理经验来弥补开发区自身的不足,依靠国内实力雄厚的大公司作为合资开发的伙伴,以股份制形式建立联合公司,不仅可以部分解决开发区在近期内的资金困难,而且拓宽了开发区的信息渠道和出口产品的销售渠道,加快了开发区的开发建设速度,其经营、管理充分体现政企分开的原则。如宁波开发区就是实行的管委会与联合公司并存的管理模式。

1988年7月,宁波开发区与中国五金矿产进出口公司、中国机械进出口总公司,共同投资2.8亿元组建了开发区联合发展有限总公司。按政企分开原则,开发区管委会负责贯彻执行国家的法规政策,行使工商行政管理、征税、项目审批、土地批租、文教卫生和公益事业等政府职能。联合总公司负责开发区的规划、建设、经营等项工作。管委会和由国内三方合资建立的联合发展总公司并存。这是宁波开发区的新尝试。

(4) 管委会与中外合资公司并存　这种模式是中新合作创办的苏州工业园区

的创新。苏州工业园区设立管委会,作为苏州市政府的派出机构,自主行使园区的行政管理职能,管理园区的公共行政管理事务。基础设施的开发建设、招商引资则以中新双方财团(公司)组成的合资公司中新苏州工业园区开发有限公司为主体,其中新方占有65%的股权,中国财团占35%的股权。[1]

实行政企分开模式不仅体现了"小政府、大企业"的原则,还有利于充分发挥政府的行政职能,同时利用实力雄厚的企业资金和先进的技术管理经验来弥补开发区自身的不足,有利于充分发挥企业的经济职能,使二者相互促进,相互配合,推动开发区的开发建设工作和经营管理工作有条不紊地进行。

不过,这种模式也有其不足的方面,特别是在开发区初创阶段实行政企分开模式,有可能难以集中有限的人力、物力、财力于开发区的建设。我国绝大部分开发区处于初创阶段,配套机制尚不完善,管理手段还不充分。在这种情况下,实行政企分开模式,对区内经济发展和布局在管理上有相当难度,难以彻底摆脱旧体制的束缚,易于分散开发区创建的力量。同时,在我国整个行政条块分割的情况下,开发区管委会易同政府各有关部门之间产生矛盾,尤其在级别相当部门之间,要么互相推诿,要么分庭抗礼,有的开发区还出现权力不能落实的现象。

我国的城市开发的组织管理模式经过不断探索和改进,在机构设置、职能地位等方面都已基本形成稳定的机制。在以上分析的三种组织管理模式中,每种组织管理模式都各有利弊,但是,目前在我国开发区管理模式的运行之中,管理效率最高,权威性最强,应用最广的还可能是第一种管理模式——行政主导型管理模式,这是由我国目前的国情和开发区的建设现状决定的。随着开发区建设的不断深入以及政府宏观管理体制的改革,开发区管理模式应该按照国际通行的惯例和社会主义市场经济体制的要求逐步加以完善。

二、开发组织管理体系的作用及与城市开发间的相互关系

城市开发组织体系维持着城市开发活动的不断推进,而城市开发活动的高效运作离不开一个完善的、科学的开发组织体系。开发组织体系是人类管理城市开发活动的一种固有表现形式,并伴随着人类城市文明发展的全过程,与城市的历史同样悠久,可以追溯到几千年前城市的起源。无论是希腊的雅典卫城,还是巴西的巴西利亚,它们都是人类组织的开发组织体系(从政府到各级经营管理部门)对城市的开发活动的体现。

因此,我们可以认为开发组织管理体系是城市开发中连接全过程的纽带,促使着城市开发活动各个环节有条不紊地运作。而城市开发活动在不断推进过程中,各种矛盾的出现与矛盾的解决,又促使开发组织管理体系内部结构的不断调整与完善,使之日益优化。

第二节 城市空间开发的调控主体——政府

作为城市开发活动的主要组织者,政府组织的城市开发活动是为了推进城市不断发展的需要。而在城市开发的过程中,不可避免的会产生一些偏离城市协调

发展目标的问题与矛盾，例如，城市开发中的违章开发等。因此，作为城市管理者的政府的宏观调控作用就显得十分重要。

众所周知，许多中国城市都具有悠久的历史，但这些城市的历史街区都正面临着快速消失，尤其是在沿海和经济高速发展地区，大量的历史街区、传统民居、传统店面整片整片地消失，其中包括像北京的胡同、上海石库门、浙江定海古城，以及其他许多具有历史遗迹的街区都在快速消失。这是一个极其悲壮的态势。照此速度发展下去，现存的历史遗迹很可能会在未来20年内从城市中消失，城市会完全丧失它古老的历史风貌。

而现今多数人认为，出现大规模历史古迹文物的破坏，主要由于认识不够。故从提高全民认识、加强宣传、加强法制等方面下功夫。根据我国20年来的实践经验来看，这些年按照此思路来保护城市古迹的效果并不理想，当然，受经济利益的驱使是主要原因之一。

回眸中国城市发展历史可追溯到几百年前甚至上千年，在漫长的历史岁月里，城市平稳发展。北京、苏州、南京等，历史上它们的发展都较平稳，除了受战乱影响较大外，在通常情况下都随历史车轮的前进而不断发展。无论是新开发还是再开发，很大程度上都是对过去或周边建筑形式的复制和模仿。这样经过上百年的逐渐演变，城市在此进程中得到不断更新。在此过程中，城市形像的变化是城市开发活动不断积累的结果。这种更新方式就像人类的成长一样，每日身体的新陈代谢，几十年后，最初的细胞可能已完全被更新了，但仍能够保持其从前的特性，从今朝之容貌能依稀看到其昨日之风采。

当城市进入高速发展的阶段，局势就会有所变化。一般认为，如果没有特殊的地理条件限制，城市的扩张模式，是以城市中心为原点，向四周均衡扩散的单一核心模式。因为这种方式扩张开发的成本最低。而随着城市的快速发展，古城就会被包在城市中心，随着城市面积的扩大，城市中心区的地价会迅速攀升，这时会造成改造城市中心区压力巨大。我国的城市拆迁条例赋予政府的权限极大。而在香港，法律规定，其补偿条件必须得到80%的住户同意后方可开始拆迁。因此在我国发展商如若觉得市中心拆迁建房有利可图，就会游说政府拆迁建房。如果这种压力是在极其短的时间大面积出现，城市就会出现大规模的整片改造的现象，一个城市就不可避免地面临丧失其历史风貌的危险。我国城市经济从1990年开始进入高速发展阶段，特别是1999年房地产转热之后，很多城市出现大规模的整片改造，城市变化可用迅雷不及掩耳之势来形容。

比如，北京故宫周围那些地块，虽然这些年来没什么基础设施建设，故宫也完全保持了原有的模样，但是随着城市的扩张，随着二环、三环、四环、五环的建设，相关地价的变化都会影响到中心区的地价，使得中心区地价快速飙升，这些地方的地价会变得让人瞠目结舌。

曾有人估计过故宫的地价应该是10万元/平方米，但众所周知故宫为非卖品，现在北京老城大概是60平方公里，其中相当大一部分面积是由较低矮的平房或居民住宅组成。实际上现今北京地价已经非常高，二环以内建筑面积1平方米卖到1万块钱是轻而易举的事。老城平房区的容积率大约是0.7~0.8，我们按照估算，只要把平均容积率提高到2，每公顷新增价值就会上亿，假设平均容积率为2.5，每平米的拆迁成本为6 000元，建设成本为每平米1 600元，则每平米的改造毛收益是15 000元。北京老城面积大约60多平方公里，即使只改造一半30平方公里，改造毛收益就是4 500多亿元，这是一笔非常巨大的财富，没有一个开发商能够抵御如此强大的诱惑，因为他只要拆迁一点点就可以获得巨大的回报；也很少有一个政府能够放弃如此大的回报来保护古城，其他城市地价虽然没北京那么高，但市中心改造的高收益是不言而喻的。古城保护问题不会因为经济发展而解决，恰恰相反，随着经济的快速发展，古城破坏更严重。现在国内保留较好的古城，都是经济发展相对缓慢的，如山西平遥古城。

因此，在城市结构空间调控中，为了保护古城，避免单一中心大城市的种种弊端，必须有意打破单一核心的城市发展模式，建立新的城市核心。古城的保护从经济角度可能需要作出一定的牺牲，但建设新城的周期相对较长，初期代价较大，一两届政府任期内很难完成。所以，城市空间调控的最大前提，是政府的决心和贯彻力度。

从以上内容我们可以体会城市需要政府的宏观调控作用，而政府在宏观调控中需不断改造自我，完善自我。

这方面，欧洲的城市做得较好。例如罗马，墨索里尼时代修建了罗马大道，罗马的一些废墟、古迹遭到一些破坏，但很少有人知道墨索里尼时代还建立了新城，正是由于这个新城的建设大大地减少了工业化对于老城的压力。去过威尼斯的人都非常欣赏威尼斯的水城风貌，但是很少有人知道，其实威尼斯的大陆部分是相当大一片工业区，主城的其他功能也分布在大陆。因此，我国城市开发最佳出发点：提高政府的自我约束机制，通过权衡城市开发的经济价值增加值和由此造成的社会历史文化价值损失，努力寻找两者的最优结合点，实现城市开发综合效益最大化。政府作为城市开发中的调控主体其地位和作用由本章第三节～第五节来进行描述。

第三节 土地供应控制

土地供应控制不仅是政府调控城市空间发展的最有力措施，也是城市发展最主要的资金来源。

一、土地供应的法律限制

土地供应控制的法律依据《中华人民共和国土地管理法》明确规定：

第八条 城市市区的土地属于国家所有；农村和城市郊区的土地，除由法律规定属于国家所有的以外，属于农民集体所有；宅基地和自留地、自留山，属于农民集体所有。

据此政府对城市市区的土地拥有所有权。虽然，城市郊区的土地属于集体所有，但《中华人民共和国土地管理法》第四条又明确规定：

第四条 国家实行土地用途管制制度。国家编制土地利用总体规划，规定土地用途，将土地分为农用地、建设用地和未利用地。严格限制农用地转为建设用地，控制建设用地总量，对耕地实行特殊保护。

前款所称农用地是指直接用于农业生产的土地，包括耕地、林地、草地、农田水利用地、养殖水面等；建设用地是指建造建筑物、构筑物的土地，包括城乡住宅和公共设施用地、工矿用地、交通水利设施用地、旅游用地、军事设施用地等；未利用地是指农用地和建设用地以外的土地。

使用土地的单位和个人必须严格按照土地利用总体规划确定的用途使用土地。

照此说法，郊区的土地虽属于集体所有，但只能用于农业生产，要变为建设用地，必须经政府批准后方可变更土地用途。据此政府对建设用地有绝对的控制，也就是政府可以垄断土地的供应。

二、政府垄断土地供应

从1988年4月起，国有土地使用权开始转让。虽然有关法律法规规定了土地转让有三种形式，即协议、招投标、拍卖，并且转让土地的用途需符合城市总体规划。但事实上在很长一段时间里，协议转让一直占主导地位。由于协议转让这一行为带有明显的暗箱操作的成分，可塑性太强，在造成国有资产大量流失的同时，出现了"工程上马、领导下马"的现象。另外，许多转让土地在城郊结合部，这些土地还没有控制性详规，就由发展商自己做规划。例如，1997年以前浦东住宅业，由于实行土地协议转让，造成部分住宅和住宅小区建设的后遗症比较突出。主要表现在：1）布局广，布点散，不连片。浦东新区的住宅散布在北至高桥，南至三林的黄浦江与杨高路之间的走廊内。在差不多100平方千米的范围内，散布着数千个房地产项目。地块大小不一，水平差异悬殊。2）部分住宅小区市政配套不够理想，环境质量和建筑质量不高。3）住宅开发小区数量多，规模小。已经竣工或正在建设的住宅小区有几百个，但规模都不大，最大的金杨新村也只有100多万平方米，小的只有数万或数千平方米。4）部分小区设计缺乏理念和品位，住宅设计跟不上时代发展的需要。所以，前几年来浦东居住的人大多数是浦西的动迁户，主动到浦东来购房的浦西人和外地人很少。由此有人产生了"投资可以到浦东，办公可以在浦东，但居住不能在浦东"的概念。也就是说，协议转让通常是企业（或其所代表的"市场需求"）在推动政府，政府是被动的，政府制定的城市长期发展规划常常被突破，政府很难真正起到调控城市空间开发的作用。

因此，为了建设一个繁荣、高效、舒适、有序的城市，政府在土地使用权出让中，应变被动为主动。杭州市的作法多少为我们提供了一些宝贵经验。

杭州市在1997年成立土地储备中心。市区范围内需要盘活的城市存量土地统一由储备中心收购，各个用地单位都不能自行招商、转让。

杭州市土地储备中心收购的土地为以下10类：

（1）市区范围内的无主地。
（2）为政府代征的土地。
（3）土地使用期限已经被依法收回的土地。
（4）被依法收回的荒芜、闲置的国有土地。
（5）依法没收的土地。

(6) 因单位搬迁、解散、撤销、破产、产业结构调整或者其他原因调整出的原划拨的国有土地。

(7) 以出让方式取得土地使用权后无力继续开发和又不具备转让条件的土地。

(8) 因实施城市规划和土地整理,市政府指令收购的土地。

(9) 土地使用权人申请市土地储备中心收购的土地。

(10) 其他需要进行储备的国有土地。

这样使政府掌握了土地的收购权和批发权。被收购的土地纳入政府的土地储备库后,按短缺规划的要求,完成房屋拆迁、居民安置等前期工作,然后以公开招标拍卖的方式推向市场,让市场决定开发商,决定地价。

杭州市政府垄断土地一级市场的主要目的是,使政府能够按照城市规划的要求,有计划地供应土地,增强政府调控城市空间发展的能力。同时把以前由发展商、个人、腐败分子侵吞的国家土地收益变为政府收入。

至于其资金,主要来源于政府先期投入的资本金和银行借款。这些资金依靠土地拍卖后的增值资金偿还。

从杭州市土地储备中心公开的资料看,至 2002 年初其收购土地的平均资金大概是每亩 57 万,加上土地运作成本,也不会超过每亩 100 万元。但这些收购进来的土地,经该中心根据规划的要求加工后,就迅速增值,每亩卖出时可以达到数百万元。因此,该中心认为,对于银行,其借贷资金也不存在风险。

从数据分析,目前杭州土地储备中心的经营仍是形势大好。据统计,从 1997 年 8 月份以来,杭州市土地储备中心共收购土地约 1 万亩,已向市场供应土地约 4 000 亩,已经收回的土地收购资金为 50 多亿。通过土地收购储备制度,该中心上交杭州市财政的资金,每年以 56% 的比例递增,从 1997 年的几个亿,上升到 2001 年的 40 多亿。上交的比例是出让价的 55%,其余的 45% 为土地的运作成本。因此,政府在垄断城市土地供应方面应充分发挥自身优势,有的放矢,使城市开发在有序中不断推进。

第四节 规 划 控 制

虽然土地供应控制是城市空间调控的最有效手段,但城市规划与土地利用密不可分。土地使用权作为特殊商品,从一定意义上说,其使用价值是规划赋予的。一宗土地供应前,必须首先明确土地的用途和使用条件。规划决定着一宗土地是什么用途,有什么限制条件,周边乃至整个城市的环境如何,在这些前提下才能形成一宗土地价值的完整内涵和价格,投资商才能决定是否对它发生兴趣。就一个城市而言,有一个高起点的总体规划、分区规划、控制性详规和实施蓝图,并保证严格实施,就能营造城市的品牌形象,创造富于吸引力的投资环境,凝聚人气和资本,才能提升土地的价值和价格。因此,规划控制是搞好城市土地供应控制的先决条件。

加强控制性详规的编制力度并提高覆盖面,是开展城市土地经营的客观要求。

只有规划先行,高度透明,才能形成竞争用地的条件,才能实施城市土地资产经营。过去在计划经济体制下,法律上通过土地使用者先办理项目选址意见书和建设用地规划许可证来确定一宗土地的用途,应当说这是与传统的基本建设管理制度相适应的。但是,随着市场经济的发展,新的城市用地制度对规划提出了更高的要求。国外城市大都建立了城市规划委员会,其规划管理普遍实行了 Zoning 技术,即对具体土地单元确定用地性质、道路定位以及建筑密度、容积率、绿化指标、公益服务等开发强度指标,并实行公示,吸纳公民参与知情,以反映社会公众利益,加强对规划的监督实施,同时为用地者提供透明的投资条件。我国一些城市引入这一技术,建立以法定图则或控制性详规为核心的规划管理体系,明确其法律地位,加大规划投入和编制力度,提高城市详规的覆盖面,做到了规划下乡、深入到每个村庄,规划先行、覆盖到每寸土地,极大地促进了城市规划水平的提高和土地资产经营。

城市规划是政府保护公众利益和社会长远利益的强制性手段。目前,我国大部分城市的规划执法仍停留在总体规划的水平上,其深度、透明度都难以适应城市空间发展的要求,也是影响土地供应控制的原因之一。要搞好城市土地供应控制和土地资产经营,必须把规划执法由总体规划延伸到控制性详规。编制城市详规的实施蓝图应当落实到具体地块,并严格落实详规确定的用地性质和使用条件,使规划实施成为使用者对政府、社会长期的契约承诺,从而切实解决好先取得土地使用权再做规划和未批先建、少批多建的问题。

规划是龙头。现在的问题是一些城市根本没有规划意识,"先繁荣,后市容;先流通,后交通;先污染,后治理",一切都是被动应付,或是城市虽有规划,但立意和起点不高,缺乏超前意识和大手笔,修订的也不及时,城市功能不全,系统性和配套性差,特别是环境意识淡薄;或是规划有了,水平也是可以的,但执行力度不行,缺乏权威性和统一性,执法、监督队伍素质低,执行中往往走样,最终结果还是不理想。

不过现在有另一种倾向,有的城市对规划控制没有正确认识,有的城市政府一换届,新上任的领导首先就是调整规划,也不管原来的规划是否合理,推倒重来,"一任领导,一张规划"的现象较为普遍。不少城市不顾当地经济发展水平和实际需要,盲目提高城市建设标准。根据同济大学的调查,全国有 182 座城市提出要建国际化城市。城市规划本身是难以调控城市规模的,也不可能为城市功能进行终生定位,但是规划可以调控和影响城市未来的发展。有的城市近 10 年城市人口流入量几乎是零,机械人口增长数量很小,这样的城市如果也提出"一年一小变,三年一大变",城市建成区要成倍扩张,就是空话。少数城市新设立的工业区面积,是解放以来该市工业总用地面积的十几倍,更是离谱。人口净流入率等于零的城市,也盲目地描绘宏伟蓝图,这样,这个城市的发展就会适得其反。

在规划调控中,要注重规划各元素的互相配比,不要顾此失彼。规划控制主要有建筑控制、环境容量控制、配套设施控制、形体景观控制。

一、建筑控制

建筑控制的内容包括建筑类型、建筑高度、容积率、建筑密度等。

现在有些城市已经通过法律和行政手段限制高层建筑，例如上海。上海因大量建造高层建筑而引发的日照、环境、生态问题，已经引起很多市民的投诉。从1992年上海开始大规模旧区改造，上海就有大量高层建筑拔地而起。当时旧区土地转让都是通过协议转让方式。为了保证旧区改造的完成并让发展商有利可图，政府都以提高容积率，建大量高层建筑的方式进行旧区改造。到2002年为止，上海30米以上的高层建筑数量已经超过3 000幢，为中国大陆地区之冠，100米以上的超高层数量在整个亚洲也名列前茅。苏州河两岸也建有大量高层建筑，使得苏州河变为一峡谷。然而，大量高层建筑出现后也带来相应的负面效应——高层建筑背后的居民住宅日照量严重受损引发大量纠纷，高层建筑集中地带"热岛效应"引发一连串生活质量下降问题，高层建筑外立面材料引发"光污染"新问题。随着上海逐步把城市环境质量放到越来越重要的位置上，"高层建筑污染"已经成为上海城市空间结构发展致力解决的重要课题。

上海市城市规划管理局有关负责人表示，从2001年开始，严格控制审批高层建筑项目，特别是30层以上（包括30层）的高层住宅项目；在建筑保护地区、风貌保护地带、城市景观线路，以及高层建筑已经较密集地带，基本停止审批高层住宅项目。对经批准正在实施的高层住宅项目，规定要提交周围居民住宅日照分析材料和小区配套绿地面积资料，以争取把"高层建筑污染"减少到最低限度。

但是，如果从多层建筑、高层建筑的发展趋势看，不能得出中国不适合高层建筑的结论。从城市建筑的主体——住宅建筑来说，国内1990年以前的住宅绝大多数是多层住宅，主要是受建筑成设和运营成本控制。我国1954年编制的建筑设计规范中规定"居住房间在5层以上或最高层楼板高出地平线在17公尺以上时应有电梯设备。"而1987年修编的《住宅建筑设计规范》中规定7层（含7层）以上应设电梯，到1999年的规范修编中又重新明确这一规定，目的只是针对各地有逾高不设电梯的情况，再次加以严格限定。因此，发展商为了降低建设成本，不设电梯，只得建多层住宅。同时有电梯的住宅的设备运营成本也较高。现带电梯住宅运营费平均每月0.7～0.8元/平方米，即较一般无电梯的住宅，物业费增加近一倍，这一项中尚没考虑10年后电梯大修折旧等经济因素。但是随着城市地价的上升，多层建筑的低建筑成本优势已不复存在。虽然，高层建筑的建安成本大约是多层建筑的2～3倍，达1200元/平方米。但一些大城市的楼面地价已达到2 000～4 000元/平方米，大大高于高层建筑的建设设本。同时居民随着收入的增加，已接受高层建筑的较高管理费用。在同样的容积率情况下，高层住宅比多层住宅有更高的绿化率，能提供更多的车位。而且高层住宅景观视线好，可提供安静的环境，空气清新。因此，在不影响自然人文景观和周围建筑的采光通风的情况下，我们没有必要限制高层建筑的建设。

在建筑控制中，最重要的是建筑密度控制。因为建筑密度过高，会造成人口密集，交通堵塞。对于人口密集的旧区改造，从成本核算上，不提高容积率，旧区改造肯定亏本。对于这些旧区的土地，政府的土地储备中心应该亏本收购。土地储备中心不是企业，不能要求每宗土地都赚钱，应服从城市的整体规划需要。

现阶段城市的人均汽车拥有量也不高，如果过多规划车位会造成浪费。但汽车时代正快速向我们走来，将来的人均汽车拥有量会大幅提高，未来的车位需求会很大。为了平衡现在和将来，在建筑密度的控制上，要适当降低建筑密度，以备未来车位之需。

二、环境容量控制

环境容量控制的内容包括自然环境即山、水、绿和人文环境即历史、文化。在规划上主要调控的手段有人口密度、绿化率、空地率等。人口密度规定建设用地上的人口聚集量，绿地率和空地率表示公共绿地和开放空间在建设用地中所占的比例。

城市的许多资源是非常脆弱而且是不可再生的，如生态资源、土地资源、水资源、历史文化资源等。但是现在这些不可再生的脆弱资源正遭到三种力量的破坏。一是领导干部的无知和急功近利；二是利益集团的贪婪；三是某些专业部门的权力。这三种破坏力量使不可再生的历史文化和风景旅游资源屡遭破坏。如果说在大跃进时代，它的破坏仅仅局限于政府的盲目决策，而现在的破坏则是来自于三种力量的夹击。如果对此不加以有效的制止，这种破坏将比历史上任何时候都更具毁灭性，更加严重。因此，在规划调控中，根据所在区域的自然和人文情况，对人口密度、绿化率、空地率作出适当限制。

三、设施配套控制

设施配套控制是指对建设用地上的公共设施和市政设施建设提出定量配置要求。

公共设施是指行政办公设施、商业金融设施、文化娱乐设施、体育设施、医疗卫生设施、教育科研设施及其他设施（包括文物古迹、宗教活动、社会福利院等设施）。市政公用设施是指水电气热供应设施、道路交通设施、邮电通信设施、环境卫生设施、在建工程及维修设施及其他设施（如消防设施等）。

在设施配套控制中，特别强调静态功能的公共场地的规划控制。世界各国在城市发展中，都非常重视具有静态功能的公共场地建设。在这方面，主要是由城市园林绿地、各类公共活动广场和各类停车场构成的"三种公共场地"。它们往往以单独或组合的形式，分布在城市之中，都是城市不可缺少的重要组成部分。

（一）城市公共空间存在的意义

城市公共空间，特别是上述三种公共场所构成的静态功能公共空间对于提高城市品位，发展城市经济和增进城市居民的生活质量，意义非比寻常。

1. 扩展静态功能公共空间是提高城市品位的需要

所谓城市品位，是城市经过长期发展而形成的一种潜在的和直观的综合素质反映，它代表着城市的价值和地位。在体现城市品位的诸要素中，除了城市文化、建筑风貌和城市实体之外，城市空间、城市环境、城市功能和城市景观，都与"三种公共场地"有着直接关系。

2. 扩展静态功能公共空间是发展城市经济的需要

发展经济必须优先发展交通。作为城市交通载体的城市道路，我国城市现存的道路交通规模远远没有达到经济发达国家城市的要求。

城市道路占建成区的比重仍然很小，大大低于发达国家主要城市平均28.1%的比重。道路网密度国内大城市为5.6～8.22公里/平方公里，低于世界大城市6.99～36.2公里/平方公里的密度值，差距很大。人均占有道路面积我国近期指标10～14平方米/人，低于世界大城市77～78.3平方米/人的指标。这种先天不足的格局，在相当长的时期内，不会有多大改变。这就决定了我国城市道路交通十分脆弱的特点，经不起静态物体再去占用。

另一方面，各种车辆对道路的需求却飞速增长。近些年来，城市机动车、自行车和其他车辆的增长率很可观。目前，城市每辆机动车占有道路面积国内大城市为63.5～350.1平方米/辆；道路上的车辆平均密度国内大城市为94～224辆/公里，而世界大城市的密度值是49～127辆/公里。

解决静态车辆占据道路阻滞交通，减少社会经济损失，改善投资环境，提高社会经济效益，为城市发展经济开路，是我国城市面临的突出问题。

3. 扩展静态功能公共空间是提高市民生活质量的需要

可供市民交通和文体活动的户外步行环境，是提高市民生活质量必须的。

在园林绿地方面，我国城市园林绿地占建成区的比重近期指标7平方米/人、中期指标12平方米/人，与国外大城市人均指标15～45.7平方米/人相差甚远，可供市民游览的公园面积和可供步行活动的空间更是少得可怜。

在市民活动广场方面，远低于国外大城市规划文化休息游园人均15～20平方米/人的标准。

在停车场地方面，由于市区内缺少停车场地，各种车辆占用车行道、人行道、巷道和庭院的现象比比皆是，不仅造成交通阻塞、妨碍市民户外活动，而且乱停乱放，压损腐蚀路面，造成环境脏乱差。

（二）提高城市静态空间，增加"三种公共场地"的措施

1. 制定一个建设发展纲要

"三种公共场地"除了少量有些经营收入外，基本都是公益事业，开发的难度很大，必须有一个规范性发展纲要予以引导和控制。

2. 纳入各项城市建设规划

《发展纲要》确定后，要尽快纳入到城市各项有关城市规划中去。对城市综合交通规划、分区分部详细规划、园林绿化规划、道路桥梁建设规划、静态停车场规划、开发区建设规划和商服网点建设规划等，进行调整完善。今后在城市建设审批中严格把关，该建"三种公共场地"的地方，绝不改作它用；该配建"三种公共场地"的项目，必须配建，否则不予审批；已定的"三种公共场地"工程，要与联动项目同时设计，同时施工，同时交付使用。否则，不予验收，不准投入使用，并进行处罚。

3. 多方面开拓空间用地

能否把用地开拓出来，是落实规划的关键。除政府要有一定投入外，可以组织社会集资、企业冠名或经营投资、相关项目连带投资，以及城市开发效益补助

等办法解决，逐年将开发任务纳入城市建设计划。加速开发建设城市公园、各类游园、各式绿地；分区域建设一些公共活动、休闲广场；在道路节点上，修建交通广场；在纪念建筑周围，修建纪念性广场；在火车站、港口码头、汽车大站、体育场、展览馆、博物馆、大型影剧院等处，修建集散广场；在新建小区，建小区广场；在商业中心，建商业广场；还要在主干路的侧街上，建设一些区域停车场、专用停车场和公用停车场地。使这些地方成为人流、车流的缓冲地带和城市亮点。

4. 制定政策，依法加强管理

"三种公共场地"的开发建设，涉及规划、建设、管理很多环节，要比搞几项大工程复杂得多，需要各方面加强配合，同心协力，才能做好。为了推动开发，需要制定一些政策。在场地容量指针、场地辟建、场地使用管理，以及道路、交通、庭院管理等方面，还要制定一些具体法规，以便规范各种行为。随着"三种公共场地"建设，还要进一步控制中心区的建筑密度，逐步疏散市区内过密的城市人口；同时加强城市交通分流管理，降低中心区的车流密度；禁止车辆非法占压人行道、占据庭院，在道路两侧实行车辆停泊点的定位管理；对于市区内招引车流过大的单位，如水果、蔬菜、建材等批发市场，要动迁到城市边缘地区。今后对拟在市区内新建的项目和申报开业的企业，要由公安、交通部门参与审查，项目建成或企业开业后招引车流过大的，原则上不予审批和发照。

扩展静态功能公共空间，是一项系统性很强、难度很大的工作。需要加强领导，精心规划，强力组织，全力推动，才能如期完成既定的目标任务，从而尽快改变我国城市面貌，开创城市经济发展的新局面，使之尽早成为功能完善、布局合理的人性化空间。

四、形体景观控制

形体景观控制主要是通过城市设计的手段和方法，对开发活动从景观构成上提出了要求，对建筑的风格、色彩、轮廓空间组合等方面的控制。

城市规划肩负的重要任务之一是形成良好的城市形象，它将通过城市设计这一手段来实现。城市规划正是通过城市设计这一工作的开展，将建筑、园林景观、市政和美术（雕塑）组织和团结起来，共同塑造城市形象。这是一个合作的过程，也是发挥城市规划综合功能的过程。城市设计是对城市体形和空间环境所作的整体构思和安排，贯穿于城市规划的全过程，在城市规划编制和实施过程中，要根据本城市的功能和特点，开展城市设计，把民族传统、地方特色和时代精神有机结合起来，精心塑造富有特色的城市形象。

城市形象的塑造一刻也不能离开功能，不能离开经济，而城市规划直接掌握和安排着城市各地段的功能和发展，包括各地段的性质、使用强度、建设强度、发展方向、交通安排等等。因此，城市规划牵头进行城市设计，将保障形象立足于功能，并对经济、社会环境效益实行综合协调。城市规划将从城市总体上来观察和处理各地段形象建设，这样可以避免由于各个地段孤立地塑造形象而与城市整体形象脱节。

城市设计也是一种"控制性"设计。它对规划范围内（总体、地区和重点地段）新建改建的建筑物构筑物的体形、风格形象等等提出要求。城市设计不应也不能代替建筑设计，而为建筑设计提供一个更加具体的形象方面的要求，以利于单体建筑在城市的成功。

在城市，建筑应主动融入群体、融入城市，强化整体意识，在城市空间形体环境的建设中，大多数建筑都无法充当主角，更多时候是充当配角。尊重总体形象要求，应是一般建筑的基本条件。贝聿铭先生设计的北京西单路口的中国银行总部，按规划控制在 45 米高度，1 米未超，国际大师为建筑尊重规划做出表率。关肇邺先生设计的清华图书馆，主动融入清华园的建筑氛围又富有新意，充分显示了建筑师高水平的整体理念和高度的规划素养。

第五节 建设过程管理

建设过程管理包括三个方面，即财税调控、政府投入控制和法制控制。

一、财税调控

财税调控是对城市开发控制的一个重要手段，对于发展急需项目采取鼓励政策，如减免税收、减少收费等方法，以促进城市合理开发。常用的方法有减税、退税、免税等。

财税调控对城市的房地产及工业的调控是很明显的。1992 年全国房地产热以后，上海房地产市场一蹶不振，房屋空置量全国第一。中房上海指数从 1994 年的 1 000 点跌到 1998 年的 600 多点。为了尽快复苏上海的房地产市场，上海市自 1998 年底起，率先尝试实行购买商品房住宅的购房者可享受个人所得税税基抵扣（即俗称的"买房退税"）政策，实行到 2003 年 5 月 31 日止。同时购房契税也降到 0.75%。从实施情况看，"买房退税"政策取得了很好的效果，受到了房地产商和购房者的欢迎。从 1999 年开始，上海的房产销售回暖。这当中，"买房退税"政策起到了积极作用。

这一政策，一是刺激了房地产市场的发展，使上海空置房面积大幅减少。1999 年，上海空置房面积达 1 300 万平方米。到 2002 年，商品房空置面积已经降到 700 多万平方米，减少了 40%。而同期全国商品房空置面积是增加的。同时，大批烂尾楼得以复工建设。二是不会因此减少地方财政收入。地方政府虽然放弃这一部分收入，但能够因促进了房地产市场的发展而得到另外的一块收入。三是带动了装修、家具等相关行业的发展。四是促进了税务管理的规范。退税要交税票，从而有利于对征税纳税的管理，增强了人们的纳税意识。

政府通过一定的税收优惠等方式来调控房地产市场，不但能直接帮助消费者提前实现买房梦想，同时还能间接地启动二手楼市，催化房地产市场的复苏步伐，对盘活空置房产、促进整体经济发展和增加国家税收等都有益处。

到 2002 年下半年，中房上海指数升到近 900 点，回升了 35%，政府的目标已达到。为了防止房地产过热，上海市政府宣布，2002 年 9 月 1 日起购房契税调高到 1.5%，购房退税政策按期结束，不再延长。

再如，浙江省杭州湾精细化工园区政府采取的税收政策就是政府对城市开发行为的一种明显的财税方面调控：1）国内外投资者在化工园区投资新办工业企业，可从投资之日起，由地方财政全额返还三年内所征的所得税，第四至第五年按50%返还，两年内由地方财政返还增值税的10%；2）化工园区内工业企业，当年技改投入在300万元以上至1 000万元的，在确保原上缴的前提下，其新增部分可从投产之日起，两年内免征所得税，两年内由地方返还增值税额的10%，当年技改投入在1 000万元以上的，其新增部分可从投产之日起，三年内免征所得税，三年内由地方财政返还增值税的10%；3）园区内的企业，其计税工资可按市内最高标准执行。这些措施都是政府为促进城市开发所采取的一种优惠调控政策。

二、政府投入控制

政府制定的城市规划是城市发展的美好蓝图，要使之成为现实，仅仅依靠市场的自发力量是远远不够的，必须有政府投入。而政府投入主要表现在前期的投入，如前期规划（总体规划、分区规划、控制性详细规划等）、基础设施投资等。以浙江省杭州湾精细化工园区为例可以说明政府投入亦非常重要。该园区自1998年创办以来，已投入污水处理、水电、道路、绿化等基础设施建设资金15亿元，实现了"九通一平"。政府作为该园区先期发展的主力军，为引进欧美、日韩、港台等国家（地区）及国内的投资项目近百个，实施国家"火炬计划"、"产业化示范工程"等高科技项目20余个，为实现目前国内建设规模最大、发展前景最好、企业进入最多的精细化工园区之一的目标奠定了坚实基础。而政府投资的主要形式是政府财政拨款、发行国债协助融资，引入合适的配套设施和项目等。

上海的张江高新技术开发区从1992开始的前5～6年也很不景气，为此政府动用了各种资源对张江进行投入。为了解决交通问题，投资几个亿把地铁2号线延伸到张江；知识分子最看重子女的教育，为此，政府把上海市最好的中学华东师大二附中搬到张江；还在张江建了一所大学，为了吸引台湾的集成电路企业落户张江，不仅是地价税收空前优惠，政府还牵头帮助企业解决几亿美元的融资，因为2000年底开始，半导体业广泛亏损，愿意给半导体企业贷款的银行不多。由于大企业的入驻张江，相关的配套企业相应跟进，使科技园运作逐渐进入良性循环，人气渐旺。

全国的高新技术产业开发区超过百家，但许多运作并不十分理想。通过有些经历，开发商对政府的规划并不会冒然跟进，政府如果先期没有实质性操作，他们会观望而行。但政府的财力是有限的，不可能面面俱到。政府在考虑政府投资去向时，一般按照投入产出法来确定投资的去向。在产出方面，主要考虑的是地价的上升、税收的增加及就业的扩大。因此，政府投入的力度，尤其是前期投入的力度对城市开发活动有着举足轻重的作用。

三、法制控制

法制是一种强制控制手段，是保证城市开发的顺利进行的基本方法，一般有国家法规和地方法规二大类法制控制。它们的作用有三个：一是对违法建设、违法开发进行强制处理；二是规定了开发的方法和程序；三是对违法主体进行处罚。

在我国，有关城市规划建设方面的法律法规已基本齐全，列举如下：

中华人民共和国城市规划法（1989年12月26日第七届全国人民代表大会常务委员会第十一次会议通过）；

城市规划编制办法（1991年）；

中华人民共和国建筑法（1997年11月1日第八届全国人民代表大会常务委员会第二十八次会议通过）；

外商投资开发经营成片土地暂行管理办法（1990年）；

中华人民共和国城镇国有土地使用权出让和转让暂行条例（1990年）；

中华人民共和国城市房地产管理法（1995年）；

中华人民共和国行政处罚法（1996年）；

建设行政处罚程序暂行规定（1999年）；

中华人民共和国土地管理法（1999年第二次修正）；

中华人民共和国土地管理法实施条例（1998年）；

土地利用年度计划管理办法（1999年）；

建设用地审查报批管理办法（1999年）；

闲置土地处置办法（1999年）；

中华人民共和国环境保护法（1989年12月26日第七届全国人民代表大会常务委员会第十一次会议）；

中华人民共和国基本农田保护条例（1998年）等等。

通过多年实践，城市开发法律条例逐渐为广大群众接受，起到了明显效果，违法开发现象逐年减少，但是现在的问题是法律执行情况差。在执法方面，由于人们的法律意识还比较淡薄，执法中经常出现有法不依、随心所欲的现象。要达到法制手段调控城市空间发展的有效性，应加强执法方面的工作。

现在以北京为例了解一下我国城市违法建设情况。

北京市规划委员会2001年公布的资料显示，从1999年10月至2000年10月，国土资源部利用卫星遥感监测执法检查，发现北京市14个区县新增建设用地501宗，而其中违法用地就达233宗，占了46.5%，违法用地面积0.92万亩，其中耕地0.59万亩。北京市规划监察大队仅2002年7月一个月，就发现违法建设工程11处，总面积5 511平方米。

虽然北京市这几年下大力气整治违章建筑，每年拆除违章建筑达100多万平方米，并且也处罚了一大批干部，但违章建筑仍大量出现，究其原因，一是法制观念淡薄，二是违法成本很低。

大量违法建筑基本上是基层部门特别是权力部门所为。如果没有执法部门的撑腰，很难想像有哪一个企业或单位敢违法投资开发房地产项目。在一些不是建设用地的土地上，一些单位建了房子，卖了房子，这种情况让政府部门处理起来非常头疼。

另外还有一种情况，就是一些中央在京单位也有大量的违法建筑，北京市政府也很难处理。比方说，北京房改政策一出台，一些中央单位在京突击批地，要求建房，北京市规划委能不让这些单位建房吗？

不少城市特别是一些大城市都存在着违法违章建筑，这些建筑严重影响一个城市的形象，影响着城市的可持续发展，必须花大力气去治理和规范。

总的说来，违法建筑产生的原因有三，一是巨额利润的诱惑。目前，北京近郊和远郊地区包括住宅在内的房地产市场需求仍然很大，违法占地建设别墅、公寓当作商品房出售可以获得巨大利润。二是一些乡镇村负责人从眼前利益出发，怂恿支持违法建设项目，给予越权审批，助长了违法建设的发生。三是规划法制意识淡薄，认为违反了规划法规顶多罚点款。

首都的违法建设情况这么严重，大多数城市的情况不会比北京好多少。因此依法建设是城市空间有序发展的根本保证，离开了这点，再好的规划也只能是空中楼阁。此外，法制控制的手段主要有以下两种：1) 根据相应的法律条款，采取行政强制执法手段，如我们通常所说的城市建设管理大队就是具体的执法者，一般在具体的执法过程中以检查、制止、拆除、罚款等形式来表现；2) 法律诉讼，对于在开发过程中无法用强制执法手段来解决的问题与矛盾，就需要采取法律诉讼的手段来解决，其中违法者既可是建设部门，也可是规划管理部门。例如，我们在城市开发中关于日照、绿地等问题的争论与诉讼屡见不鲜，而且由于我国城市规划的公众参与性环节相对薄弱，作为弱势群体的公众往往是在不知情的前提下在城市开发过程中被侵犯了权益。广州市番禺区大石镇南浦岛的丽江花园事件就是一个很好的实例，从一个明星社区、国家级示范小区、全国优秀住宅社区环境特别金奖的社区突然由于政府规划的变化，在小区边公众不知情的前提下加了一条40米宽的市政路使小区整体环境陡然下降，房价也应声而落。虽然社区公众为此尽了极大的努力，并采取了法律诉讼的手段，仍然没能改变既定的局面。种种迹象表明，城市开发中法制控制方面我们需要完善的还很多，要求我们广大公众更应积极主动地参与到城市开发的活动中来，对政府和建设单位进行有力的监督和制约，才能有效地维护自身利益及城市开发行为的健康发展。

第六节 市场调节

房地产业作为城市空间开发的主要组成部分，其发展是在房地产市场主体（包括金融机构、中介服务机构和个人以及房地产商品的供需双方）共同作用的过程中实现的。

一、建立规范的土地市场

目前土地市场存在两方面问题，一是城市规划体系不够完善，实施不够严格，造成土地市场的供应被动地适应市场短期需求；二是土地市场运作不能完全按市场规律进行，土地市场的交易透明度低，不公平竞争现象严重。对此，须从以下几方面努力：(1) 建立健全土地有偿使用的政策法规，探索符合国际惯例的土地市场管理模式。(2) 加速土地使用制度改革，全面建立土地有偿使用制度。土地出让扩大招标、拍卖的范围。积极推行土地租赁制，对原行政划拨的存量土地逐步纳入有偿使用轨道，建立基准地价和各类用地标定地价定期公示制度，增加土地市场的透明度，实现城市土地使用权交易规范化。(3) 全面清理土地隐形市场，消除不公平竞争。(4) 增加规划储备，严格规划审批，保证规划实施，建立科学权威的规划体系。(5) 引进竞争机制，加强有关行业和政府部门工作人员的培训，提高规划建筑设计和管理水平。

二、完善房地产金融市场

发达的房地产金融市场是整个房地产市场充满活力，房地产业健康发展的关键。因此，应建立完善的房地产金融市场，当前主要措施有：(1) 制定相应的政策，规范竞争行为，逐步放开房地产金融市场。加入 WTO 后，国外金融机构、外资企业、外籍人士的进入，将使国内房地产金融市场主体复杂化、交易工具多元化。因此，我国房地产金融管理机构应制定法律、法规，规范房地产金融市场，使市场主体行为有章可循。(2) 建立房地产政策性金融机构。目前，我国房地产金融二级市场尚未建立，商业银行房地产抵押贷款的流动性风险较大。因此应借鉴国外经验，结合自身实践，建立房地产政策性金融机构，可考虑在人行下设政策性房地产金融机构（类似住房公积金管理中心），负责有关房地产金融方面一些具体规范的制定，为中低收入阶层提供按揭担保，负责住房公积金的总体管理，待条件成熟时，开放房地产金融二级市场。(3) 调整房地产贷款结构，完善住房消费信贷机制。国外住房抵押贷款一般占银行信贷总额的 30% 左右，而我国目前才占 5% 多一点，发展前景广阔。因此，完全可以在拓展住房消费信贷品种，实施还款方式和利率创新的同时，逐步推出等本等息还款方式、递增还款方式、全过程固定利率或分段固定利率还款方式，形成适应不同年龄、不同收入群体需要的贷款系列品种。(4) 推行住房抵押贷款证券化。将银行等金融机构发放的抵押贷款债权集中起来作为担保，依此发行证券，并通过二级抵押贷款市场转卖给投资者。(5) 建立以住房抵押贷款保险为主的房地产保险体系。除现有少量的房屋财产保险、房地产责任保险、房地产人身保险外，尤其要发展住房抵押贷款保险和房产质量保险。

三、培育和发展房地产中介服务市场和物业管理市场

目前房地产中介服务存在的主要问题有：一是现有的政策、制度的制定受部门、行业眼前利益的束缚，无法形成统一管理；二是评估机构性质不明确，隶属关系复杂；三是法规建设相对于市场发展滞后。对此，采取以下措施便显得尤为重要：

(1) 大力发展中介服务市场，组建大型中介企业。要实行产销分离，发展大型房地产销售企业和咨询、评估、经纪等中介机构，占领国内中介服务市场。(2) 组建"连锁式"中介服务企业，开展网络经营。(3) 规范中介服务，提高服务质量。科学设置企业的资质分类、分级和专业技术人员的执业资格注册体系，实施考核、专家评审和政府核准相结合的资质管理体制。

注释

❶ 2001年开始进行股权调整，改为中方财团占有65%的股权。

复习思考题

1. 以具体实例为依据，分析该实例的开发组织体系构成模式并画出体系构成图。
2. 试分析我国开发组织体系未来的发展趋势。

第十四章 城市空间开发的时序规划

城市空间开发的一个重要依据是城市规划（总体规划、分区规划、控制性详细规划、修建性详细规划）。但是，法定规划主要是三维的静态规划，不能完全解决空间开发的动态变化问题，因此就需要开展时序规划。时序规划就是在空间轴上进行城市要素科学安排的同时，在时间轴上也进行相应要素安排的一种城市空间开发规划。

第一节 时序规划的产生与概念

一、产生背景

传统的城市开发规划理论的主要内容是，依据城市的经济社会发展目标和有关生产力布局的要求，充分研究城市的自然、经济、社会和区域发展条件，确定城市的性质，预测城市发展规模，选择用地的发展方向，按照工程技术和环境的要求，综合安排城市各项工程设施并对各项用地进行合理布局。其主要目的是确定开发用地面积（长度和宽度）和用地面积所对应的高度，也就是所谓的"三维规划"。

显然，三维规划是城市空间开发的静态规划，它只是考虑了城市发展历史中某一时点上城市空间开发的空间立体布局。

通常，城市空间开发规划要经得起城市发展的考验。随着城市规模的日益庞大和城市内部系统的完善，以及城市日新月异的变化，纯粹从静态角度考虑城市空间开发规划，无论从理论和实施效果来看，都是值得商榷的。

所以，在城市空间开发的三维规划的基础上，把时间作为一个变量融入三维规划，形成了包括用地面积（用地长度和宽度）、开发高度、开发现金流量配置和时序在内的有机整体——城市空间开发的时序规划。

二、基本概念

城市空间开发的时序规划是一种动态的规划手段，是把空间开发的诸多因素：开发面积、高度、现金流量和时间序列有机结合起来，在综合评价城市的历史发展进程，正视城市的现实状况和科学预测未来城市发展规模和定位等的基础上，按照时间轴的形式，确定不同历史时期所对应的城市空间立体（面积与高度）开发和资金投入的规划。它是对空间和现金流量按照时间序列所作出的城市空间全面开发规划。

假定以某一时点为城市发展时间序列的原点，时间轴上的每一点分别对应了不同时期城市空间立体（面积与高度）开发量和现金流量，从这个相互对应的关系我们可以粗略地推测出城市未来发展的轮廓。当然，我们因此也能粗略推测出城市未来的生产力布局、人口规模、社会文化、基础设施等的布局。

根据"时序规划"的概念，时序规划是在三维规划的基础上发展而来的，是对三维规划的补充和发展。

时序规划从时间的角度来综合衡量城市空间的开发，是城市可持续发展的有力保证，有利于城市生产力、人口、基础设施等的协调布局和发展。

城市是随着时间的不断演进而不断发展的，忽略时间这一重要因素的理论和实践都是不够充分的，也经不起时间的考验。从这种角度来看，时序规划将取代传统的规划理论，在城市空间开发规划理论中占据应有的地位。

三、注意事项

一般地，城市空间开发是以土地为载体的。土地是城市的有限再生产资源，土地批租则是城市发展的主要财政收入来源。做好城市空间开发规划，合理安排批租土地，才能保证城市有稳定财政收入来源，保证城市的可持续发展。城市空间开发涉及到城市的社会、文化、生产力布局等各方面，是一项意义重大、影响深远的大事，所以必须有妥善的城市空间开发规划。时序规划是时间上做出空间全面开发的规划。

在城市空间开发规划过程中，应该注意以下几点：

（1）明确目标，制定合理的标准。城市空间规划主要目标应该有两个：保证城市现代化发展的进程，空间安排上要合理；保证城市开发有足够的收入，使城市发展进入稳定的良性循环。因此城市空间建设应以现代化要求为开发标准，减少二次开发的浪费；土地批租要制定合理的价格体系，既要保证城市的收入，也要使得开发者有利可图，吸引资金投入。

（2）根据城市总体规划，区分开发空间。在城市空间上应根据土地的商品化程度进行划分，即确定可批租土地范围及相应的使用年限。从中期目标来看，其总量不可超过城市总用地的60%。

（3）制定城市空间开发和土地批租计划。根据房屋需求预测，确定年度城市空间开发计划，在中长期计划的基础上制定城市空间开发政策。其次，根据城市发展和资金的供需预测，制定土地批租计划。

（4）保证开发过程的稳定性、周期性。

第二节 时序规划分类

一、时序规划的分类

为了全面、准确地把握时序规划，必须对其进行科学的分类。分类标准不同，产生不同的分类结果，满足不同的分类需要。

（一）按规划阶段划分

按规划阶段划分，时序规划可分为区域规划阶段的区域时序规划、总体规划阶段的总体时序规划、详细规划阶段的详细时序规划。

区域时序规划主要解决在某个特定的地域范围内，国民经济和社会综合性、战略性和政策性的总体战略部署问题，并将区域的资源、交通、能源、市场、人文以及与区域内其他城市的协作条件按区域经济发展规律，从时间顺序的角度进行有计划的安排和协调。

城市总体时序规划则是在城市总体规划的框架内，在全面把握城市发展相关因素的基础上，对城市人口、规模进行预测，确定城市在不同时序阶段上的性质、目标，安排城市近、中、远期重大项目的建设时序。

具体地块详细时序规划以总体规划或者分区规划为依据，详细规定各建设时段建设用地的各项控制指标和其他规划管理要求，或者直接对建设做出具体的规划设计时间安排。

(二) 按规划价值对象划分

按规划价值对象划分，时序规划可分为社会时序规划、经济时序规划、环境时序规划。

社会时序规划是对规划所涉及的各种社会性因素，如政治安定、社会治安、城市化和郊区化等等，进行全面的考察，对诸多社会因素可能对规划产生的阶段性影响进行评估，目的是在相关规划中体现对发展着的社会问题的关注。

经济时序规划则是对各种经济行为和经济现象在市场经济体制条件下对规划产生的影响和制约作用进行深度研究，利用经济的基本规律，合理地编制具有一定时序弹性和适应性的相关规划，从时间轴上体现规划的经济价值。

环境时序规划则是围绕区域或城市赖以生存的自然条件的可持续开发问题展开研究，以发展为核心，以可持续性作为发展的保障，在相关规划中制定阶段性环境开发、利用和保护的内容，从时间轴上体现规划的环境价值。

(三) 按规划物质对象划分

就城市内部来说，主要是中心区时序规划、居住区时序规划、产业区时序规划、大学园区时序规划等。

(四) 按城市建设阶段划分

按城市建设阶段划分，时序规划可分为近中期建设时序规划、远期建设时序规划。

(五) 按规划开发的运作因素划分

按规划开发的运作因素来划分，时序规划可分为土地时序规划、空间时序规划、运作资金时序规划。

城市的开发、拓展和改造都必须首先对城市土地进行开发，城市土地开发是城市经济、社会发展的前提和基础，是城市建设的前期工程，是城市各项活动的最终载体。

所以，下节我们重点讨论与城市开发最密切相关的城市土地开发时序规划和开发运作资金时序规划。

第三节 城市土地开发的时序规划

一、土地开发时序规划的目标

土地是城市的主要资源，而且是不可再生的，进行土地开发的时序规划是为了保证城市的可持续发展。因此规划的主要目标如下：

1) 长期稳定的土地供应，保证城市社会与经济的发展有足够的空间。2) 与经济发展相协调。为了在规划期内获得足够的城市开发资金和稳定的来源，根据经济发展的计划制定相应的土地开发时序规划。

二、土地开发时序规划的依据

通过城市空间开发规划，可以明确开发目标，指导年度开发计划，确定土地批租计划，也可以减少长官意志的不合理干扰。根据国家的经济和社会发展情况编制土地利用年度（或近期）计划，一般的土地利用年度计划编制的依据包括以下四个方面：

(1) 国民经济和社会发展计划。

(2) 国家产业政策和本市的产业发展政策。

(3) 土地利用总体规划。

(4) 建设用地和土地利用的实际状况。

三、土地开发时序规划的原则

(1) 循序渐进，逐步发展。城市空间开发量不仅要与经济发展总规模一致，也要和经济发展的过程一致，年开发量应与年资金可能投入量一致。目前城市开发资金比较短缺，但随着经济不断发展，城市开发资金可逐步增加。

(2) 长期规划，超前设计，计划投资，及时开发。由于城市空间开发周期长，为了适应经济发展的需要，必需长远考虑，超前设计，以便为投资计划提供依据，保证及时开发。

(3) 合理安排建设与改造的次序。对于经济发展水平相对较低的城市，开发资金缺乏，开发量又较大，规划中近期以开发低成本的新区为主；对于经济发展水平相对较高的城市，则可新区建设和旧区改造结合，使新老城区协调发展。

四、土地开发时序规划的内容概述

（一）传统意义上的时序规划内容

在确定城市近、中、远期建设重点和发展规模的基础上，依据城市各期限内建设重点和发展规模，确定城市发展区域，并对规划年限内的城市建设用地总量、空间分布和实施时序等进行具体安排，并制定控制和引导城市发展的规定。

显然，通过对以上时序规划的确定和实施，有利于政府从城市总体运行，社会、经济、环境协调发展的角度出发，实现政府对城市发展的宏观把握。

但是，仅仅依靠划定城市各时间段的发展区域，估算城市建设用地总量和空间分布，初步确定规划的实施时序，且不说满足市场经济条件下，投资主体的多元性和不确定性，就是在计划经济时代，这种传统的模糊的规划时序定位，在城市发展的客观规律下，也是难以发挥有效作用的。

（二）现代城市土地开发的时序规划内容

根据国家的经济和社会发展情况，编制土地利用年度（或近期）计划，确定土地批租计划，指导年度开发计划，以保证规划期内城市开发资金获得足够和稳定的来源，实现政府对土地投资开发的宏观调控。

这里提出的时序开发，是针对开发土地的行为而言的，较传统意义的时序规划所针对的范围小，目标更加明确，就是要通过国家政府对城市发展的物质依托实体——土地，进行全面、深入、科学的分析和策划，依据国家的经济社会发展状况编制指导土地年度批租与开发的计划，从根本上保证城市空间时序开发的顺利进行。

五、土地开发时序规划的方法

在城市空间开发规划中，时间上定量的方法主要包括三种：目标法、趋势法和相关因素法。目标法是根据确定的目标制定分年度的计划，是一种自远而近的规划方法；趋势法是根据过去的发展速度推算每年发展的计划，是一种自近而远的规划方法；相关因素法是根据其相关因素的发展确定城市空间需求的方法。

下面我们来分析这三种方法。

（一）土地开发时序规划的方法概述

1. 目标法（Goal-Based Framework）

目标法（Goal-Based Framework），首先确定城市发展的目标，包括城市的性质、规模，城市主要建设标准和定额指标，城市建设用地布局、功能分区和各项建设的总体部署，城市综合交通体系和河湖、绿地系统，以及各项专业规划和近期建设规划。

案例1 深圳市1995年出台的城市发展规划确定的目标

（1）城市性质：现代产业协调发展的综合经济特区，珠江三角洲地区中心城市之一，现代化的国际性城市。

（2）发展目标：将深圳建设成为区域性金融中心、信息中心、商贸中心、运输中心和旅游胜地，以及我国南方的高新技术产业开发生产基地。

（3）发展规模：至2010年全市总人口控制在430万之内；至2010年城市建设用地控制在480平方公里以内，人均用地不超过112平方米。

（4）发展策略：在经济上，以高新技术产业为先导，先进工业为基础，第三产业为支柱，农业发达的现代产业基地；在社会发展上，逐步形成按国际惯例运作的体系环境；在环境发展上，把深圳建设成为珠江三角洲乃至全国的环境和生态保护示范城市；在区域协调发展上，充分利用地理位置优势和"经济特区"优势，促进深圳和珠江三角洲地区的经济合作和协调发展。

（5）城市建设布局结构：以经济特区为中心，以西、中、东三条放射发展轴为骨架，形成轴带结合、梯度推进的组团集合结构，并将城市布局结构融入市域土地综合利用的自然生态规划之中。

案例2 青岛市1995年出台的城市发展规划确定的目标

（1）城市性质：中国东部沿海重要的经济中心和港口城市，国家历史文化名城和风景旅游胜地。

（2）城市主体功能：以港口为主的国际综合交通枢纽；国际海洋科研及海洋产业开发中心；区域性金融、贸易、信息中心；国家高新技术产业、综合化工、轻纺工业基地；旅游、度假、避暑、文化娱乐中心。

（3）城市发展目标：力争到2000年，把青岛建设成为山东和沿海地区最大的对外经贸、金融、信息中心和对外交通枢纽，初步展现社会主义现代化城市的雏形。在此基础上，再经过10年左右的努力，把青岛建设成为以港口贸易为主要特色的经济繁荣、科教发达、环境优美、文明富裕、功能完善的社会主义现代化城市。

（4）城市规模：2000年城市实际居住人口为220万人（其中非农业人口170万人），2005年城市实际居住人口为256万人（其中非农业人口194万人），2010年城市实际居住人口为310万人（其中非农业人口228万人）。

根据上述目标，时序规划的具体内容为，2000年建成区建设用地控制在206平方公里以内，人均城市建设用地93.6平方米；2005年建成区建设用地控制在230平方公里以内，人均城市建设用地89.8平方米；2010年建成区建设用地控制在266平方公里以内，人均城市建设用地85.8平方米。

2. 趋势法

趋势法是预测方式的一种，是指从已知事件的走向测定未知事件发生或分布概率。具体地讲，预测就是以准确的调查统计资料和统计数据为依据，从研究现象的历史、现状和规律性出发，运用科学的方法，对研究现象的未来发展前景的预测。预测理论作为通用的方法论，既可以应用于研究自然现象，又可应用于研究社会现象。将预测理论、方法和个别领域现象发展的实际相结合，就产生了预测的各个分支，如社会预测、人口预测、经济预测、政治预测、科技预测、军事预测、气象预测等等。

在实际应用中应具体问题具体分析，针对具体问题选择最有效的预测方法来进行预测分析。

时间序列预测技术常用方法包括：

（1）趋势外推法

趋势外推法包括：

1）线性方程法；

2）二次曲线方程法；

3）指数方程法（这种方法多数城市适用）；

4）幂函数方程法。

（2）平滑预测法

平滑预测法包括：

1）移动平均法；

2）指数平滑法；

3）发展曲线预测法；

4）弹性系数法。

3. 相关因素法

在实际经济问题中，某一经济行为常受多种因素的影响和制约。例如，商品的销售量,与商品的价格、商品的质量以及消费者的收入水平等因素有关,又如果树的产量受施肥量、降水量、气温等因素的影响。因此,要研究该经济行为就应从事物变化的因果关系出发,寻找它与其他因素之间的内在联系,这就是因果关系分析法或相关因素分析法。在相关因素分析法中最常用的方法之一就是回归分析法。

第四节 城市开发资金的时序规划概述

不同的时序规划,产生不同的项目投入需求,也直接导致不同的项目产出。

项目经过时序规划,确定了土地开发的规模和先后秩序,在未来的开发过程中贯彻时序规划,必将要求开发主体对项目的投入规模和金额作出决策,而项目的预期产出与现实投入之间的比较结果,则是衡量相应时序规划效益与可行性的最直接标准。

下面先对项目资金的时间价值概念做简单的介绍。

一、资金的时间价值

之所以考察项目投入与产出的资金在时间上体现出来的价值,是因为任何开发项目的建设与运行,任何技术方案的实施,都有一个时间上的延续过程。

对于投资者来说,资金的投入与收益的获取往往构成一个时间上有先有后的现金流量序列。要客观地评价一个建设项目或技术方案的经济效果,不仅要考虑现金流出与现金流入的数额,还必须考虑每笔现金流量发生的时间,如图14-1所示。

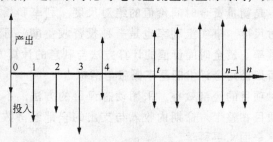

图 14-1 现金流量图

注:横轴为时间轴,表示一个从 0 开始到 n 的时间序列,每个刻度表示一个计息期,一般为年;箭头向上表示现金流入,箭头向下表示现金流出,箭头的长度与出入金额成正比。

某项目的投资及年净收入表 表 14-1

项目＼年份	0	1	2	3	4	5	6	7	8	9	10	合计
①建设投资	180	240	80									500
②流动资金			250									250
③总投资(①+②)	180	240	350									770
④收入				300	400	500	500	500	500	500	500	3 700
⑤支出(不包含投资)				250	300	350	350	350	350	350	350	2 650
⑥净收入(④-⑤)				50	100	150	150	150	150	150	150	1 050
⑦累计未收回的投资	180	420	750	700	600	300	300	150	0			

在不同的时间付出或得到的同样数额的资金在价值上是不等的。也就是说，资金的价值会随时间发生变化。今天可以用来投资的一笔资金，即使不考虑通货膨胀因素，也比将来可获得的同样数额的资金更有价值，因为，当前可用的资金能够立即用来投资并带来收益，而将来可取得的资金则无法用于当前投资，也无法获取相应的收益。不同时间发生的等额资金在价值上的差别称为资金的时间价值。

对于资金的时间价值，可以从两个方面理解。

首先，资金随着时间的推移，其价值会增加，这种现象叫资金增值。资金是属于商品经济范畴的概念，在商品经济条件下，资金是不断运动着的。资金运动伴随着生产与交换的进行，生产与交换活动会给投资者带来利润，表现为资金的增值。资金增值的实质是劳动者在生产过程中创造了剩余价值。从投资者的角度来看，资金的增值特性使资金具有时间价值。

其次，资金一旦用于投资，就不能用于现期消费。牺牲现期消费是为了能在将来得到更多的消费，个人储蓄的动机和国家积累的目的都是如此。从消费者的角度来看，资金的时间价值体现为对放弃现期消费的损失所应作的必要补偿。

资金时间价值的大小取决于多方面的因素，从投资的角度来看主要有：

(1) 投资收益率，即单位投资所能取得的收益。

(2) 风险因素，即对因风险的存在可能带来的损失所应做的补偿。

(3) 通货膨胀因素，即对因货币贬值造成的损失所应做的补偿。

在项目投资经济效益分析中，资金的利息和资金的利润是具体体现资金时间价值的两个方面，是衡量资金时间价值的绝对尺度，利率和投资收益率是衡量资金时间价值的相对尺度。事实上利率也是一种投资收益率，可认为是较稳定的风险较小的投资收益率。资金时间价值的计算方法与利息的计算方法相同。

二、项目经济效益动态评价的基本概念与指标

时序规划针对项目的经济效益，采用动态评价的方法，不仅计入资金的时间价值，而且考察项目在整个寿命期内收入与支出的全部经济数据，所以它较传统的三维静态指标更全面、更科学。

(一) 项目投入成本

一般来说，土地开发项目的投入成本由以下几项构成：

(1) 拆迁费用。

(2) 土地使用费用。

(3) 土地使用税。

(4) 房屋建设费。

(5) 市政公用设施配套费。

(6) 勘察设计费。

(7) 管理费用等。

(二) 项目产出收益

一般包括：

(1) 项目直接产出。

(2) 项目补贴。

(3) 折旧费用。

(三) 年净现金流量

净现金流量是现金流入和现金流出之差额，年净现金流量就是一年内现金流入和现金流出的代数和。销售收入是现金流入，企业从建设总投资中提取的折旧费可由企业用于偿还贷款，故也是企业现金流入的一部分。

年净现金流量（F）＝销售收入－经营成本－各类税＋年折旧费＝年净利润＋年折旧费

(四) 投资偿还期

这个指标是指项目投产后，以项目获得的年净现金流量来回收项目建设总投资所需的年限。可用下列公式计算：

$$N = \frac{I}{F} \text{（年）} \tag{14-1}$$

式中　I——总投资费用；
　　　F——年净现金流量。

(五) 净现值

净现值是指在项目经济寿命期内（或折旧年限内）将每年的净现金流量按规定的贴现率折现到计算期初的基年（一般为投资期初）现值之和。可用下列公式计算：

$$NPV = \sum_{t=0}^{n}(CI_t - CO_t)(1+i_0)^{-t} \tag{14-2}$$

式中　NVP——净现值；
　　　CI_t——第 t 年的现金流入额；
　　　CO_t——第 t 年的现金流出额；
　　　n——项目寿命年限；
　　　i_0——折现率。

(六) 净现值率

净现值率为单位投资额所得到的净收益现值。如果两个项目投资方案的净现值相同，而投资额不同时，则应以单位投资能得到的净现值进行比较，即以净现值率进行选择。其计算公式是：

$$NPVR = \frac{NPV}{I} \times 100\% \tag{14-3}$$

式中　$NPVR$——净现值率；
　　　I——总投资费用。

(七) 费用现值

费用现值是指项目总投资折现的金额。表达式为：

$$PC = \sum_{t=0}^{n} CO_t(P/F, i_0, t) \tag{14-4}$$

式中　PC——费用现值；
　　　$(P/F, i_0, t)$——等额分付现值系数，等于 $\dfrac{(1+i_0)^n - 1}{i_0(1+i_0)^n}$。

（八）内部收益率

项目的内部收益率是在整个经济寿命期内（或折旧年限内）累计逐年现金流入的总额等于现金流出的总额，即投资项目在计算期内，使净现值为零的贴现率。

三、项目经济动态评估准则

（1）投资偿还期（N）应小于定额投资偿还期（视项目不同而定）。定额投资偿还期一般由各个工业部门结合企业生产特点，在总结过去建设经验统计资料基础上，统一确定的回收期限，有的也是根据贷款条件而定。一般来说，

中费项目　$N < 2 \sim 3$ 年；

较高费项目　$N < 5$ 年；

高费项目　$N < 10$ 年。

投资偿还期小于定额偿还期，项目投资方案可接受。

（2）净现值为非负值：$NPV \geqslant 0$。当项目的净现值大于或等于零时则认为此项目投资可行；如净现值为负值，就说明该项目投资收益率低于贴现率，则应放弃此项目投资。在两个以上投资方案进行选择时，则应选择净现值为最大的方案。

（3）净现值率最大。在比较两个以上投资方案时，不仅要考虑项目的净现值大小，而且要求选择净现值率为最大的方案。

（4）费用现值最小。用于多个方案的比较，如果诸方案产出价值相同，或者诸方案能够满足同样需要但其产出效益难以用价值形态（货币）计量（如环保、教育、国防）时，可以通过对各方案费用现值的比较进行选择，费用现值最小的方案为最优。

（5）内部收益率（IRR）应不小于基准收益率或银行贷款利率：$IRR \geqslant i_0$。内部收益率（IRR）是项目投资的最高盈利率，也是项目投资所能支付贷款的最高临界利率，如果贷款利率高于内部收益率，则项目投资就会造成亏损。因此，内部收益率反映了实际投资效益，可用以确定接受投资方案的最低条件。

四、可实施方案比较

汇总列表比较各时序规划的投入产出结果，从而确定最佳可行的城市开发资金的时序规划推荐方案。

（一）投入产出汇总列表

根据来源资金的比例和贷款偿还的方式，各种税金的不同交纳方式，确定出贷款偿还额和税金交纳额，同时考虑项目的各项投入与产出值，进行汇总制表。

（二）可实施方案比较

将时序规划方案对应的各自投入产出汇总表进行比较，确定最佳可行方案。

> **复习思考题**

1. 时序规划的产生背景与意义？
2. 土地开发时序规划的内容？
3. 如何进行开发资金的时序规划选择？

第十五章 城市开发的策划

第一节 策划的概念

一、概述

古人云："凡事预则立，不预则废"。预，就是对未来要做的事的预测、安排，其中就包含了策划的思想。"策划"通常被认为是为完成某一任务或为达到预期的目标，对所采取的方法、途径、程序等进行周密而符合逻辑的考虑，而拟出具体的文字与图纸的方案。对"策划"的一个较完整的定义是，"根据已经掌握的信息，推测事物发展的趋势，分析需要解决的问题和主客观条件，在行动之前，对指导思想、目标、对象、方针、政策、战略、策略、途径、步骤、人员安排、时空利用、经费开支、方式方法等作出构思和设计，并形成系统、完整的方案，这就是策划"（马文军，城市大规模开发项目中策划理论及其应用研究）。在此，我们将策划简要定义为围绕某一特定的目标，全面构思、设计、选择合理的行动方式，从而形成正确和高效的工作效果。

一般我们所说的"策划"是个广义的概念。对策划的起源说法不一，有人认为策划原本起源于军事领域中，竞争的社会事实是其赖以生存的基础，策划是指对战略、战术的制定、选择、安排等，如在《孙子兵法》中有"始计第一"篇。始计，就是战前的打算、安排，古代称为"庙算"。《孙子兵法》认为，未战之前必须将双方作战的诸多因素拿来对比研究，预计作战胜利的可能性。后来概念及范围逐渐扩展，渗透到政治、军事、文化、艺术、体育、经济、社会等各个领域，所以出现了投资策划、影视策划、商业策划等等提法。也有人认为，与策划对应的英文是 Planning、Plot、Scheme、Programming 等，是先由日本人翻译，再从台湾传播到祖国大陆，在台湾提得更多的则是"企划"。由此可知，"策划"起源于西方的"市场营销学"，策划是整个市场营销完整系统中的一个关键环节。从目前策划学的内容和策划在房地产开发中的地位和作用来看，似乎后一种说法更有道理。总之，策划包含了科学、艺术、技术、文化等诸多方面的内容，是一门涉及多学科的综合性的过程。

二、策划的本质

根据策划的特征与渊源，研究表明，策划作为管理活动和决策行动的先行设想和前导程序，其本质主要集中体现在竞争性、前导性和科学性三个方面。

竞争本质是指策划的起源与发展，是不同社会发展时期的竞争需要。哪个社会发展时期存在竞争，哪个时期就需要策划，竞争越激烈，其策划活动就越频繁，策划思想也就越活跃丰富。这也是春秋战国时期列强纷争中策划思想得以产生的原因吧。在高度集中统一,排斥竞争的计划经济时期,也是策划活动的休眠期,而市场机制的引入所带来的竞争,必然是策划思想获得生机的诱因。由此看来,近年来商业活动中策划手段的逐渐普及并不是偶然现象。而竞争也同样存在于城市的开发建设中,策划的竞争本质决定了它必然能在其中找到发挥自身的作用领域。

前导程序的本质是指管理决策和经营计划的生成需要以策划为前提和依据。"基本上所有的策划都是关乎未来的事物,也就是说,策划是针对未来要发生的事情做当前的决策。策划是找出事物的因果关系,衡量未来可采取之途径,以为目前决策之依据"。所以,策划在时间上是做出决策和计划之前的行为,在作用上,是确定决策和计划的前提与依据,具有引导的价值。

作为参与到管理与经营活动中的重要程序,经验策划已经不能满足社会发展的需要,策划本身的科学性也需要得到提高。其科学本质是指策划在贡献于管理科学、决策科学和计划科学的同时,自身也向科学化发展,成为综合多学科的专门科学,才能够适应其他领域的需要。

第二节 策划与城市规划的关系

一、策划与规划的区别

策划是指在人类的社会活动中,为达成某种特定目标,借助一定的科学方法和艺术,为决策、计划而构思、设计、制作策划方案的过程。如果将一项工作从酝酿到完成的过程看作一个程序,那么"策划——计划——实施——结果"就是这个程序的全部内容。策划在其中是制定计划的依据和前提,策划根据自身的原则与本质,为计划提供目标、方案等方面的选择,使计划的可行性和实施的成功可能大大提高。

规划从本质上讲,就是在目标、条件、战略和任务(这些内容往往都是策划的结果,或者都有策划思想在其中发挥作用)等都已经明确的情况下,为即将进行的活动提供一种可具体操作的指导性方案,也是计划的一种形式,在本章中规划特指城市规划。城市规划是对一定时期内城市的经济和社会发展、土地利用、空间布局以及各项建设的综合部署、具体安排和实施管理。可以看出规划工作是侧重现实性的、具体的、可操作的行动结果,是解决行动中"做什么"的问题,而策划是解决行动中"如何去做"的问题,是规划的前一步骤。

二、策划与规划的联系

本章中的规划即城市规划,是预测城市的发展并管理各项资源以适应其发展的具体方法及其过程,以指导已建成环境的设计与开发。传统的城市规划多注意城市地区的实体特征,而现代城市规划则试图研究各种经济、社会和环境因素对土地使用模式的变化所产生的影响,并制定能反映这种连续的相互作用的规划。可以看到,城市规划的职能也在发生着由"安排"向"引导"的转变,其自身的规定性在逐渐淡化,而日趋强调合理性与适应性。这就要求城市规划具有一定的"预见性"和"机变性",在一定程度上与"策划"就发生了联系,所以近年来策划思想在城市规划与开发中被自觉或不自觉地加以运用，正是策划本质作用的体现。

事实上，策划与城市规划具有非常密切的联系，每一个层次的规划中都能发现策划的存在。从城市总体规划的产生来看，它总是一定时期内城市的经济和社会发展目标在土地利用、空间布局以及各项建设的实施计划。规划的制定依据——经济和社会发展目标本身就是策划目标，它并没有提出实施的具体方法，但却为实施计划的制定提供了根本依据，没有策划目标的提出，规划就成了无源之水。而每一个层次的城市规划，都需要以上一个层次的规划为依据，直至开发建设完成为止，规划都与策划密不可分，作为下一步规划与开发建设依据的上一层次的规划，不可避免的是要有策划思想的运用，才能获得科学、可行、适应城市发展变化的规划成果。

因此，在"规划"的概念被逐渐重视的同时，"策划"也应该受到同样的关注。研究策划在不同层次的规划和规划开发的不同工作阶段的运用，发挥策划在决策、竞争、创新等方面的优势，提高城市规划与管理的科学性具有重要的现实意义。

第三节 策划的原则

策划的原则是指在策划活动中必须遵循的指导原理和行动准则。它是策划客观规律的理性表现，也是策划实践经验的概括和总结。这些原则是由策划的客观规律决定并从这些规律中抽象概括出来的，是策划活动科学的重要保证。

一、效益主导原则

城市开发是城市发展的一种外在表现，目的在于满足城市运营的多种需求。经济、社会的发展推动了城市开发，城市开发又促进了经济、社会的发展。

就房地产开发公司而言，其首要目的是通过实施开发过程来获取直接的经济效益。但城市是一个有机联系的整体，城市的发展不能只着眼于经济利益，还应兼顾社会与环境效益，实现城市的可持续发展。

在我国现阶段的城市开发中，策划主要是指在建设项目正式投入开发前所进行的背景研究、市场调查、市场研究、功能定位、策略制定等一系列工作，对按市场规律运作的开发公司而言，城市开发策划是彻头彻尾的市场策划，有了市场需求，才会有开发。开发商为满足市场需求而开发房地产项目，然后通过这个项目的出租或出售到达终点——获得市场回报。为了获得最大利润，开发策划必须紧紧地抓住市场需求，而对市场需求的满足程度将直接影响到房地产商的经济利益，项目策划的目的和意义则是争取更好地满足市场需求。

二、整体规划原则

20世纪60年代人们开始对城市进行综合开发。英国于二次世界大战后通过了"新城市法"，在各地组织开发公司，对城市进行综合开发；日本政府在1955年制订了"日本住宅公用法"，组织开发机构进行住宅的综合开发；法国、新加坡等国家也运用宏观调控或经济诱导的方法，来引导城市的综合开发。

城市作为一个有机体，各项用地、建筑物之间的合理关系要通过科学的规划来实现，只有这样才会有利于城市的发展。如果没有统一规划，必将导致盲目发展，从而引发住宅缺乏、交通拥挤、环境恶化等问题产生。在整体规划中，要强调城市建设的全局性、长期性和系统性。

三、客观现实原则

在我国，计划经济时代，城市开发是一种政府指令性行为，没有市场参与，没有竞争机制，不需要市场营销，自然也不会有城市开发策划。但随着市场经济体制的逐步建立，越来越多的城市开发项目投入到市场环境中，市场经济固有的竞争机制和人们对经济利益的不懈追求，使得房地产营销在城市开发中的地位越来越重要，而项目策划则是整个房地产营销过程的核心步骤。同时，项目的实施是建筑在客观事实基础之上的，需要一步一步地完成。策划不是空中楼阁、天马行空，要以客观实际为依据，坚持客观现实原则。

四、可行性原则

可行性原则是指策划方案可被实施并能取得科学有效的成果。它要求可行性研究贯穿于策划的全过程，可以经受经济、利害、科学与合法四个方面的检验。

五、机变性原则

策划活动应该能够与现实条件的发展变化相适应，具备随机应变的能力，并能够预测对象的变化，掌握适应形势的主动性，在变化中调整策划方案，使之具有动态适应能力。

第四节 策划的对象和目标

一、策划的对象

策划所针对的对象按照功能区可分为：居住生活、产业、风景旅游等。对于策划对象的正确理解，是针对不同的对象确定正确目标的基础。在下文中，重点介绍对策划对象的含义的理解。

（一）城市中心区开发策划

城市新中心区开发策划是城市开发策划的一种，是城市开发策划在城市新中心区建设中的具体应用，是城市在新中心区开发建设前，为指导新中心开发建设而进行的目标定位，以及为实现既定目标而进行的总体构思、建议等一系列的谋划行为，策划的成果将作为城市政府和开发商在今后新中心区开发建设中实施决策的依据。

（二）城市生活区开发策划

长期以来与城市生活关系最密切的内容都包含在"居住区"中，如住宅、托幼设施、中小学和生活绿地等等。但是随着人类认识世界的技术手段、理论体系的不断发展，对城市的研究也不断扩大。尤其是20世纪下半叶系统论、控制论、协同论的建立，将城市的各个组成放在一起进行综合研究逐渐成为一种可能。希腊建筑师道萨迪亚斯就提出了"人类聚居学"，他认为可以把包括乡村、城镇、城市等在内的所有人类居住区作为一个整体，强调从人类居住区的"元素"（自然、人、社会、房屋、网络）进行广义系统的研究。因此，在对城市居住区开发的问题进行研究时，仅仅专注于"居住"一个方面是远远不够的。必须将居住与人类城市生活的其他具有密切联系的部分结合到一起来分析研究才能获得更为整体、系统的认识。在现代城市的功能结构发展中，用"生活区"来代替"居住区"能够更准确的表明在工作、交通和游憩之外与人们关系最密切的活动所需要的城市功能空间。

所谓城市生活区，是具有社区特征和现代居住生活所需完备设施的城市空间。"社区"这一概念的提出主要就是针对以往居住区、住宅区等概念对人们生动丰富的生活及多元化的空间环境的表达力不足而提出的。现代生活区除了具备社区在社会关系上的特征，还应该在物质设施方面满足多样化的现代生活需要，如教育、娱乐、就业和卫生管理等。以不同的内容、类型和品质互相区别与补充，并围绕居住功能构成人类在城市中休养生息的生活区。这也正是本章所介绍的策划对象之一。

（三）产业经济开发区的开发策划

产业经济开发区开发的前期策划是按政府部门意图通过对区域环境系统的调查分析，进行产业经济开发区的功能定位，确定目标体系，并全面考虑开发过程的主要环节，提出开发策略和运营的初步构想方案，再经系统地可行性论证，得出开发是否可行的结论，为政府决策提供依据，并为后续工作的展开提供指导性建议。

所谓产业经济开发区，指的是以第二产业用地为主的功能区，开发策划的主要目的是研究发展思路与开发策略，使城市开发的目标得以顺利实现。由于产业经济区的开发是一个巨型的系统工程，无论是规划建筑工程设计，广告宣传招商引资，还是管理运作开发经营都包含了众多的内容，具有许多确定的或不确定的因素，需要仔细分析谋划。同时，这几个组成部分之间又有着千丝万缕的联系，一个环节造成脱节，可能导致整个开发的大变动。因此在开发初期进行缜密的策划研究就显得异常重要。前期策划想到的问题越多，分析越细致，安排越周到，开发运营就越可能顺利进行。反之，若是前期策划论证不充分，开发盲目进行，由于工程建设的不可逆性，将会给国家、集体、个人带来无法弥补的巨大损失。

二、策划的目标

策划目标确定即决策。通过对策划对象的研究作出的策划，就是为该策划对象"做什么"作出的决断，即决策。

进行开发策划的目标就是获得对开发各个阶段工作的策划方案进行决策。开发中开发方式的选择、资金的筹措、规划设计的确定都存在多个选择，各自具有优劣与特点，决策过程就是对多种可能性的筛选与确定，从自身条件的实际状况入手，充分发挥自身具有的优势，在政策法规所允许的条件下，选择最能够实现开发目标的行动方针。得到的这一系列决策结果，就是策划的目标。

这里要提出的是，对于不同的开发者其所作出的决策，即策划的目标，是不相同的。

政府作为管理者所确定的生活区开发策略应该是与企业开发所制定的开发策

略相区别的,政府应当通过对生活区开发策略的制定对开发企业的具体开发行为加以引导和控制。政府是代表公共利益的一方,因此其做策划时考虑到的更多的是整个社会利益的最大化,人民的利益最重要。而开发企业如果是通过竞争而获得开发权的民营企业,那么,其是以谋取个人或集体最大利润为目标的,所以相应的策划目标也会有差异,更多的是考虑个人或局部的利益。如果开发企业作为政府的派出机构,其目的是受政府所支配的,因此与政府决策结果相似。

当然,不可否认,政府并不是完全不考虑经济利益的,没有资金,在很多时候发展就成了一句空话,但是,经济利益只是政府决策时考虑的一个因素,不是最重要的因素。

第五节 策划的内容

城市开发的策划主要包括的内容有市场分析、功能策划、文化策划、空间策划和行动方法策划。

一、市场分析

市场分析是整个城市开发策划的灵魂,主要涉及项目定位。通俗地说,项目定位就是经营一个什么样的项目。其完整含义可以表示为,通过市场调查及研究,确定项目所面向的市场范围,并围绕这一市场而将项目的功能、形象作特别的有针对性的规定。项目定位通常包括三方面内容,即市场定位、功能定位和身份定位。市场定位实际上就是确定目标购买者和目标使用者。功能定位则是在市场定位的基础上,对目标人群的要求进行细分,在功能上予以满足。身份定位是为了使目标客户群能从项目上找到归属感、自豪感、荣誉感,使项目本身具有符合目标人群的"身份",体现出一定的个性特征。身份定位策划的技巧性很强,需要策划人员对社会生活和经济生活有敏锐的洞察力,并非常熟悉目标客户群的活动规律和价值取向。

二、功能策划

功能策划主要是侧重于城市土地的使用和布局结构,对城市土地的利用方式进行概念性构思。从政府经营城市的角度,充分发挥城市有限土地资源的经济潜力,考虑多种用地的使用功能组合方案,对其进行技术经济比较,取得最优的方案。功能策划,可应用于城市规划的不同层面。事实上,我们在每一层面的规划上,在规划编制之前,都有一个策划的过程,即方案的构思。概念性规划,虽然还没有规范的编制标准,但大都是对特定地区使用功能的一种策划。

三、文化策划

文化策划是对城市开发项目的一种文化内涵的挖掘。中国拥有悠久的历史和优秀的文化,中国人具有尊重历史,继承优秀文化传统的良好品质。中国城市大都历史悠久,有各自独特的文脉特征,是形成城市特色的宝贵素材。对开发项目的文化策划,是从文化方面形成项目特色,使人们对项目形成认同感、归属感。文化策划在风景旅游区的策划中应用最多,利用文物古迹、名人遗踪,形成文化主题,例如孔子故乡——曲阜的旅游策划,就着重于文化策划。另外,在人们居住水平逐步提高的时代，对居住区文化品位的要求也日益提高。相应地，居住区的策划也将文化策划列为重点之一。

四、空间策划

城市的空间从根本上可分为建筑空间和开放空间。同时由于用地性质的不同，形成的城市空间也不同。即使是同一性质的用地，如居住用地，也可创造出低密度、中密度和高层高密度等不同的空间。空间通常与其区位有关，基本是由市中心至边缘区，建筑由高至低。空间策划也可以在建筑规划及设计上做文章，尽量采用目标客户群所熟悉和认同的建筑语言，在功能和布局上体现出他们的物质追求。在房地产开发项目阶段，建筑设计要求的制定应该是完整地贯彻营销思路，建筑设计的要求包括许多方面，有规划、建筑风格、环境、装修、结构、设备、成本控制等。好的建筑设计应该是能满足策划本身所提出的各项要求。好的房地产开发商应该能够将自己的开发思想通过建筑语言在设计要求中表现出来，从而将自己的项目建设成备受欢迎的、有品位和文化内涵的项目。

第六节 策划的步骤

一、城市开发策划

（一）房地产营销策划

我国现阶段的房地产开发项目，由于市场机制的不断完善，房地产开发中的高利润带来的激烈竞争，和房地产开发固有的高风险，使得房地产开发营销策划倍受重视。策划理论日趋完善，策划实践失败的教训和成功的经验都很丰富，并且策划的理念和手法已经运用到房地产开发的整个过程。每份策划的具体内容也会根据项目开发特点灵活多变，有所侧重。

房地产开发营销策划是市场经济的产物，同时也促进了房地产开发过程中市场机制的完善，促进了包括城市土地在内的各种资源的有效配置。应用到住宅项目的开发中，也为市民住宅环境的改善、居住生活水平的提高起到了积极的作用。

目前，国内的房地产开发策划只是作为房地产营销的一个关键环节和核心步骤而出现，其准则是以市场为导向，以赚取最大利润为目标，其服务的对象是按市场规律运作的开发公司，其中不可避免地带有一定的局限性和片面性。

由于城市土地成片开发的运作主体是政府或政府组建的企业，开发前期的准备工作多是可行性研究报告、开发策略研究、城市规划图纸及文本等，开发过程中也多是行政管理性为主，策划的手法和思想虽有所涉及，但缺乏较完整的操作步骤和系统的技巧方法，理论方面的研究成果也较少。

可喜的是，策划思想在城市建设和开发中的运用还向更宏观和更微观的层次发展，出现了建筑策划和城市整体形象策划。

（二）建筑策划

建筑策划是在建筑学领域内，由建筑师根据城市规划的目标设定，从建筑学的学科角度出发，不仅依赖于经验和规范，更以实态调查为基础，通过运用计算机等近现代科技手段对研究目标进行客观的分析，最终定量地得出实现既定目标所应遵循的方法及程序的研究工作。它为建筑设计能够最充分地实现城市规划的目标，保证项目在设计完成之后有较高的经济效益、环境效益和社会效益而提供科学的依据，将人和建筑环境的客观信息建立起综合分析评价系统，将城市规划设定的定性信息转化为对建筑设计的定量的指令性信息，其中对人在建筑中的活动及使用实态调查是它的关键依据（庄惟敏，建筑策划导论）。建筑策划的理论框架和方法的研究在国外已经比较完善，实践中也有较多应用，而在中国，理论研究已经有所进展，在实践中还很少运用。

（三）城市整体形象策划

近来，城市整体形象策划也越来越多的被人谈起，但还缺乏一个统一的认识，其应用领域集中于城市设计和城市政策等方面，与城市开发并无直接关系，城市的整体形象策划是使城市的名牌企业成为城市的标志（侯家庭，策划青岛）；从城市设计角度的策划有温州中心城区整体城市设计温州城市总体形象特征策划，内容包括"山水温州"、"文化温州"、"活力温州"等几个方面（郑正等，温州中心城区整体城市设计）。

策划的思想和手法在不同规模层次的城市开发和建设中的发展情况可简单总结，见表15-1。

策划思想与手法在不同层次城市开发中的发展情况　　　　表15-1

城市开发和建设层次	策划内容	策划主体	发展现状	作用层次	备注
城市总体	以形象特征定位、塑造为主	城市政府	概念不统一，实际应用不多，应用范围也不尽相同	宏观层次	城市开发整体战略
较大功能片区	开发策略、功能结构	城市政府有关部门或代理政府职能的开发公司	策划思想有所涉及，概念不明确，手段不系统	中观层次	土地一、二级市场
居住小区或小规模开发	包括项目定位、管理及经营构思等	按市场规律运作的开发公司	概念明确、理论完备、手段丰富、系统；实践中广泛应用	中观微观层次	服务对象是开发商，目标设定是经济利润最大化
建筑策划	包括目标确立、建设项目条件研究、具体构思等	受业主委托的建筑师	理论探索已有初步成果，实践中很少运用	微观层次	

二、城市开发项目策划步骤

城市开发项目的每一个环节都不是完全独立的，环节与环节之间有着密切的关系。因而，在城市开发项目操作中，所有环节的操作节奏都应该有一个统一的、协调的安排。这种全局性的安排往往是环环相扣的，任何一个环节的超前和脱节都有可能带来不必要的损失。因此，对项目的行动方法的策划一般遵循下面几个原则：

1) 符合开发建设及市场运作的客观规律；
2) 与城市总体开发策略相吻合；

3) 选择合理可行的开发成本;
4) 规避法律赔偿。

在我国现阶段,城市开发策划主要集中于小区开发和更小规模的房地产开发项目上,策划主体多是按市场规律运作的开发公司,是一种以利润为导向的开发策划,所有的策划活动都是着眼于市场目前和将来的需求和以达到企业的经济目标为目的。在这种开发模式及目标要求下,开发项目策划一般主要包括以下几个方面的内容:

(一) 调查分析

调查分析是城市开发策划的基础,它是一种收集资料,消化资料的过程,主要包括以下几点:

(1) 收集资料是创意的第一个阶段。策划创意并非"空中楼阁",是理性积淀在某种情况下以一种感性的思维模式激发出来的意识表现,而收集资料阶段正是创意原材料的积累,为策划的成功提供素材,把握市场方向。资料可分为两种:

1)"特定"资料

①经济——城市开发的资金来源、城市的产业结构;
②社会——城市的人口结构、社区组织机制;
③空间——开发项目的区位、功能、周边区域环境、基础设施条件。

要在这些资料中挖掘出一种特殊关系,并从中衡量阻碍或促进这种关系建立的因素。

2) 一般性资料

是指长期收集的有关历史、文化、生活的一切事物,潜移默化地影响着人们的思维方式、价值取向,以及审美情趣。

(2) 分析资料。将搜集来的资料反复阅读,用心思考,从各个角度来观察、分析。把资料结合在一起,找出事物的必然联系,将他们重新组合,并将那些零碎和不完整的想法初步表达出来。

(二) 制定目标

经过了调查与分析,根据项目的自身条件,合理制定目标,既要具有可操作性,又要超前具有可持续发展的可能。在不同的地区投资不同的物业会有不同的开发方案。制定目标的主要任务是对所开发产品的定位问题,明确一些可利用的竞争优势,选择若干个适用优势,有效的向市场表明开发项目的定位观念。通常可有多种可能定位,例如,"低价定位"、"优质定位"、"优良环境品质定位"、"优质服务定位"等。

(三) 寻找切入点进行创意

对目标进行包装,形成一个引人注目的形象。简洁的宣传词、动人的目标介绍、漂亮的空间形象,在当前的房地产开发,尤其是住宅的开发中,各个房地产公司各显其能,在创意上投入巨大,用一种被市场、消费者认同的方式与强大的感染力,将产品的卖点、品牌及企业理念、深层次消费需求,准确而撼人心魄地传达给消费者。在打动消费者的同时,驱使其实现购买行为,最终达到开发公司的商业目的。

创意的关键是处理"力"与"值"的关系。力,独到的说服力;值,真实的商业价值,市场回报。创意的基本原则是发现旧有元素间的联系,并将旧的元素进行新的组合,使其具有原创性、针对性、功能性、单一性、冲击性,从而实现开发的高额回报。

（四）行动路线设定

这是将以上各个步骤落实的关键一步。一闪而过的概念是隐藏在潜意识中的事物浮现在意识上的一种状态,要根据符合项目特性、品牌个性、目标消费群心理、广告目标等商业性的创意宗旨,经过整理总结,加工充实,修改调整,形成并发展这个创意,使它具有实际应用价值,最终完成一个集商业性与欣赏性于一体的行动路线。将整理调整而得出的创意用语言或图画等形式表现出来,表现形式应充分发挥创意的本意,并尽量使其相得益彰。最终目标不能一蹴而就,必须合理地设定行动路线,有计划地按步实施。

（五）成果与效益评估

策划的成功与否,需要有一定的标准来衡量它。一般要从经济、社会、环境多个方面进行综合评价。目前策划应用最多的住宅房地产开发中,最重视的是开发方案的经济效益评价。常用的方法有三种：1) 净现值法；2) 内部收益率法；3) 投资回收期法。

第七节　策　划　的　方　法

一、理性方法

借助逻辑学中的三段论、因果论,来进行城市开发策划。理性方法强调以逻辑推理的方法来对开发项目进行评判,使人们能够清晰地发现项目策划与其自身优势之间的因果联系。

三段论是由两个直言判断作为前提和一个直言判断作为结论而构成的推理,其中包含有（而且只有）三个不同的项。

例如：凡科学都是有用的。

凡社会科学都是科学。

所以,凡社会科学都是有用的。

应用于城市开发策划时,我们可依据这种逻辑关系来分析案例的内在逻辑,利用已知的规律,推出计划得到的结果。例如,一般来讲,城市中心区有区位优势,而商业开发项目要求有较好的区位,因此选择城市中心区进行商业开发项目。城市中心区边缘环境优美、生活方便,居住开发项目注重生活环境的营造,因此选择城市中心区边缘进行居住区的开发。

二、非理性方法

非理性方法包括发散、细分、碰撞及逆向思维方向。发散是指把与目标有关的外界因素排列出来,找出关键因素。表15-2所示A、B、C、D是相互联系的目标因素数字代表目标因素之间的影响度。如果以A为目标,则D因素是对其影响最大的关键因素。要着重研究D因素在策划过程中的作用,以D因素作为突破点进行策划创意。

相关因素分析法 表15-2

	A	B	C	D
A	—	5	3	1
B	3	—	5	3
C	1	3	—	5
D	5	1	3	—

细分是指对目标的内部因素进行划分，找出关键点。类似于哲学上的矛盾及矛盾的主要方面原理，找出目标中的关键目标因素，抓住矛盾的主要方面，问题即可迎刃而解。

碰撞是指对各种因素进行排列组合，产生新概念。独立地对待每个因素，可能对问题的解决毫无帮助。这时我们可以把两个甚至几个因素放在一起来研究，诸因素之间碰撞，可能会擦出意想不到的灵感火花。

逆向思维是指对一般人根据经验认定的事物进行研究，问一个为什么，找出不同的结论或结果。逆向思维是转换思维路线的典型方法，是一种不守常规的思维方式。反其道而行之，常常会有"柳暗花明又一村"的惊喜。

综上所述，无论理性方法或非理性方法都是在进行项目开发策划时的工具。策划成功的关键还是对项目透彻的分析，以及丰富的知识和敏捷的思维。

第八节 开发策划之 DI 设计思路

在竞争日益激烈的现代社会，如何在公众面前展示群体的优势，强调群体的特色，增强群体的凝聚力，不仅是企业经营成功与否的关键，也是城市开发活动成功与否的关键。

根据对目前国内外企业形象设计（CI）理论和实践研究，我们针对城市开发的特点与策划需求，提出城市开发地区形象识别系统设计（以下简称 DI 设计）。

一、DI 设计的含义与目的

DI（Development Zone Identity System），意指"开发区形象识别系统"。DI 设计指对某一特定的开发区域进行形象发掘与定位，并对与形象展示的媒体平台相对应的形象要素进行标识性的美学设计的一种创意过程。

通过对 DI 标识的识别、区别，可以引发联想，增强记忆，促进被标识体（开发区）与其对象（潜在投资者）的沟通与交流，从而树立并保持对特定开发区的认知、认同，达到高效提高认知度、美誉度的效果，从而达到大大提高开发区招商投资的吸引力和开发区本身的创新性和竞争力的结果。

二、DI 设计、开发区形象与城市开发

（一）DI 设计与开发区形象

开发区识别DI（Development Zone Identity），是通过视觉规划，以标识为中心发展对象，将优越的开发区形象统一化、组织化和标准化形成系统规范，促使开发区建立一个合适、完整且具体的形象对外传播，并能让大众一目了然，产生印象，建立知名度，达到识别效果。因此，"开发区识别"是可以被创造的。

开发区形象DI（Development Zone Image），是产生自开发区经营的实际状态。开发区体制越实在越能彰显出开发区自我的文化特点，进而传送强化真实形象的传播力量。希望大众认知开发区并对其产生良好的评价，首先必须具备强稳有力的竞争条件，而据此确立营销传播媒体的表现方式与途径，通过组织营运和形象策略双管齐下的方式，逐步影响消费市场和形成竞争优势。所以，"开发区形象"是日积月累形成的。

所以，就开发区形象而言，它是实实在在积累的结果，而就开发区识别来说，它本身是一种标识的视觉规划创意。

简而言之，DI设计就是将实在和潜在的开发区形象标识化，并进一步形成具有一定结构、层次的系统体系。

（二）DI设计与城市开发

随着国际技术经济的相互合作日益密切，招商引资的难度将不断增大，招商中的形象问题也就显得十分重要。如何在公众中展示开发区的优势，强调开发区的特色，增强开发区的凝聚力，是开发区或企业经营成功与否的关键。

一个国家、一个城市、一个开发区、一个企业，都有自己独特的形象。塑造形象，推介形象，已成为人们高度重视的问题。就一个开发区而言，开发区形象对招商有着重要的作用和影响。

可以说，DI是开发项目迅速积聚人气、招商引资的关键，是开展创建品牌开发的保障，是加速城市开发全方位快速推进和发展的保障。

实际上，开发区形象是一个开发区的潜在性的投资额，是一种极有价值的无形资产。如果一个开发区在国际上具有了良好的形象，就不用担心没有人来投资。在这方面，美国硅谷、新加坡裕廊工业园区已成为良好开发区形象的国际典范。

目前，国内有些开发区已率先改革区域形象，设计、推介区域形象。那么，如何借鉴企业形象设计（CI）的理论和实践，设计开发区DI，推广区域形象，就值得我们做深入地探讨。

三、城市开发的DI设计思路

（一）开发区形象定位

开发区形象定位是开发区形象设计的前提。开发区形象定位要经过以下三个主要程序：

1. 设立DI委员会

比较CI设计而言，DI是一项更为复杂的系统工程，也必须设立专门的执行机构，方能保证其按计划推进。设立CI委员会是企业导入CI的通常做法。DI委员会的成员一般由城市开发组织体系中的部门派出代表来组成，其中，必须有政府和专家阶层的参与。有了政府、专家的支持，不但DI计划能有正确明朗的方向，在推动执行之时也能够快速化解阻力、排除困难。

DI委员会的主要任务为：
(1) 确认关于DI导入的方针和计划等。
(2) 根据导入方针和系统内容，策划事前调查，并管理调查作业的进行状况。
(3) 参考调查结果，构筑DI概念。
(4) 按照被领导批准的概念和计划，制作配合理念表现和识别系统的具体方案。
(5) 按照被批准的识别系统计划，制定新识别的设计开发要领，为开发新识别系统而采取适当行动。
(6) 审议设计表现的内容，将结果显示给开发区负责人。
(7) 对开发区内外发表开发的结果。
(8) 在开发区内部彻底实行新的DI概念。

2. 开发区形象实态调查

开发区形象的定位，依赖于对开发区形象实态的调查研究。只有进行深入的调查研究，才能对开发区形象作出准确的定位。

调查研究提倡公众参与，要让开发区全体成员都参与进来。通过调查研究，让开发区成员都有机会认识到DI对开发区的意义及重要性，以利于执行阶段全面性革新工作的推动。另外，调查对象还要包括来自不同国家的投资者及相同性质的开发区，以便能听到全面的意见。

调查的方式以问卷调查表为主，辅以深度访谈、座谈会、文案调查等。调查的内容分三大类：

1) 开发区形象，包括开发区的认知、传送媒体、特性形象、规模形象、基本形象、辅助形象、负面辅助形象，对开发区标志设计、标准字、标准色设计的评价，对开发区管理体制的评价，对开发区服务水准的评价等项目。

2) 开发区对外宣传，包括对外传达、对内沟通及表现水平等。

3) 开发区理念，包括开发区使命、发展方针、活动领域、行为基准等项目。"开发区使命"是指开发区依据何种社会使命而进行活动的基本原理；"开发区方针"是开发区依据何种思想来发展的基本政策或价值观；"开发区活动领域"是指开发区在何种领域范围活动；"开发区行为基准"是开发区内部各部门职员应该如何行动，以及应具备的基本心理准备和活动状态。

3. 编撰开发区DI总概念书

在企业CI导入计划上，最重要的环节是总概念书的制作，藉此以塑造出今后的开发区发展方向、活动方针、经营战略、形象标准。

对于开发区将来的期待和责任，必须予以明确强调，根据调查资料的判断、调查结果的阐述所作成的总概念书来表现。

总概念书是有关DI的计划书，主要根据开发区的客观事实，构筑出适合于本开发区的开发理念，也可以说是开发区最高主管的建议书，因此具有解决问题，改善开发区形象和指出未来方向的作用。总概念书能针对调查结果，做出正确的判断，进而提供有关DI的活动指针和改良建议，深入浅出地指出开发区应具有的形象，并明示今后一连串的DI作业及管理办法。

总概念书的内容大致如下：

（1）调查结果的要点。扼要整理出事前调查的结果，对其中的重点加以解释。

（2）本开发区的 DI 概念。包括本开发区未来的作风、理念、形象、活动领域、方针、重要概念……总之，必须把开发区未来的概念作完整、扼要的叙述。

（3）具体可行的策略。为了具体地表达上述概念，应列出实际可行的办法。

（4）DI 的设计开发要领。具体而详细地记载 DI 设计开发计划，使它能立刻展开工作。通常在记载中会明示"设计规范"。

（5）与 DI 有关的补充计划。为了顺利达成 DI 的目标，除了发布设计开发计划外，还得制定出开发区对内对外的信息传递计划，以及各种相关计划。

（二）城市开发 Logo 设计

Logo 译为标志、商标、标志图等，作为独特的传媒符号，标识（Logo）一直成为传播特殊信息的视觉文化语言。

最早的标识实例产生于 2 000 多年前。无论从古时繁复的欧式徽标、中式龙文，到现代洗练的抽象纹样、简单字标等，都是在实现标识被识别的目的，即通过对标识的识别、区别，引发联想，增强记忆，促进被标识体与其对象的沟通与交流，从而树立并保持对被标识体的认知、认同，达到提高认知度、美誉度的效果。

1. 城市开发 Logo 设计的内容

就一个开发项目来说，Logo（标识）形象设计即是项目的名片。而对于一个利益最大化的项目，Logo 更是它的灵魂所在，即所谓的"点睛"之处。

一个好的 Logo 往往会反映项目及开发者的某些信息，特别是对一个商业性开发项目来说，我们可以从中基本了解到这个项目的类型、规模、预期收益等内容。在一个充满各种 Logo 标识的城市中，这一点会突出的表现出来。

按 Logo 设计展示平台来分类，城市开发 Logo 设计的内容共分设以下五大类别：

（1）广告宣传

广告宣传包括以下三种方式：

1）代表项目风格的平面招贴海报。

2）体现项目特色的创意广告。

3）表现项目品位的公益广告。

（2）建筑装饰

以体现开发区特色为主题的各类店面、街道、园林、灯光夜景等设计，例如，商业一条街、前卫时尚店面、小区景观、开发区夜色等。

（3）工艺造型

1）开发项目标志性造型设计。

2）开发项目景观类的各种雕塑。

3）城市公用设施设计（如候车亭、路灯、街灯、电话亭、邮刊发售点、环卫箱等）。

（4）网页设计

网页设计应体现开发区特色，代表开发区形象，突出开发区功能，展示开发区风貌的网页设计。

(5) 动漫设计

1) 开发区吉祥物。

2) 开发区虚拟人物代表。

3) 开发区短篇漫画。

2．Logo 的设计原则

与其他标志图案设计原则一样，Logo 的设计原则有以下三点：

1) 遵循人们的认识规律。

2) 突出主题。

3) 引人注目。

所谓认识规律，比如从上到下，从左到右，从小到大，从远到近的视觉习惯，比如由前因推理到后果，有源头才有流水的思维习惯，还有人们的审美能力和审美心理等；要做到突出主题，就要求设计者非常了解开发区的定位和发展方向，能够在方寸之间概括出开发区的理念；引人注目，是指视觉效果要强烈——容易识别、辨认和记忆。

3．Logo 的设计手法

Logo 的作用很多，最重要的就是表达开发区的理念，便于人们识别，广泛用于开发区的连接、宣传等，有些类似企业的商标。因而，logo 设计追求的是以简洁的符号化的视觉艺术形象把网站的形象和理念长留于人们心中。

Logo 的设计手法主要有以下几种（图 15-1）：

1) 象征性手法；

2) 借喻性手法；

3) 标识性手法；

4) 卡通化手法；

5) 几何形构成手法；

6) 渐变推移手法。

其中标识性手法、卡通化手法和几何形构成手法是最常用的 Logo 设计手法。标识性手法是用标志、文字、字头字母的表音符号来设计 Logo；卡通化手法通过夸张、幽默的卡通图像来设计 Logo；几何形构成手法是用点、线、面、方、圆、多边形或三维空间等几何图形来设计 Logo。当然，设计时往往是以一种手法为主，几种手法综合使用。

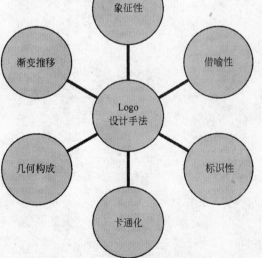

图 15-1 Logo 设计手法

4．Logo 的设计技巧

Logo 的设计技巧很多，概括说来要注意以下几点：

1）保持视觉平衡，讲究线条的流畅，使整体形状美观；
2）用反差、对比或边框等强调主题；
3）选择恰当的字体；
4）注意留白，给人想像空间；
5）运用色彩，因为人们对色彩的反映比对形状的反映更为敏锐和直接，更能激发情感。

复习思考题

1. 策划与规划的关系如何？
2. 城市开发策划一般有哪些步骤？
3. 写一个你比较熟悉的地区开发策划报告。

附录一 城市产业区开发实例

宝山城市工业园区（北区）产业定位

节选自《宝山城市工业园区产业定位报告书》

一、中国制造业在世界制造业中的定位

（一）我国制造业发展的基本态势

2002年上半年，我国主要制造业发展态势良好。利用制造业增长景气指数和以下三个图表（附表1-1～附表1-3）分析显示，汽车、机械、烟草、医药等行业均处于良好的景气状态，其中，汽车和烟草等行业达到近年来增长景气的最高水平；景气状况较好的行业有纺织服装、建材、家电、食品、化学和钢铁；景气状况一般的行业有饮料工业、造纸印刷业、煤气自来水生产供应业等；石油及石油化工业和有色金属工业处于近年来的景气低谷。

中国宏观统计数据（1998～2002年）　　　　附表1-1

年　份	1998年	1999年	2000年	2001年	2002年
GDP（10亿美元）	960.9	1004.9	1080	1159	1315.5
GDP增长幅度（%）	7.8	7.1	7.5	7.5	8
出口（10亿美元）	183.5	194.7	249.1	266.1	322.3
进口（10亿美元）	136.9	158.7	214.7	232.1	278.2
外汇储备（除黄金）（10亿美元）	149.2	157.7	168.3	215.6	280.6

贸易结构分析－出口产品　　　　附表1-2

产品	出口（2001年）（10亿美元）
机械和运输产品	94.9
电子电气产品	51.3
服装及服装配件	36.7
计算机和通信产品	36.2
纺织原料	16.8

贸易结构分析-进口产品分析　　　　　附表 1-3

产品	出口（2001 年） （10 亿美元）
机械和运输产品	107
集成电路和微电子产品	16,6
原油	11.7
塑料原料	11.7
钢铁产品	9

数据来源：Economist Intelligence Unit。

（二）中国制造业的特点分析

在中国加入 WTO 以后，中国的投资环境逐步改善，允许外资投资的产业领域亦进一步放宽，不仅一般竞争性行业，包括部分基础设施领域和部分资源开发领域也允许外资进入，并且允许跨国公司参与国有企业的并购，由此吸引大量外资进入。仅 2002 年 1～9 月份，吸引外资就达 411 亿美元，超过美国同期的 172 亿美元，成为世界吸引外资的第一大国。世界 500 强公司已有近 400 家在中国投资了 2 000 多个项目。

但是，我国要成为世界的制造业中心还存在着一定的距离。首先"世界制造业中心"，必须具备这样几个条件：

1）具有生产的规模优势和较大的市场份额。
2）具有比较先进的生产手段和一定的技术优势。
3）生产的组织化程度和集中化程度比较高。
4）形成专业化的分工体系。

依此来观察中国的制造业，其整体水平还相差很远。历史上英国、美国、日本曾先后成为"世界生产中心"，其制造业占世界的份额分别是 53%、40% 和 20%。而中国制造业在世界的份额 1997 年为 5%，与欧盟 29%、北美 27% 和日本 15% 的份额相比差距还相当明显。虽然，最近几年中国的制造业得到了长足的发展，但问题依然存在，包括以下几个方面：

1. 技术水平低

中国钢铁、有色金属、电力、机械、石油化工、煤炭、建材等传统工业的技术水平与国际先进水平差距较大，多数大中型企业关键技术的开发与应用能力相对不足，国际先进技术装备仅占 1/10，机械产品达到当代国际水平的不到 5%；反映在产品结构上，国际达标优质产品仅占 1/10，不少高技术产品和高附加值产品仍需要进口。以钢铁生产为例，20 世纪 90 年代末，中国钢产量已达到世界第一，但品种不足，质量差，低档次的建筑钢材占很大比例，大量优质钢材、特殊钢材还要靠进口。

2. 企业规模小，整体实力弱

以摩托车业为例，摩托车产业虽然生产量居世界第一，但生产的集中度不高，企业规模和实力不强，缺少具有国际竞争力的大型企业。尽管整车产销量达到20万辆以上的企业从1993年的4家发展到现在的18家，但摩托车生产的集中度（前16名）由1995年的83.6%下降到2000年的54.83%。产量最大的企业产品市场占有率不足10%，人均产值仅20万元，而摩托车工业发达国家人均产量为129~200辆，人均产值为26~35万美元。

3. 技术创新能力低

2000年中国用于研发费用的总投入为890多亿元，占GDP的1%，只相当于107亿美元。1999年，中国大中型工业企业研发费用支出占销售收入的比例为0.6%，而世界500强企业研发费用所占销售收入的比例一般为5%~10%以上，电信、医药等行业甚至达到20%。中国目前尚未形成自主知识产权的技术体系，多数行业的关键核心技术与装备基本依赖于国外。

（三）中国制造业的优势分析

中国要成为真正意义上的"世界生产中心"，还有很长的路要走。但是，成为"世界生产中心"的趋势是明显的，而且中国具备一些比较优势。

中国制造业是指对原材料（采掘业的产品和农产品）进行加工和再加工，以及对零部件装备工业的总称，包括除采掘业、农业外的全部29个行业。目前中国制造业增加值占GDP的40%，财政收入的50%、外汇收入的75%来自制造业。从1980~1998年，中国GDP年增长率为9.94%，而同期制造业的年均增长率达到12.65%，制造业已成为中国经济增长的"发动机"。

1. 钢铁业

2003年，钢铁业将延续2002年的平稳运行的态势，继续保持在2002年年底形成的景气区间内。钢铁生产将持续增长，估计全年钢产量将达到2亿吨以上，钢材进口将得到抑制，出口有望高于2002年。

2. 电子产品制造业

2002年，国内电子企业的国际竞争能力增强，电子产品尤其是家用电子产品出口大幅度上升，我国电子工业增长景气回暖，而且势头强劲。全年电子工业完成不变价格产值同比增长22.3%，成为对2002年工业快速增长贡献最大的行业。2003年，电子工业将继续保持快速的增长态势。其中，消费类产品将进入高速增长期，投资类产品和元器件产品也将保持快速增长态势。预测全球PC市场增长7.6%，2003年出口仍将保持高速增长态势，出口产品结构将进一步提升。

3. 家电制造业

2002年，家电行业呈现出缓慢复苏的态势，在暴利时代终结的大背景下，这种回升可能需要较长的时间。中国产业增长景气指数显示，家电行业增长景气指数呈现出前高后低的整体回升态势，在家电行业的两个子行业中，黑色家电（彩色电视机）景气水平要好于白色家电，黑色家电在前三季度成为拉动行业景气的主要力量。引领景气上升的主要因素是出口量迅猛增长，出口景气与出口量表现出一致的前高后底。

2003年，家电制造业仍将持续复苏势头，增长景气继续回升。多数产品的国内市场需求与2002年基本持平或有小幅增长，空调器如果天气形势好将会有10%

左右的增长空间，微波炉的跌势将趋于停止，大致稳定在2002年的水平。同时，家电的价格将持续保持在低位，2002年中国家电企业中民营企业开始崭露头角，2003年将继续有上乘表现，业绩将会有大幅度的提升。

4．建材制造业

建材工业增速将放缓。2002年，在全社会固定资产投资高速增长和房地产业飞速发展的拉动下，建材行业整体运行状况好于往年，经济运行质量明显改善，经济效益较快增长，各项主要经济指标都有显著提升。

2002年建材工业经济持续快速发展的态势为2003年继续保持相对稳定的增长奠定了基础，2003年建构产业产销量和利润仍将保持稳定增长，行业增长指数将进一步上升，但增长速度将会有所放缓；增长指数出现大幅上升的可能性比较小。在各个子行业中，水泥制造业由于受固定投资增长和关小上大的结构调整政策等有利因素持续发挥作用的影响，仍将保持良好的增长势态，但下半年增长速度可能会放缓；建筑用玻璃制品业将会延续自2002年9月出现的复苏趋势。

5．食品、乳品制造业

近年来人民收入水平提高，人们更加关注生活质量，在饮食结构和营养搭配上有了更高的要求，而消费结构的升级带动了整个食品工业的良性发展。

2002年我国食品工业发展形势良好。据统计，2002年1～11月我国食品工业实现销售收入5 122.14亿元，同比增长17.3%，食品加工业、食品制造业分别实现了17.7%和16.1%的同比增幅。由于国际粮价持续走高，刺激了我国粮食出口。2002年我国粮食出口情况良好，1～10月出口1 098.28万吨远大于进口239万吨，净出口859.27万吨。

2002年食品工业运行中，有一点值得特别关注的是，随着消费结构的升级，在食品工业内部形成了几个高增长的子行业，从而带动了食品工业整体的景气提升。比如，乳品业、水产品业、其他食品加工业这些和收入水平密切相关的子行业发展速度要远远高于其他子行业，对食品工业的拉动作用也是显而易见的。

由2002年总体发展形势和食品工业发展的特点分析，预计2003年食品工业的发展将持续2002年的上扬趋势，但受国际市场粮食价格的影响，发展速度可能有所放缓。鉴于总体快速发展的趋势是由长期因素——消费结构升级所决定的，仍然可以乐观估计2003年食品工业仍将保持良好的发展势头。在食品工业各个子行业中，2002年在兼并重组中逐渐成长的乳品业仍将是值得关注的一大亮点。

6．医药行业

2002年是医药行业健康发展的一年，医药行业效益情况良好。销售收入和利润有大幅增长。2002年1～11月医药行业整体销售收入1 989.28亿元，同比增长17.3%；资产兼并重组导致全行业的行业集中度增高，盈利能力上升。子行业中，化学药制造业波动较大，主要与近期有关医药行业的政策规定频频出台有关，但其出口保持了往年的良好势头，对整个行业拉动作用明显。生物制药业受国家政策扶持，是增长速度较快的子行业，市场潜力巨大。

我国医药行业经过艰难的兼并、重组，经历了多次降价，但整个产业仍然朝着健康的方向发展。展望2003年，中药现代化以及生物制药业的快速发展为整个行业奠定了产业基础。另外，还有一些外界积极因素将推进我国医药行业的发展，比如，国际市场上一些跨国制药公司的"转移生产"也为我国的医药行业提供商机，2003年加入WTO后的积极效应进一步释放等等。综合多方面因素分析，2003年是我国医药行业走向健康发展的一年。

二、上海的产业在中国产业经济中的定位

（一）上海宏观经济现况

"九五"期间国民经济保持持续、快速、健康发展，综合经济实力上了一个新台阶。2000年上海国内生产总值达到4 098亿元，五年平均递增约11.0%。国民经济的总体经济效益同步提高，1995年，地方财政收入为227.3亿元，2000年，地方财政收入达到497.96亿元，5年内工业综合经济效益指数保持在120。在改革开放的推动下，1996～2000年（即我国第九个五年计划期间），上海积极贯彻国家宏观调控政策，积极引导消费升级，优化调整投资结构，努力扩大外贸出口，国内生产总值（GDP）年均增长速度达到4%（附表1-4）。

上海历年国民生产总值[①]　　　　附表1-4

年份	国内生产总值（亿元）	第一产业（亿元）	所占比重	第二产业（亿元）	所占比重	第三产业（亿元）	所占比重	人均GDP（元）
1990	756.45	32.6	4.30%	482.68	63.80%	241.17	31.90%	5,910
1991	893.77	33,36	3.70%	551.34	61.70%	309.07	34.60%	6,955
1992	1,114.32	34.16	3.10%	677.39	60.80%	402.77	36.10%	8,652
1993	1,511.61	38.21	2.50%	900.33	59.60%	573,07	37.90%	11,700
1994	1,971.92	48.59	2.50%	1,143.24	58.00%	780.09	39.60%	15,204
1995	2,462.57	61.68	2.50%	1,409.85	57.30%	991.04	90.20%	18,942
1996	2,902.20	71.58	2.50%	1,582.50	54.50%	1,248.12	43.00%	22,275
1997	3,360.21	75.8	2.30%	1,754.3	52.20%	1,530.02	45.50%	25,750
1998	3,688.20	78.5	2.10%	1,847.2	50.10%	1762.5	47.80%	28,240
1999	4,034.96	80	2.00%	1,953.98	48.40%	2,000.98	49.60%	30,805
2000	4,551.15	83.2	1.80%	2,163.68	47.50%	2,304.27	50.60%	31,547
2001	4,950.84	85.5	1.70%	2,355.53	47.60%	2,509.81	50.70%	37,382

在此期间，上海工业新高地建设取得重大进展，高新技术工业进一步向工业开发区和高新科技园区集中，工业六大支柱行业产值占工业总产值比重超过50%，高新技术产业占工业总产值比重超过20%。20世纪末全球信息产业已超过石油工业而一跃成为世界第一大产业，上海的信息产业也已在2000年一跃成为上海第一大产业。

经过"九五"的努力，上海以"三、二、一"的顺序初步实现了对全市产业结构的战略性调整，第三产业特别是金融、保险、证券业发展迅速。1990年全年一、二、三产业的比例是4.3∶63.8∶31.9，然而到了2000年，这一产业结构已变为1.8∶48.0∶50.2，即第三产业多年来第一次超过50%，接近APEC发达国家和

地区的水平。上海金融保险业在 GDP 中的比例已达到 16%，开始逼近香港的 23.4%，上海证券市场股票上市公司家数已和香港不相上下。

上海对内对外开放在"九五"期间不断深化，作为中心城市的集聚辐射功能进一步得到增强。上海外贸进出口，5 年累计总额达 1 717 亿美元。到 2000 年底，上海的港口贸易货物吞吐量达到 20 400 万吨，比香港 16 883.8 万吨高；上海进出口贸易总额为 547.1 亿美元，与香港本地的进出口总额 591 亿美元接近。上海引进外资的数量和质量都不断提升，一批超过 10 亿美元的大项目落户上海，5 年累计实际吸收外资金额突破 300 亿美元。到 2000 年底各地在沪企业已达 1.5 万家，上海在外省市投资的企业也达到 4 200 个。浦东从 20 世纪 90 年代初开放以来，经受住了全球包括东南亚金融危机在内的多次经济风波的考验，保持了持续、稳定、健康的发展势头，成为国际资本的"安全港湾"，现在全球 500 强中已有 146 家在浦东投资，25 家跨国公司的地区总部已设在了浦东。浦东开发开放进入形态开发和功能开发并举的新阶段，外向型、多功能、现代化的新城区初步形成。

上海经济景气继续向好。

首先是生产要素供给充沛。上海在资本要素和劳动要素上的供给都很充裕，能源、交通运输情况不断改善，同时居民的高储蓄率、外资利用的大幅增长、信贷状况的相对宽松等，都为支持经济增长提供了有力的保证。

其次是最终需求空间很大。上海正在形成以汽车、住房、休闲为主的新一轮消费热点，将在较长一个阶段里对消费需求产生巨大推动作用，促使消费结构不断升级。民间投资和外商直接投资则将成为未来几年投资需求持续的亮点。与此同时，上海的出口需求也随着入世后积极效应的放大而进一步扩大。从总体上分析，消费、投资、外贸出口三大社会最终需求将保持稳定增长态势，能够支撑上海经济的持续增长。

最后是产业基础日益坚实。上海在推进新型工业化的过程中，汽车、石化、电气、钢铁等龙头行业将进一步有所作为。现代服务业在信息、金融等新兴产业的带动下，无论是总量规模还是增长幅度都将出现新的突破。

（二）上海的产业体系

上海正在构建具有较强竞争力的产业体系。上海与广州、北京等其他城市以及港澳地区相比，具有发展制造业的独特优势。综合经济技术基础条件好，产业配套能力强，上海今后将把情报业、金融业、商贸流通业、汽车制造业、一体型设备制造业、房地产业作为六大支柱工业来抓。重点发展以汽车、船舶制造为代表，以数控机床、盾构机、电梯为代表的普通机械制造业；以化工设备、环保机械、包装机械为代表的专用设备制造业等，成为全国装备工业的重要基地之一。

同时，将加快推进上海大众汽车和上海通用汽车扩产工程以及汽车出口基地建设，建设以整车为龙头的生产基地，使上海成为全国重要的乘用车制造基地。继续推进宝钢三期后续工程及不锈钢等项目建设，使上海成为精品钢材生产基地。

信息产业将成为高新技术产业的强势龙头。上海将重点开发生产移动通信、数字视听、集成电路三大类产品，建设软件、计算机及外围设备、光电子产业三大基地。重点实施城市信息化六大系统工程包括政府信息化工程、企业信息化工程、电子商务工程、科技教育和人才信息化工程、社区信息化工程和城市管理信息化工程。核心指标就是实现工业化和信息化的双轮驱动（附表 1-5）。

上海市各行业的工业生产额的推移[②]　　　　　附表 1-5

产业类别 \ 年度	1999 年	2000 年	2001 年	1999~2001 的年平均增长率
电子及通信设备制造业	590.89	792.89	989.36	29%
交通运输设备制造业	723.57	769.89	892.57	11%
黑色金属冶炼及压延加工业	520.52	591.6	679.72	1%
电气机械及器材制造业	407.61	459.03	497.71	11%
化学原料及化学制品制造业	361.98	439.1	469.74	14%
普通机械制造业	324.7	347.55	392.84	10%
石油加工及炼焦业	144.38	202.33	359.3	58%
金属制品业	278.11	310,57	307.32	5%
服装及其他纤维制品制造业	232.15	257.22	256.01	5%
纺织业	195.18	241.77	254.88	14%
专用设备制造业	157.5	171,48	197。03	12%
塑料制品业	139.06	160.22	182.93	15%
非金属矿物制品业	126.97	142.45	177.76	18%
医药翻造业	113.66	131.42	140.44	11%
食品制造业	98.65	117.49	134.13	77%
烟草加工业	75.73	84.84	116.84	24%
仪器仪表及文化、办公用机械制造业	90.34	106.23	105.62	8%
有色金属冶炼及压延加工业	74.29	97.4	98.1	15%
文教体育用品制造业	75.9	84.47	95.63	12%
食品加工业	85.9	83.99	89.75	2%
印刷业、记录媒介的复制	78.33	83.57	80.65	1%
木材加工及竹、藤、棕、草制品业	61.98	70.1	78.45	13%
造纸及纸制品业	64.28	65.18	76.25	9%
饮料制造业	66.49	73,12	72.62	5%
橡胶制品业	67.57	67,47	59.43	-6%
皮革、毛皮、羽绒及其制品业	50.96	58.48	57.19	6%
化学纤维制造业	161.92	235,73	53.64	-42%
家具制造业	24.63	29.97	36.05	21%

（三）上海的产业结构

国际经验表明，人均 GDP5 000~10 000 美元阶段，是一个地区进入活跃、加速发展的阶段，也是一个地区进入经济结构急剧变化的时期。经过近年来持续两位数的经济高速增长，上海的经济总量和综合实力都达到了新的水平。种种迹象表明，区域经济正迎来新一轮的高增长期。在新的发展阶段，与经济高增长相伴随的是工业化、城市化、国际化相互促进，相互协调，呈现出系统性变化和发展特点。

上海的产业结构从适应性调整转向战略性调整，第三产业、工业六大支柱产业和高新技术产业成为新的经济生长点。第二产业发展加快，占国内生产总值的比重由1995年的40.1%，提高到2000年的近45%。高新技术产业化步伐加快，占全市工业总产值的比重由1995年的10%，提高到2000年的20.6%左右。城郊型农业得到较快发展，保证了城郊口粮和城市副食品供应，加快了现代化、集约化农业示范点的建设。目前，上海总体工业化已经进入结构性升级阶段，结构上仍然是传统工业与高新工业、落后工业与先进工业多元并存的阶段，工业发展尚未达到成熟阶段。

"十五"期间上海将努力提高综合经济实力，力争成为国内外经济规模大、产业能级高、资源配置能力强的城市，即进入一个全面提高城市综合竞争力的新阶段。上海经济发展目标是全力推进上海国际经济中心、国际金融中心、国际贸易中心、国际航运中心这四个中心的建设。

"十五"期间预计上海GDP年均增长9%～11%，到2005年按2000年价格计算达到7 300亿元左右，人均GDP达到54 000元左右，按2001年汇率计算达到6 200美元。2001年1～3季度，上海GDP比上一年同期增长10.3%，其中第一产业增长25%，第二产业增长12.8%，第三产业增长8.2%。上海经济的增幅高于全国2.7个百分点。

"十五"期间，上海将大力发展六大支柱产业（附表1-6、附表1-7）。预计通过集中力量、加大投入，信息业年均可增长25%以上，2005年占GDP的比重超过13%，其中重点项目是要加快建设超大规模集成电路生产线，加快发展数字音视频产品等。金融业在加入WTO后将把握扩大开放的机遇，"十五"期间年均增长达15%左右，到2005年金融业占GDP的比重将达到18%，其中，重点工作包括国有商业银行改制，积极发展股份制银行，中外合资金融保险机构，继续推动证券、期货业发展等。商贸流通业预计"十五"期间年均增长8%，进出口商品贸易总额年均增长9.5%，2005年商贸流通业增加值占GDP的比重达到8%，其中重点工作包括继续发展连锁商业，加快组建国内营销网络，促进出口贸易方式的创新等。汽车制造业的销售收入预计年均增长15%，2005年汽车业占GDP比重可达7%左右，其中重点工作包括继续实施以轿车为重点产品的发展战略，加快开发实用型家用轿车引进，消化世界汽车工业的先进技术和管理，扩大零部件及汽车出口等。成套设备制造业的销售收入预计年均增长10%，2005年将达到占GDP比重5%左右，重点工作包括大幅度提高成套设计、培训、技术服务和维修的综合能力，重点发展大型发电与输变电设备、石油化工设备等。房地产业预计年均增长14%。

上海市的第十个五年计划　　　　　　　　　　　　附表 1-6

六大支柱产业	情报业、金融业、商贸流通业、汽车制造业、一体型设备制造业、房地产业
三大新兴产业	生化·医药产业、新材料产业、环境保护产业、现代物流产业
二大基础产业	石油化学工业、钢铁业
都市型产业	都市型工业、都市型服务业、都市型农业等

其中，作为本次考虑引进的对象产业与第二产业有关的产业，其内容如下所示。

上海市第十个五年计划有关本次考察对象的计划内容　　　附表 1-7

情报业	IC 集成电路（从设计到光罩、测试）、通信、光电子、关键零件等
汽车制造业	轿车的生产及其设计，关键零部件等
一体型设备制造业	大型·超大型的发电·变电设备、数码控制的机床、石油化工设备、控制系统装置等
新材料产业	特殊金属材料、特殊有机材料、特殊无机材料、复合材料、电子信息用材料、光电材料、超导电材料、高纯度金属材料、高性能陶瓷材料等
环境保护产业	环境保护装置、测定仪器和材料制造等
钢铁业	汽车用钢材、造船钢板、电工用钢材、输油管、不锈钢、高级建设用钢材等

三、上海在长江三角洲地区中的作用

（一）金融服务窗口

作为我国重要的金融中心城市，改革开放以来特别是进入 20 世纪 90 年代以来，上海以各种融资手段和方法，积极为长江三角洲其他城市提供强大的金融服务。第一通过金融保险业的超常规发展，为长江三角洲区域经济的整体发展提供了强大的金融支撑；第二为外国金融机构大举进入长江三角洲地区提供优良的服务平台；第三通过上海金融机构开展跨地区的经营服务活动，为长江三角洲地区融通资金。

（二）商贸服务窗口

作为我国最大的商贸中心城市，上海进入 20 世纪 90 年代以来十分重视对长江三角洲周边地区和全国各地的商贸服务工作和区域物流基地建设，以充分发挥其在区域和全国的商贸服务窗口作用。表现为大力发展区域物流产业，积极构筑区域物流市场，通过连锁商贸业态的跨地区发展有力地带动了上海商业贸易对长江三角洲周边地区的销售。

（三）吸引外资的重要窗口和平台

首先，上海引领长江三角洲地区成为我国外商入驻数量最多、外资投入最大、投资密度最高的区域之一。其次，通过大力发展会展业以及工博会、华东商品交易会等有效形式，积极为长江三角洲周边地区的对外招商引资当好"二传手"。最后，上海在长江三角洲都市圈形成中外多方联合投资和共同发展的格局中，扮演着越来越重要的组织领导角色和起着桥梁的作用。

（四）交通枢纽与外贸口岸作用

上海作为我国最大的海港和著名的空港、信息港，20世纪90年代以来其交通的枢纽作用和外贸的口岸作用得到进一步强化，一个以上海为轴心的、现代化的长江三角洲区域综合立体大交通体系正在形成。在发挥外贸口岸作用方面，近年来随着外商云集以及国际化经营导向，上海及长江三角洲地区的对外贸易额持续攀升，表明连接国际、国内两大市场的上海口岸的物流功能在增强，而国际物流空间尤其巨大。

（五）信息服务窗口

上海作为我国信息化建设的先行地区，20世纪90年代以来在推进自身信息港建设的同时，积极为长江三角洲周边地区提供各种通信信息服务，为加快长江三角洲地区信息化进程作出了积极的贡献。

四、国际化的产业转移趋势

（一）国际化产业转移的现状

在经济全球化和新技术革命的大力推动下，新一轮的全球性产业结构调整正在如火如荼地进行中，发达国家正面临着产业结构的高级化，亟待将制造业及技术含量较低的产业转移到发展中国家，中国则具有国内市场潜力巨大、劳动力成本相对低廉、工业体系较为齐全等优势，因此，在贸易自由化和资源配置全球化的背景下，全球制造业向中国转移的态势越来越明显。发达国家加快产业转移的原因也日趋明显：

1）由于技术进步加速，产品生命周期越来越短，制造业技术损耗的风险越来越大，一些发达国家纷纷将传统产业向国外转移，为发展新经济腾出空间。产业的跨国转移为发展中国家带来了经济发展的重大机遇。

2）商业模式正发生着大变革。跨国公司越来越专注于技术、品牌和营销网络的开发和建设，将制造活动尽可能地以OEM（原厂委托制造）方式外包给成本较低的发展中国家的企业。发展中国家在制造业领域中的地位越来越重要，甚至成为一些高新技术产品的重要组装与出口基地，产业内贸易取代产业间贸易越来越成为国际贸易发展的新动力。

3）发展中国家本土企业得以越来越深地参与全球分工。跨国公司除了向发展中国家转移生产外，还大规模采取外部采购的办法来维持其在核心生产环节中的竞争力，这使发展中国家的企业可以从跨国公司引进技术、管理、规范，在更多的产业中开展生产经营活动。如美国的波音公司将其商用飞机的制造分布在70个国家与地区，这种全球分工模式效率更高，成本更低。

（二）国际化产业转移促进中国的产业升级

随着经济的高速发展，我国产业结构面临升级和优化的问题。例如，我国目前第二产业的整体技术水平不高，而第二产业不仅比重偏高，而且由于受国家长期垄断保护等原因，在国际竞争上与发达国家相比有很大的差距。同时，据有关部门统计，跨国公司来华投资的项目使用的技术普遍高于我国同类企业，尤其引入跨国并购投资方式后，外资将资金更多投向技术密集型行业，这不仅有利于我国的技术改造，而且将加快产品的升级换代，提升产业结构。发展中国家的工业化道路与手段将发生明显变化：

(1) 工业化进程可能实现跨越式发展,迅速在某些新兴产业中占据一席之地。

(2) 工业化主要任务从以往的推进产业升级变为推进产业链条升级。

(3) 政府推进工业化的政策将从以往以产业差别待遇和扶持为主,转变为创造利于发挥比较优势的投资环境。

(三) 跨国公司投资的趋向分析

根据行业偏向度分析,外商直接投资的行业选择与劳动密集型程度、资产产出效率、行业平均税负水平等有着直接的关系。假定在未来投资决策中,对行业投资的预期,以目前各制造业行业的全部企业平均水平为主要依据,那么根据外商投资企业的利益目标,选择投资领域的趋向也将发生相应的变化。主要注重利用劳动力密集型产业比较优势,对文教体育用品制造业、皮革毛皮制品业、服装加工业、纺织业、家具制造业、木材加工、非金属制品业、专用设备制造业等行业的投资趋向较强,向这些领域投资的可能性比较大。

以提高资产产出效率为投资指向的外商,对电子及通讯设备制造业、文教体育用品制造业、皮革毛皮制品业、服装加工业、食品加工业、电气机械、办公机械、纺织业、金属制品业等行业的投资趋向很强,向这些领域投资的可能性较大。

以回避税负为主要目标的外企,对税负水平比较低的行业具有比较高的投资趋向,这些行业包括皮革毛皮制品业、电子及通讯设备制造业、文教体育用品制造业、塑料制品业、普通机械制造业等等。

2001年后劳动密集型工业行业已陆续成为外商投资相对集中的领域,高技术产业投资增长有望加快。但是,如前所述,外商投资预期受到多种因素的综合影响。如果对上述因素综合评价,可以得到以下结果:

第一,服装、家具制造业、文教体育用品、皮革毛皮制品业、其他制造业等典型的劳动密集型产业仍将是外资投资预期和偏向程度较高的领域。

第二,电子及通信设备制造业、仪器仪表、办公机械、电气机械等虽然资本装备程度比较高,但是由于资本产出规模明显,税负水平较低等原因,有可能继续成为外商投资相对集中的领域。实际上,这些行业的劳动密集型加工环节是最具有吸引力的投资领域。

第三,今后外商投资相对较少的行业主要由三类构成,一是电力供应、蒸气与热水、煤气生产与供应、自来水的生产和供应业等将长期由国有经济占主导的自然垄断行业;二是非金属矿采选业、黑色金属矿采选业、煤炭采选业等资本产出效率较低、税负水平比较高的行业;三是黑色金属冶炼及压延、饮料制造业等市场相对饱和、资本产出效率不够明显或者税负水平比较高的行业。应当注意到,近几年来,跨国公司的投资项目规模不断扩大,资本含量有所提高,这对于中国吸收外资的技术升级具有重要作用,如果能够在政策上给予鼓励和扶持,这种趋势有望继续保持并进一步扩大。

(四) 日本对华投资的新趋势

日本是中国吸收外资的重要来源地之一。日本的经济结构调整将对面向中国的产业转移产生什么样的影响呢?根据日本国际合作银行对792家在国外设有法人公司的日本制造业企业所进行的问卷调查表明,[③]71.6%的企业提出今后3年将继续加强和扩大海外业务（海外业务除了包括在当地投资企业的生产、销售、研究开发等活动之外，还包括委托生产、收购等），而提出"维持现状"或者"缩小、撤退"的企业仅占28.0%和0.4%。计划扩大海外业务的企业比重比2000年度调查结果提高了17.1%还多，可见日本企业的对外产业转移今后将以较快的增长速度继续扩大。其中，82%的企业认为中国是最有前途的产业转移对象国（可重复选择），比2000年调查结果提高13%，已经连续4年居各国（地区）之首。此外，今后3年计划扩大海外业务的企业中76.3%的企业回答将扩大在中国的业务，比2000年度调查结果提高了16.8%。因此，今后中国会成为日本包括直接投资在内的产业转移的主要目的地。

从不同产业的投资趋向来看，在日本的主要行业中，汽车工业生产企业计划3年内扩大和加强海外业务的比重最高，达到90%，其次是一般机械（74.5%）、电气机械、电子设备（72.3%）、化学工业（70%）等。与2000年调查结果相比，这些产业计划扩大投资的企业比重都有很大程度的提高，其中汽车工业提高了23.8%。除此之外，一般机械（29.8%）、化纤（28.0%）、食品（30.4%）的上升幅度也比较大，表明这些行业的投资有可能出现新的增长势头。从这一结果来看，日本对华产业转移（包括直接投资）、当地投资企业增资或扩大销售以及产品研究开发、中国国内企业委托生产、收购中国国内企业产品等趋势将进一步加快，其中运输设备、机械、电气电子机械、化工等资本密集型产业领域的投资有可能超过其他产业。应当说，今后发达国家的对华投资也具有相似的特点。

（五）上海成为全球R&D中心

越来越多的跨国公司在上海建立R&D中心。早在1995年，跨国公司在加大生产性投资的同时，把R&D中心和技术中心迁到上海。上海汽车工业有限公司与美国通用汽车合资的上海泛亚汽车技术中心推出国内第一辆"概念车"——麒麟车和"凤凰"燃料电池概念车。日本日立技术中心自行开发的2.8匹大功率压缩机和双转子压缩机已经达到了领先于日本母公司的技术水平。各跨国公司正实行从上海本土化生产转向本土化技术开发和生产相结合的战略转型。全球跨国公司在浦东建立了7 000多家投资企业，R&D中心与技术中心达80多家。

2002年美国通用电气公司、惠而浦公司、惠普等10家知名跨国公司在浦东设立R&D中心和技术中心。其中，通用电气公司的动作特别引人注目，通用电气公司在上海张江高科技园区建立其在美国本土和印度之外的第三家全球性研发中心，中心将把通用电气在中国各地区的、各业务部门的研发力量集中到张江，成为通用电气全球研发力量的组成部分。

五、宝山区在大上海经济圈内的战略定位

（一）宝山区的产业特征的分析

1. 区域位置

宝山区位于上海市北部，地处黄浦江和长江的交汇点，素有上海"水路门户"之美称。全区由陆地和岛屿两部分构成，陆地东北濒临长江，东临黄浦江，南与杨浦、虹口、闸北、普陀4个区相毗邻，西与嘉定区交界，西北隅与江苏省太仓市为邻，横贯中部的蕴藻浜将其划分为南北两部，吴淞大桥、蕴川路大桥、江杨路大桥，塘桥大桥横跨其上。长兴、横沙两岛自西至东，横卧于长江口南支水道，全境东西长56.15公里，南北宽约23.08公里，区域面积424.56平方公里。

区内有三大集装箱码头，集装箱吞吐量占上海港的70%，是全国最大的集装箱储运基地。宝山海运可连接160多个国家和地区的400多个港口，是全国九大省际交通枢纽之一。另外，宝山距上海火车站和上海虹桥国际机场均为10分钟左右车程，距上海浦东国际机场仅为20分钟车程。

新的上海大学城就坐落其中，依托上海大学，这里将被打造成环境优雅、居住区配套、生活品位高、文化学术气氛浓郁的大学城。

2．行政区划及人口

宝山区辖有9个镇和2个乡，常住人口122.80万人。20世纪90年代以来，宝山区作为上海产业和人口主要导入区，吸纳了大量市区人口入住宝山区，形成了具有宝山区特征的产业和带动了一些新兴行业的发展，宝山区人口总量和经济实力在市郊区县（除浦东新区，下同）中名列前茅。统计资料显示，宝山区域内，现有产业活动单位12 637个，在市郊区县中处于闵行之后，位列第二，从业人员56万人，2001年实现国内生产总值380.21亿元，占全市7.7%。

3．综合实力

宝山是上海重要的"钢"、"港"基地及农副产品生产基地。"十五"期间宝山提出了"一业特强，多业并存"的产业发展思路，一业即冶金延伸业，多业即交通运输仓储业、生活游览服务业、房地产业和特色农业。

4．人口文化程度

宝山区人口的文化素质已有显著的提高，但总体受教育情况还低于全市平均水平，尤其是具有高等文化程度的人口与全市平均水平差距较大，因此全区人口的文化程度有待向高层次发展。

（二）宝山区的经济现状

1．宝山区基本单位概况（第二次基本单位普查结果）

截止2001年年底为止，宝山区有产业活动单位16 424个，其中，区域内有经济活动的产业活动单位12 637个，单位本身为法人单位的产业活动单位10 230个；多产业法人单位所属的产业活动单位2 407个。与1996年"一普"相比，全区法人单位和产业活动单位分别净增144个和201个，增长率为1.4%和1.6%。

2．由经济贡献度及企业规模看现行产业结构

全区范围内，大中型企业虽然只有441户，比重只有6.8%，但创造的营业收入比重高，约占75.5%，在区域经济总量中占据明显主导地位。小型企业共计5 967户（比重93.1%）。不论人均技术装备水平，还是劳动生产率等，小型企业都无法与实力强大的大中型企业相比，但却创造了24.3%的营业收入，同时解决了56.9%的劳动就业问题。因此，小型企业在保持全区经济持续稳定发展中的作用不容忽视。

3．由宏观经济指标看现行产业结构

（1）第二产业（即工业）比重较大，区属工业占区域工业比重较小

2001年区域第二产业生产总值占全市第二产业生产总值的11.8%，在区域国

内生产总值中占73.2%。其中，区域工业占全市工业的11.9%，在区域国内生产总值中占66.6%。由此可看出两点，第一，工业是宝山经济的第一支柱产业；第二，宝山区属工业产值较区域工业产值过轻，仅22.3%，份额不足四分之一，亟需进一步发展。

（2）冶金及压延业等重工业在宝山区域的第二产业中所占比重巨大

2001年区域黑色金属冶炼及压延业实现营业收入432.1亿元，占全市黑色金属冶炼及压延业的60.6%，区域工业营业收入的58.0%。

在工业结构上，宝山区有严重的向重工业倾斜的趋势。这不仅在资本构成中可以看到（相对于轻工业的14.6%，其重工业占85.3%），在实现营业收入前十位的工业行业排行榜中也是显而易见。这些行业中，金属制品业所占单位数最多，但单位产出只有963万元；电子及通讯设备制造业发展较快，1996～2001年间，单位数增长20.8%，营业收入增长3.8倍。黑色金属冶炼及压延业、有色金属冶炼及压延业，单位数分别下降30.9%和35.8%，但黑色金属增长较快，实现营业收入增长2.6倍，有色金属属于调整行业，实现营业收入下降51.5%。

4. 所有制结构中公有制经济占主导的同时，非公有制经济发展迅速

1）随着经济体制改革和对外开放的进一步深化，宝山的所有制结构也发生了很大的变化，但总的来说，宝山以公有制经济为主，其区域公有制经济所占比重比全市高7.2个百分点，而区属经济结构中公有制经济占65.6%。相比之下，其区域经济中个人资本、港澳台商资本、外商资本占21.5%，区属经济中其非公有制经济占34.4%。

2）非公有制经济发展迅速，1996～2001年区内非公有制经济单位数增加了3 595个，增长2.8倍，从业人员增加了6.82万人，增长1.3倍，实现营业收入增加了209.73亿元，增长1.7倍。其中私营经济单位数增长了4.1倍，从业人员增长了6.7倍，营业收入增长了13.5倍，而港澳台及外商经济处于稳定发展阶段，单位数下降4.3%，从业人员增长6.7%，实现营业收入增长53.7%。

5. 第三产业发展的势头良好，发展空间巨大

随着宝山的城市建设与开发的不断深入，第三产业得到了迅速的发展，开始对宝山的经济增长起到一定的支撑作用。据统计，2002年1～9月宝山税收收入的52.9%来自第三产业。目前，宝山区的第二产业的增加值占全市第二产业增加值的3.9%，第三产业单位数占全市第三产业单位数的3.0%，可以预测，随着宝山区开发的全面启动，其第三产业的发展空间将无比广大。

（三）微观角度看宝山的区域经济现状

1. 重工业是区域经济的支柱产业

根据宝山统计局近两年的资料显示，金属制品业，黑色金属冶炼及压延加工的销售产值占区域总产值比例最高，2001年两者相加占构成比的34.39%，其次是普通机械制造业、电器机械器材制造业、化学工业和非金属矿物制品业等。由此可以看出区域内经济以重工业为主，此结论与以上宏观分析所得出的结论相吻合。

2. 金属冶炼及相关制品产业在区域工业中占有绝对优势

附表1-8所示，与2000年相比，2001年金属制品业，黑色金属冶炼及压延加工，非金属机械器材制造业，电子及通讯设备制造业的构成比上下浮动均超过一个百分点，特别是黑色金属冶炼及压延加工，构成比上升了2.44%。在前年类比方面，电子及通讯设备制造业的发展令人注目，类比达到246.01%；石油加工业、非金属矿物制品业、交通运输设备制造业、黑色金属冶炼及压延加工也是增长迅猛（附表1-8）。

2001年工业行业销售产值情况[①]　　　　　　　附表1-8

	销售产值 2000年	构成比	销售产值 2001年	构成比	前年比
金属制品业	414 229	24.59%	418 881	22.94%	1.12%
黑色金属冶炼及压延加工	151 794	9.01%	209 113	11.45%	37.76%
普通机械制造业	139 149	8.26%	158 820	8.70%	14.14%
电器机械器材制造业	137 046	8.14%	156 210	8.56%	13.98%
化学工业	116 288	6.90%	121 311	6.64%	4.32%
非金属矿物制品业	79 333	4.71%	111 407	6.10%	40.43%
纸制品业	90 529	5.37%	80 221	4.39%	-11.39%
纺织业	63 291	3.76%	63 448	3.47%	0.25%
交通运输设备制造业	45 675	2.71%	63 015	3.45%	37.96%
电子及通讯设备制造业	12 586	0.75%	43 549	2.39%	246.01%
医药工业	38 376	2.28%	37 299	2.04%	-2.81%
塑料制品业	40 976	2.43%	35 481	1.94%	-13.41%
专用设备制造业	25 077	1.49%	24 960	1.37%	-0.47%
缝纫业	26 223	1.56%	23 379	1.28%	-10.85%
石油加工业	13 012	0.77%	19 197	1.05%	47.53%
家具制造业	15 019	0.89%	17 543	0.96%	16.81%
印刷业	12 013	0.75%	12 189	0.67%	-4.12%
皮革，皮毛及其制造业	9 250	0.55%	11 349	0.62%	22.69%
橡胶制品业	11 729	0.70%	10 776	0.59%	-8.13%
饮料制造业	6 800	0.40%	9 382	0.51%	37.97%
总计	1 272 859	1	1 547 309	1	

（四）宝山区重要企业介绍

附表 1-9 所示，宝山区主要企业简介。

宝山区内重要国有/集体企业一览表　　　　　附表 1-9

企业名称	行业	员工人数	利润或年销售	主要产品	备注
宝山钢铁股份有限公司	钢铁业	15 693 人	利润总额：59.42（亿元）（2002 年）	热轧板卷，冷轧板卷，无缝钢管，线材，钢坯等	宝钢集团所属
上海东升电子股份有限公司	灯具制造业	1 000 人	销售收入：353 258（千元）	灯具	股份制有限公司
上海沪宝轧钢厂	钢压延加工业	150 人	销售收入：166 913（千元）	有色金属压延	集体企业
上海业通金属有限公司	钢压延加工业	61 人	销售收入：330 687（千元）	废旧金属收购加工等	宝钢集团下属公司所属
上海宝立金属制品有限公司	钢压延加工业	90 人	销售收入：5（亿元）	改制钢材	宝钢集团下属公司所属

注：1. 宝山钢铁股份有限公司是宝钢集团的核心企业，在世界钢铁行业综合竞争力排名中将其列入前三名。
2. 上海业通金属有限公司在宝山 2001 年销售收入排名中名列第 12 位。
3. 上海宝立金属制品有限公司在宝山 2001 年销售收入排名中名列第 21 位。
4. 上海东升电子股份有限公司在宝山 2001 年销售收入排名中名列第 4 位。

六、战略定位

在新一轮上海产业升级时期，宝山区应以新型工业化来发展地区经济，使宝山成为上海市经济升级的强力引擎。在建设新型工业化的道路上，宝山区须正确处理好发展高新技术产业、传统产业和服务业的关系，使其相互促进，相互推动，形成以高新技术产业为先导，基础产业和制造业为支撑，服务业全面发展的格局。

宝山在工业结构调整、支柱产业选择等产业政策的制定上，要有地区经济一体化的观念。长江三角洲已形成较成熟的区域经济，其中的各地区相互竞争、相互联系，各地区产业具有天然的市场关联。因此，宝山在确定本地工业发展的重点产业和领域时，必须结合自身优势，考虑到周边地区的产业状况，以地区经济一体化为政策制定的指导思想。应坚持用高新技术和先进适用技术改造提升传统制造产业，做强做大支柱产业。宝山区的传统产业基础雄厚，在今后一段时期内仍是经济发展的主体力量。宝山区要积极运用高新技术和先进适用技术改造传统产业，提高科技含量，促进产品更新换代，提高产品质量和经济效益。要抓住世界产业转移和上海产业迁移的大好机遇，充分发挥宝山区在制造业方面的比较优势，加大对外合资合作力度。除按照上海市政府的规划，扶强、做大精品钢材制造这一支柱产业外，也要扶强、做大配套产业和精品钢材制品加工产业，使这两个产业逐步成为宝山区的支柱产业。其中，以高新技术产业为先导，发展新兴产业，要通过拟定优惠鼓励政策，实施名牌战略，吸引外资和内资，优先发展新兴产业，特别是要加速发展精密机械制造，环境保护和新材料产业。

工业园区是先进的具有综合产业优势的制造业基地，宝山区就贯彻执行上海市工业园区产业发展战略。

按照上海市政府创建国际经济中心城市的要求，上海市将大力拓展城市的发展空间，调整优化城市布局和产业布局，加快郊区城市化和工业化进程，重点建设六大制造业中心。在上海市的产业方针的指引下，宝山区的战略目标应为能将宝山区建设成为能够主动接轨上海市的其他产业集群，积极参与长江三角洲经济圈的合作和交流，充分利用大上海经济圈综合产业优势的先进的制造业基地，以此加速宝山区的综合产业结构升级，加快推进工业化和现代化进程。

工业园应充分利用宝山已有钢铁工业的比较优势，大力发展能将其转化为经济优势的主导产业，把精品钢深加工作为主导产业之一，促使精品钢材的原材料资源转化为产成品产业。从高差异市场开发着眼，积极创造条件，争取成为国内外精品钢铁制造的基地，目标锁定在美国匹兹堡、日本的北九州以及韩国的釜山等世界一流的钢铁工业区基地，成为中国钢铁产业结构调整和升级的基地、可持续发展的示范地、人才的集聚地。

充分利用科研和工业方面的现实比较优势，大力发展汽车零部件产业和若干高新技术产业。上海是中国的工业基地和最大的汽车生产基地之一，集中了一大批科研机构和高等院校，包括中国科学院所属的科研院所，充分挖掘这些比较优势，积极培育相关主导产业，为工业园区的后续发展奠定扎实的产业研发基础。加大港口与产业的互动力度。

注释

❶ 上海统计年鉴 2002 年。
❷ 上海统计年鉴 2002 年。
❸ 日本国际合作银行 "2001 年海外直接投资问卷调查（第 13 次）"，2001 年 11 月 13 日。
❹ 宝山区统计局．野村综研（上海）咨询有限公司制表。

附录二 城市中心区开发实例

上海石库门的新生——保护与改造

一、上海的历史建筑保护与旧区改造

历史建筑保护与旧区改造是上海城市规划与建设中的两项重要内容。

(1) 历史建筑保护。1986年国务院批准上海为国家历史文化名城,上海市政府在1989、1993和1999年分三批公布了共398处优秀近代建筑保护名册,颁布了相应的保护条例,并在1991年的历史文化名城保护规划中,提出了外滩、豫园、人民广场、南京东路、兴业路思南路地区等11个历史文化风貌保护区。

(2) 旧区改造。1991~2000年的10年间,上海旧区改造的任务是全面改造中心城区365万平方米危棚简屋,这项任务的完成将标志着上海的旧区重建改造任务基本完成。

从以往十余年的实施历程可以看出,上海对旧建筑的关注主要是单一与程式地集中在对优秀近代建筑进行保护和对危棚简屋进行改造,对应的措施也是两种比较绝对的方式,即绝对的保护和拆除重建。至于中间层次与最大量的普通历史建筑则被忽视,其中石库门里弄占了相当大的比例。而这一忽视,造成了许多有价值的近代建筑和构成城市风貌特色的大片石库门里弄在房地产开发大潮中被拆除,并将保护与改造开发置于矛盾状态。

随着危棚简屋的改造完毕,应该如何对待中间层次历史建筑改造与保护的问题被提到议事日程上。政府部门对今后旧区改造的指导思想作了重大调整,把一些虽未被列入保护对象,然而具有历史价值建筑的保护与改造放到突出地位。

1999年新编制的《上海市中心区历史风貌保护规划》将历史建筑保护的范畴大大扩展,近200万平方米的石库门里弄街区被纳入保护范围。新规划中对"保护"概念也有了新导向,将保护分为三个层次,即保留建筑范围、建设协调范围及限制再开发范围,对它们分别采用不同的保护方法与措施。

二、新天地模式

太平桥地区是上海的石库门里弄密集区之一,属于旧区改造范围。新天地地块位于思南路、兴业路风貌保护区内,除了地块内的中共一大会址属重点保护对象,及其邻近沿黄陂路和兴业路的小部分建筑属于保护和控制范围外,其余大部分按规定只要控制体量,是可以拆除重建的。为此,开发新天地所面临的问题正是今天上海保护和改造石库门所面对的一个现实的、普遍的问题。新天地借鉴了国外的经验,采用保留建筑外皮、改造内部结构和功能,并引进新的生活内容的做法在上海(可能也是国内)尚属首例。目前已经受到政府部门、学术界、舆论

界和房地产商等社会各界的广泛关注。新天地的开发与保护模式在国内已经产生了影响。

（一）开发与保护相结合

新天地广场既是一个房地产开发项目，同时也是一个旧建筑保护项目。地块中原有的旧式里弄建筑并不是规划部门规定保护的历史建筑。由于这些建筑的建造质量本来就差，经过七八十年的年久失修，屋基下沉，底层潮湿，上下水道东修西补，所有木结构均不同程度的腐朽……新天地花了比重建新建筑大得多的力量和资金保留并修复了这些石库门建筑的外皮。通过改造内部结构和功能，使之适应办公、商业、展示、餐饮和娱乐等现代生活形态。因此这一项目具有保护和开发双重特征。

经过精心修复的旧建筑重新焕发出光彩，旧建筑的历史感大大提升了新天地广场的"品位"，越来越多的参观过"新天地"的人们也感受到，保留一些旧建筑比完全新建建筑更有魅力。毫无疑问，这种效应为开发项目带来了商机，也实现了开发的初衷。

（二）经济与文化相互促进

新天地广场原有旧石库门里弄由于年久老化，许多房屋已近于危房，为了保留里弄格局和建筑外观所进行的保护性改造，每平方米建筑面积的投资超过10 000元，这就回答了有些人提出的为什么不把修复后的石库门住宅重新作为住宅之用的问题。须知，更重要的是，新天地地块紧临淮海中路。但在开发前与淮海路在商业或文化方面几乎没有任何联系，也没有促进淮海路的商业效应向两侧发展。新天地的开发将地块功能转向公共性的商业和文化活动，最大限度地发掘地段的潜在价值，以石库门建筑文化为淮海路增添特色，与淮海路产生互动效应。

（三）明天与昨天相映

根据1996年制定的太平桥地区规划，太平桥地区将成为一个现代化的国际性商住园区，新天地广场是其中的历史保护区，起着延续人文历史脉络，保存历史记忆的作用。太平桥地区的规划一方面注重保留历史文脉，另一方面强调新的太平桥地区要达到面向新世纪的国际水准，并具有地区特色。因此，规划中除了历史保护区、商务区和住宅区外，还在地区中心规划了一个大型人工湖。最近上海在即将开展的"净空运动"中——将架在城市上空的各种线缆埋入地下，太平桥地区被划为第一期实现此目标的少数地段之一。从此，上海人梦寐以求的"天蓝·水清·地绿"将会在此率先呈现。太平桥地区将会成为上海一处新景观。

建成的新天地广场，旧建筑外观的历史感和内部的新内涵之间相映成趣，地块中完全采用当代新材料、新手法和新风格的新建建筑与旧建筑相得益彰。新天地体现了历史与未来共生的理念，它充满活力与生命力。

（四）旧建筑文化与新生活形态互动

在新天地保护与开发中，建设物化环境和再生上海城市生活形态是并重与互动的。在实施建筑保护与开发的同时，着力引进新的生活形态，利用邻近淮海路的地段优势，吸引和培育如设计、展示、文物、艺术品拍卖、书店、演艺、娱乐等各种文化商业，并特别注重其小型化、多样性、高品位和商业性。在这里老建筑的历史感和新生活形态的文化品位结合在一起，使文化享受达到了新境界，并确保了新天地的新生。

（五）开发与运营管理相生

对物化环境和功能内涵双向调控，是新天地开发与经营中一个明确的思路。新天地严格选择引入的项目，有导向性地挑选客户，并不单纯追求入住率，这确保了"新天地"有一个好的开端、好的氛围和好的定位，也保证了今后的长期健康发展。

新天地项目有效地发掘了旧建筑的历史价值，将其转化为商业价值，并实现了保护与开发的统一。新天地模式符合上海关于风貌保护与旧区改造的相关政策，而且比政策先行了一步，因为早在1996年就正式策划了。尽管新天地是一种需要大投入的模式，在经济上较难推广，但它为今后上海城市的历史建筑保护和旧区改造提出了一条新的思路，同时也对全国范围相关问题提供了重要参考。有了新天地的开端，在今后的石库门里弄保护改造中还会出现更多的、不同模式的"新天地"。

三、展望：变"下只角"为"上只角"

解放前，上海人把上海城中好的地区和差的地区分别叫做"上只角"和"下只角"。太平桥地区从20世纪30年代便逐渐沦为"下只角"，但从目前新天地广场已经做出的成绩来看，不仅新天地已经彻底改变了它原有的实质与形象，太平桥地区的整体改观亦已初见端倪。可以确信，未来的太平桥将成为一个面向新世纪，同时又保留了上海传统文脉的现代商住区，并将成为经济脉搏活跃、文化底蕴深厚、生活方式高雅的典范地区。也就是说，"下只角"将变为"上只角"。

"上只角"和"下只角"的问题不仅在上海有，在国外大城市中也存在。例如英国伦敦有"东头伦敦"和"西头伦敦"之分；美国许多城市也有"铁路这边"与"铁路那边"之分。历史已经证明，城市内部高低层次的差别影响了城市的健康发展。因此，目前世界各国的城市学家正在研究如何消除城市中的这些"上下只角"的差别。现在，新天地开发的成功已为太平桥地区的振兴开了路，这将成为旧城改造中消除"下只角"，并积极把"下只角"变成"上只角"的范例。

根据1996年的太平桥改造规划，除了新天地广场外，还有商务区、人工湖和住宅区，今后的改造将以拆除重建为主，建议在继续的开发中尽可能地保留一些质地较好和有保留价值的石库门及其他重要建筑，让以后的人们能够在新的现代化的太平桥地区中发现更多的、使现实生活更为丰富的历史记忆。

附录三 城市边缘区开发实例

罗店新镇开发案例追踪

一、项目背景

（一）关于"一城九镇"

"上海郊区城镇化发展战略"是 2000 年上海市政府六大课题之一，2001 年初以市政府一号文《关于上海市促进城镇发展的试点意见》的形式发布。这份文件明确提出，在上海 11 个"新城"、20 多个中心镇和许许多多一般城镇以及中心村的四级城镇体系中，选择如附图 3-1 所示的"一城九镇"（即松江新城和安亭、罗店、朱家角、枫泾、浦江、高桥、周浦、奉城、堡镇 9 个中心镇）作为重点，引进国外成功经验，高起点规划，高质量建设，高效率管理，使之成为各具特色的新型城镇。政府一号文件还进一步提出了塑造"一城九镇"特色风貌的想法，也就是在综合考虑城镇的功能定位、城郊特点、产业特色、地貌特征、历史文脉等因素的基础上，借鉴国内外不同城市和地区的建筑风格，在城镇新建城区，因地制宜地塑造特色风貌。可以这样认为，"一城九镇"计划在营造城镇特色的同时，也将城镇打造成为吸引人的旅游热点。

附图 3-1 上海市"一城九镇"示意图

宝山罗店镇东临黄浦江，湿地多，水网密，与北欧国家有许多相似之处，因此在城镇规划设计中要求借鉴北欧城镇的特色风貌，并尽可能原汁原味体现北欧的特色风情。

罗店始建于元朝至元年间，与上海设县年代相近，至今已有700多年的历史文化，素以"商贾云集，贸易甚盛"驰名。罗店镇位于上海北翼，是宝山区的西北门户，具有宝山中心镇的作用，有"金罗店"之美誉。

罗店镇位于宝山区的西部，东临长江口，紧靠宝钢、石洞口电厂和宝山港区，西郊科技城嘉定区，北接江苏省太仓市，是闻名遐迩的"太嘉宝"黄金地带。沪太一级公路贯穿全境，南接内外环线，月罗路、嘉罗路、沪太路相接，境内具有百吨级通航能力的潘泾河、练祁河直通长江和吴淞入海口。

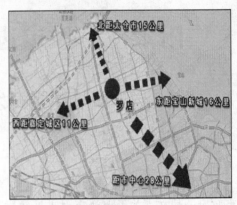

附图3-2 罗店镇方位示意图

如附图3-2所示，罗店镇距上海市中心28公里，东距宝山港区12公里，西距嘉定城区11公里，北距太仓市15公里。

如附图3-3所示，罗店位居郊环线与沪太路交汇处，是上海北部具备连接国内外良好水陆交通条件的门户城镇之一。镇内有沪太路、郊区环线、月罗公路等直接对外联系。

附图3-3 罗店道路交通示意图

（二）罗店镇范围介绍

1. 镇域范围

罗店镇东与月浦镇毗邻，南与刘行镇接壤，西与嘉定区交界，北与罗泾镇相邻。镇域面积50平方公里。

2. 镇区范围

规划范围为东至潘泾河，南至杨南路，西至沪太路，北至月罗路的长方形地块。面积为6.8平方公里，其中建设用地3.4平方公里，森林、湖泊区3.4平方公里，规划人口3万人。

3. 核心区范围

东至抚远路，南至苏葛路以北东西向河道，西至沪太路，北至诺贝尔路。面积为1.0平方公里。

二、项目开发规划

(一) 罗店新镇总体规划

1．规划结构特色

(1) 一个中心：新镇公共活动中心。包罗城镇中心广场、北欧风情街、诺贝尔科技公园及特色住宅。

(2) 三广场：市民广场、文化广场、商务广场。

(3) 二轴线：南北向的城市生长轴，将连接罗店的历史、现在与未来，将罗店的新老文化特色有机地联系与展示。城市功能为老镇区、新镇区共同服务，互补而又完善。东西向的城市功能轴，将展示新镇的景观、休闲与居民活动，形成新镇区向外辐射、对内接纳的功能空间。

2．优美独特的绿化景观

(1) 一林：以森林、湖泊、岛屿为主的生态园林区。规划形成山坡、湖泊、森林，将充分感受特色"依湖而能望山，傍水而能见林"的生活意境，体现特色的生态环境。

(2) 一园：生态园向镇区渗透，建立以绿草坪与白桦林相互辉映的具有生态特色的诺贝尔科技公园。在以特色地图为地形特色的公园中，展示着不同国度的景观特色。

(3) 绿脉环湖：绿化景观进一步渗透到居住区组团，横向的绿轴与水系交融，湖泊犹如散落的珍珠与绿化景观交相呼应，形成新镇区绿草、红花、绿树相映成趣，湖泊河流小桥交替生辉的景观特色。

3．人车分离的道路交通

(1) 人车分离的交通体系：实行机动车道、非机动车道、人行道完全分离，车辆以行人优先为原则。

(2) 依水而置的非机动系统：道路依水而建，道路与湖泊河流以及小桥驳岸，成为一大景观。

(3) 以人为本的公交系统：服务半径为400米的公交站点设计，是以人为本的交通设计的一大特色。

4．以人为本的公共设施

(1) 广场、小街、建筑与公园构成了典型特色城镇中心。

(2) 行政广场以行政办公楼建筑为主，围合成为行政广场。

(3) 文化广场以图书馆、博物馆等建筑为主，围合、形成文化中心。

(4) 市民广场以特色古典建筑、现代建筑为主，形成商贸、金融中心，围合、形成市民活动广场。满足市民多层次需求，强化旅游观光功能。

5．丰富多彩的居住类型

(1) 生态城：主要分布在生态区以及公园、湖泊边，以独立式别墅为主。

(2) 花园城：主要在新镇区南北两部分，以联排式别墅或3~5层公寓为主。

(3) 现代城：主要分布在罗太路与荻泾河中间，以公寓式住宅为主。

6. 科技先进的市政环保

市政工程管线以地埋为主。排污设施固体与液体自动分离，循环利用；生活垃圾分类收集，分类处理；建筑环保与节能（包括建筑屋顶花园、建材的环保）等都为我们展示了特色先进的环保技术，为坚持可持续发展创造典范。

（二）罗店新镇 3.4 平方公里控制性详细规划

1. 罗店新镇区规划布局结构

（1）规划布局总体结构形态特征：城依林而建，人临水而居，城在林中，城在水中，林、城、水相间呈有机生长的现代型网状结构形态（附图3-4）。

（2）新镇区东侧规划有 3.4 平方公里左右的森林、湖泊，内部结合现有水网，形成湖泊，建设森林，在罗店创造北欧良好的生态环境，分为婚庆公园、高尔夫公园、北欧冒险园等三个部分。森林、湖泊区内湖泊与森林相交错，北欧式的古堡在坡地顶端成为人们注目的焦点。

（3）新镇区中心形成以超五星级酒店、市民广场、文化广场以及商务广场等为核心的公共活动中心。三个广场由一条北欧风情小街相串联。获泾河以东是诺贝尔公园，是整个新镇区的绿色核心。沿沪太路是一个面积约250亩的人工湖面。新镇区中心和人工湖面与沪太路相望，结合中心北部新区的主要入口节点，形成最集中体现新镇区特色形象的景观。整个宾馆建筑群以及小街建筑组团倒影于水中，成为新镇区的标志。

（4）道路：获泾河两侧形成步行道与自行车道，将各居住区串联。斜向的罗太路、抚远路以及横向的诺贝尔路、约帕路作为主要车行道路。

（5）居住：居住区分为生态城、花园城、现代城三种特色类型。生态城主要分布在森林、湖泊区及公园、湖泊边，主要以独立式、联排式别墅为主。花园城主要分布在新镇区南北两部分，主要以联排式别墅或3~4层公寓为主。现代城主要分布在罗太路与获泾河中间，以塔式公寓与联排式别墅相结合。

（6）景观：将森林、湖泊区的生态引入新镇区内部，规划形成诺贝尔公园，并进一步深入，结合水网系统，形成镇区内绿化6条轴线。

2. 城镇公共设施特点

（1）尺度小，与广场绿化、喷水池、街头小品等有机结合。体现了北欧平民化的城镇风貌，一切都为了更加美好的生活而建，审美与价值取向相结合。

（2）公建设施以教堂、市政厅为主要建筑。作为最主要的公共建筑，无论在体量上、形式上都与周围建筑有所不同，成为人们心目中的城镇形象与精神寄托，主宰了小镇的天际线与公共空间。但同时又与其他建筑相呼应，成为有机的、一体的建筑群。

（3）公共设施为组团式布置，形成市民集会的概念。组团式的布置方式，预示了强烈的围合感，增强市民的凝聚感与归属感。

位于美兰湖东侧的罗太路，原本是穿越整个规划区的一条公路。在设计中将这条联系老镇和新镇的公路降低了等级，成为一条城市次干道。使这条道路与美兰湖和整个商务区融为一体。在规划区范围内提高了罗太路的景观地位，由北至南首先穿越商务区的商务广场，接着从文化广场与美兰湖之间纵穿而过，然后将

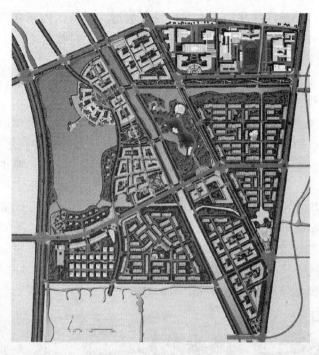

附图 3-4　罗店新镇总体规划图

整个规划范围内区位最好的别墅区与商业区隔开。这条道路在解决交通问题的同时完善了整个规划的结构，特别在规划区的西侧这是一条极其重要的道路。

（三）罗店新镇中心区 1 平方公里修建性详细规划

1. 罗店新镇区公共服务设施系统规划安排

（1）镇中心是新镇区居民的重要集会点，其空间建筑结构主要来源于北欧最好的传统范例，与局部现代建筑相结合，创造独特的氛围。

（2）镇内小街与不同高度的小型建筑一起构成真正的北欧典型城镇特色。建筑物两端可以设计为尖顶山墙，此种造型会使人联想到船只，这是北欧小镇的典型特征。

（3）采取行政中心与商业中心适度分离的原则。在商业中心安排小街、广场、宾馆、图书馆等公共活动设施；在中瑞研究院西侧安排新镇政府办公用地，可以采用较为现代的建筑布局方式与建筑风格。

（4）中瑞研究院将丰富城镇居民的生活与工作，也会给休闲、观光的人赋予更多的内容。

（5）高级中学、小学以及其他配套设施将给城镇的居民生活带来方便。在罗溪路与约帕路交汇处设置新镇区医院。若干社区级的公建中心提供生活服务设施以及居民交流活动的空间。

2. 罗店新镇区景观系统规划安排

（1）森林、湖泊区将规划形成山坡、湖泊、森林等特色地貌，使人充分感受北欧依湖而能望山，傍水而能见林的生活意境，体现北欧的生态环境特色。湖光山色、古堡密林营造出一个富于童话色彩的世界。

(2) 森林、湖泊区绿化结合水系向镇区渗透，新镇区内建立诺贝尔公园，以绿草坪与白桦林相互辉映的生态特色，配以名人园、科技中心、纪念馆等作为主题内容，形成主题特色鲜明的大型公园。

(3) 绿化景观进一步渗透到居住区，形成新镇区绿草、红花、绿树相映成趣，湖泊、河流、小桥交替生辉的景观特色。

(4) 道路两侧绿化布置。主要道路留出较宽的绿化带，景观道路重点在中央分隔带的处理。所有道路都应种植行道树，形成新镇区的道路绿化系统。

(5) 广场、小街广场、小街景观特色，包括小品、雕塑、喷水池等。广场为北欧围合式布局，硬质地面，合理分隔。局部设计了长廊等灰空间，适合于人们驻足休息、避雨遮阳。小街空间曲折，变化丰富的天际线，形成富有动感的城镇意向。各色店招是形成小街气氛的重要元素。精品小店、咖啡茶座使小街极具生活气息。小品雕塑散落在新镇区的各个中心及出入口位置，石材、木材、金属等材质的特性得到不同方式的体现。北欧的人文特色，诺贝尔、海的女儿、安徒生童话故事人物都是雕塑的好题材（附图3-5）。

附图 3-5　景观节点示意图（一）

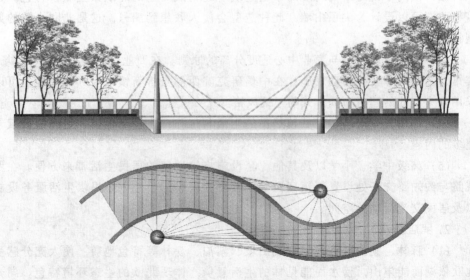

附图 3-5　景观节点示意图（二）

（四）罗店镇开发时序规划

罗店中心镇自 2002 年 9 月 28 日正式启动以来，按照"基础设施先行，环境优先，配套到位"的开发理念，做了大量的前期准备工作。随着约帕路、美兰湖和国际会议中心的开工，城市森林公园、北欧风情街等一批公建项目也将逐步启动，通过一年的开发和建设，罗店新镇 0.5 平方公里范围内的基础设施将得到初步完善。2004 年将继续加大投资和建设力度，完善 1.2 平方公里范围内的基础设施公建配套和环境建设。

对一个建设项目进行不同的时序规划，必将产生不同的项目投入需求，也直接导致不同的项目产出。建设项目的建设与运行，技术方案的实施，都有一个时间上的延续过程。

罗店镇建设项目的开发首先启动的是约帕路、美兰湖、公共绿地、美兰湖国际会议中心、商务广场、文化广场、市民广场、北欧风情街，然后是诺贝尔路、罗太路、罗溪路、抚远路，接着是高尔夫球场和诺贝尔公园，最后是规划区内部的道路等的建设。

首先修建约帕路为罗店新镇敞开了门户，为新镇的发展铺平了道路。

美兰湖国际会议中心的建设为整个镇区的开发设立了一个中心，以引导其他项目的相继开发。

美兰湖和公共绿地的开发可以大幅度提高开发区的景观价值，同时体现开发者对罗店新镇环境的重视程度，从而在很大程度上提高了整个规划区的土地价值。

商务广场、文化广场、市民广场和北欧风情街的建设进一步强调了整个规划区的商业、文化中心，同时再一次提高了规划区的景观价值。

罗店新镇的开发以较大的资金投入首先启动了一些代表规划区形象的建设项目，以此来提高整个规划区的土地价值。从而更好地带动后续项目的开发建设。对于比较有实力的开发者，这样的时序规划虽然初期的投入会比较大，见效会比较慢，但是总的效益比用其他的开发时序来进行开发要高的多。

罗店新镇开发时序是 B—C—E—A—D—F（附图 3-6）。B 区是整个开发区的

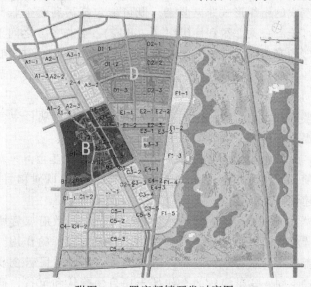

附图 3-6　罗店新镇开发时序图

中心,主要建设项目为美兰湖、公共绿地、美兰湖国际会议中心、商务广场、文化广场、市民广场、北欧风情街;C区为别墅区,作为整个规划区首先开发的居住区域;E区、A区和D区主要以多层住宅为主,开发成为一个集中的居住社区;F区是紧靠高尔夫球场环境条件非常好,高档的别墅区,这一块用地最后开发是它价值的体现。

三、罗店新镇开发模式

罗店中心镇自2002年9月28日正式启动以来,按照"高起点规划,高质量建设,高效率管理"的要求,从规划质量、规划内容、规划理念、规划深度等四个方面不断完善,进展十分顺利。下面,有必要介绍一下罗店新镇的全新开发模式:

(一)公私合作模式

罗店新镇区建设需要大量的资金投入,如果完全由政府财政出资建设新镇区,因为政府是一个非盈利组织,运作过程缺乏必要的激励与约束机制,影响新镇区的开发和经营效率;同时,由政府独家开发新镇区也将使政府承担过多非经济义务与责任。

罗店新镇区的开发建设应进一步解放思想拓展视野,紧紧依托境内外资本市场,充分利用现有投融资工具,不断探索创新投融资方式,以最低的成本和最小的风险筹措更多的城建资金,以在新的历史时期形成城市建设资金的良性循环,并加快实现上海城市建设的现代化目标。

罗店新镇区开发建设的融资模式采用公私合作模式,即公共部门与民营企业合作模式。该模式是指政府、盈利性企业和非盈利性企业基于某个项目而形成的相互合作关系的形式。通过这种合作形式,合作各方可以达到与预期单独行动相比更为有利的结果。合作各方参与某个项目时,政府(非盈利结构)并不是把项目的责任全部转移给民营企业(盈利性组织),而是由参与合作的各方共同承担责任和融资风险。公司合作模式代表的是一个完整的项目融资的概念。

公私合作模式的组织形式非常复杂,既可能包括盈利性企业、民营非盈利性组织,同时还可能有公共非盈利性组织(如政府)。合作各方之间不可避免会产生不同层次、类型的利益和责任的分歧。只有政府与民营企业形成相互合作的机制,才能使得合作各方的分歧模糊化,在求同存异的前提下,完成项目的目标,实现多方中长期共同利益。

公私合作模式并不是对项目全局的重新洗牌,而是对项目生命周期过程中组织机构的设置提出了一个新的模型。

一般来说,民营企业的长期投资方有两类:1)一些基金,只对项目进行长期投资,不参与项目的建设和运营;2)建筑或经营企业,既对项目进行长期投资,又参与项目的建设和经营管理。

公私合作模式的一个最显著的特点就是项目所在国政府或者所属机构与项目的投资者和经营者之间的相互协调及其在项目建设中发挥的作用。政府的公共部门与民营参与者以特许权协议为基础,进行合作,与以往民营企业参与公共基础设施建设的方式不同,这个模式的合作始于项目的确认和可行性研究阶段,并贯穿于项目的全过程,双方共同对项目的整个周期负责。在项目的早期论证阶段,双方共同参与项目的确认、技术设计和可行性研究工作;对项目采用项目融资的可能性进行评估确认;采取有效的风险分配方案,把风险分配给最有能力的参与方来承担。

公私合作模式与以往民营企业参与公共基础设施建设的项目融资方案(如BOT)相比,虽然并不是全局上的改变,但带来的影响却是巨大的。

(1) 这种组织机构的设置形式可以尽早确定项目可行性,并可以在项目的初始阶段更好地解决项目整个生命周期中的风险分配。

(2) 公私合作模式可以使得参与项目融资的民营企业可以在项目的前期就参与进来,有利于利用民营企业先进的技术和管理经验。公私合作方案适用于工业园区新镇区等的建设。在以往有些新镇区建设中,由于在项目的早期计划阶段对于建设所采用的技术设计方案已经确定,会使得项目建设过程中进一步技术创新受到限制。如果采用公私合作方案,可以使有意向参与项目建设的民营企业与项目所在国政府或有关机构在项目的论证阶段共同商讨项目建设过程中所采用的技术方案,从而有可能采用较新的研究成果。

(3) 在公私合作方式下,公共部门和民营企业共同参与设施的建设和运营,双方可以形成互利的中长期目标,更好地为社会和公众提供服务。而且,公私合作模式下有可能增加项目的资本金数量,进而降低较高的资产负债率。

(4) 通过公私合作融资模式,使得项目的参与各重新整合,组成战略联盟,对协调各方不同的目标起到了关键性作用。

(5) 在公私合作融资模式下,有意向参与公共基础设施项目的民营企业可以尽早和项目所在国政府或有关机构接触,可以预先收集资料,进行可行性分析,设计开发方案,节省项目开工后的筹备与论证时间。

公私合作方式突破了目前的引入民营企业参与重大项目组织机构的多种限制,尤其适用于大型、一次性的项目,如工业园区、城市新城区、地铁以及学校等等,应用范围十分广泛。

(二) 罗店新镇的投融资模式

罗店新镇区开发建设目前引入的是公司组织结构,采用公司合作模式,投资者的引入始于项目的确认与可行性论证阶段,从开发到经营管理都运用市场手段,避免行政不必要的干预,将罗店新镇区开发建设和后期的经营管理变为纯企业行为。

罗店新镇区开发建设资金融资过程如下:

首先,罗店区政府出资组建具有政府背景的开发公司(上海罗店资产经营投资有限公司),开发公司是政府利益的代表。

其次,政府背景的开发公司(上海罗店资产经营投资有限公司)出面招商,以特许开发权和经营权作为标的,吸收本地(大盈股份有限公司)和外资(上海置业有限公司)企业组成罗店新镇开发经营公司(上海金罗店开发有限公司)。

选择大盈股份有限公司作为本地合作公司是因为它是国企最早上市公司之一,发展基础好、综合经营实力强、公众形象好;外资公司选择上海置业有限公司是因为其注册在海外,并在香港上市,有中资背景,享受中外合资企业税收和其他优惠。最重要的是它是专业的房地产开发企业,可以带来国外优秀经营、管理技术。

第三,开发经营公司(上海金罗店开发有限公司)按照可行性研究结果设定符合罗店新镇的开发方案——规划、征用土地、基础设施建设、中心工建建设等;并确定合资公司的注册资本、股权比例和投资总额,资本运作(融资)方式、经营期限等技术细节。

上海罗店资产经营投资有限公司、上海置业有限公司、大盈股份有限公司于2003年02月25日签订了《上海金罗店开发有限公司合同》,合同约定由大盈股份有限公司、上海罗店资产经营投资有限公司、上海置业有限公司分别投资人民币1.5亿元、人民币1.5亿元、美元3 000万元设立上海金罗店开发有限公司,此次对外投资不构成关联交易。股份份额分别为27.37%、27.37%、45.26%。

上海金罗店项目拟投资总额为人民币16.5亿元,注册资本为人民币5.48亿元。公司经营范围是罗店新镇范围内的土地开发,通过国家土地有偿转让的有关程序获得土地上的房地产开发经营、公建配套及市政设施建设、相关物业管理。

第四,区政府职能部门内部组建项目管理委员会,行政级别不得低于开发公司,管委会作为监督管理机构,主要目的是引导与培育良好的外部氛围。在特许经营范围以内管委会不得干预公司的正常商业运作,但可以提供必要的政策建议;对超越特许经营范围的公司行为,管委会予以监督管理。

结构图如附图3-7所示:

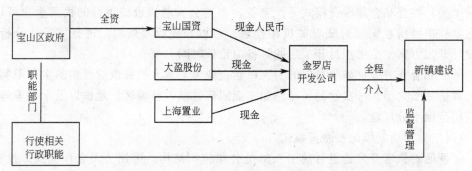

附图3-7 开发融资结构图

四、项目开发预测算

(一)2003~2007年建设进度及资金计划

罗店新镇规划面积6.8平方公里,规划人口3万人,总建筑面积184万平方米(其中住宅159万平方米,公建25万平方米)。市政、公建、城市森林、高尔夫建设总投资额为人民币106 712万元。涉及市政建设、公建项目,有市政镇道路、美兰湖、美兰湖国际会议中心、广场风情街、高尔夫球场、诺贝尔公园、公共绿地、污水泵站、上水提升泵站、燃气管网、电话管网、电力管网和电站以及有线、信息管网等。

在2003~2007年5年中,计划将6.8平方公里范围内的所有市政道路及其市政管网和公建、高尔夫球场、美兰湖等建成。其中，2003～2004年计划开工完成潘泾路、诺贝尔路、约帕路、罗太路、罗溪路、抚远路、学院路等主干道以及地下雨污水管网和美兰湖。2004年完成污水泵站的建设、罗南镇35kVA的改建、上水提升泵的建设以及所有管线的铺设。2005～2007年完成220kVA电站和新建35kVA电站的建设，完成剩余苏葛路、繁荣路、杨南路等市政道路以及其地下管网的铺设，从而全面完成罗店新镇市政和公建等建设。

具体计划如下：

2003～2007年建设计划如下：

（1）2003～2007年建设形象进度（附表3-1）。

（2）2003～2007年建设投资计划（附表3-2-A、附表3-2-B）。

（3）单项投资估算（附表3-3-A、附表3-3-B、附表3-3-C）。

2003～2007年建设形象进度　　　　　　　　　　　　附表3-1

内容\时间	2003年				2004年				2005年				2006年				2007年			
	一季度	二季度	三季度	四季度	一季度	二季度	三季度	四季度	一季度	二季度	三季度	四季度	一季度	二季度	三季度	四季度	一季度	二季度	三季度	四季度
约帕路		━	┄	┄																
诺贝尔路		━	┄	┄																
罗太路		━	━																	
罗溪路		━	━																	
抚远路		━	━																	
学院路					━	━														
潘泾路		━	━	┄																
苏葛路											┄	┄								
繁荣路											━	┄								
扬南路													━	━	┄					
35kVA建设（改建）			━																	
污水泵站					━	━														
污水管（至西区泵站）						━	━													
上水提升泵						━	━													
上水管（川路-抚远路）	━	━																		
35kVA									┄	┄	┄									
220kVA										┄	┄	┄								
美兰湖	━	━	━	━	━	━	━	━												
公共绿地	━	━	━	━	━	━	━	━	━	━	━	━	━	━	━	━	━	━	━	

续表

时间\内容	2003年 一季度	二季度	三季度	四季度	2004年 一季度	二季度	三季度	四季度	2005年 一季度	二季度	三季度	四季度	2006年 一季度	二季度	三季度	四季度	2007年 一季度	二季度	三季度	四季度
美兰湖国际会议中心		━	━	━	━	━														
广场、风情街		━	━	━	━	━	━													
高尔夫球场		━	━	━	━															
诺贝尔公园		━	━	━	━															

说明：直线表示市政道路施工进度，虚线表示上水、燃气、电力、通信等管道的施工进度。

2003～2007年投资计划表 　　附表3-2-A

时间\内容	2003年 2月	4月	6月	8月	10月	12月	2004年 2月	4月	6月	8月	10月	12月
约帕路	300	400	600	440	240	180	240					
诺贝尔路			220	700	342	106	140					
罗太路			700	880	1 300	790	910	390				
罗溪路			380	480	700	636	285	475				
抚远路			610	762	1 068	610	390	390	130			
学院路							190	270	353	186		
潘泾路			580	435	725		435	725	780	650		
苏葛路												
繁荣路												
杨南路												
污水泵站										300	400	300
污水管（至西区泵站）								400	300	300	500	500
上水提升泵								300	400	300		
上水管（川路-抚远路）				300	200	300	300	400	200	300		
美兰湖	60		100	300	80		60					
美兰湖国际会议中心			150	3 000	4 000	1 500	2 000	2 850	1 100			
广场、风情街			1 500	2 000	3 000	4 000	4 000	2 000	2 000			
36洞高尔夫球场（含五星级附属设施）												
诺贝尔公园				50	95	404	456	350	156	93		
公共绿地	300	200	400	200	200	200	200	400	400	300	200	200
不可预见费			500	500	500	500	300	300	300	200	200	200
总计	660	600	5 160	10 192	12 160	9 951	9 716	9 170	6 036	2 796	1 486	1 200

附表 3-2-B

时间\内容	2005年				2006年				2007年				36洞高尔夫球场	合计
	一季度	二季度	三季度	四季度	一季度	二季度	三季度	四季度	一季度	二季度	三季度	四季度		
约帕路														2 400
诺贝尔路														1 508
罗太路														4 970
罗溪路														2 956
抚远路														3 960
学院路														999
潘泾路														4 330
苏葛路	320	739	272											1 331
繁荣路	450	689	355	160										1 654
杨南路						600	810	615	775	620				3 420
污水泵站														1 000
污水管（至西区泵站）														2 000
上水提升泵														1 000
上水管（川路-抚远路）														2 000
美兰湖														600
美兰湖国际会议中心														14 600
广场、风情街														18 500
36洞高尔夫球场（含五星级附属设施）														预计 26 000
诺贝尔公园														1 604
公共绿地	300	300	300	300	300	300	300	300	300	300	300	300		6 800
不可预见费		110	70	70		110	110	110	250	250	250	250		5 080
总计	1 017	1 838	997	530	300	1 010	1 220	1 025	1 325	1 170	550	550	预计 26 000	106 712

单项投资估算一（万元） 附表3-3-A

项 目	潘泾路：宽36米、长2.6公里	杨南路：宽32米、长2.6公里	诺贝尔路：宽32米、长1.2公里
道路建设费	2.6公里×5 000元/米 = 1 300万元	2.5公里×4 500元/米 = 1 125万元	706米×500元/米 = 318万元
雨水	2.6公里×2 400元/米 = 624万元	2.5公里×2 400元/米 = 600万元	706米×2400元/米 = 169万元
污水	2.6公里×2 500元/米 = 676万元		706米×2 600元/米 = 184万元
电缆	2.6公里×1 500元/米 = 390万元	2.5公里×1 500元/米 = 375万元	706米×1 500元/米 = 106万元
电信	2.6公里×500元/米 = 130万元	2.5公里×500元/米 = 125万元	706米×500元/米 = 35万元
燃气	2.6公里×1 500元/米 = 390万元	2.5公里×1 500元/米 = 375万元	706米×1 500元/米 = 106万元
上水	2.6公里×2 000元/米 = 520万元	2.5公里×2 000元/米 = 500万元	706米×2 000元/米 = 141万元
造桥	2座×150万元/座 = 300万元	1座×300万元/座 = 300万元	1座×300万元/座 + 1座150万/座 = 450万元
合计	4 330万元	3 420万元	1 508万元

单项投资估算二（万元） 附表3-3-B

项 目	约帕路：宽32米、长1.2公里	罗溪路：宽32米、长1.9公里	罗太路：宽24米、长2.6公里
道路建设费	1.2公里×4 500元/米 = 540万元	1.9公里×4 500元/米 = 855万元	2.6公里×4 000元/米 = 1040万元
雨水	1.2公里×240元/米 = 288万元	1.9公里×2 400元/米 = 456万元	2.6公里×2 400元/米 = 624万元
污水	1.2公里×260元/米 = 312万元		2.6公里×2 600元/米 = 676万元
电缆	1.2公里×1 500元/米 = 180万元	1.9公里×1 500元/米 = 285万元	2.6公里×1 500元/米 = 390万元
电信	1.2公里×500元/米 = 60万元	1.9公里×500元/米 = 95万元	2.6公里×500元/米 = 130万元
燃气	1.2公里×1 500元/米 = 180万元	1.9公里×1 500元/米 = 285万元	2.6公里×1 500元/米 = 390万元

续表

上水	1.2公里×2 000元/米=240万元	1.9公里×2 000元/米=380万元	2.6公里×2 000元/米=520万元
造桥	1座×300万元/座+2座×150万元/座=600万元	1座×150万元/座=600万元	8座×150万元/座=1 200万元
合计	2 400万元	2 956万元	4 970万元

单位投资估算三（万元）　　　　　　　　　附表3-3-C

项　目	繁荣路：宽24米、长932米	学院路：宽32米、长1.9公里	苏葛路：宽24米、长2.6公里	抚远路：宽36米、长2.6米
道路建设费	932米×4 000元/米=373万元	586米×4 000元/米=373万元	677米×4 000元/米=271万元	2.6公里×5 000元/米=1 300万元
雨水	932米×2 000元/米=224万元	586米×2 400元/米=373万元	677公里×2 400元/米=162万元	2.6公里×24 000元/米=624万元
污水	932米×2 600元/米=242万元	586米×2 600元/米=152万元	677公里×2 600元/米=176万元	2.6公里×26 000元/米=676万元
电缆	932米×1 500元/米=140万元	586米×1 500元/米=88万元		
电信	932米×500元/米=47万元	586米×500元/米=29万元	677公里×500元/米=34万元	2.6公里×500元/米=130万元
燃气	932米×1 500元/米=140万元	586米×1 500元/米=88万元	677公里×1 500元/米=102万元	2.6公里×1 500元/米=390万元
上水	932米×2 000元/米=188万元	586米×2 000元/米=117万元	677公里×2 000元/米=136万元	2.6公里×1 500元/米=450万元
造桥	2座×150万元/座=300万元	1座×150万元/座=150万元	1座150万元/座+1座×300万元/座=450万元	3座×150万元/座=450万元
合计	1 654万元	999万元	1 331万元	3 960万元

（二）罗店新镇动迁进度方案

罗店新镇是上海市重点建设工程"一城九镇"之一，规划面积为12.46平方公里，其中罗店新镇镇区面积为6.8平方公里，征地面积为9 212.27亩。征地区域包括37个生产队，27个工厂企业，2所学校，1个加油站，1个变电站，居民2 034户，劳动力人口6 084人（其中包括罗南一村新工房居民户数252户，人口756人），房屋居住面积为34.55万平方米，还有各种农副业设施、道路、绿化等。

1. 罗店新镇的动迁方案

根据罗店新镇"先规划，后建设；先环境，后开发；先风貌区，后居住区；先基础设施公益性建设项目，后经营性项目"的建设原则，结合工程市政配套设施建设和开发资金运作要求，编制三年内的动迁方案如下：

1) 2003年1月10日～2004年1月10日

动迁区域为约帕路、诺贝尔路、罗溪路范围内的B地块及杨南路、抚远路、月罗公路、潘泾河范围内的E地块（附图3-6）。

2) 2003年3月1日～2004年6月30日

动迁区域为诺贝尔路以北的A地块，抚远路以西的D地块（附图3-6）。

3) 2003年3月1日～2004年6月30日

动迁区域以苏葛路以北的河道为界以南为C地块（附图3-6）。

具体计划如下：

2. 罗店新镇6.8平方公里动迁费用

(1) 概况

6.8平方公里区域内涉及劳动力安置和养老安置的有37个生产队，居民2 034户，劳动力人口6 084人（其中包括罗南一村新工房居民户数252户，人口756人）。房屋居住面积34.55平方米，还有小学2所，加油站1座，变电站1座，工厂公司27家，种畜场农场2座及各类农业设施、副业设施、道路鱼塘、绿化等。

(2) 费用

1) 土地税费

①耕地占用费，每亩4 000元，占用耕地5 821.3亩，合计2 328.52万元；

②土地开垦费，照目前市场价格每亩25 000元，占用耕地5 821.3亩，合计14 553.25万元以上，两项共计16 881.77万元。

2) 土地补偿费

①征地基本补偿费为12 000元/亩，征用耕地5 821.3亩，合计6 985.56万元；

②青苗补偿费为1 080元/亩，征用耕地5 821.3亩，合计628.7万元；

③农田设施费为1 500元/亩，按征用地5 821.3亩，合计873.2万元；

④地上地下构筑物补偿费为内含电力、电信、道路、沟渠、农田基本设施等，单价4 000元/亩，共征用地5 821.3亩，补偿费为2 328.52万元。

以上四项共计10 815.98万元。

3) 农业人口安置费

包括劳动人力安置费和养老安置费。

劳动安置费平均每人6万元，养老安置费平均每人11万元，6.8平方公里安置劳动人口5 328人，以其中50%养老安置、50%劳动力安置，劳动力安置费计2 664×6＝15 984万元，养老安置费计2 664×11＝29 304万元，合计农业人口安置费45 288万元。

4) 动迁安置费

动迁安置费包括民用房的动迁安置和企业用房的动迁的安置费。

①民房拆迁费，涉及面积34.55万平方米，按加权平均拆迁费为每平方米450元，民房拆迁费合计15 547.5万元；

②宅基地土地使用权基价，按市府和区府有关集体所有土地拆迁房经补偿安置的规定，罗店镇宅基地民房建筑面积基价为614元/平方米，涉及建筑面积共34.55万元。合计21 213.7万元；

③拆迁民房价格补贴，按有关规定每平方米民房补贴300元，涉及面积共34.55万平方米，拆迁民房价格补贴合计10 365万元；

④安置过度费，每平方米每月8元，涉及34.55万平方米，以80%为楼房面积，安置过渡期为6个月，共计安置过渡1 326.72万元；

⑤同等价格产权房调换补差费：$200×34.55×0.8=5 528$万元；

⑥商品房优惠补贴：$100×34.55×0.8=2 764$万元；

⑦照顾老人补贴：以每户1位老人，每人补贴5平方米，每平方米单价为2 200元计为$1 782×5×0.22=1 960.2$万元；

⑧人均建筑面积<35平方米补贴：按总户数的10%计算每户补贴15平方米，为$1 782×0.1×15×0.22=588.06$万元；

⑨每户照顾10平方米补差费：补差为250元/平方米，共计$1 782×10×0.025=445.5$万元；

⑩拆迁户置换商品房补贴：每户275元，共计$275×34.55×0.8=7 601$万元；

⑪规定时间补贴费：$50×34.55×0.8=1 382$万元；

⑫规定时间签约补贴：$100×34.55×0.8=2 764$万元；

⑬房屋装潢补贴：补贴为300元/平方米，涉及34.55万平方米，以80%为楼房面积计为8 292万元；

⑭农用仓库及畜牧建筑补偿费每平方米一次性补偿600元，涉及农用仓库14 800平方米，计888万元；涉及畜牧建筑15 854平方米，计951.24万元。共计1 839.24万元；

⑮农用仓库及畜牧建筑用地征用费每亩补偿费12 000元，涉及农田仓库1 056.7亩，畜牧建筑用地271.47亩共计征用费1 593.8万元；

⑯企业安置征地费每亩费用15万，涉及企业用地817.8亩，计12 267万元；

⑰企业用房安置费每平方米建筑面积1 000元，涉及企业用房建筑面积176 303.6平方米，合计17 630.36万元；

⑱企业间接损失补偿费；按安置费的50%计算，计8 815.18万元；

⑲其他费用：包括征地包干费、图纸费、定价费及其他不可预计费按每亩3 400元，共9 212.27亩（去除河道后的净地）计算，合计3 132.1万元。

以上19项费用共计125 055.44万元。

罗店新镇6.8平方公里动迁总计费用198 041.19万元，按去除河道后的净地9 212.27亩计算，平均每亩土地21.498万元（含耕地占用税及土地开垦费2.9万/亩）。

动拆迁运作计划表　　　　　　　　　　附表 3-4

时间	地块	面积（亩）	资金用量（万元）	合计（万元）
2003 年 1 月 10 日 ~ 2004 年 1 月 10 日	B 地块	1 696	36 460.61	146 831.1
	E 地块	5 134	110 370.73	34 846.1
2003 年 3 月 1 日 ~ 2004 年 6 月 30 日	A 地块	684	14 704.63	16 364
	D 地块	937	20 143.63	
2003 年 3 月 1 日 ~ 2003 年 6 月 30 日	C 地块	761.28	16 366	
合计				198 041.19

2003 年 1 月 10 日~2004 年 6 月 30 日动拆迁进度计划　　　附表 3-5

内容＼时间	1月	2月	3月	4月	5月	6月	7月	8月	9月	10月	11月	12月	1月	2月	3月	4月	5月	6月
B 地块																		
E 地块（租地）																		
A 地块																		
D 地块																		
C 地块																		

注：全部动迁于 2004 年上半年结束。

（三）2003~2010 年利润目标

1.2003~2010 年招商引资规划说明

罗店新镇规划面积 6.8 平方公里，建筑面积 200 万平方米。其中西片镇区约 340 公顷（合 5 100 亩），东片森林高尔夫区约 340 公顷（合 5 100 亩），去除市政道路、河流、湖泊、公园等土地，可供转让土地面积为 4 614 亩。

1) 土地招商目标：①2003~2005 年完成 1 707 亩的土地招商工作；

②2006~2008 年完成 1 522 亩的土地招商工作；

③2009~2010 年完成 1 384 亩的土地招商工作。

2) 投入成本：①6.8 平方公里范围动迁费为 21.5 万元/亩；

②市政设施和公建投入约 11.58 万元/亩；

③每亩成本为 33.08 万元（平均成本），总成本约 304 733 万元。

考虑到市场因素（目前西城区土地价约为 65 万元/亩，顾村约为 55 万元/亩）及新镇公建和市政项目的逐渐完成，对 6.8 平方公里内的住宅用地的出让价格，采取逐年提升的方式，最终平均售价为 88 万元/亩。

具体规划如下：
1) 2003年度拿出5%的土地（约230亩）按68万元/亩出让，
   230亩×68万元/亩＝15 640万元；
2) 2004年度拿出15%的土地（约692亩）按72万元/亩出让，
   692亩×72万元/亩＝49 824万元；
3) 2005年度拿出17%的土地（约785亩）按78万元/亩出让，
   785亩×78万元/亩＝61 230万元；
4) 2006年出让约10%的土地（约461亩）按82万元/亩出让，
   461亩×82万元/亩＝37 802万元；
5) 2007年出让13%的土地（约600亩）按90万元/亩出让，
   600亩×90万元/亩＝54 000万元；
6) 2008年出让10%的土地（约461亩）按95万元/亩出让，
   461亩×95万元/亩＝43 795万元；
7) 2009年出让10%土地（约461亩）按100万元/亩出让，
   461亩×100万元/亩＝46 100万元；
8) 2009年出让10%土地（约461亩）按100万元/亩出让，
   461亩×100万元/亩＝46 100万元；
9) 2010年出让20%土地（约923亩），按110万元/亩出让，
   923亩×110万元/亩＝101 530万元；

九年共计409 921万元。

具体工作制订和资金计划如下：
1) 2003～2005年工作计划（附表3-6-1）；
2) 2003～2005年资金回笼计划（附表3-6-2）；

该时间段要完成约1 707亩土地的出让，回笼资金126 694万元；

3) 2006～2008年工作计划（附表3-6-3）；
4) 2006～2008年资金回笼计划（附表3-6-4）；

该时间段要完成约1 522亩土地的出让，回笼资金135 597万元；

5) 2009～2010年工作计划（附表3-6-5）；
6) 2009～2010年资金回笼计划（附表3-6-6）。

该时段要完成1 384亩土地的出让，回笼资金147 630万元。

2．公司利润及投资所得存量资产情况说明（附表3-7）

1) 土地拍卖出让总回笼资金为409 921万元（扣除土地出让金手续费后净收益为381 226.53万元）；

2) 3.4平方公里城市森林区（高尔夫）动迁成本及市政基础设施投资全部在另外3.4平方公里内分摊。城市森林区3.4平方公里的低密度别墅收益，高尔夫球场、超五星级宾馆为存量资产，是净收益；

3) 3.4平方公里新镇建筑区内存量资产有：美兰湖（18公顷）、诺贝尔科技公园（7公顷）、美兰湖国际会议中心（建筑面积2.4万平方米）、北欧风情街特色建筑（建筑面积8万平方米）。

4) 毛利为 89 868 万元，毛利率为 30.84%。

5) 资本金回报率为 140%，年平均回报率为 20%，投资回报率为 25%，净利润为 76 972 万元。

2003~2005 年工作计划　　　　　　　　　　　　　　　附表 3-6-1

内容＼时间	2003 年				2004 年				2005 年			
	3	6	9	12	3	6	9	12	3	6	9	12
招商基础资料的准备												
地块分级及价格确定												
宣传资料制作												
招商工作启动新闻												
核心区模型修改												
首块土地出让成功												
完成 5% 的土地出让				230 亩								
完成 7.5% 的土地出让						346 亩						
完成 7.5% 的土地出让								346 亩				
完成 7% 的土地出让										323 亩		
完成 10% 的土地出让											462 亩	
广告牌的选址搭建												
新闻、广告宣传												

2003~2005 年资金回笼计划（万元）　　　　　　　　　附表 3-6-2

内容＼时间	2003 年				2004 年				2005 年				合计
	3	6	9	12	3	6	9	12	3	6	9	12	
总量 5%（约 230 亩）出让（按 68 万元/亩计）				15 640									15 640
总量 7.5%（约 346 亩）出让（按 72 万元/亩计）						24 912							24 912
总量 7.5%（约 346 亩）出让（按 72 万元/亩计）								24 912					24 912
总量 7%（约 323 亩）出让（按 78 万元/亩计）										25 194			25 194
总量 10%（约 462 亩）出让（按 78 万元/亩计）												36 036	36 036
合计				15 640		24 912		24 912		25 194		36 036	126 694

2006～2008年工作计划　　　　　　　　　　　　　　　　附表 3-6-3

时间 内容	2006年				2007年				2008年			
	3	6	9	12	3	6	9	12	3	6	9	12
东片片林区土地出让宣传及模型制作												
完成总量5%的土地出让		230亩										
完成总量5%的土地出让					230亩							
新镇及片林区宣传												
完成总量13%的土地出让							600亩					
完成总量10%的土地出让									461亩			

2006～2008年资金回笼计划（万元）　　　　　　　　　　附表 3-6-4

时间 内容	2006年				2007年				2008年				合计
	3	6	9	12	3	6	9	12	3	6	9	12	
完成总量5%（约230亩）出让			18 860										18 860
完成总量5%（约230亩）出让				18 860									18 860
完成总量13%（约600亩）出让								54 000					54 000
完成总量10%（约461亩）出让											43 795		43 795
合　计			18 860	18 860				54 000			43 795		135 515

2009～2010年工作计划　　　　　　　　　　　　　　　　附表 3-6-5

时间 内容	2009年				2010年			
	3	6	9	12	3	6	9	12
完成总量10%的土地出让（约461亩）		416亩						
招商宣传								
完成总量20%的土地出让（约923亩）						923亩		

2009～2010年资金回笼计划（万元）　　　　附表 3-6-6

时间 内容	2009年				2010年				合计
	3	6	9	12	3	6	9	12	
总量10%土地出让			46 100						46 100
总量20%土地出让								101 530	101 530
合　计			46 100					101 530	147 630

罗店新镇项目损益表（万元）　　　　附表 3-7

序号	项目	2002年	2003年	2004年	2005年	2006年	2007年	2008年	2009年	2010年	合计
1	经营收入		14 545.2	46 336.32	54 963.9	35 079.6	50 220	40 729.35	42 873	94 499.16	381 226.53
2	土地转让收入		14 545.2	46 336.32	54 963.9	35 079.6	50 220	40 729.35	42 873	94 499.16	381 226.53
3	经营成本	4 600	146 655.1	114 110.1	20 699	3 519	1 775	0	0	0	291 358.2
4	土地征收费用		106 831.1	74 846.1	16 364						198 041.2
5	基础设施	4 600	23 674	27 314	4 335	3 519	1 775				65 217
6	公益性项目		16 150	11 950							28 100
7	管理费用	94	300	300	300	300	300	300	300	300	2 494
8	销售费用		220	230	230	230	230	230	230	230	1 830
9	财务费用（贷款利息）		4 770	5 020	5 522	5 020	5 522	4 518	3 500	2 510	36 382
10	税金		730.9	2 328.4	2 861.4	1 762.7	2 612.1	2 046.6	2 154.4	4 734.54	19 231.04
11	存货	4 694	135 036	71 818.1	-28 094.6	-19 890	-34 900	-27 911	-22 911.5	-30 800	47 041
12	利润总额		-3 094.8	-3 834.08	-763.1	4 357.9	4 880.9	5 723.75	13 777.1	55 924.62	76 972.29

资本金回报率140%；投资回报率25%。

参 考 文 献

1. 赵民，陶小马编著．城市发展和城市规划的经济学原理．北京：高等教育出版社，2001
2. 谢文蕙，邓卫编著．城市经济学．北京：清华大学出版社，2001
3. 饶会林著．城市经济学．上、下卷．大连：东北财经大学出版社，1999
4. 毕宝德主编．土地经济学．第三版．北京：中国人民大学出版社，1998
5. 周志祥编著．房地产金融．北京：中国人民大学出版社，1996
6. 范翰章端然主编．房地产市场学．大连：大连理工大学出版社，1998
7. 哈尔滨建筑大学深圳经济特区房地产（集团）股份有限公司组织编写．房地产管理信息系统．北京：中国建筑工业出版社，1998
8. 李德华．城市规划原理．第三版．北京：中国建筑工业出版社，2001
9. 周三多，陈传明，鲁明泓编著．管理学——原理与方法．上海：复旦大学出版社，2002
10. 〔澳〕欧文 E 休斯著．公共管理导论．第二版．北京：中国人民大学出版社，2001
11. 杜葵编．工程经济学．重庆：重庆大学出版社，2001
12. 鲜组德主编．中国建制镇研究．北京：中国统计出版社，2002
13. 国家统计局城市社会经济调查总队中国统计学会城市统计委员会编．2002年中国城市发展报告．北京：中国统计出版社，2003
14. 〔美〕阿瑟．奥沙利文著．城市经济学．第四版．北京：中信出版社，2003
15. 〔美〕斯蒂格利茨著，高鸿业等译．经济学．北京：中国人民大学出版社，1997
16. 倪鹏飞主编．中国城市竞争力报告．北京：社会科学文献出版社，2003
17. 刘国光，王洛林，李京文主编．2002年中国经济形式分析与预测蓝皮．北京：社会科学文献出版社，2002
18. 高民杰，袁兴树编著．企业危机、预警．北京：中国经济出版社，2003
19. 胡彬著．制度变迁中的中国房地产—理论与政策．上海：上海财经大学出版社，2002
20. 王钊，季辉．管理学原理．北京：电子科技大学出版社，1993
21. 王晶编著．城市财政管理．北京：经济科学出版社，2002
22. 迈克尔．波特，陈小悦译．竞争优势．北京：华夏出版社，2003
23. 夏南凯，王耀武等编著．城市开发导论．上海：同济大学出版社，2003
24. 凌亢著．中国经济丛书——中国城市可持续发展评价理论与实践．北京：中国财经经济出版社，1999
25. 耿毓修，黄均德主编．城市规划行政与法制．上海：上海科学技术文献出版社，2002
26. 丹尼斯．迪帕斯奎尔威廉．C．惠顿著，龙奋杰等译．城市经济学与房地产市场．上海：经济科学出版社，2002
27. 刘卫东，罗吕榕，陈武斌，吴宇哲，高海明，葛雄灿，黄巨林，项国明著．城市土地价格调查、评价及动态监测．北京：科学出版社，2002
28. 孙荣，许洁编著．政府经济学．上海：复旦大学出版社，2001
29. 夏海钧著．中国高新区发展之路．北京：中信出版社，2001
30. 李丽萍著．城市人居环境．北京：中国轻工业出版社，2001

31．沈耀泉主编．现代城市管理．北京：中国轻工业出版社，2002
32．刘溶沧，李扬，江小涓主编．中国宏观经济政策南皮书．北京：中国财经经济出版社，2002
33．周干峙主编．路在何方——纵谈城市条件交通．北京：中国城市出版社，2002
34．王雅莉主编．市政管理学．北京：中国财经经济出版社，2002
35．[美]奥利维尔．琼．布兰查德．斯坦利．奥希尔著．宏观经济学．北京：经济科学出版社，1998
36．[美]劳埃德．雷诺兹著．微观经济学．北京：商务印书馆，1993
37．罗小未主编．上海新天地——旧区改造的建筑历史、人文历史与开发模式的研究．南京：东南大学出版社，2002
38．野村综研（上海）咨询有限公司．宝山城市工业园区产业定位报告书．2003